mémentos

APPRENDRE UTILE

2023

Les Institutions judiciaires

Natalie Fricero

est Professeur des Universités (Université Côte d'Azur), ancien membre du Conseil supérieur de la magistrature.

Thibault Goujon-Bethan

est Professeur à l'université Jean Moulin Lyon 3, directeur du Centre Patrimoine et Contrats - Équipe Louis Josserand.

Les chapitres relatifs aux Juridictions pénales (Chapitre 3) et au Tribunal des conflits (Chapitre 6) ont été rédigés par Thibault Goujon-Bethan.

De Natalie Fricero, chez le même éditeur

Collection « Carrés Rouge »

- *L'essentiel de la Procédure civile*, 19e éd. 2022.
- *L'essentiel des Institutions judiciaires*, 13e éd. 2022 (en coll. avec Th. Goujon-Bethan).
- *L'essentiel des Procédures civiles d'exécution*, 11e éd. 2022.

Collection « Mémentos »

- *Institutions judiciaires*, 12e éd. 2023 (en coll. avec Th. Goujon-Bethan).
- *Procédure civile*, 19e éd. 2022.
- *Procédures civiles d'exécution*, 11e éd. 2022.

1, Parvis de La Défense
92044 Paris La Défense Cedex
EAN 9782297175548
ISSN 2680-073X
Collection Mémentos

mémentos

APPRENDRE UTILE

2023

Natalie Fricero • Thibault Goujon-Bethan

Les Institutions judiciaires

12e

Cours intégral et synthétique + Tableaux et schémas

Gualino un savoir-faire de Lextenso

mémentos

APPRENDRE UTILE

- C'est un cours complet et synthétique avec des aides pédagogiques différenciées.
- Il correspond à un enseignement dispensé en Licence et Master.
- Il est entièrement rédigé de manière structurée, claire et accessible.
- Il est à jour de l'actualité la plus récente.

Présentation

Le droit au juge est un droit de l'homme consacré par de nombreuses dispositions internationales et internes. Tout État de droit est contraint de mettre en place des organes dont la mission est de trancher, dans le respect des principes démocratiques fondamentaux (prééminence du droit, sécurité juridique...) les contestations que lui soumettent les citoyens, quelle qu'en soit la nature : contentieux privé, contentieux pénal ou contentieux administratif.

L'étude des Institutions judiciaires permet d'envisager les différents organes de la Justice selon une approche globale. En effet, ***elle concerne les juridictions internes, intégrées dans l'ordre judiciaire civil et pénal et dans l'ordre administratif*** ou situées en dehors de ces ordres, comme le Conseil constitutionnel. Mais elle intéresse ***aussi les juridictions européennes et internationales*** : les relations juridiques, comme les litiges auxquels elles peuvent donner lieu, comportent souvent des éléments d'extranéité qui justifient la compétence de ces juridictions.

Néanmoins, les Institutions judiciaires ne se réduisent pas à un examen technique des organes habilités à rendre la Justice. Le service public de la justice est animé par une Autorité judiciaire indépendante et impartiale, garante constitutionnelle de la liberté individuelle. En conséquence, l'organisation et le ***fonctionnement des juridictions sont sous-tendus par des principes fondamentaux*** qui garantissent une justice de qualité dans le respect des droits essentiels des justiciables. Le service public de la justice concourt à l'accès au droit et assure un égal accès à la justice. L'obligation d'offrir aux citoyens un « procès équitable », par application de l'article 16 de la Déclaration des droits de l'Homme et du citoyen, comme de l'article 6 § 1 de la Convention européenne des droits de l'Homme, impose d'organiser l'autorité judiciaire en instaurant des tribunaux indépendants et impartiaux, statuant selon une procédure équitable, c'est-à-dire respectant l'égalité des armes, le contradictoire et les droits de la défense. En outre, l'organisation de la Justice reste soumise aux contraintes budgétaires, ce qui entraîne inévitablement des réformes fréquentes en vue de la modernisation des services publics et d'une « bonne administration de la justice » : la loi n° 2019-222 du 23 mars 2019 et avant elle, la loi n° 2016-1547 du 18 novembre 2016 de modernisation de la justice du XXIe siècle illustrent parfaitement ces enjeux. L'organisation judiciaire doit évoluer pour répondre aux besoins du corps social (justice de proximité, célérité de la réponse) et pour réguler plus efficacement les relations sociales (création du juge des contentieux de la protection, ou des cours criminelles). Différents sondages révèlent que le corps social manifeste de la défiance envers la justice : le rapport du comité des États généraux de la justice présenté le 8 juillet 2022 lance des pistes de réformes afin de répondre aux problématiques d'organisation et de fonctionnement de la justice (v. le site internet du ministère de la Justice[1]).

Les Institutions judiciaires sont animées par des ***acteurs diversifiés : des juges, des magistrats, mais aussi des auxiliaires de justice, et des professionnels du droit, commissaires de justice, administrateurs et mandataires liquidateurs***, ainsi que certains professionnels intervenant accessoirement dans des procédures comme les notaires, qui contribuent à l'œuvre de justice en apportant leur aide loyale aux parties comme aux juges.

1. http://www.justice.gouv.fr/etats-generaux-de-la-justice-13010/le-plan-daction-issu-des-etats-generaux-de-la-justice-34694.html

Plan de cours

PARTIE 1
Les organes de la justice

Chapitre 11 Les auxiliaires de justice 229

Liste des principales abréviations

Cass. ass. plén.	Arrêt de la Cour de cassation statuant en Assemblée plénière
Cass. ch. mixte	Arrêt de la Cour de cassation statuant en chambre mixte
Bull. civ.	Bulletin des arrêts des chambres civiles de la Cour de cassation
C. civ.	Code civil
C. com.	Code de commerce
CE	Conseil d'État
CEDH	Cour européenne des droits de l'Homme
CJA	Code de justice administrative
CJM	Code de justice militaire
CJF	Code des juridictions financières
CJPM	Code de la justice pénale des mineurs
COJ	Code de l'organisation judiciaire
CPC	Code de procédure civile
CPC exéc.	Code des procédures civiles d'exécution
C. pén.	Code pénal
CPP	Code de procédure pénale
CSS	Code de la Sécurité sociale
C. trav.	Code du travail
Cons. const.	Conseil constitutionnel
D.	Recueil Dalloz
D.	Décret
Gaz. Pal.	Gazette du Palais
JAP	Juge de l'application des peines
JCP	Juge des contentieux de la protection
JLD	Juge des libertés et de la détention
JO	Journal officiel
Ord.	Ordonnance
RTD civ.	Revue trimestrielle de droit civil
TJ	Tribunal judiciaire
TPI	Tribunal pénal international

CHAPITRE 1

Les principes fondamentaux de la justice

1. Justice, fonction régalienne. La justice est une fonction étatique qui, dans une démocratie, correspond à la réalisation du droit de recourir à un tribunal pour obtenir la résolution d'une contestation portant sur un droit ou une liberté. L'État est tenu d'organiser des tribunaux chargés de trancher, selon une procédure équitable, les litiges qui peuvent opposer les particuliers entre eux ou avec les autorités publiques. L'organisation judiciaire actuelle a été mise en place pour l'essentiel par la Constitution du 4 octobre 1958 et des ordonnances et décrets du 22 décembre 1958, même si de très nombreuses réformes importantes ont été réalisées depuis : notamment, réorganisation des professions judiciaires (fusion des avocats et des avoués, des avocats et des conseils juridiques, modifications du statut des professions du droit), gratuité de la justice, promulgation d'un Code de l'organisation judiciaire (D. n° 78-329 et 78-330, 16 mars 1978), modification de la carte judiciaire, modification en 2016 du statut des juges des tribunaux de commerce, de l'aide juridictionnelle et de son financement, réforme de la justice administrative, recodifications réalisées du Code des procédures civiles d'exécution et du Code de justice administrative...

2. Service public de la justice et autorité judiciaire. Organisée sous la forme d'un service public, la justice est une fonction que l'État exerce à titre de monopole. Le régime juridique de ce service public est original, dans la mesure où il est animé par une « autorité judiciaire » et qu'il doit concilier différents objectifs, à savoir, assurer la protection des droits et intérêts légitimes des justiciables, sauvegarder leur droit fondamental de recourir à un juge, mais aussi garantir l'indépendance des juges par rapport aux autres pouvoirs publics, législatif et exécutif, et offrir une justice de qualité qui réponde aux exigences du procès équitable, consacrées tant par le droit de l'Union européenne, notamment la Charte des droits fondamentaux de l'Union, que la Convention européenne des droits de l'Homme. La réglementation de la justice doit aussi garantir l'existence d'une « autorité judiciaire » protectrice de la liberté individuelle au sens de l'article 66 de la Constitution du 4 octobre 1958 qui dispose : « Nul ne peut être arbitrairement détenu. L'autorité judiciaire, gardienne de la liberté individuelle, assure le respect de ce principe dans les conditions prévues par la loi ». Les principes fondamentaux qui sous-tendent la Justice sont donc issus des exigences du service public, des nécessaires garanties constitutionnelles de l'autorité judiciaire, mais aussi des exigences du procès équitable.

1. LES PRINCIPES ISSUS DES EXIGENCES DU SERVICE PUBLIC DE LA JUSTICE

3. Ministère de la Justice. Le service public de la justice est géré par le ministère de la Justice qui siège à Paris et que l'on appelle aussi « la Chancellerie », sous la responsabilité du garde des Sceaux, ministre de la Justice. Le ministre de la Justice est assisté par de nombreux services que l'on nomme « l'administration centrale », composée presque exclusivement de magistrats appartenant en majorité au corps judiciaire. Les différents services sont regroupés en directions spécialisées (la direction des affaires civiles et du Sceau, la direction des affaires criminelles et des grâces, la direction des services judiciaires, la direction de l'administration pénitentiaire, la direction de l'éducation surveillée, la direction de l'administration générale et de l'équipement, v. le site du ministère de la Justice). Cette organisation a fait l'objet d'une importante réforme. En effet, le décret n° 2017-634 du 25 avril 2017 modifie le décret n° 2008-689 du 9 juillet 2008 relatif à l'organisation du ministère de la Justice et le décret n° 2016-1675 du 5 décembre 2016 portant création de l'inspection générale de la justice. Ce décret poursuit le double objectif d'ajuster les compétences du secrétariat général du ministère de la Justice aux exigences des textes interministériels relatifs aux secrétariats généraux des ministères et de répondre aux attentes des directions du ministère de la Justice en termes de qualité de service rendu et de développement des capacités de pilotage stratégique et de coordination transversale. Le secrétaire général assiste le ministre dans l'administration du ministère et apporte son soutien aux directions du ministère. Il assure une mission générale de coordination des services et de modernisation du ministère, et propose à cette fin les évolutions dans l'organisation et le fonctionnement de celui-ci. Il assure la synthèse des dossiers et documents stratégiques transversaux. Il réunit le comité des directeurs et s'assure de la mise en œuvre des décisions prises dans ce cadre. Il est associé aux dialogues de gestion conduits par les directions responsables de programme.

4. Dispositif législatif. La plupart des dispositions législatives intéressant la matière sont regroupées dans un Code de l'organisation judiciaire (COJ) publié par deux décrets, n° 78-329 et 330 du 16 mars 1978. Certaines règles sont contenues en annexe dans le Code de procédure civile (CPC) qui réglemente notamment l'aide juridictionnelle, le statut des magistrats, les professions d'auxiliaires de justice... D'autres règles relatives aux juridictions pénales se retrouvent dans le Code de procédure pénale (CPP) ; les dispositions concernant les tribunaux administratifs et les Cours administratives d'appel sont regroupées dans le Code de justice administrative (CJA). L'ordonnance du 8 juin 2006 a sorti du Code de l'organisation judiciaire les dispositions relatives au conseil des prud'hommes (situées dans le Code du travail), au tribunal paritaire des baux ruraux (situées dans le Code rural et de la pêche maritime), au tribunal de commerce (situées dans le Code de commerce). Les dispositions relatives au juge civil de l'exécution se trouvent dans le Code des procédures civiles d'exécution. Tous ces textes ont été modifiés ponctuellement à de nombreuses reprises.

5. Hiérarchie des normes. La Constitution du 4 octobre 1958 précise dans son article 34 que seule la loi émanant du Parlement peut prévoir les règles concernant la création de nouveaux ordres de juridiction et le statut des magistrats :

- en ce qui concerne la création de nouveaux ordres de juridiction, le Conseil constitutionnel, chargé de protéger la répartition des compétences législatives et réglementaires, a conféré aux termes de l'article 34 une acception extensive. Notamment, il estime que toute modification substantielle de la compétence, ou de la composition des juridictions constitue une création (ainsi, c'est une loi qui a instauré le juge des enfants, le juge de l'exécution, le juge aux affaires familiales) ;
- le statut des magistrats de l'ordre judiciaire relève de la loi ; l'article 64 de la Constitution précise qu'il s'agit d'une loi organique qui seule peut modifier les conditions de nomination, d'avancement, de discipline des magistrats aussi bien civils que pénaux. En ce qui concerne les juges administratifs, le statut relève du pouvoir réglementaire, puisqu'ils ne sont pas des magistrats relevant de l'ordonnance de 1958, mais des fonctionnaires exerçant les fonctions de magistrats ; néanmoins, le Conseil constitutionnel considère que l'indépendance des juges administratifs est un principe fondamental reconnu par les lois de la République, ce qui a pour conséquence de donner au Parlement le pouvoir de légiférer chaque fois que la disposition modifiée du statut du juge administratif intéresse son indépendance.

Les dispositions qui n'entrent pas dans ces domaines sont de la compétence réglementaire (décrets pris par le gouvernement, Const. 1958, art. 37) : c'est le cas pour la procédure civile, la procédure administrative (la procédure pénale relève exclusivement de la loi), les règles de compétence des juridictions.

6. Respect des principes fondamentaux. Le Parlement comme le Gouvernement sont tenus de respecter ***les principes à valeur constitutionnelle*** que le Conseil constitutionnel a définis en interprétant la Constitution et le « bloc de constitutionnalité ». Parmi les principes relatifs à l'organisation des juridictions, on peut citer l'indépendance des tribunaux administratifs et la compétence des juges administratifs pour annuler un acte de l'Administration, issus des « principes fondamentaux reconnus par les lois de la République ». Parmi les principes de procédure, l'égalité devant la justice, le respect des droits de la défense, le droit de recourir à un juge, constituent des principes auxquels les lois et décrets ne peuvent pas apporter d'atteintes substantielles. En cas de violation de ces principes par une loi, le contrôle de constitutionnalité, exercé avant ou après la promulgation de la loi (par la question prioritaire de constitutionnalité) permet au Conseil constitutionnel de déclarer la loi inconstitutionnelle (QPC, Const. 1958, art. 61-1 et Ord. n° 58-1067, 7 nov. 1958, art. 23-1 et s. mod.).

A - Les principes d'organisation

1) La dualité des ordres de juridictions

7. Spécificité de l'organisation judiciaire. Les tribunaux sont partagés en deux ordres, un ordre judiciaire et un ordre administratif, qui représentent chacun un ensemble hiérarchisé relevant d'une juridiction suprême, la Cour de cassation pour l'ordre judiciaire et le Conseil d'État pour l'ordre administratif.

Traditionnellement, on fonde la dualité des ordres de juridictions sur deux textes : la loi des 16 et 24 août 1790, dont l'article 13 précise que les fonctions judiciaires sont distinctes et demeureront toujours séparées des fonctions administratives, et que les juges ne pourront, à peine de forfaiture, troubler de quelque manière que ce soit les opérations des corps administratifs ni citer devant eux les administrateurs pour raison de leurs fonctions ; le décret du 16 Fructidor An III, qui précise : « défenses itératives sont faites aux tribunaux de connaître des actes d'administration, de quelque espèce qu'il soit, aux peines de droit ».

8. Fondements de la dualité des ordres de juridiction. Cette dualité serait une traduction du ***principe de la séparation des pouvoirs*** : ce dernier a été élaboré par Montesquieu sous sa forme moderne (*Esprit des lois, 1748*) de la façon suivante : « l'homme qui a du pouvoir est porté à en abuser ; il va jusqu'à ce qu'il trouve des limites », ces limites s'exprimant en termes de séparation entre les différents pouvoirs représentés par la puissance législative, la puissance exécutrice et la puissance de juger.

La doctrine contemporaine considère que la dualité des ordres de juridiction n'est pas nécessairement liée à la séparation des pouvoirs. Jean Chevallier a démontré que les débats parlementaires de la Constituante en matière d'organisation judiciaire étaient centrés sur la prohibition pour les juges de s'immiscer dans la fonction politique et législative, et qu'ils ne faisaient aucun rapprochement entre la séparation des pouvoirs et la séparation des contentieux[1]. Dès lors, le principe de la dualité des ordres de juridiction est plutôt fondé sur des considérations pratiques. En effet, le législateur a estimé que le règlement du contentieux administratif devait être confié à l'administration elle-même et non pas à des juges judiciaires ; ce système est désigné sous le nom de « justice retenue » ; c'est une loi du 24 mai 1872 qui a conféré aux juridictions administratives une compétence autonome pour juger les actes de l'administration, ce que l'on désigne sous le nom de « justice déléguée », qui a été à l'origine de la création de l'ordre administratif.

De nos jours, la dualité des ordres des juridictions est essentiellement justifiée par la particularité du droit administratif qui nécessite des juges spécialisés pour trancher les litiges intéressant l'administration. Ce principe a même une valeur constitutionnelle, puisque, pour le Conseil constitutionnel (déc. n° 86-224, 23 janv. 1987 et n° 89-261, 28 juill. 1989), figure au nombre des principes fondamentaux reconnus par les lois de la République le principe selon lequel il relève de la compétence de la juridiction administrative de statuer sur l'annulation ou la réformation des décisions prises par les autorités exerçant le pouvoir exécutif[2]. Sur le plan européen, le dualisme des juridictions n'est pas prévu par la Convention européenne des droits de l'Homme[3]. La Cour européenne a noté, dans l'arrêt *Sacilor-Lormines c/ France* du 9 novembre 2006, la position originale du Conseil d'État dans les institutions françaises, qui le rapproche organiquement des

1. Chevallier J., *L'élaboration historique du principe de séparation de la juridiction administrative et de l'administration active*, 1970, LGDJ ; *id.*, « Du principe de la séparation au principe de dualité », RFDA 1990, p. 26 et s.
2. Cons. const., 23 janv. 1987, n° 86-224 DC : AJDA 1987, p. 315, note Chevallier J. ; RFDA 1987, p. 287, note Genevois B. et p. 708, note Philip L.
3. Flauss J.-F., « Dualité des ordres de juridiction et Convention EDH », in *Mélanges J. Waline*, 2002, Dalloz, p. 523.

pouvoirs publics (il donne son avis au gouvernement sur les projets de lois et les décrets). Néanmoins, elle admet que cette situation ne suffit pas à établir un manque d'indépendance du Conseil d'État (les magistrats de la section des avis ne jugent pas les litiges). Les juridictions administratives sont soumises aux exigences du procès équitable de l'article 6 § 1 de la Convention, et sont soumises à des règles de procédures autonomes, issues du Code de justice administrative.

9. Tribunal des conflits. L'existence de deux ordres distincts de juridiction est source de difficultés pour les justiciables lorsqu'il s'agit de déterminer la juridiction compétente, un même litige pouvant présenter des questions qui relèvent de la compétence de chacun des deux ordres. Deux solutions ont été prévues pour régler ces problèmes de compétente : il s'agit de la création ***d'un Tribunal des conflits*** (v. *infra*, n° 354 et s.) dont l'une des attributions est de régler les conflits de compétence ; il s'agit également de la technique ***des questions préjudicielles***, par laquelle une juridiction saisie d'une difficulté qui ne relève pas de sa compétence renvoie les parties devant la juridiction de l'ordre compétent pour juger.

2) Le principe du double degré de juridiction

10. Hiérarchie des juridictions. Le système judiciaire français a été établi selon une structure très hiérarchisée. Au bas de la pyramide, on trouve les juridictions du premier degré, puis les juridictions d'appel, et enfin une juridiction suprême, la Cour de cassation dans l'ordre judiciaire et le Conseil d'État dans l'ordre administratif. Ceci correspond à l'idée selon laquelle pour garantir une bonne justice, il faut conférer au plaideur qui a succombé en première instance le droit d'obtenir que son affaire soit rejugée en fait et en droit par une juridiction hiérarchiquement supérieure : ce droit fondamental se nomme celui du « double degré de juridiction ». Il faut également offrir au justiciable qui estime que la décision rendue méconnaît une règle de droit (de procédure ou de fond), la possibilité de saisir une juridiction suprême pour obtenir un contrôle de la légalité.

C'est ainsi que le système judiciaire français prévoit l'organisation de ***juridictions du premier degré***, qui statuent sur les affaires pour la première fois en première instance, comme le tribunal judiciaire, le conseil de prud'hommes, le tribunal administratif. Il organise également des ***juridictions du second degré***, les cours d'appel et les cours administratives d'appel, dont le rôle consiste à rejuger l'affaire en fait et en droit. Enfin, selon l'ordre de juridiction, ***la Cour de cassation, ou le Conseil d'État*** (que l'on nomme parfois « cour suprême », a pour mission essentielle d'uniformiser la jurisprudence, de réguler les différentes interprétations de la loi, de sanctionner la méconnaissance d'une règle de droit par les juges du fond. Ces différents principes sont applicables dans le contentieux civil, le contentieux pénal, le contentieux administratif, avec des aménagements qui prennent en compte la spécificité des différentes juridictions et des différentes matières. L'étude des différentes voies de recours relève de la procédure civile, de la procédure pénale, ou de la procédure administrative.

11. Voies de recours contre les jugements. Dans toutes les procédures, plusieurs types de voies de recours sont mis en place afin de permettre la contestation de la décision. Ainsi, les voies ordinaires de recours (appel, opposition), sont ouvertes par principe contre les jugements ; au contraire, les voies extraordinaires de recours (cassation, tierce opposition, recours en révision) ne sont ouvertes que dans les cas prévus par la loi.

On oppose aussi les voies de rétractation, qui permettent de saisir le juge qui a rendu la décision pour qu'il la modifie ou la rapporte (tierce opposition dans certains cas, opposition, recours en révision) et les voies de réformation, qui sont soumises à une juridiction hiérarchiquement supérieure (appel ; mais l'appel est formé contre un arrêt d'assises devant une autre cour d'assises, autrement composée).

Les classifications traditionnelles ne permettent cependant pas de regrouper de manière pertinente les diverses procédures permettant de contester une décision du juge (comme par ex. le référé-rétractation qui permet de revenir devant le juge qui a rendu une ordonnance sur requête pour qu'il la modifie, le déféré par lequel la cour d'appel est saisie de la contestation d'une ordonnance rendue par le conseiller de la mise en état...).

12. Possibilité de contester le jugement. Il faut observer que le droit à l'exercice d'un recours, bien qu'il garantisse à l'évidence un bon fonctionnement de la justice, ne fait pas partie du procès équitable en matière civile au sens de l'article 6 § 1 de la Convention européenne des droits de l'Homme, lequel assure seulement aux justiciables le droit de recourir une fois à un tribunal pour obtenir un jugement sur le fond de son litige. Au contraire, en matière pénale, par application de l'article 2 du Protocole 7 à la Convention européenne, toute personne déclarée coupable d'une infraction pénale par un tribunal a le droit de faire examiner par une juridiction supérieure la déclaration de culpabilité ou la condamnation. Cependant la Recommandation R (95) 5 adoptée par le Comité des ministres du Conseil de l'Europe du 7 février 1995, relative à « l'organisation et l'amélioration de l'exercice des voies de recours en matière civile et commerciale » préconise la reconnaissance d'un droit à un contrôle juridictionnel, qui devrait entraîner la possibilité de saisir un deuxième tribunal pour qu'il statue à nouveau en fait et en droit, ainsi qu'un recours à un troisième tribunal de cassation (pour un contrôle de la légalité) dans toutes les matières civiles ou commerciales. Même si des conditions de recevabilité peuvent être posées pour limiter l'usage de ces voies de recours, le régime prévu doit respecter le procès équitable tel qu'il est défini par l'article 6 § 1. De même, l'exercice d'une voie de recours n'est pas un principe à valeur constitutionnelle ; mais si les textes organisent un recours, ils doivent respecter le principe constitutionnel d'égalité devant la loi.

Il reste que l'organisation de voies de recours et de degrés de juridictions différents soulève de délicates questions financières dans le cadre de budgets contraints ! C'est la raison pour laquelle les récentes réformes en matière civile tentent de limiter la possibilité d'exercer un appel, notamment en interdisant aux parties de présenter à la cour d'appel des demandes qui n'ont pas déjà été jugées en première instance, en obligeant les parties à concentrer leurs prétentions sur le fond dans les premières conclusions, en créant de multiples charges procédurales sanctionnées par la caducité de la déclaration d'appel ou l'irrecevabilité des conclusions. La nécessité de réguler les flux des recours aboutit à des réformes de procédure : traitement différencié des affaires (seules les plus complexes suivent un circuit long ; D. n° 2021-1341, 13 octobre 2021 pour la cassation), multiplication des délais pour accomplir les actes de procédure avec des sanctions sévères, obligation pour les avocats de recourir à la communication par voie électronique.

3) *Le principe de la collégialité*

13. Avantages de la collégialité. Une décision peut être prise, soit par un juge seul, soit par un collège de juges statuant à la majorité. Le principe de collégialité a toujours fait l'objet de controverses, d'autant que l'unicité offre l'immense avantage de réduire le coût de la justice pour les pouvoirs publics.

D'un point de vue juridique, la collégialité des juridictions n'est pas un principe d'organisation juridictionnelle ayant une valeur constitutionnelle. Dans une décision du 2 février 1995, le Conseil constitutionnel a confirmé cette solution, en acceptant le principe du juge unique, dès lors que sa création dépend du législateur et qu'elle respecte le principe d'égalité des citoyens devant la justice.

D'un point de vue pratique, certains arguments militent en faveur de la collégialité. Ainsi, la décision peut être discutée par plusieurs juges, qui peuvent échanger leurs points de vue, et faire apparaître la vérité judiciaire. La collégialité est également une garantie de bonne justice, en ce sens qu'elle assure l'indépendance des juges vis-à-vis des justiciables : en effet, la décision étant une œuvre collective, son anonymat libère le magistrat de toute influence éventuelle émanant d'une partie ou de toute vengeance ultérieure. Enfin, la collégialité serait un gage d'impartialité, la formation collégiale permettant d'éviter qu'une décision soit prise selon les convictions personnelles, les préjugés, les influences de l'un des juges. En réalité, ces arguments n'ont pas la même valeur : les questions d'indépendance et d'impartialité du juge n'ont pas de relation logique avec la collégialité ou l'unicité de la formation juridictionnelle ; de même, la vérité judiciaire trouve certainement plus sa source dans les compétences personnelles du juge que dans la discussion avec une collégialité.

La tradition française reste attachée au principe de collégialité. Celle-ci peut revêtir plusieurs formes. La collégialité est homogène lorsque le tribunal est entièrement composé de magistrats de carrière (TJ, cour d'appel) ou de juges élus (tribunal de commerce). La ***collégialité est échevinale*** lorsque la juridiction comprend à la fois des magistrats de carrière et des juges issus de la société civile, élus par leurs pairs ou désignés (tribunal paritaire de baux ruraux, cours d'assises comprenant juges de carrière et jurés citoyens).

14. Développement des formations à juge unique. De plus en plus souvent, le législateur permet le recours ***au juge unique,*** la formation collégiale devenant l'exception. Ceci se vérifie aussi bien dans le contentieux civil que pénal ou administratif :

- ***dans le contentieux privé***, différents arguments ont milité pour une justice à juge unique. Ainsi, le souci de rendre la justice ***plus proche du justiciable***, moins coûteuse, a toujours justifié la création de juges uniques (par exemple le juge des contentieux de la protection, compétent en matière de tutelle, de droit de la consommation, de bail à usage d'habitation et de surendettement). De même, lorsqu'il faut prendre ***une mesure urgente***, il est préférable que la procédure se déroule devant un juge unique : c'est le cas du juge des référés. La nécessité d'offrir au justiciable un ***juge spécialisé*** dans une matière déterminée fonde la création de nombreux juges uniques dans le contentieux privé : le juge aux affaires familiales en matière de divorce et de séparation de corps, le juge de l'exécution pour les difficultés relatives à l'exécution des titres exécutoires, le juge de l'expropriation pour statuer sur les indemnités d'expropriation, le juge de la mise en état pour veiller au bon déroulement de l'instance devant le TJ, le juge des enfants, le juge des contentieux de la protection... D'une façon générale, l'unicité du juge présente des avantages pour les justiciables comme pour les pouvoirs publics ; mais la collégialité devrait demeurer le principe pour les juridictions statuant sur recours (appel notamment) ;

- ***dans le contentieux pénal***, on connaît de nombreux juges uniques : le tribunal de police qui juge les contraventions à juge unique, le juge des libertés et de la détention, le tribunal correctionnel qui peut connaître à juge unique de certaines infractions ;
- ***dans le contentieux administratif***, le principe de la collégialité est observé avec les mêmes exceptions (juge unique pour certains litiges, pouvoirs conférés au président du tribunal administratif ou de la cour administrative d'appel de statuer sur certains incidents de procédure – CJA, art. R. 122-12[4]). Le contentieux administratif connaît également la juridiction des référés, qui est exercée par un juge unique.

4) Le principe de décentralisation

15. Définition d'un ressort territorial. À l'exception de la Cour de cassation, du Conseil d'État et du Tribunal des conflits, qui siègent à Paris, les autres juridictions sont réparties sur tout le territoire français. Ceci permet la mise en place d'une justice de proximité, proche des territoires, qui dispense les plaideurs des frais de transport qui pourraient être importants.

Ainsi, chaque juridiction a une circonscription géographique définie qui constitue son ***ressort territorial*** (ce sont des décrets pris en Conseil d'État qui définissent généralement ces ressorts, en fonction des aspects historiques, de la situation géographique, du volume des affaires...). Le ***principe de sédentarité*** des juridictions complète ce découpage : ce sont les plaideurs qui se déplacent vers le juge, lequel se trouve en un lieu fixe pour rendre la justice.

La localisation des juridictions, décidée en 1958, soulève des difficultés, en raison de l'évolution des flux judiciaires, de la concentration urbaine, et de la nécessité de restaurer une justice de proximité. Des rapports sur la carte judiciaire ont démontré les imperfections du système et ont donné lieu à des réformes ponctuelles (par ex. un décret du 30 juillet 1999 a supprimé 36 tribunaux de commerce). Un réaménagement plus général a été entrepris en 2007, qui a abouti à la suppression de 23 tribunaux de grande instance (devenus tribunaux judiciaires) et de 178 « tribunaux d'instance » (D. n° 2008-145, 15 févr. 2008, ces tribunaux ont été fusionnés avec les tribunaux judiciaires depuis le 1er janvier 2020), de 55 tribunaux de commerce et de 63 conseils de prud'hommes. Le souci de concilier différents objectifs apparemment contradictoires (l'intérêt des justiciables est d'obtenir une justice de proximité et de qualité ; l'intérêt général est que la justice de qualité soit rendue dans les conditions les plus économiques) conduit à de nouvelles réflexions : transfert de certaines compétences du juge vers d'autres professionnels du droit (avocat, notaire), réorganisation des ressources humaines et matérielles des juridictions, utilisation pertinente des nouveaux modes de communication, regroupement des moyens au sein de structures plus importantes,

4. Arrighi de Casanova J., « À propos de la compétence pour généraliser le juge unique en contentieux administratif », AJDA 2006, p. 1689 ; Cohendet M.-A., « Vers une généralisation du juge unique ? », AJDA 2006, p. 1465.

concentration de certains contentieux techniquement pointus dans certaines juridictions (certaines juridictions ont une compétence élargie, comme les JIRS, juridictions interrégionales spécialisées, compétentes en matière de criminalité organisée, bénéficiant de dispositifs novateurs en matière d'enquête). Parfois, des juridictions supprimées ont été rétablies (D. n° 2013-1258, 27 déc. 2013, création d'un TJ à Saint Gaudens, un à Saumur et un à Tulle). Le rapport Guinchard[5] a proposé de supprimer la juridiction de proximité qui compliquait l'organisation judiciaire civile, et de regrouper les juges spécialisés au sein de « pôles » (« pôle famille » par exemple) pour améliorer la lisibilité et l'accessibilité du système. La loi n° 2011-1862 du 13 décembre 2011, relative à la répartition des contentieux et à l'allégement de certaines procédures juridictionnelles reprend certaines des propositions et la loi n° 2016-1547 du 18 novembre 2016 supprime la juridiction de proximité (les juges de proximité ont pu intégrer les magistrats à titre temporaire, L. org. n° 2016-1090, 8 août 2016). La loi n° 2106-1547 du 18 novembre 2016 a organisé la suppression des tribunaux des affaires de sécurité sociale et des tribunaux du contentieux de l'incapacité, et le traitement de ces contentieux par le pôle social de certains tribunaux judiciaires, avec appel devant la cour d'appel. La loi du 23 mars 2019 n'a pas prévu la suppression de sites juridictionnels, mais la fusion des anciens TGI et TI en un tribunal unique, le tribunal judiciaire. Il est question de créer une juridiction qui serait spécialisée dans les violences intrafamiliales (proposition de loi adoptée par l'Assemblée nationale le 1er décembre 2022 : v. *infra,* l'encadré dans la justice pénale spécialisée, p. 114).

16. Règles de compétence territoriale. L'existence des différents ressorts territoriaux oblige à régler les problèmes de ***la compétence territoriale*** des juridictions. Sans entrer dans le détail des règles, qui relèvent de la procédure civile, pénale ou administrative, on doit signaler l'existence de très nombreux critères de détermination de la juridiction territorialement compétente. Le principe est celui de la compétence du ***tribunal du lieu du domicile du défendeur*** (*actor sequitur forum rei* : le défendeur est la partie qui est citée devant le tribunal, et qui doit donc bénéficier d'une situation privilégiée ; il appartient au demandeur de se déplacer et de supporter les frais inhérents à l'action). Toutefois, il existe une ***multitude d'exceptions*** destinées à protéger les intérêts de l'un des justiciables, ou de permettre un meilleur fonctionnement de la justice. Par exemple, la loi offre parfois au demandeur une option de compétence territoriale : en matière prud'homale, le salarié peut saisir le conseil de prud'hommes du lieu de situation de l'établissement où est effectué le travail, ou encore celui du lieu où l'engagement a été contracté ; en matière contractuelle, le tribunal compétent est celui du lieu où demeure le défendeur, ou celui du lieu de livraison effective de la chose, ou du lieu d'exécution de la prestation de service. Parfois la loi impose une compétence territoriale exclusive pour les besoins du bon fonctionnement de la justice : ainsi, en matière réelle immobilière, le tribunal compétent est toujours celui du lieu de la situation de l'immeuble ; en matière successorale, le tribunal compétent est toujours celui du lieu de l'ouverture de la succession, c'est-à-dire celui du dernier domicile du défunt. En cas de contestation de la compétence d'une juridiction, plusieurs mécanismes sont prévus : le juge peut régler lui-même l'incident et renvoyer au juge compétent (c'est le cas lorsque le justiciable se trompe de formation au sein

5. *L'ambition raisonnée d'une justice apaisée*, 2008, La Documentation française.

du même tribunal judiciaire), ou la partie intéressée peut soulever une exception d'incompétence.

B - Les principes de fonctionnement

1) Le principe d'égalité

17. Égalité devant la justice, principe constitutionnel. L'article 6 de la Déclaration des droits de l'Homme et du citoyen du 26 août 1789 prévoit que tous les citoyens sont égaux devant la loi, sont également admissibles à toute dignité, places et emplois publics selon leurs capacités et sans autre distinction que celle de la vertu et de leur talent[6]. Dans une décision du 23 juillet 1975, le Conseil constitutionnel a décidé que le principe d'égalité devant la justice est inclus dans le principe d'égalité devant la loi, proclamé par la Déclaration de 1789 et qu'il fait obstacle à ce que des citoyens se trouvant dans des conditions semblables et poursuivis pour les mêmes infractions soient jugés par des juridictions composées selon des règles différentes.

Cette égalité traduit ce que l'on nomme parfois « le droit au juge naturel » : les justiciables se trouvant dans la même situation doivent être jugés par les mêmes tribunaux, selon les mêmes règles de procédure et de fond. Cette règle se retrouve dans divers textes internationaux. Par exemple, le Pacte de New York du 19 décembre 1966 pose en principe que « tous sont égaux devant les tribunaux et les cours de justice » (art. 14, § 1).

Ceci entraîne une série de conséquences : nul ne peut être jugé par une juridiction spécialement créée pour des circonstances extraordinaires, ou être victime de discriminations judiciaires fondées sur la qualité de la personne ; tous les justiciables doivent être soumis aux mêmes formes et aux mêmes procédures, afin que soient garanties l'égalité des chances et l'égalité des armes ; enfin tous les justiciables doivent être soumis par les juges aux mêmes règles de droit, ce qui justifie la création de la Cour de cassation chargée d'assurer l'unité du droit sur tout le territoire.

Il existe néanmoins des limites au principe de l'égalité, qui tiennent essentiellement aux inégalités économiques et sociales entre les plaideurs. La loi peut, dans une certaine mesure, lutter contre ces inégalités en instaurant la gratuité d'accès au service public de la justice.

2) Le principe de la gratuité de la justice

18. Coût du service public de la justice et des procédures. Le service public de la justice, comme n'importe quel autre service public, engendre un coût de fonctionnement en personnel (magistrats, greffes...) et en matériel (particulièrement dans le cadre de la dématérialisation des procédures). Ce coût est essentiellement pris en charge par la collectivité nationale sous la forme d'impôts : la loi de finances précise chaque année le montant du budget affecté à la justice. L'entrée en vigueur de la loi organique sur les lois de finances, n° 2001-692 du 1er août 2001 (LOLF) a modifié substantiellement les principes relatifs aux services publics, en réformant la gestion

6. Coulon J.-M. et Grumbach T., « L'égalité devant la justice », Justices 1999, p. 83.

publique et en l'appuyant sur des critères de performance et d'évaluation, en accroissant le contrôle démocratique du budget de l'État et en le rendant plus transparent. L'Administration de la justice est donc soumise à des indicateurs de performance pour mesurer la réalisation des objectifs, et à la nécessité d'évaluer la qualité de la justice[7].

Le fonctionnement de la justice comme la conduite des procès impliquent des frais (la rémunération des avocats et les dépens) qui doivent être assumés par le justiciable lui-même. Pour garantir un égal accès de tous au service public de la justice le mode de financement de ces différentes dépenses est soumis à des règles spécifiques.

a) La gratuité de l'accès au tribunal

19. Évolution. En matière civile, l'article L. 111-2 du Code de l'organisation judiciaire pose en principe que « la gratuité du service de la justice est assurée selon les modalités fixées par la loi et le règlement ». Cette affirmation est relativement récente.

Jusqu'à la Révolution française, les juges étaient rémunérés par les plaideurs : le gagnant remettait au juge des « épices », c'est-à-dire des présents en nature qui devinrent des présents en espèces, et finiront par être taxés. Ce système était de nature à jeter un doute sur l'impartialité du juge en raison du souhait compréhensible de ce dernier de percevoir un nombre important d'épices. La loi des 16 et 24 août 1790 a supprimé le principe des épices et a posé celui de la gratuité de la justice. Désormais, les juges sont des fonctionnaires payés par l'État. Ceci permet d'assurer l'égalité entre les citoyens devant la justice et de sauvegarder l'indépendance et l'impartialité des juges. Les textes pénaux répriment le fait pour un juge de recevoir une rémunération de la part des justiciables.

Jusqu'à une époque récente, une partie du coût du fonctionnement de la justice était à la charge des justiciables sous des formes diverses : des droits de timbre, d'enregistrement, de greffe et des frais de procédure. C'est pourquoi une loi n° 77-1168 du 30 décembre 1977, complétée par le décret n° 78-62 du 20 janvier 1978, a instauré la gratuité des actes de justice devant les juridictions civiles et administratives. Une ordonnance n° 2003-1235 du 22 décembre 2003 a également supprimé le droit de timbre de 15 euros applicable aux requêtes déposées devant le tribunal administratif, la cour administrative d'appel et le Conseil d'État (CJA, art. L. 411-1 : le défaut de timbre entraînait l'irrecevabilité du recours selon le Conseil d'État[8]).

20. Taxe affectée au fonds d'indemnisation des avoués (FIDA). Pour financer la fusion de la profession d'avoués et d'avocats, et indemniser les avoués, une taxe d'un montant de 225 euros a été instaurée par l'article 1635 bis P du Code général des impôts : elle doit être acquittée par toutes les parties en appel, dans les procédures avec représentation obligatoire par avocat, à peine d'irrecevabilité de l'appel ou des défenses (CPC, art. 963 et 964), sous forme de timbre dématérialisé. Elle est versée à un fonds d'indemnisation des anciens avoués (FIDA) jusqu'au 31 décembre 2026.

---

7. Cadiet L., Jean J.-P. et Pauliat H. (dir.), *Mieux administrer pour mieux juger : essai sur l'essor et les enjeux contemporains de l'administration de la justice*, 2014, IRJS éd.
8. 18 févr. 1994 : D. 1994, p. 309.

21. Dépens. Le procès engendre des frais désignés sous le nom de ***dépens***, qui sont mis à la charge des parties. La liste des dépens est définie par le Code de procédure civile de façon limitative (CPC, art. 695). Il s'agit notamment des droits, taxes, redevances ou émoluments perçus par les secrétariats des juridictions ou l'administration des impôts, des indemnités des témoins, de la rémunération du technicien, des émoluments des officiers publics ou ministériels, de la rémunération des avocats dans la mesure où elle est réglementée, et du droit de plaidoirie (ce droit, d'un montant de 13 euros – CSS, art. R. 723-26-3 – est affecté au financement du régime d'assurance vieillesse de base de la caisse nationale des barreaux français – CSS, art. L. 723-3). En principe, en matière civile, c'est la partie perdante qui est condamnée aux dépens. Mais le juge, par décision motivée, a la liberté d'en mettre la totalité ou une fraction à la charge d'une autre partie. En ce cas, le plaideur peut se faire rembourser directement par le perdant les frais qu'il a exposés ; lorsque la représentation est obligatoire, et que l'avocat a fait des avances pour son client sans avoir reçu provision, il pourra directement recouvrer le montant des dépenses sur la partie adverse : c'est ce que l'on nomme en pratique la « distraction des dépens ». En matière pénale, les dispositions des articles 800 et suivants du Code de procédure pénale règlent la question des « frais de justice », qui sont en principe à la charge de l'État sans recours envers les condamnés. Les articles R. 92 et suivants du Code de procédure pénale en donnent une liste limitative (frais de translation des prévenus, de traduction des actes, d'expertise, frais de saisies, dépenses de reconstitution, frais de reproduction des documents...). Il existe des droits fixes de procédure, recouvrés comme en matière d'amende sur chaque condamné par le comptable du Trésor, qui sont périodiquement revalorisés (CGI, art. 1018 A : 31 euros pour les ordonnances pénales, et les décisions du tribunal de police, 127 euros (parfois 254 euros) pour le tribunal correctionnel, 169 euros pour les décisions des cours d'appel statuant en matière correctionnelle et de police et 527 euros pour les décisions des cours d'assises, 211 euros pour les décisions de la Cour de cassation...). En matière administrative, les dépens comprennent essentiellement les frais entraînés par l'exécution des mesures d'instruction, expertise, enquête et autre mesure d'instruction dont les frais ne sont pas à la charge de l'État et qui sont mises en principe à la charge de toute partie perdante, sauf si les circonstances particulières de l'affaire justifient qu'ils soient mis à la charge d'une autre partie ou partagés entre les parties. L'État peut être condamné aux dépens (CJA, art. R. 761-1).

22. Charge des frais d'exécution des jugements. Lorsqu'il s'agit de mettre à exécution forcée une décision de justice, l'article L. 111-8 du Code des procédures civiles d'exécution prévoit que ***les frais de l'exécution*** sont à la charge du débiteur, à l'exception de certains droits proportionnels de recouvrement et d'encaissement, qui sont mis partiellement à la charge du créancier. Cette disposition est inéquitable lorsque le créancier est un consommateur, et le débiteur défaillant un professionnel solvable : l'article L. 141-6 du Code de la consommation, permet au juge, lors du prononcé d'une condamnation, même d'office, pour des raisons tirées de l'équité ou de la situation économique du professionnel condamné, de mettre à sa charge l'intégralité des droits proportionnels de recouvrement et d'encaissement. Dans tous les cas, s'il est manifeste que les frais n'étaient pas nécessaires au moment où ils ont été exposés, c'est le créancier qui doit les assumer.

b) L'accès au concours d'un auxiliaire de justice

23. Frais irrépétibles. Devant certaines juridictions, la procédure étant complexe, la loi impose au plaideur la représentation par un avocat (tribunal judiciaire et cour d'appel), ou un avocat à la Cour de cassation et au Conseil d'État (Cour de cassation et Conseil d'État). L'intervention de cet auxiliaire de justice est rémunérée, et les honoraires ne font pas partie des dépens. Ils font partie de ce que l'on nomme les « ***frais irrépétibles*** ». Ces frais restent à la charge individuelle de chacun des plaideurs, qu'il soit gagnant ou perdant. Afin que le coût de la justice ne constitue pas un obstacle à l'accès au juge, l'article 700 du Code de procédure civile prévoit la disposition suivante : le juge condamne la partie tenue aux dépens ou qui perd son procès, à payer à l'autre partie une somme qu'il détermine au titre des frais exposés et non compris dans les dépens. Il peut condamner cette même partie à verser à l'avocat du bénéficiaire de l'aide juridictionnelle partielle ou totale une somme au titre des honoraires et frais non compris dans les dépens, que le bénéficiaire aurait exposés s'il n'avait pas eu cette aide. L'avocat pourra recouvrer cette somme dans un délai de 12 mois, et qui viendra en déduction de la part contributive de l'État au titre de ses honoraires. Dans tous les cas, le juge tient compte de l'équité ou de la situation économique de la partie condamnée : par exemple en cas de procès entre un salarié et un employeur devant le conseil de prud'hommes, même si le salarié licencié perd son procès, les juges peuvent condamner l'employeur à lui verser un montant déterminé au titre de l'article 700 du Code de procédure civile. Ce système a été repris à l'article L. 761-1 du Code de justice administrative pour les frais irrépétibles devant les juridictions administratives.

24. Preuve du montant des sommes réclamées. Néanmoins, il faut observer que la somme attribuée ne permet pas de couvrir la totalité des frais irrépétibles. L'article 700 du Code de procédure civile a été modifié par le décret n° 2022-245 du 25 février 2022 pour permettre au justiciable de rapporter des documents pour prouver le montant exact des honoraires qu'il a versés à son avocat (notamment, la facture). Pour cela, les parties peuvent produire les justificatifs des sommes qu'elles demandent. ***L'article 75 de la loi de 1991*** dispose à cet égard que « Les dispositions de l'article 66-5 de la loi n° 71-1130 du 31 décembre 1971 portant réforme de certaines professions judiciaires et juridiques ***(qui visent le secret professionnel de l'avocat)*** ne font pas obstacle à la production en justice de tout élément nécessaire à la justification des sommes demandées au titre des frais exposés et non compris dans les dépens ».

c) Les mécanismes assurant la gratuité de la justice

1. Les aides publiques : aide juridictionnelle, aide juridique, aide à la médiation

25. Contenu de l'aide juridique. L'aide juridique recouvre plusieurs aspects : la gratuité du recours à un tribunal (aide juridictionnelle), la gratuité de l'accès au droit (aide juridique), la gratuité partielle du recours à la médiation (aide à la médiation) et l'aide à l'intervention de l'avocat dans les procédures non juridictionnelles (D. n° 2021-810, 24 juin 2021). Le système actuel résulte de la loi n° 91-647 du 10 juillet 1991 modifiée à plusieurs reprises (not. L. n° 2020-1721, 29 déc. 2020) et d'un décret n° 2020-1717 du 28 décembre 2020. La gratuité d'accès au juge est assurée par un système d'aide juridictionnelle quelle que soit la juridiction saisie, civile, pénale ou administrative, accordée aux seuls justiciables qui justifient de ressources insuffisantes. Les bénéficiaires sont les personnes physiques et, exceptionnellement, les personnes morales à but non lucratif ayant leur siège en France et ne disposant pas de ressources suffisantes. De nombreuses dispositions sont venues étendre le domaine des bénéficiaires. L'aide juridictionnelle est accordée aux nationaux comme aux ressortissants des États membres de la Communauté européenne. Elle peut également être accordée aux personnes de nationalité étrangère hors Union européenne (L. 10 juill. 1991, art. 3), qui résident habituellement et régulièrement en France (en matière pénale, cette condition de résidence n'est pas exigée). Devant la commission des recours des réfugiés, l'aide est accordée aux étrangers qui résident habituellement en France depuis la loi du 24 juillet 2006 (L. 10 juill. 1991, art. 3).

Depuis la loi du 19 février 2007, l'aide juridictionnelle n'est pas accordée lorsque les frais couverts par cette aide sont pris en charge au titre du contrat d'assurance de protection juridique ou d'un système de protection.

Les ressources de l'aide juridictionnelle progressent difficilement (le budget total est de 615,12 millions d'euros en 2022, soit une progression de 15,2 % par rapport à 2021) et le nombre de bénéficiaires est en constante augmentation, ce qui soulève un problème récurrent de financement auquel les différentes lois de finances tentent d'apporter une réponse ! Une dotation complémentaire peut être allouée chaque année aux barreaux ayant conclu avec le tribunal judiciaire près lequel ils sont établis une convention locale relative à l'aide juridique permettant de garantir l'assistance d'un avocat dans les procédures juridictionnelles et non juridictionnelles et d'assurer la qualité de la défense des bénéficiaires de l'aide juridique. Cette convention vise à mettre en place des permanences, assorties d'engagements d'objectifs et de procédures d'évaluation.

26. Domaine. L'aide juridictionnelle a un domaine d'application très étendu : elle est accordée ***devant toutes les juridictions de l'ordre judiciaire***, aussi bien en matière civile, commerciale, sociale, qu'en matière pénale, et même devant les juridictions de l'ordre administratif. Elle est accordée quelle que soit la nature de la procédure engagée, en matière contentieuse ou gracieuse, dans le cadre de l'exécution des décisions de justice ou d'autres titres exécutoires. L'article 3-1 de la loi du 10 juillet 1991 prévoit que l'aide juridictionnelle est accordée dans les litiges transfrontaliers en matière civile et commerciale, aux personnes qui, quelle que soit leur nationalité, sont en situation régulière de séjour et résident habituellement dans un État membre de l'Union européenne, ou y ont leur domicile. L'aide juridictionnelle peut être accordée pour l'assistance d'un avocat dans le cadre d'***un mode alternatif de résolution des différends*** : d'une transaction, d'une convention de procédure participative ou d'une médiation, si elle est ordonnée par un juge ou s'il s'agit de l'assistance pour une homologation par le juge d'un accord intervenu à l'issue d'une médiation conventionnelle (L., 10 juill. 1991, art. 11-1).

27. Conditions d'octroi. Encore faut-il que certaines conditions soient réunies. Peuvent bénéficier de l'aide juridictionnelle les personnes physiques et, à titre exceptionnel, les personnes morales à but non lucratif ayant leur siège social en France. Peu importe que ces personnes soient demanderesses ou défenderesses à l'instance. La condition essentielle est une condition de ressources. Cette condition ne s'applique pas à la ***victime d'actes criminels et terroristes*** (l'aide juridictionnelle est accordée à la victime d'actes criminels et/ou terroristes et à ses ayants droit sans examen de la condition de revenu et de patrimoine) ; la ***victime de violence conjugale*** à laquelle l'aide juridictionnelle est accordée de manière provisoire pour une procédure d'urgence, mais qui doit ensuite justifier qu'elle remplit les conditions de revenu et de patrimoine exigées pour obtenir l'aide juridictionnelle ; à défaut, la victime doit rembourser l'aide juridictionnelle dont elle a bénéficié de manière provisoire.

Une condition tient au fondement de la demande projetée : l'aide juridictionnelle n'est accordée qu'aux demandeurs dont l'action n'apparaît pas manifestement irrecevable ou dénuée de fondement, ou abusive en raison notamment du nombre des demandes, de leur caractère répétitif ou systématique.

28. Plafonds de ressources. Le demandeur doit utiliser le ***formulaire cerfa n° 15626*02***, à télécharger ou à retirer à la mairie ou au tribunal. Il doit justifier des conditions de ressources prévues par les textes pour bénéficier de l'aide juridictionnelle totale ou partielle (l'aide juridictionnelle accordée sera totale (100 %) ou partielle (55 % ou 25 %) en fonction de l'importance des revenus, de la composition du patrimoine mobilier et (ou) immobilier, et de la composition du foyer fiscal du demandeur).

29. Plafonds de l'aide juridictionnelle totale (aucun de ces plafonds ne doit être dépassé ; v. circulaire du 17 janv. 2023) :
- revenu fiscal de référence : 12 271 €
- valeur du patrimoine mobilier : 18 404 €
- valeur du patrimoine immobilier : 36 808 €

30. Précisions des conditions. Le revenu fiscal de référence correspond à l'ensemble des revenus d'un contribuable. Il est calculé au niveau du foyer fiscal, qui est l'ensemble des personnes qui remplissent une même déclaration de revenus (ex. : couples mariés ou pacsés, parents et enfants mineurs, parents et enfants majeurs rattachés). S'il y a plusieurs personnes dans le foyer fiscal, les plafonds à ne pas dépasser tiennent compte des revenus de toutes ces personnes. Mais, si le justiciable demande l'aide juridictionnelle pour une procédure liée à un conflit qui l'oppose à un membre de son foyer fiscal, l'examen des plafonds de revenus sera individualisé.

Le patrimoine mobilier est constitué par l'ensemble des biens meubles, c'est-à-dire l'épargne financière et les biens de valeur : bijoux, voiture, meubles etc. La totalité du patrimoine mobilier est pris en compte pour l'examen de la demande d'aide juridictionnelle.

Le patrimoine immobilier comprend l'ensemble des biens immeubles : terrain, appartement, maison, etc. Néanmoins, la résidence principale et les biens immobiliers indispensables à l'exercice de l'activité professionnelle du demandeur sont exclus de la valeur prise en compte. Si le foyer fiscal du demandeur est composé de plusieurs personnes, les plafonds de patrimoine à ne pas dépasser tiennent compte du patrimoine mobilier et immobilier de toutes ces personnes (sauf procès contre un membre du foyer fiscal).

31. Aide juridictionnelle partielle. Il y a un plafond spécifique du revenu fiscal de référence pour l'aide juridictionnelle au taux de 25 % et un autre pour l'aide juridictionnelle à 55 % : entre 12 272 € et 14 505 € (55 %) et entre 14 506 € et 18 404 € (25 %).

32. Procédure. La demande d'aide juridictionnelle est instruite par le bureau qui peut recueillir tous les renseignements sur la situation financière de l'intéressé. Il peut rejeter la demande si l'action apparaît manifestement irrecevable, dénuée de tout fondement ou abusive, notamment en raison du nombre de demandes, de leur caractère répétitif ou systématique (L. 1991, art. 7).

La décision d'admission ou de rejet est susceptible de recours dans des conditions très limitatives. Les décisions du bureau d'aide juridictionnelle ou de leur premier président peuvent être déférées, selon le cas, au président de la cour d'appel ou de la Cour de cassation, au président de la cour administrative d'appel, au président de la section du contentieux du Conseil d'État, au vice-président du Tribunal des conflits, au président de la Commission des recours des réfugiés. Ces autorités statuent sans recours. Seuls peuvent former un recours l'intéressé lui-même, lorsque le bénéfice de l'aide lui a été refusé, en totalité ou partiellement, ou lorsque le bénéfice lui a été retiré ; le ministère public, le bâtonnier de l'ordre des avocats (L. 1991, art. 23).

33. Effets de l'aide juridictionnelle. ***Pour le bénéficiaire***, elle entraîne le droit à l'assistance d'un avocat et d'un officier public ou ministériel. Ces auxiliaires de justice sont librement choisis par le bénéficiaire ; à défaut, l'avocat est désigné d'office par le bâtonnier, et le commissaire de justice par le président de l'organisme professionnel dont il dépend. Le bénéficiaire de l'aide juridictionnelle a droit à la gratuité totale de la justice, ce qui signifie qu'il ne paie ni les dépens ni les frais irrépétibles tels que les honoraires de l'avocat. Si le bénéficiaire de l'aide juridictionnelle est condamné par le juge aux dépens parce qu'il a perdu son procès, il ne paiera pas ses propres frais, mais restera tenu de payer les dépens effectivement exposés par son adversaire. En cas d'aide juridictionnelle partielle, l'État prend en charge 55 % ou 25 % et le bénéficiaire doit payer une partie des frais.

Pour les auxiliaires de justice, commis au titre de l'aide juridictionnelle, la rémunération est versée par l'État. Ce dernier fait annuellement à chaque barreau une dotation représentant une part contributive ; le montant de ce qui revient à chaque avocat est déterminé en fonction du produit de l'unité de valeur prévue par la loi de finances de l'année (une UV unique est fixée à 36 euros), et des coefficients définis par le décret du 28 décembre 2020 (par exemple, pour une procédure de divorce pour faute, le coefficient de base est de 34, avec des majorations possibles dans la limite de 16 en cas d'expertise, d'enquête sociale ou de médiation ordonnée par le juge ; il est de 26 pour l'appel formé contre un jugement ; il est de 50 pour l'assistance d'un accusé devant la cour d'assises, de 20 pour l'assistance d'une personne dans le cadre d'une instruction correctionnelle avec détention provisoire devant le tribunal correctionnel...). Les autres auxiliaires de justice reçoivent une somme forfaitaire (commissaires de justice : 10 euros par acte effectivement délivré, 42 euros pour l'exécution d'une décision d'expulsion ; D. 2020, art. 95 ; avocat au Conseil d'État et à la Cour de cassation : 382 euros ; D. 2020, art. 90).

34. Aide à l'accès au droit. La loi de 1991 a été complétée par une loi du 18 décembre 1998, qui a ajouté à l'aide juridictionnelle l'aide à l'accès au droit : il s'agit de permettre aux plus démunis d'obtenir une information générale sur leurs droits et obligations, ainsi qu'une orientation vers les organismes chargés de la mise en œuvre de ces droits, une aide dans l'accomplissement de toutes démarches en vue de l'exercice d'un droit et l'assistance au cours d'une procédure non juridictionnelle, comme la transaction ou la procédure participative assistée par avocat, une consultation en matière juridique, ou encore une médiation et l'assistance à la rédaction et la conclusion des actes juridiques. Depuis la loi « *J21* » du 18 novembre 2016, le conseil départemental de l'accès au droit « *participe à la mise en œuvre d'une politique locale de résolution amiable des différends* » (L. n° 91-647, 10 juill. 1991, art. 54).

2. L'assurance de protection juridique

35. Application du mécanisme de l'assurance. La gratuité de la justice peut être garantie grâce à l'assurance de protection juridique. L'article L. 127-1 du Code des assurances définit l'assurance de protection juridique comme une opération consistant, moyennant le paiement d'une prime ou d'une cotisation préalablement convenue, à prendre en charge des frais de procédure ou à fournir des services découlant de la couverture d'assurance, en cas de différend ou de litige opposant l'assuré à un tiers. L'assurance couvre, notamment, le fait de défendre, ou de présenter une demande, dans une procédure pénale, civile, administrative ou autre, ou même contre une réclamation dont l'assuré est l'objet, ou tout processus permettant à l'assuré d'obtenir à l'amiable réparation du dommage subi. En outre, une taxe spéciale sur les conventions d'assurance qui pèse sur les contrats d'assurance de protection juridique permet de consolider le financement de l'aide juridictionnelle (les sommes sont allouées au Conseil national des barreaux pour rétribuer les avocats à l'aide juridictionnelle).

Est considéré comme un sinistre au sens de la loi « le refus qui est opposé à une réclamation dont l'assuré est l'auteur ou le destinataire » (C. assur., art. L. 127-2-1). Les consultations et actes de procédure réalisés avant la déclaration du sinistre ne sont pas pris en charge par l'assureur, sauf s'il y avait urgence à les demander. Si l'adversaire a constitué avocat, l'assuré doit être défendu dans les mêmes conditions. L'assuré a d'ailleurs le libre choix de son avocat, pourvu que ce dernier exerce la profession dans les conditions légales, et aucune clause du contrat d'assurance ne peut contrevenir à cette liberté[9]. Les honoraires de l'avocat sont déterminés entre ce dernier et son client, sans pouvoir faire l'objet d'un accord avec l'assureur de protection juridique.

En cas de conflit entre l'assuré et l'assureur, au sujet des mesures à prendre pour régler un différend, ce désaccord est tranché par un tiers choisi d'un commun accord par les parties, ou par le président du TJ selon la procédure accélérée au fond (C. assur., art. L. 127-4).

Le contrat d'assurance doit stipuler que toute somme obtenue en remboursement des frais et des honoraires exposés pour le règlement du litige bénéficie par priorité à l'assuré pour les dépenses restées à sa charge et, subsidiairement, à l'assureur, dans la limite des sommes qu'il a engagées.

3) Le principe de la permanence de la justice

36. Année judiciaire. En France, la justice est rendue sans interruption, d'une manière continue : l'article L. 111-4 du Code de l'organisation judiciaire dispose à cet égard que la permanence et la continuité du service de la justice demeurent toujours assurées. L'année judiciaire commence le 1er janvier et se termine le 31 décembre. Ce principe comporte quelques dérogations. Ainsi, le tribunal paritaire des baux ruraux

9. Cass. 1re civ., 15 juill. 1999 : D. 2000, somm. 343, obs. Bonnard ; D. 2001, 1057, note Krajeski – Aix-en-Provence, 29 juin 2000 : JCP 2001, II, 10469, note. Martin R.

siège par sessions, dont la fréquence et la durée dépendent du nombre des affaires inscrites au rôle. En matière pénale, la cour d'assises siège également par sessions intermittentes, en fonction du nombre des affaires. Dans l'ordre administratif, certaines juridictions d'exception se réunissent uniquement lorsque des affaires sont inscrites à leur rôle (par exemple, la section disciplinaire du conseil d'administration d'une université).

La continuité du service public de la justice n'est toutefois pas absolue :

- les services des tribunaux sont suspendus les samedis, dimanches et jours fériés. Malgré cela, en cas d'urgence, il est toujours possible de saisir le juge des référés. Il faut noter que le juge d'instruction et les représentants du Parquet assurent une permanence les dimanches et jours fériés ;
- avant 1974 existaient les vacances judiciaires entre le 15 juillet et le 15 septembre ; pendant cette période, seules étaient jugées les affaires urgentes au cours des audiences de vacations. Le décret du 27 février 1974 a supprimé les vacances judiciaires pour prévoir que la permanence et la continuité des services demeurent toujours assurées. Cette disposition n'empêche pas les magistrats de prendre des vacances, mais une permanence est assurée par roulement dans les tribunaux qui tiennent désormais des audiences de service allégé.

37. Interdiction de la grève. La continuité du service de la justice est également assurée par une interdiction de grève pour les magistrats de l'ordre judiciaire. Selon l'article 10 de l'ordonnance n° 58-1270 du 22 décembre 1958, toute action concertée de nature à arrêter ou à entraver le fonctionnement des juridictions est prohibée. Cette interdiction est reprise pour les juges des tribunaux de commerce et les conseillers prud'hommes.

4) Le principe de spécialisation

38. Diversité des spécialisations. Les juridictions sont regroupées ***en deux ordres*** : l'ordre judiciaire et l'ordre administratif. Chaque ordre de juridiction est doté d'une compétence particulière. L'ordre administratif juge les affaires opposant les particuliers à l'administration ou les administrations entre elles. L'ordre judiciaire traite des litiges entre particuliers. Il faut cependant distinguer les juridictions civiles qui tranchent les litiges concernant des intérêts privés opposant des particuliers en matières civile, commerciale, sociale, et les juridictions pénales qui jugent les auteurs d'infractions portant atteinte à l'ordre social.

Au sein de chaque ordre, on distingue ***les juridictions de droit commun des juridictions d'exception.*** Les juridictions de droit commun sont celles qui ont une compétence générale de principe, pour statuer sur tous les litiges qui ne sont pas expressément attribués par la loi à d'autres juridictions. Le tribunal judiciaire, la cour d'appel, le tribunal administratif, la cour administrative d'appel sont des juridictions de droit commun. Les juridictions exception sont celles qui ont une compétence spéciale pour statuer sur les affaires qui leur sont expressément attribuées par la loi. Elles sont spécialisées dans certains types de contentieux : c'est le cas du tribunal de commerce, du conseil de prud'hommes, de la Cour des comptes. Parfois, la spécialisation concerne des tribunaux de même catégorie : par exemple, seuls certains tribunaux de commerce statuent sur les procédures collectives des très grosses entreprises (entreprises dont le nombre de salariés est égal ou supérieur à 250 et dont le montant net du chiffre d'affaires est d'au moins 20 millions d'euros (C. com., art. L. 721-8), de même que, par exemple, seuls certains tribunaux judiciaires sont spécialisés dans l'adoption internationale et le déplacement illicite international d'enfants.

Il appartient ainsi aux parties, avant de saisir un juge, de déterminer à quel ordre de juridiction l'affaire doit être soumise, puis, dans cet ordre, de définir la juridiction compétente. Il s'agit d'un problème de ***compétence matérielle*** que l'on appelle encore ***compétence d'attribution***, qui peut se définir comme l'aptitude légale à juger une affaire en fonction de la matière juridique. Ces règles obéissent au droit national. Mais, lorsque le litige présente un aspect transfrontalier, parce que l'un des colitigants a un domicile dans un autre État membre de l'Union européenne, des règlements précisent les juridictions compétentes dans l'espace judiciaire européen. Hors Europe, ce sont des conventions internationales, bi ou multilatérales, qui permettent de régler ces conflits de compétence[10]. À défaut, il faut faire application des principes de droit commun de droit international privé.

5) *Le principe de neutralité du juge*

39. Office du juge. Cette neutralité dépend du rôle qui est conféré au juge dans l'instance par le dispositif procédural. On oppose traditionnellement deux types de procédure. La procédure dite inquisitoire ou encore inquisitoriale se caractérise par l'octroi au juge de larges pouvoirs dans l'instance ; le juge maîtrise l'élément temporel de l'instance puisqu'il peut en accélérer le déroulement ; il maîtrise également les éléments matériels de l'instance, parce qu'il dispose de pouvoirs importants dans l'instruction de l'affaire et la recherche des preuves. Traditionnellement, en droit français, la procédure est de type inquisitoire devant les juridictions pénales d'instruction et les juridictions administratives. Le second type de procédure se nomme la procédure accusatoire. Elle repose sur le principe selon lequel « le procès est la chose des parties » : celles-ci maîtrisent à la fois le déroulement temporel de l'instance et ses éléments matériels puisqu'elles déterminent l'objet du litige, sont libres d'invoquer tel ou tel fait, et de rapporter telle ou telle preuve. Le juge joue seulement le rôle d'arbitre. Ce système est celui de la procédure civile dans la mesure où elle met en cause des intérêts privés. Néanmoins, devant les inconvénients d'une procédure totalement accusatoire – lenteurs injustifiables de la justice, et vérité judiciaire contingente – les réformes successives ont consisté à conférer au juge des pouvoirs de plus en plus « inquisitoriaux », notamment dans la mise en état de l'affaire et la conduite de l'instance. Sans déposséder les parties de la matière de leur litige, le juge doit pouvoir les contraindre à une collaboration loyale : l'accomplissement des actes de la procédure dans les formes et les délais requis, la loyauté dans la production et la communication des moyens de droit et de fait et des pièces invoquées, sont des charges processuelles qui contribuent à l'évidence à une justice de qualité. Dès lors, la distinction entre accusatoire et inquisitoire ne paraît plus opératoire, elle doit être transcendée[11] pour une nouvelle répartition des rôles, fondée sur un principe de coopération. La tendance moderne va dans le sens d'un accroissement des obligations procédurales pour les parties, parfois

---

10. Fricero N., *L'Essentiel de l'Espace judiciaire européen en matière civile et commerciale*, 1re éd., 2011, Gualino éditeur.
11. Coulon J.-M., *Réflexions et propositions sur la procédure civile*, 1997, La Documentation française.

lourdement sanctionnées, par l'irrecevabilité ou la caducité (c'est le cas dans la procédure d'appel civil avec représentation obligatoire par avocat : CPC, art. 901 et s.).

40. Respect du contradictoire. Dans tous les cas, les pouvoirs du juge sont contrebalancés par le ***principe du contradictoire*** : en effet, le juge a l'obligation de faire observer et d'observer lui-même le principe du contradictoire ; il ne peut donc pas juger une partie sans l'avoir appelée et entendue et ne peut utiliser ses connaissances ou ses investigations personnelles que dans la mesure où elles ont fait l'objet d'une discussion contradictoire avec les parties. La contradiction évite l'arbitraire du juge en assurant la transparence de la procédure à toutes les phases et en permettant aux parties d'exercer leurs droits de la défense.

6) Le principe de publicité

41. Exigence démocratique. Le principe de publicité est proclamé par de nombreux textes internes et internationaux (DUDH, art. 10 ; Conv. EDH, art. 6 § 1). La publicité de la procédure protège les justiciables contre une justice secrète ; par la transparence qu'elle assure, elle permet aux citoyens de contrôler le respect du procès équitable par les tribunaux.

a) La publicité des débats

42. Définition. La publicité concerne les débats devant toutes les juridictions civiles, pénales et administratives : toute personne peut librement accéder aux audiences. Ce libre accès assure la transparence de la justice et permet aux citoyens de contrôler son fonctionnement. Toutefois, la nécessité de respecter certains droits fondamentaux fait parfois obstacle à la mise en œuvre d'une publicité des débats. Il en est ainsi lorsque le procès met en cause la moralité, l'ordre public, la sécurité nationale, ou encore lorsque les intérêts des mineurs ou la protection de la vie privée des parties au procès l'exigent, ou enfin lorsque la publicité est de nature à porter atteinte aux intérêts de la justice : l'accès à la salle d'audience est alors interdit. La publicité est également exclue lorsque le juge tente de concilier les parties (la confidentialité est un gage de réussite de la conciliation ; par ex. le bureau de conciliation et d'orientation du conseil des prud'hommes qui tente une conciliation peut entendre chacune des parties séparément et dans la confidentialité, C. trav., art. L. 1454-1).

43. Audiences en visio. ***Le recours aux moyens modernes de communication*** modifie les éléments de réflexion en ce qui concerne la publicité de la justice. L'article L. 111-12 dans le Code de l'organisation judiciaire pour prévoir que les audiences devant les juridictions judiciaires peuvent, par décision du président de la formation de jugement, d'office ou à la demande d'une partie, et avec le consentement de l'ensemble des parties, ***se dérouler dans plusieurs salles d'audience reliées directement par un moyen de télécommunication audiovisuelle*** garantissant la confidentialité de la transmission (COJ, art. R. 111-7 instaurant *la visio-conférence ou visio-audience*). L'une ou plusieurs de ces salles peuvent se trouver en dehors du ressort de la juridiction saisie. Pour la tenue des débats en audience publique, chacune de ces salles d'audience est ouverte au public. Pour la tenue des débats en chambre du conseil, il est procédé hors la présence du public dans chacune des salles d'audience. Mais les prises de vue et de son ne peuvent faire l'objet d'aucun enregistrement et d'aucune fixation (sauf dans le cadre des dispositions existantes ; C. patr., art. L. 221-1 et s.).

Selon l'article L. 111-12-1 du COJ, sans préjudice du Code de la santé publique et du Code de l'entrée et du séjour des étrangers et du droit d'asile et par dérogation à l'article L. 111-12 du même code, le président de la formation de jugement peut, devant les juridictions statuant en matière non pénale, pour un motif légitime, autoriser une partie, un témoin, un expert ou toute autre personne convoquée et qui en a fait expressément la demande à être ***entendu par un moyen de communication audiovisuelle au cours de l'audience ou de l'audition***. Le décret n° 2022-79 du 27 janvier 2022 portant application de l'article L. 111-12-1 du Code de l'organisation judiciaire a modifié l'article R. 111-7-1 du COJ : « Lorsqu'une personne demande expressément à être entendue par un moyen de communication audiovisuelle en application de l'article L. 111-12-1, le président de la formation de jugement l'y autorise s'il estime que son audition à distance est compatible avec la nature des débats et le respect du principe du contradictoire ». « Cette décision constitue une mesure d'administration judiciaire. Les caractéristiques techniques des moyens de télécommunication audiovisuelle utilisés en application de l'article L. 111-12-1 doivent permettre de s'assurer de l'identité des personnes y participant. Elles doivent également assurer la qualité de la transmission et, lorsque l'audience ou l'audition n'est pas publique, la confidentialité des échanges. Elles sont précisées par arrêté du garde des Sceaux, ministre de la Justice ». Le président dirige les débats depuis la salle d'audience où se trouvent également, le cas échéant, les autres membres de la formation de jugement, le ministère public et le greffier. Il contrôle, lors de l'audience, que les conditions dans lesquelles la personne se connecte sont compatibles avec le respect de la dignité et de la sérénité des débats. Ces conditions sont présumées réunies lorsque la personne se connecte depuis le local professionnel d'un avocat sur le territoire national ou à l'étranger. L'arrêté du 13 mai 2022 précise les modalités techniques des moyens de télécommunication audiovisuelle pour la tenue de visioaudience ou de visioaudition en matière non pénale (*JO 14 mai 2022*).

b) La publicité du jugement

44. Modalités. La publicité intéresse aussi le prononcé du jugement, dont le dispositif peut être lu à voix haute lors d'une audience publique (seules les décisions gracieuses, rendues en l'absence de litige, sont prononcées hors la présence du public), ou mis à disposition de toute personne intéressée au greffe de la juridiction.

On peut noter l'existence d'autres procédés de publicité du jugement, notamment, des publications destinées à informer les tiers (répertoire civil pour ce qui concerne la capacité des personnes, registre d'état civil pour l'état des personnes, bulletin officiel des annonces civiles et commerciales en ce qui concerne les jugements de sauvegarde, de redressement et de liquidation judiciaire) ou encore la délivrance de copies aux tiers, ou la mise à disposition de certaines décisions sur le site internet Légifrance, à destination de la communauté des juristes et des citoyens. Lorsque les jugements sont ainsi diffusés, il est prévu la suppression des prénoms et du nom des personnes physiques. De même, en cas de risque d'atteinte à la sécurité ou à la vie privée, les éléments d'identification (adresse, profession...) sont supprimés.

45. Diffusion gratuite ou *open data*. La réglementation actuelle de l'*open data*, c'est-à-dire la mise à disposition gratuite sous forme électronique de la totalité des décisions judiciaires (civiles, pénales et administratives) résulte de la loi n° 2016-1321 du 6 octobre 2016 pour ***une République numérique*** et de la loi n° 2019-2022 du 23 mars 2019 complétée par le décret n° 2020-797 du 29 juin 2020. La Cour de cassation pour l'ordre judiciaire (par l'intermédiaire du SDER, service de documentation, d'études et du rapport) et le Conseil d'État pour l'ordre administratif seront responsables de la diffusion. Un arrêté du 28 avril 2021 a précisé les dates d'entrée en vigueur de l'*open data* :

Contentieux civils commerciaux et sociaux
- 30 septembre 2021 s'agissant des décisions rendues par la Cour de cassation ;
- 30 avril 2022 s'agissant des décisions rendues par les cours d'appel ;
- 30 juin 2023 s'agissant des décisions rendues par les conseils de prud'hommes ;
- 31 décembre 2024 s'agissant des décisions rendues par les tribunaux de commerce ;
- 30 septembre 2025 s'agissant des décisions rendues par les tribunaux judiciaires.

Contentieux administratifs
- 30 septembre 2021 s'agissant des décisions du Conseil d'État ;
- 31 mars 2022 s'agissant des décisions des cours administratives d'appel ;
- 30 juin 2022 s'agissant des décisions des tribunaux administratifs.

Contentieux pénaux
- 30 septembre 2021 s'agissant des décisions rendues par la Cour de cassation ;
- 31 décembre 2024 s'agissant des décisions rendues par les juridictions de premier degré en matière contraventionnelle et délictuelle ;
- 31 décembre 2025 s'agissant des décisions rendues par les cours d'appel en matière contraventionnelle et délictuelle ;
- 31 décembre 2025 s'agissant des décisions rendues en matière criminelle.

La diffusion doit se faire en respectant la vie privée des personnes physiques : leurs nom et prénoms sont automatiquement supprimés avant diffusion. En outre, les personnes physiques comme les magistrats ou les membres du greffe pourront demander la suppression des éléments d'identification s'il y a un risque d'atteinte à leur sécurité ou à la vie privée[12].

46. Traitement algorithmique des décisions. Lorsque l'*open data* sera effectif, il y aura une possibilité de procéder à une analyse algorithmique des décisions de justice pour tenter de rendre une solution prévisible (dite « ***justice prédictive*** » rebaptisée « ***jurimétrie*** »). Mais cette analyse est encadrée : l'article 8 de la loi n° 78-17 du 6 janvier 1978 relative à l'informatique, aux fichiers et aux libertés a été modifié par la loi n° 2018-493 du 20 juin 2018 relative à la protection des données personnelles et précise que « Les traitements portant sur la réutilisation des informations publiques figurant dans les jugements et décisions mentionnés, respectivement, à l'article L. 10 du Code de justice administrative et à l'article L. 111-13 du Code de l'organisation judiciaire, sous réserve que ces traitements n'aient ni pour objet ni pour effet de permettre la réidentification des personnes concernées ».

12. Le rapport sur l'*open data* des décisions de justice, présenté par la mission présidée par Loïc Cadiet en novembre 2017 avait précisé les conditions de la diffusion au public des décisions de justice (anonymisation, absence de réidentification, etc.).

c) La médiatisation des procès

47. Possibilités restreintes de médiatisation. La publicité de la justice en droit français n'autorise pas la médiatisation de la justice, même si certaines dispositions législatives permettent la diffusion des procès, dans des conditions restrictives.

Ainsi les articles L. 221-1 et suivants du Code du patrimoine permettent l'enregistrement sonore et visuel de procès en vue de la ***constitution d'archives historiques de la justice***.

L'article 308 du Code de procédure pénale prévoit que les débats devant les cours d'assises font l'objet d'un enregistrement sonore, sous le contrôle du président lorsque ***la cour d'assises statue en appel***, sauf renonciation expresse de l'ensemble des accusés. Lorsque la cour d'assises statue en premier ressort, le président peut, d'office ou à la demande du ministère public ou des parties, ordonner cet enregistrement. Le président peut également, à la demande de la victime ou de la partie civile, ordonner que l'audition ou la déposition de ces dernières fassent l'objet, dans les mêmes conditions, d'un enregistrement audiovisuel. Les supports de cet enregistrement sont placés sous scellés et déposés au greffe de la cour d'assises. L'enregistrement peut être placé sous scellé numérique selon des modalités définies par arrêté. ***L'enregistrement sonore audiovisuel*** peut être utilisé devant la cour d'assises, jusqu'au prononcé de l'arrêt ; s'il l'est au cours de la délibération, les formalités prévues au troisième alinéa de l'article 347 sont applicables. L'enregistrement sonore ou audiovisuel peut également être utilisé devant la cour d'assises statuant en appel, devant la cour de révision et de réexamen saisie d'une demande en révision, ou, après cassation ou annulation sur demande en révision, devant la juridiction de renvoi. Les scellés sont ouverts par le premier président ou par un magistrat délégué par lui, en présence du condamné assisté de son avocat, ou eux dûment appelés, ou en présence de l'une des personnes visées au 4° de l'article 622-2, ou elles dûment appelées. Ces dispositions ***ne sont pas prescrites à peine de nullité de la procédure*** ; toutefois, le défaut d'enregistrement sonore, lorsque celui-ci est obligatoire en application du deuxième alinéa, constitue une cause de cassation de l'arrêt de condamnation s'il est établi qu'il a eu pour effet de porter atteinte aux intérêts de la personne condamnée.

48. Interdiction de principe. D'une manière générale, l'article 38 *ter* de la loi du 29 juillet 1881 sur la presse interdit, dès l'ouverture de l'audience des juridictions administratives ou judiciaires, l'emploi en tout appareil permettant d'enregistrer, de fixer ou de transmettre la parole ou l'image (sous peine de 18 000 euros d'amende). Le président de la juridiction peut faire procéder à la saisie de tous appareils et du support de la parole ou de l'image utilisés en violation de cette interdiction. Toutefois, afin de permettre l'exercice de la liberté de la presse et du droit à l'information, le président peut autoriser ***des prises de vue*** quand les débats ne sont pas commencés et à la condition que les parties ou leurs représentants et le ministère public y consentent ; de plus, ***les comptes rendus fidèles*** faits de bonne foi des débats judiciaires sont autorisés par l'article 41 de la loi de 1881. Un rapport remis au ministre de la Justice le 22 février 2005[13] préconise une meilleure transparence de la justice, qui participe à

---

13. Rapport Linden (présidente de la Commission sur l'enregistrement et la diffusion des débats judiciaires), Gaz. Pal., 23-24 mars 2005, actualité p. 2 ; Les Annonces de la Seine, 3 mars 2005, n° 15, Procès filmés.

la nature même de la démocratie. Mais la présence des médias audiovisuels dans les prétoires doit être encadrée : il faut aussi assurer la protection des personnes, des témoins et jurés, des parties et des acteurs judiciaires (magistrats, fonctionnaires des greffes...), et garantir la sérénité des débats judiciaires.

49. Réforme apportée par la loi n° 2021-1729 du 22 décembre 2021 : enregistrement des audiences. Selon le nouvel article 38 quarter de la loi du 29 juillet 1881 sur la liberté de la presse, par dérogation au premier alinéa de l'article 38 ter, ***l'enregistrement sonore ou audiovisuel d'une audience peut être autorisé, pour un motif d'intérêt public d'ordre pédagogique, informatif, culturel ou scientifique, en vue de sa diffusion***. La demande d'autorisation d'enregistrement et de diffusion est adressée au ministre de la Justice ; cette dernière est délivrée, après avis du ministre de la Justice, par le président du Tribunal des conflits, le vice-président du Conseil d'État, le premier président de la Cour de cassation et le premier président de la Cour des comptes, concernant leurs juridictions respectives. Elle est délivrée, après avis du ministre de la Justice, par le président de la juridiction concernant les juridictions administratives et les juridictions comprenant un magistrat du siège membre de la Cour de cassation, et par le premier président de la cour d'appel concernant les cours d'appel et les juridictions de l'ordre judiciaire de leur ressort.

Des restrictions sont prévues lorsque l'audience n'est pas publique : l'enregistrement est subordonné à l'accord préalable et écrit des parties au litige. Lorsqu'un majeur bénéficiant d'une mesure de protection juridique est partie à l'audience, qu'elle soit publique ou non, l'enregistrement est subordonné à l'accord préalable du majeur apte à exprimer sa volonté ou, à défaut, de la personne chargée de la mesure de protection juridique. Lorsqu'un mineur est partie à l'audience, qu'elle soit publique ou non, l'enregistrement est subordonné à l'accord préalable du mineur capable de discernement ainsi qu'à celui de ses représentants légaux ou, le cas échéant, de l'administrateur ad hoc désigné.

Les modalités de l'enregistrement doivent permettre un déroulement équitable de la procédure : elles ne doivent pas porter atteinte au bon déroulement de la procédure et des débats, et au libre exercice de leurs droits par les parties et les personnes enregistrées, dont la confidentialité des échanges entre l'avocat et son client. Le magistrat chargé de la police de l'audience peut, à tout moment, suspendre ou arrêter l'enregistrement. Cette décision constitue une mesure d'administration judiciaire insusceptible de recours.

S'agissant de l'utilisation de l'enregistrement, il est prévu que la diffusion, intégrale ou partielle, de l'enregistrement n'est possible qu'après que l'affaire a été définitivement jugée. En cas de révision d'un procès en application de l'article 622 du Code de procédure pénale, la diffusion de l'enregistrement peut être suspendue. La diffusion est réalisée dans des conditions ne portant atteinte ni à la sécurité, ni au respect de la vie privée des personnes enregistrées, ni au respect de la présomption d'innocence. Elle est accompagnée d'éléments de description de l'audience et d'explications pédagogiques et accessibles sur le fonctionnement de la justice. Sans préjudice de l'article 39 sexies de la loi de 1881, l'image et les autres éléments d'identification des personnes enregistrées ne peuvent être diffusés qu'avec leur consentement donné par écrit avant la tenue de l'audience. Les personnes enregistrées peuvent rétracter ce consentement dans un délai de quinze jours à compter de la fin de l'audience. En revanche, l'image et les autres éléments d'identification des mineurs ou des majeurs bénéficiant d'une mesure de protection juridique ne peuvent, en aucun cas, être diffusés.

En tout état de cause, aucun élément d'identification des personnes enregistrées ne peut être diffusé cinq ans après la première diffusion de l'enregistrement ou dix ans après l'autorisation d'enregistrement. L'accord écrit des parties au litige ou des personnes enregistrées ne peut faire l'objet d'aucune contrepartie. Le fait de diffuser un enregistrement sans respecter les conditions de diffusion est puni d'un an d'emprisonnement et de 15 000 € d'amende.

Ces dispositions sont applicables, par dérogation à l'article 11 du Code de procédure pénale, aux audiences intervenant au cours d'une enquête ou d'une instruction ainsi qu'aux auditions, interrogatoires et confrontations réalisés par le juge d'instruction. Lors des auditions, interrogatoires et confrontations, l'enregistrement est subordonné à l'accord préalable et écrit des personnes entendues et le juge d'instruction peut, à tout moment, suspendre ou arrêter l'enregistrement.

2. LES PRINCIPES ISSUS DES EXIGENCES DU PROCÈS ÉQUITABLE

A - La consécration d'un droit au juge effectif

1) Une obligation positive issue du Conseil de l'Europe

50. Droit au procès équitable. L'article 6 de la Convention européenne des droits de l'Homme impose aux États adhérents à la Convention de garantir à leurs citoyens le droit effectif et concret d'être entendus par un tribunal sur leurs contestations portant sur un droit ou une obligation de nature civile (c'est le droit à un procès équitable). L'article 13 de la Convention impose à ces mêmes États d'offrir à leurs justiciables un recours interne effectif pour obtenir la réparation d'une atteinte aux droits reconnus par la Convention. Ces dispositions, directement applicables en droit interne et dont la méconnaissance est sanctionnée par le juge national, et, à défaut, par la Cour européenne, ont des incidences considérables sur l'organisation du système juridictionnel interne[14].

De ces obligations positives vont découler un certain nombre de principes que les pouvoirs publics doivent respecter dans l'organisation du système judiciaire comme dans l'élaboration des règles de fonctionnement des juridictions. L'application de ces principes conduit également à des modifications des procédures suivies devant les juridictions[15], dont l'étude relève des diverses procédures.

51. Mise en place de tribunaux indépendants. En ce qui concerne les règles d'organisation, l'État doit instaurer de véritables tribunaux, ce qui, pour la Cour européenne, correspond à l'existence d'organes dotés d'un pouvoir protégé de dire le droit

---

14. Guinchard S. et *alii*, *Droit processuel, Droit commun et droit comparé du procès équitable*, Dalloz.
15. Magendie J.-Cl., *Célérité et qualité de la justice, La gestion du temps dans le procès*, Rapport, déc. 2004, La Documentation française.

après avoir pu apprécier souverainement les éléments de fait. Ces tribunaux sont nécessairement « établis par la loi », et non par des dispositions émanant du pouvoir exécutif.

Les tribunaux doivent être indépendants des différents pouvoirs publics. Cette indépendance est subordonnée, selon la Cour européenne, à l'existence d'un statut qui permet aux juges de résister aux pressions éventuelles des pouvoirs (par exemple, conditions de nomination, inamovibilité, garanties dans la procédure disciplinaire...) et qui interdit toute immixtion des pouvoirs publics dans l'activité juridictionnelle. La loi organique n° 2016-1090 du 8 août 2016 relative aux garanties statutaires, aux obligations déontologiques et au recrutement des magistrats ainsi qu'au Conseil supérieur de la magistrature a renforcé le statut protecteur des magistrats du siège et du ministère public. L'article 6 § 1 de la Convention européenne ne vise que les magistrats du siège. S'agissant des magistrats du Parquet, d'autres dispositions sont prévues, actuellement moins protectrices que celles qui concernent les juges du siège. Le Conseil constitutionnel, dans une décision n° 2017-680 QPC du 8 décembre 2017, a précisé que les dispositions relatives au parquet assurent « une conciliation équilibrée entre le principe d'indépendance de l'autorité judiciaire et les prérogatives que le Gouvernement tient de l'article 20 de la Constitution ».

52. Garanties d'impartialité des juges. Les juges doivent être impartiaux, c'est-à-dire juger les litiges sans *a priori*. L'article L. 111-5 du Code de l'organisation judiciaire prévoit à cet égard que « l'impartialité des juridictions est garantie par les dispositions du COJ et celles prévues par les dispositions particulières à certaines juridictions ainsi que par les règles d'incompatibilité fixées par le statut de la magistrature ». Des garanties doivent être offertes aux justiciables pour prévenir ou sanctionner les cas de partialité, quelle qu'en soit la cause (subjective, comme le lien de parenté du juge avec l'une des parties ou l'amitié ou l'inimitié notoire ; ou objective, lorsque le juge intervient plusieurs fois dans la même instance, comme juge des référés puis comme juge du fond, ou comme juge de première instance puis comme juge d'appel...). L'article 7-1 de l'ordonnance du 22 décembre 1958 précise que les magistrats veillent à prévenir ou à faire cesser immédiatement les situations de conflit d'intérêts. Il rappelle que « constitue un conflit d'intérêts toute situation d'interférence entre un intérêt public et des intérêts publics ou privés qui est de nature à influencer ou à paraître influencer l'exercice indépendant, impartial et objectif d'une fonction ». Le décret n° 2017-713 du 2 mai 2017 a précisé le contenu de la déclaration d'intérêts des magistrats de l'ordre judiciaire (v. *infra*, le statut des magistrats, n° 500 et s.).

53. Garanties procédurales. Pour ce qui concerne les ***règles de fonctionnement des juridictions***, l'État doit mettre en œuvre des garanties procédurales : un procès équitable est public, respecte l'égalité des armes et la contradiction, se déroule dans un délai raisonnable, et donne lieu à un jugement motivé et exécuté dans un délai bref.

54. Digitalisation du procès. L'accès aux tribunaux doit être modernisé, notamment par ***le recours aux nouvelles technologies*** et à la ***dématérialisation***. Dans un arrêt du 16 juin 2009, *Lawyer Partners AS c/Slovaquie* (n° 54252/07), la Cour européenne des droits de l'Homme a condamné un État qui avait prévu le recours aux nouvelles technologies dans le Code de procédure civile, mais qui n'avait pas équipé les juridictions. Le décret du 28 décembre 2005, applicable depuis le 1er janvier 2009, a ajouté au Code de procédure civile les articles 748-1 à 7, pour organiser la « communication par voie électronique » des actes de procédure, pièces, avis, avertissements, convocations, rapports, procès-verbaux et copies ou expéditions revêtues de la formule exécutoire des décisions juridictionnelles. Les procédés techniques utilisés doivent garantir la sécurité et la confidentialité des échanges[16]. De nombreux textes sont intervenus pour préciser les conditions de la communication[17], qui concerne la totalité des procédures, civiles[18], pénales (avec la procédure pénale numérique) et administratives, ainsi que l'expertise judiciaire (avec la plateforme Opalexe, mise en place par le Conseil national des compagnies d'experts judiciaires, administrée et certifiée par CertEurope). La procédure devant la Cour de cassation et certaines juridictions administratives est entièrement dématérialisée (les magistrats de la Cour de cassation ont reçu le 3 décembre 2013 la carte électronique leur permettant de signer leurs arrêts par voie électronique). Les projets pour les années à venir permettront aux justiciables de communiquer directement avec les juridictions et la communication par voie électronique est obligatoire, à peine d'irrecevabilité des actes de procédure, devant tous les TJ et les cours d'appel.

2) Une contrainte issue de l'Union européenne

55. Droit à un tribunal. Depuis le Traité de Lisbonne, l'Union européenne se substitue à la Communauté européenne, et est régie par le Traité sur l'Union européenne et le Traité sur le fonctionnement de l'Union européenne. La Charte des droits fondamentaux de l'Union y est intégrée avec la même valeur que les Traités (TUE, art. 6). Son article 47 organise le « *droit à un recours effectif et à accéder à un tribunal impartial* », lequel s'impose à tous les organes de l'Union européenne. De plus, chaque État membre s'engage à garantir aux personnes tous les droits définis par l'Union et à prévoir un système juridictionnel permettant d'assurer leur mise en œuvre effective, dans le respect du procès équitable.

Certes, les États restent libres de déterminer l'organisation de leur système juridictionnel, la répartition des compétences entre les juges et de réglementer les procédures applicables. Mais la Cour de justice de l'Union européenne contrôle l'usage que les États font de cette liberté par rapport aux principes fondamentaux qui régissent l'Union européenne. Ainsi, la réglementation de l'accès au juge ne doit générer aucune discrimination entre citoyens des États membres ; elle doit assurer l'égalité entre les procédures destinées à sanctionner un droit national et celles qui garantissent un droit reconnu par le droit de l'Union. La CJUE vient de le rappeler dans l'arrêt du 14 juin 2017 (n° C-75/16) en considérant que l'obligation de recourir à la médiation préalablement à une action en

16. Ricard E. et Ferreté A., « La technique au service de la procédure civile », Procédures 2006, étude 17 ; Vallens J.-L., « La dématérialisation des décisions judiciaires : une évolution nécessaire », JCP 2007, I, 119.
17. Convention du 18 mai 2007 entre le ministère de la Justice et le CNB remplacée par la Convention du 16 juin 2010 ; arrêtés du 17 juin 2008 et du 25 sept. 2008 et du 7 avril 2009 ; D. 9 déc. 2009 sur la procédure d'appel ; Arr. 14 déc. 2009 et du 5 mai 2010 ; D. 29 avr. 2010 ; Rapport de N. Hattab, Audit du réseau privé virtuel avocats, juin 2010. Arrêté du 12 mars 2013 relatif à la communication électronique devant le Conseil d'État, les cours administratives d'appel et les tribunaux administratifs.
18. Le procès civil à l'épreuve des nouvelles technologies, colloque Paris 13, Procédures 2009, p. 6 ; Didier G. et Sabater G., « Dématérialisation des procédures : une révolution culturelle est nécessaire », JCP 2008, I, 118.

justice, à peine d'irrecevabilité de la demande dans les litiges de consommation est conforme au droit européen, à condition que cela n'empêche pas les parties d'exercer leur droit d'accès au système juridictionnel (les parties doivent pouvoir se retirer librement du processus de médiation et la prescription du droit doit être suspendue durant le temps de la médiation).

Si ces contraintes ne sont pas respectées par les États membres, plusieurs sanctions sont prévues. Chaque justiciable peut solliciter du juge national l'application du droit de l'Union européenne et, le cas échéant, la mise à l'écart du droit national qui ne serait pas conforme. La Commission peut saisir la Cour de justice de l'Union européenne d'un recours en manquement, et une condamnation de la France obligerait les pouvoirs publics à mettre le dispositif législatif en conformité avec les exigences européennes.

B - L'affirmation du droit à un tribunal indépendant et impartial

1) *L'impartialité du juge*

56. Exigence déontologique. L'impartialité du juge, c'est-à-dire l'absence d'*a priori* dans l'exercice de son activité juridictionnelle, fait partie de ses obligations déontologiques. Le jugement doit être rendu par application de la règle de droit appropriée aux faits souverainement appréciés, à l'issue d'un débat contradictoire, et non en fonction des convictions personnelles du juge, de ses *a priori*, de ses amitiés ou inimitiés. Toutes les procédures, civile, pénale et administrative, offrent des mécanismes juridiques permettant de lutter contre les situations de partialité du juge objectivement démontrées.

Certains mécanismes agissent à titre préventif : il s'agit des interdictions ou incompatibilités de siéger dans une juridiction. Par exemple, les fonctions de magistrat sont incompatibles avec toutes les autres fonctions publiques et toute autre activité professionnelle ou salariée (Ord. 22 déc. 1958, art. 8), avec l'exercice d'un mandat de conseiller régional, général, municipal ou d'arrondissement (Ord. 22 déc. 1958, art. 9)... Ces exigences sont étendues aux conseillers prud'hommes par les articles L. 1442-11 et suivants du Code du travail (L. 6 août 2015), ainsi qu'aux juges des tribunaux de commerce (C. com., art. L. 722-6 et s., mod. L. n° 2016-1547, 18 nov. 2016).

La loi organique du 8 août 2016 a instauré un autre mécanisme préventif pour éviter les conflits d'intérêts. ***Constitue un conflit d'intérêts*** toute situation d'interférence entre un intérêt public et des intérêts publics ou privés qui est de nature à influencer ou à paraître influencer l'exercice indépendant, impartial et objectif d'une fonction (Ord. 22 déc. 1958, art. 7-1). Dans les deux mois qui suivent l'installation dans leurs fonctions, les magistrats remettent une déclaration exhaustive, exacte et sincère de leurs intérêts (Ord. 22 déc. 1958, art. 7-2-1 : activités, fonctions, participations financières...).

57. Déontologie des magistrats et des juges. Le respect par le juge des règles de ***déontologie*** (éthique appliquée à la profession) garantit aussi son impartialité. Le Recueil des obligations déontologiques des magistrats, élaboré par le Conseil supérieur de la magistrature et publié en juin 2010 (il a été modifié en 2019) contient des commentaires et des recommandations sur l'exigence d'impartialité du juge (absence de préjugés, respect du contradictoire, refus de toute proximité avec l'ensemble des acteurs du procès, image d'impartialité objective). Une Charte de déontologie des membres de la juridiction administrative, publiée en janvier 2012, reprend les obligations fondamentales et les bonnes pratiques déontologiques applicables à tous les juges administratifs. Lorsqu'un juge estime en conscience ne pas pouvoir juger, il peut décider de se faire remplacer. Le Conseil national des tribunaux de commerce a élaboré le recueil des obligations déontologiques du juge du tribunal de commerce en 2018, et un collège de déontologie, placé auprès du Conseil national des tribunaux de commerce, est chargé de favoriser la bonne application des principes déontologiques inhérents à l'exercice des fonctions des juges des tribunaux de commerce » (C. com., art. R. 721-20).

Ce collège peut « donner des avis sur toute question déontologique concernant personnellement un juge d'un tribunal de commerce, sur saisine de celui-ci, des présidents des tribunaux de commerce ou des premiers présidents des cours d'appel » et d'« émettre des recommandations de nature à éclairer les juges des tribunaux de commerce sur les obligations déontologiques et les bonnes pratiques qui s'appliquent à eux dans l'exercice de leurs activités ». Le Conseil supérieur de la prud'homie pour les conseillers prud'hommes (D. 28 déc. 2016) établit les règles de déontologie.

58. Récusation du juge. D'autres mécanismes permettent au justiciable dont le litige va être jugé par un magistrat dont il suspecte la partialité ***de récuser le juge***. Mais la récusation suppose la preuve d'éléments objectifs (par exemple, le juge est parent ou allié de l'une des parties, il a un intérêt personnel à l'affaire...), et n'est recevable, devant les juridictions judiciaires civiles, que si elle est demandée avant la clôture des débats devant le juge concerné (ou les juges concernés du tribunal). L'application directe de l'article 6 § 1 de la Convention européenne des droits de l'Homme, qui impose aux États de garantir des tribunaux impartiaux, a permis d'étendre les cas de récusation des juges à des hypothèses que le droit français n'avait pas envisagé (interdiction pour le juge des référés qui a ordonné le versement d'une provision de statuer ensuite sur le fond de l'affaire...). La procédure de récusation s'applique également en cas de suspicion légitime de l'ensemble des membres d'un tribunal. L'affaire peut également être renvoyée devant une autre juridiction par la Cour de cassation pour cause de sûreté publique (on parle souvent de « délocalisation »). Un renvoi peut ainsi être demandé si une des parties au procès est juge ou auxiliaire de justice devant la juridiction qui doit statuer (CPC, art. 47). Une délocalisation d'une procédure collective (sauvegarde, redressement ou liquidation judiciaires) peut être ordonnée, à la demande du ministère public, du débiteur ou du créancier poursuivant, si les intérêts en présence le justifient (C. com., art. L. 662-2 et R. 662-7, par ex. un conflit d'intérêts entre l'un des juges et la société concernée). En matière pénale, des dispositions particulières règlent les hypothèses de renvois d'un tribunal à un autre (CPP, art. 662 et s.) et la récusation d'un juge ou conseiller (CPP, art. 668 et s.).

2) L'indépendance du juge

a) L'indépendance par une interdiction d'immixtion dans l'activité juridictionnelle

59. Indépendance constitutionnelle. Certes, le titre VIII de la Constitution porte l'intitulé « de l'autorité judiciaire », par opposition au pouvoir législatif et au pouvoir exécutif, mais le droit organise, par un statut particulier de la magistrature, une double indépendance de l'autorité judiciaire. Le Recueil des obligations déontologiques des magistrats et la Charte déontologique des juges administratifs rappellent que l'indépendance est un droit constitutionnel et la condition première d'un procès équitable. Cette indépendance ne concerne que les juges du siège, qui rendent les jugements (pour les membres du Parquet, la situation n'est pas identique, en raison des conditions de leur nomination et de la procédure de sanction disciplinaire : néanmoins, la loi n° 2013-669 du 25 juillet 2013 relative aux attributions du garde des Sceaux et des magistrats du ministère public en matière de politique pénale et de mise en œuvre de l'action publique a supprimé la possibilité pour le ministre d'adresser des instructions dans des affaires individuelles, mais lui permet d'animer et de coordonner l'action des procureurs de la République et d'adresser des instructions générales et le Conseil constitutionnel a jugé que les dispositions applicables ménagent un juste équilibre entre l'indépendance des magistrats du parquet et les attributions du gouvernement (déc., 8 déc. 2017, n° 2017-680 QPC).

60. Portée de l'indépendance. L'indépendance se mesure ***par rapport au pouvoir législatif***, avec des domaines d'intervention distincts. Sans doute faut-il nuancer l'indépendance du juge. C'est le Parlement qui décide du statut du juge (sous le contrôle du Conseil constitutionnel par des lois organiques), et qui décide des lois que le juge est chargé d'appliquer. De plus, certaines techniques législatives permettent, ce qui est parfois sanctionné par la Cour européenne des droits de l'Homme, d'influer sur le fonctionnement de la justice : par exemple, le Parlement peut édicter des lois rétroactives qui modifient l'issue des procès en cours, ou des lois d'amnistie qui vont empêcher la condamnation judiciaire, ou des lois de validation qui vont anéantir une annulation prononcée par un juge administratif. Seuls d'impérieux motifs d'intérêt général peuvent justifier de telles lois. En revanche, l'interdiction pour le juge de s'immiscer dans la fonction législative est mieux assurée : l'article 5 du Code civil lui interdit les arrêts de règlement, c'est-à-dire les décisions qui seraient générales et permanentes comme les lois et l'article 4 du Code civil lui interdit de refuser de juger sous le prétexte du silence, de l'obscurité ou de l'insuffisance de la loi, sous peine des sanctions du déni de justice (C. pén., art. 434-7-1).

L'indépendance se mesure ensuite ***par rapport au pouvoir exécutif***. Elle se traduit par la non-ingérence du juge dans l'administration, issue de la loi des 16 et 24 août 1790 (les juges ne pourront, à peine de forfaiture, troubler, de quelque manière que ce soit, les opérations du corps administratif) et corollaire de la séparation des pouvoirs. L'essentiel résulte du statut particulier des magistrats, qui offre des garanties contre l'éventualité d'une immixtion du pouvoir exécutif : garanties d'un recrutement démocratique par concours, inamovibilité des magistrats du siège, avancement contrôlé par une Commission d'avancement composée de magistrats, et nominations avec avis conforme du Conseil supérieur de la magistrature pour les magistrats du siège (sauf pour certains postes, pour lesquels une proposition est faite par le CSM : Const. 1958, art. 65, mod. L. révision constitutionnelle, 23 juill. 2008 et Ord. 22 déc. 1958, art. 28, mod. L., 21 févr. 2007 ; la formation du Conseil supérieur de la magistrature compétente à l'égard des magistrats du siège fait des propositions pour les nominations des magistrats du siège à la Cour de cassation, pour celles de premier président de cour d'appel et pour celles de président de tribunal judiciaire. Les autres magistrats du siège sont nommés sur son avis conforme), sanctions disciplinaires prononcées par le Conseil supérieur de la magistrature pour les juges du siège (la formation du Conseil supérieur de la magistrature compétente à l'égard des magistrats du siège statue comme conseil de discipline des magistrats du siège)...

61. Indépendance des magistrats du ministère public. Dans le cadre de la modernisation de l'action publique, un rapport a été remis aux gardes des Sceaux en novembre 2013 du groupe de travail présidé par Jean-Louis Nadal : parmi les différentes propositions il est suggéré de ***mieux garantir l'indépendance statutaire du ministère public***. Dans le prolongement, la loi organique n° 2016-990 du 8 août 2016 relative aux garanties statutaires, aux obligations déontologiques et au recrutement des magistrats ainsi qu'au Conseil supérieur de la magistrature renforce le rôle du Conseil supérieur de la magistrature.

b) L'indépendance par une responsabilité originale du service public de la justice

62. Responsabilité de l'État. Le fonctionnement du service public de la justice peut entraîner des préjudices pour les plaideurs (condamnation par erreur, perte d'un dossier, violation du secret du délibéré...). La question se pose de savoir dans quelle mesure et à quelles conditions le plaideur victime du préjudice peut mettre en jeu la responsabilité du service public de la justice. Il paraît légitime de réparer le dommage et d'admettre le principe de la responsabilité de l'État, garant du bon fonctionnement des services publics. En revanche, la question de la responsabilité personnelle du juge est beaucoup plus délicate à organiser, en raison de la nécessaire indépendance dont il doit bénéficier dans le cadre de son activité professionnelle. En effet, la partie qui succombe et qui prétend que le juge a mal jugé (mal interprété la loi, mal apprécié les faits) dispose de voies de recours pour mettre en cause l'autorité de la chose jugée et réparer ainsi le préjudice qu'elle prétend subir.

Il faut sauvegarder l'indépendance du juge et le tenir à l'abri de poursuites personnelles inconsidérées exercées par les plaideurs déçus ou par les justiciables qui chercheraient par ce biais à exercer des pressions sur lui. Ces raisons expliquent que le système de la responsabilité du service public de la justice soit original et complexe, aussi bien pour les juridictions de l'ordre judiciaire que pour les juridictions administratives.

1. La responsabilité du fait des juridictions judiciaires

- *La responsabilité pour fonctionnement défectueux du service public de la justice*

63. Faute lourde et déni de justice. En principe, l'État est responsable du fonctionnement défectueux du service public de la justice. Il s'agit d'une responsabilité directe tenant à l'obligation de l'État de mettre en place un service public. L'article L. 141-1 du Code de l'organisation judiciaire prévoit que l'État est tenu de réparer le dommage causé par un fonctionnement défectueux. Cette responsabilité n'est engagée que dans deux cas : faute lourde ou déni de justice.

La notion de faute lourde a évolué. Dans un premier temps, la jurisprudence adoptait une conception restrictive : la faute lourde est celle qui a été commise sous l'empire d'une erreur tellement grave qu'un magistrat normalement soucieux de ses devoirs n'y eût pas été entraîné[19], ou encore une négligence particulièrement grave commise aussi

19. Cass. 1re civ., 13 oct. 1953 : Bull. civ. I, n° 224.

bien par un juge que par les services du greffe de la juridiction. Puis, afin d'étendre le domaine de la responsabilité de l'État, la jurisprudence a décidé que « constitue une faute lourde toute déficience caractérisée par un fait ou une série de faits traduisant l'inaptitude du service public de la justice à remplir la mission dont il est investi »[20].

Le déni de justice, seconde cause de mise en jeu de la responsabilité de l'État, a fait l'objet d'une même évolution extensive. Selon une première conception, le déni de justice est le refus de répondre aux requêtes et de juger les affaires en état de l'être. C'est le cas, par exemple, du juge d'instruction qui refuse de répondre aux requêtes et ne procède à aucune diligence[21]. Le Code pénal qualifie ce comportement d'entrave à l'exercice de la justice (art. 434-7-1 : « le fait par un magistrat, ou toute autre personne siégeant dans une formation juridictionnelle ou toute autorité administrative, de dénier rendre la justice après en avoir été requis et persévérer dans son déni après avertissement ou injonction de ses supérieurs est puni de 7 500 euros d'amende et de l'interdiction de l'exercice de ses fonctions publiques pour une durée de 5 à 20 ans »). La difficulté est de déterminer le « supérieur » susceptible d'adresser l'injonction de rendre la justice[22]. Selon une deuxième conception, le déni de justice est le manquement de l'État à son devoir de protection juridictionnelle. La première décision publiée en ce sens est celle du TJ de Paris 6 juillet 1994[23], à propos d'un délai anormalement long d'audiencement, imposé en début de procédure par un acte d'administration judiciaire. La jurisprudence révèle d'autres exemples du non-respect du délai raisonnable des procès, constitutifs de dénis de justice : délibéré de 15 mois et délai de 5 mois pour la copie du jugement[24] ; injonction de conclure à 2 ans et fixation de la date des plaidoiries à 3 ans[25] ; délai de 2 ans et 2 mois entre l'arrêt d'une chambre d'accusation infirmant l'ordonnance d'irrecevabilité du juge d'instruction et la mise en examen suivie, 11 mois après, d'une ordonnance de non-lieu[26] ; l'inaction injustifiée des juges pendant près de 3 ans qui a entraîné un retard dans l'instruction de l'affaire, la reprise de la procédure n'étant due, au surplus, qu'aux initiatives du demandeur et qui a eu pour conséquence de retarder l'examen de l'affaire par le tribunal, lequel n'interviendra que plus de 6 ans après le dépôt de la plainte avec constitution de partie civile[27].

Seules ces deux hypothèses peuvent entraîner la responsabilité directe de l'État.

- *Les régimes spéciaux de responsabilité*

64. Réparation de l'erreur judiciaire. *En cas d'erreur judiciaire*, l'article 626-1 du Code de procédure pénale prévoit qu'un condamné reconnu innocent a droit à

---

20. Cass. ass. plén., 23 févr. 2001, Bolle-Laroche : D. 2001, p. 175.
21. CA Paris, 6 sept. 1996 : Gaz. Pal. 1996, 2, p. 495.
22. CA Paris, 30 juin 2004 : JCP 2005, IV, 1520 : la chambre de l'instruction est une juridiction du second degré par rapport au juge d'instruction, et le fait pour un magistrat instructeur de ne pas accomplir les actes demandés nonobstant une décision contraire de la chambre de l'instruction ne constitue pas une persévérance dans le déni de justice, la décision de la chambre ne pouvant être assimilée ni à un avertissement, ni à une injonction émanant d'un supérieur, par respect du principe constitutionnel d'indépendance de la magistrature.
23. JCP 1994, I, n° 3805, obs. Cadiet, confirmée en appel, CA Paris, 20 janv. 1999 : Gaz. Pal. 1999, 1, somm. 45.
24. TI Paris, 2 févr. 1993, inédit, cité par De la Vaissière, Dr. & patr. janv. 1995, p. 9.
25. TJ Paris, 6 juill. 1994 : Dr. & patr., janv. 1995, p. 9 ; RTD civ. 1995, p. 957, obs. Perrot.
26. TJ Paris, 8 nov. 1995 : BICC 1996, n° 486 ; D. 1997, somm. 149, obs. Pradel.
27. CA Paris, 28 avril 2003 : Gaz. Pal. 2003, 1, p. 1821 ; Annonces de la Seine, 29 mai 2003, p. 20.

réparation intégrale du préjudice moral et matériel que lui a causé la condamnation (sauf si la personne s'était librement et volontairement accusée ou laissée accusée à tort en vue de faire échapper l'auteur des faits aux poursuites). Le préjudice est évalué par expertise contradictoire. L'indemnité est allouée par le premier président de la cour d'appel dans le ressort de laquelle réside l'intéressé, selon la procédure prévue aux articles 149-2 à 4 du Code de procédure pénale. Le juge statue sur requête, à l'issue de débats publics, avec possibilité de recours dans les 10 jours de la notification, devant la Commission nationale de réparation des détentions placée auprès de la Cour de cassation. L'indemnité est à la charge de l'État qui peut exercer un recours en remboursement contre la partie civile, le dénonciateur ou le faux témoin par la faute desquels la condamnation a été prononcée (CPP, art. 626-1). Si le demandeur le requiert, la décision qui révise son procès et d'où il résulte son innocence peut faire l'objet de mesures de publicité par affichage ou insertion au *Journal officiel*, ou par publications d'extraits dans cinq journaux au choix de la juridiction qui a prononcé la décision.

65. Détention provisoire. Une indemnité peut être accordée à la personne qui a fait l'objet d'une détention provisoire au cours d'une procédure terminée à son égard par une décision de non-lieu, de relaxe ou d'acquittement devenue définitive, sauf si l'absence de condamnation provient d'une amnistie, d'une reconnaissance d'irresponsabilité au sens de l'article 122-1 du Code pénal, ou si la personne s'était librement et volontairement accusée. Le préjudice matériel et moral peut faire l'objet d'une expertise contradictoire (CPP, art. 149). Cette indemnité est allouée par le premier président de la cour d'appel dans le ressort de laquelle est prononcée la décision. Le juge statue sur requête, à l'issue de débats contradictoires, et sa décision peut être attaquée dans les 10 jours de sa notification devant la Commission nationale de réparation des détentions placée auprès de la Cour de cassation (CPP, art. 148-2 à 4). L'indemnité est à la charge de l'État, sauf son recours contre le dénonciateur de mauvaise foi ou le faux témoin dont la faute a provoqué la détention ou sa prolongation.

- *La responsabilité en cas de faute personnelle du juge*

66. Faute personnelle du juge : État garant du juge. Lorsque le juge commet une faute personnelle à l'occasion de l'exercice de ses fonctions juridictionnelles, par exemple perd une pièce importante du dossier, la responsabilité de l'État peut être mise en cause. En effet, aux termes de l'article L. 141-2 du Code de l'organisation judiciaire, l'État garantit les victimes des dommages causés par les fautes personnelles des juges et autres magistrats sauf son recours contre ces derniers. Cela signifie que la victime d'une faute personnelle d'un magistrat doit agir directement contre l'État en sa qualité de garant. Si elle prouve la faute personnelle du magistrat, l'État réparera le préjudice qui en découle. Ensuite, il appartient à l'État d'exercer une action récursoire contre le magistrat pour obtenir le remboursement des sommes versées à la victime (en pratique, cette action récursoire n'est pas intentée). Cette action récursoire est portée devant la chambre civile de la Cour de cassation. Cette responsabilité n'est mise en œuvre qu'en présence d'une faute personnelle du juge, qui doit se rattacher au fonctionnement du service public de la justice, mais qui est indépendante de l'exercice même de l'activité juridictionnelle : un mal-jugé ou une erreur dans l'interprétation de la règle de droit ne constitue pas une faute personnelle ; dans ces hypothèses la réparation prend la forme de l'exercice d'une voie de recours contre la décision pour anéantir cette dernière. Il faut ajouter que la faute personnelle du magistrat peut donner lieu à une sanction disciplinaire prononcée contre lui (v. *infra*, le statut des magistrats, n° 505 et s., notamment en cas de « violation grave et délibérée d'une règle de procédure constituant une garantie essentielle des droits des parties, constatée par une décision de justice devenue définitive » (ord. 22 déc. 1958 portant statut de la magistrature, art. 43), et que le Conseil supérieur de la magistrature peut aussi être saisi directement par un justiciable concerné par une décision et qui estime que le comportement du magistrat est susceptible de revêtir une qualification disciplinaire, en application de l'article 65 de la Constitution et de la loi organique n° 2010-830 du 22 juillet 2010[28].

67. Prise à partie des juges non-magistrats : État civilement responsable. Pour les juges élus ou désignés des juridictions d'exception qui n'appartiennent pas au corps de la magistrature (juges des tribunaux de commerce, juges des Conseils de prud'hommes, assesseurs des Tribunaux paritaires de baux ruraux), les règles sont prévues par les articles L. 141-2 et L. 141-3 du Code de l'organisation judiciaire et les articles 366-1 et suivants du Code de procédure civile. Il s'agit de la procédure de prise à partie qui permet à un justiciable d'obtenir réparation dans des cas limitatifs : s'il y a dol, faute lourde professionnelle ou de déni de justice (la procédure suppose une autorisation préalable du premier président de la cour d'appel). L'État est civilement responsable des condamnations en dommages-intérêts qui seront prononcées à l'occasion de ces faits. Il peut exercer un recours en remboursement contre les juges concernés. Il serait opportun qu'une réforme législative aligne la responsabilité de l'État en raison des fautes commises par les juges sur celle des magistrats de carrière, et supprime la prise à partie. La Cour de cassation a rappelé le 22 février 2017[29] le caractère limitatif des cas de mise en cause de la responsabilité des juges.

2. La responsabilité du fait des juridictions administratives

68. Faute lourde. Les dispositions législatives contenues dans le Code de procédure civile ne sont pas applicables aux juridictions administratives. La question de la responsabilité de l'État est donc posée en l'absence de textes. Depuis un arrêt du 29 décembre 1978[30], le Conseil d'État admet le principe d'une responsabilité de l'État à raison de l'exercice de la fonction juridictionnelle par une juridiction administrative. Cette responsabilité a sa source dans les principes généraux régissant la responsabilité de la puissance publique. Le justiciable doit prouver l'existence d'une faute lourde ne résultant pas du contenu même de la décision, c'est-à-dire d'une faute particulièrement grave indépendante de l'activité juridictionnelle pour obtenir réparation du préjudice qu'il subit (comme pour les juridictions judiciaires, un mal-jugé ou une mauvaise

---

28. JORF, 23 juill. 2010, p. 13562 ; Cons. const., 19 juill. 2010, n° 2010-611 DC : JORF, 23 juill. 2010, p. 13583.
29. Cass. crim., 22 févr. 2017, n° 15-86666 : « vu les articles L. 141-1, L. 141-2 et L. 141-3 du Code de l'organisation judiciaire, ensemble les articles 366-1 et suivants du Code de procédure civile ; attendu que, selon ces textes, la responsabilité des juges non professionnels, en raison de leur faute personnelle, est régie par des lois spéciales ou, à défaut, par la prise à partie dans les cas de dol, fraude, concussion ou faute lourde, commis soit dans le cours de l'instruction, soit lors des jugements, ou en cas de déni de justice ».
30. Darmont, D. 1979, p. 278.

interprétation de la loi est réparé par le seul exercice d'une voie de recours, et non par la responsabilité de l'État).

Depuis la décision du Conseil d'État du 18 juin 2008 (n° 295831, *Gestas)*, ***la violation manifeste*** par une décision juridictionnelle définitive d'une juridiction administrative ***du droit de l'Union européenne*** ayant pour objet de conférer des droits aux particuliers ***constitue une faute lourde*** et ***ouvre droit à réparation***. Dans un arrêt du 21 septembre 2016[31], le Conseil d'État a précisé qu'il résulte des articles L. 211-1 et L. 311-1 du Code de justice administrative « que les tribunaux administratifs et en appel les cours administratives d'appel, sont compétents pour connaître des actions en responsabilité dirigées contre l'État à raison de la faute lourde commise dans l'exercice de la fonction juridictionnelle commise par une juridiction administrative ».

69. Délai non raisonnable du procès. Pour ce qui concerne le grief de lenteur de la justice administrative, le Conseil d'État a décidé, dans un arrêt *Magiéra* du 28 juin 2002[32] que l'État est responsable du dommage subi par le justiciable sur le fondement de l'article 6 § 1 de la Convention européenne des droits de l'Homme et des principes généraux qui gouvernent le fonctionnement des juridictions administratives. Le Conseil d'État a précisé qu'il doit être tenu compte de la durée excessive d'un recours administratif préalable obligatoire dans l'appréciation du caractère raisonnable de la durée globale de la procédure[33]. La durée du recours préalable est appréciée de manière isolée et il en sera tenu compte s'il est déraisonnable[34].

31. n° 394360, Société Lactalis ingrédients : AJDA 2016, p. 1776, obs. Biget C. ; Gaz. Pal. 8 nov. 2016, n° 39, p. 23, note Minet-Leleu A.
32. Req. n° 239575 : D. 2002, p. 23, note Holderbach-Martin.
33. CE, 13 juill. 2016, n° 389760, Jarraud : JCP G 2016, n° 37, veille Erstein L. ; JCP A 20 févr. 2017, n° 2053, chron. Le Bot O. ; JCP A 2017, n° 2124, note Stark J.
34. CE, 6 avril 2016, n° 374489, Société Stud'arts : JCP A 25 avril 2016, act. 365, veille Erstein L.

PARTIE 1

Les organes de la justice

70. ***Évolution de l'organisation judiciaire.*** *La justice est mise en œuvre par de très nombreux organes, dont la création s'explique par des facteurs diversifiés : origine historique, souci de réaliser les objectifs inhérents à l'administration d'une bonne justice, volonté d'offrir aux citoyens une justice adaptée à la nature de leurs litiges et proche de leurs préoccupations, gestion rationnelle des deniers publics…*

L'état actuel de cette organisation judiciaire résulte essentiellement de la Constitution du 4 octobre 1958, qui a posé les principes constitutionnels et a réparti les compétences entre le Parlement (art. 34 : seule la loi peut créer un nouvel ordre de juridiction, et organiser la procédure pénale) et le gouvernement (art. 37 : la procédure civile relève du règlement). Des ordonnances promulguées le 22 décembre 1958 ont précisé l'organisation judiciaire et la compétence des tribunaux, le statut des magistrats... Cette organisation pose problème pour plusieurs raisons. D'abord, les contextes ont changé : des migrations de population, des modifications du tissu économique, l'apparition de nouveaux contentieux « de masse », conduisent à repenser l'organisation judiciaire. Ensuite, l'analyse économique de l'organisation et du fonctionnement du service de la justice, l'entrée en vigueur de la LOLF, l'intégration de nouveaux critères de performance d'origine européenne (les travaux de la CEPEJ ont permis de définir des critères applicables à tous les pays du Conseil de l'Europe) contraignent à une grande réforme de la carte judiciaire. C'est ainsi qu'une réorganisation de la carte judiciaire a débuté dès 2008 : le « rapport Guinchard »[1] a été suivi de plusieurs réformes relatives aux compétences des tribunaux civils et pénaux en 2009, 2010 et 2011. Les réformes actuelles poursuivent plusieurs objectifs : la spécialisation de certains tribunaux seulement dans des contentieux complexes, ou mettant en jeu de nombreuses parties, et le regroupement des contentieux devant une juridiction unique (v. la suppression des tribunaux des affaires de sécurité sociale et des tribunaux du contentieux de l'incapacité et le transfert des contentieux au pôle social de certains tribunaux judiciaires). La simplification de l'organisation judiciaire a conduit à la fusion des tribunaux de grande instance et des tribunaux d'instance en une seule juridiction, le tribunal judiciaire, avec des modes de saisine uniformisés.

Le recours à la communication électronique, la création d'un service d'accueil unique du justiciable auprès du tribunal judiciaire (SAUJ), permet de simplifier l'organisation fonctionnelle des tribunaux et de simplifier l'accès pour les justiciables.

L'analyse peut distinguer les juridictions civiles, pénales, la Cour de cassation, les juridictions administratives, le Tribunal des conflits, le Conseil constitutionnel, sans omettre les juridictions européennes et internationales.

---

1. *L'ambition raisonnée d'une justice apaisée*, 2008, La Documentation française.

CHAPITRE 2

Les juridictions civiles

71. Diversité des juridictions. Il s'agit de l'ensemble des tribunaux statuant en matière civile, mais également commerciale, sociale, rurale, ou prud'homale, c'est-à-dire dans tous les domaines non pénaux. L'article 749 du Code de procédure civile précise que les principes généraux du 1er livre du code s'appliquent à toutes ces juridictions.

Traditionnellement, on oppose les juridictions du 1er degré, qui sont saisies du litige pour la 1re fois, et celles du second degré, qui statuent sur recours (les cours d'appel). Parmi les juridictions du 1er degré, on distingue la juridiction de droit commun, le tribunal judiciaire, qui dispose d'une compétence d'attribution de principe, et les juridictions d'exception, dont la compétence est strictement définie par la loi à des matières spécifiques, et devant lesquelles la procédure est généralement moins formaliste, soumise au principe de l'oralité et le plus souvent sans représentation obligatoire par avocat.

1 • LE TRIBUNAL JUDICIAIRE, JURIDICTION DE DROIT COMMUN DU 1ER DEGRÉ

72. Compétence de principe. Les articles L. 211-1 et suivants et R. 211-2 et suivants du Code de l'organisation judiciaire prévoient l'organisation et le fonctionnement des TJ. Issu du tribunal de district créé en 1790, le TJ a un ressort territorial qui couvre le département, mais de très nombreux départements disposent de plusieurs TJ. Il y a au moins un tribunal judiciaire dans le ressort de chaque cour d'appel (COJ, art. L. 211-1). Le TJ est la seule juridiction de droit commun du premier degré : il connaît, en première instance, dans tous les domaines juridiques de droit privé, des litiges qui n'ont pas été attribués expressément à une autre juridiction en raison de la nature de la demande (on parle de compétence résiduelle : COJ, art. L. 211-3). Certains ont une compétence spéciale (par ex. pour connaître des actions en matière de marques, dessins et modèles communautaires, dans les cas et conditions prévus par le Code de la propriété intellectuelle, seul le TJ de Paris est compétent). On note également que le TJ comporte un grand nombre de juges spécialisés (juges aux affaires familiales, juge de l'exécution, juge des contentieux de la protection). La procédure suivie varie selon le type de contentieux : elle peut être écrite, avec représentation par avocat obligatoire, ou bien orale, avec une représentation obligatoire par avocat uniquement lorsque le montant de la demande dépasse 10 000 euros. Chaque TJ élabore un projet de juridiction, à l'initiative des chefs de juridiction, en concertation avec l'ensemble des magistrats du siège et du parquet et l'ensemble des personnels de la juridiction. Ce projet est soumis à l'avis de l'assemblée plénière des magistrats et des fonctionnaires avant d'être arrêté par les chefs de juridiction. Il définit, en prenant en compte les spécificités du ressort, des objectifs à moyen terme visant à améliorer le service rendu au justiciable et les conditions de travail, dans le respect de l'indépendance juridictionnelle (COJ, art. R. 212-63).

A - L'organisation

1) Les formations juridictionnelles et judiciaires

73. Adaptation des formations aux contentieux. L'organisation du tribunal judiciaire a été profondément modifiée en raison de la fusion des TGI et des TI. Tous les magistrats appartiennent au tribunal judiciaire où ils exercent les nouvelles compétences du tribunal. On trouve des formations collégiales, organisées en chambres, services ou pôles, des chambres de proximité (situées géographiquement hors du palais de justice où siège le TJ et que l'on appelle alors « tribunaux de proximité »), mais aussi des juges spécialisés dans certaines matières. En fonction de la nature du contentieux, la procédure peut être écrite avec avocat obligatoire, ou orale, avec ou sans avocat obligatoire.

a) Les formations collégiales du TJ

74. Principe : formation collégiale de trois juges. ***Les juges du TJ statuent en principe en formations collégiales*** (COJ, art. L. 212-1). Chaque TJ comporte donc au moins trois juges dont un président. Les assesseurs de la formation collégiale sont en effet au nombre de deux (COJ, art. R. 211-7). Dans les matières disciplinaires ou relatives à l'état des personnes, sous réserve des dispositions particulières aux matières de la compétence du juge aux affaires familiales et du juge des contentieux de la protection, le tribunal judiciaire ne peut statuer à juge unique. S'il manque un juge, les avocats peuvent être appelés, dans l'ordre du tableau, à suppléer les juges pour compléter le tribunal judiciaire. Toutefois, la formation de jugement ne peut comprendre une majorité de juges non professionnels.

L'article R. 212-3 du COJ précise l'organisation du service juridictionnel du TJ. Le tribunal judiciaire est organisé en une ou plusieurs ***chambres et en différents services*** (dont le nombre et le contenu sont fixés par l'ordonnance prévue à l'article R. 121-1 du COJ). Chacune des chambres est présidée par le président du tribunal judiciaire, un premier vice-président ou un vice-président, ou à défaut, par le magistrat du siège dont le rang est le plus élevé. Certains services peuvent regrouper des chambres. Le service, lorsqu'il est composé de plusieurs magistrats, est coordonné par l'un d'entre eux. C'est le président du TJ qui, chaque année, répartit les juges dans les différents pôles, chambres et services de la juridiction (COJ, art. L. 121-3), par une ordonnance qui intervient dans la première quinzaine du mois de décembre après avis de l'assemblée générale des magistrats du siège. Elle précise le nombre, le jour et la nature des audiences. Une expédition est transmise au premier président de la cour d'appel et au procureur général près cette cour. Les magistrats des chambres civiles peuvent, en cas de changement d'affectation dans le tribunal, siéger aux audiences de la chambre à laquelle ils appartenaient pour rapporter les affaires dont ils avaient été chargés avant leur changement d'affectation. Chaque chambre connaît des affaires qui lui ont été distribuées. Toutefois, si les besoins du fonctionnement d'une chambre le nécessitent, le président du tribunal, sur demande ou après avis du procureur de la République, peut attribuer une partie des affaires qui ont été distribuées à cette chambre à une autre chambre du tribunal.

C'est le président du tribunal judiciaire qui procède à la ***désignation du magistrat coordonnateur d'un service***, après concertation avec les magistrats du service, par une ordonnance prise après avis de l'assemblée des magistrats du siège. Ce magistrat est notamment chargé de l'animation du service. Il est l'interlocuteur des personnes, organismes et autorités avec lesquels ce service est en relation. L'administration du service est exercée par un ***directeur des services de greffe judiciaires***.

75. Pôles. Les chambres ou services peuvent être regroupés en pôles. Par exemple, le pôle social concentre les chambres qui statuent en matière de sécurité sociale et d'accident du travail ; le pôle civil regroupe les chambres qui statuent dans les différentes matières civiles relevant du TJ.

76. Formation de deux chambres réunies. Lorsque le TJ comporte deux chambres au moins, les jugements peuvent être rendus par une formation de deux chambres réunies présidée par le président du tribunal et comprenant, outre les présidents de ces chambres, deux magistrats assesseurs affectés dans chacune de ces chambres. Elle siège au nombre de sept. La formation de chambres réunies peut être saisie lorsqu'une affaire est d'une particulière complexité ou est susceptible de recevoir devant les chambres des solutions divergentes (COJ, art. R. 212-9-1).

77. Audience publique. La formation ordinaire du tribunal statue en audience publique. En effet, la publicité des débats est une règle fondamentale en procédure civile : la transparence de la justice permet aux justiciables d'en contrôler le fonctionnement et de vérifier que les règles appliquées garantissent un procès équitable. En conséquence, l'absence de publicité est exceptionnellement permise par la loi : il peut s'agir de protéger les intérêts privés des plaideurs (vie privée, secret professionnel) ou de sauvegarder la sérénité de la justice (possibilité de désordre public). Le TJ siège alors en chambre du conseil, c'est-à-dire à huis clos, hors la présence du public. Le président de la formation de jugement, d'office ou sur demande d'une partie, et avec le consentement de l'ensemble des parties, peut prévoir que l'audience se déroulera dans plusieurs salles d'audience reliées directement par un moyen de télécommunication audiovisuelle garantissant la confidentialité de la transmission (COJ, art. L. 111-12, visio-conférence). L'une ou plusieurs de ces salles d'audience pourront se trouver en dehors du ressort de la juridiction saisie. Pour la tenue des débats en audience publique, chacune de ces salles d'audience est ouverte au public. Pour la tenue des débats en chambre du conseil, il sera procédé hors la présence du public dans chacune de ces salles d'audience. Le rapport de l'institut Montaigne de novembre 2017 (Justice : faites entrer le numérique) suggère de repenser le procès du futur en multipliant les espaces numériques pour la tenue des audiences (qui pourraient être purement virtuelles, dans des lieux qui ne sont plus les palais de justice...). L'article 38 *quater* de la loi du 29 juillet 1881 sur la liberté de la presse prévoyant l'enregistrement des audiences est applicable au TJ.

78. Audiences foraines. L'article R. 124-2 du Code de l'organisation judiciaire prévoit que le TJ peut tenir des audiences dans des communes de son ressort autres que celle où est fixé son siège. En fonction des nécessités locales, le premier président de la cour d'appel fixe par ordonnance, le lieu, le jour et la nature de ces audiences. Leur objectif est d'assurer le déplacement des juges et du greffe dans les communes où la juridiction n'a pas son siège.

79. La CIVI. Chaque TJ comporte une ***commission d'indemnisation de certaines victimes d'infractions*** (CIVIL) qui revêt le caractère d'une juridiction civile. Cette commission, compétente pour fixer l'indemnisation prévue par l'article 706-3 du Code de procédure pénale, statue en premier ressort. La commission est composée de magistrats du siège du tribunal judiciaire et d'une ou plusieurs personnes majeures, de nationalité française et jouissant de leurs droits civiques, s'étant signalées par l'intérêt qu'elles portent aux problèmes des victimes. Elle est présidée par l'un des magistrats. Les membres de la commission et leurs suppléants sont désignés pour une durée de trois ans par l'assemblée générale des magistrats du siège du tribunal. Les fonctions du ministère public sont exercées par le procureur de la République.

b) Les chambres de proximité dénommées « tribunaux de proximité »

80. Création du tribunal de proximité. Le tribunal judiciaire peut comprendre, en dehors de son siège, des chambres de proximité dénommées « ***tribunaux de proximité*** », dont le siège et le ressort ainsi que les compétences matérielles sont fixées conformément au tableau IV annexé au Code de l'organisation judiciaire. Ces chambres peuvent se voir attribuer, dans les limites de leur ressort, ***des compétences matérielles*** supplémentaires, par une décision conjointe du premier président de la cour d'appel et du procureur général près cette cour, après avis des chefs de juridiction et consultation du conseil de juridiction concernés. La décision portant attribution de compétences supplémentaires aux chambres de proximité est publiée au Bulletin officiel du ministère de la Justice et sur le site internet www.justice.fr. Les compétences matérielles des chambres de proximité sont fixées conformément aux tableaux IV-II et IV-III annexés au Code de l'organisation judiciaire (COJ, art. D. 212-19-1). Il s'agit essentiellement des actions personnelles ou mobilières jusqu'à la valeur de 10 000 euros ou des demandes indéterminées qui ont pour origine l'exécution d'une obligation dont le montant n'excède pas 10 000 euros, en matière civile. Les compétences de ces tribunaux de proximité sont très diversifiées (elles ont été calquées sur les anciennes compétences des TI, mais de nombreuses matières ont été retirées et confiées au JCP).

Les magistrats des chambres de proximité restent membres du TJ : les magistrats du siège exerçant au sein d'une chambre de proximité peuvent, s'il y a lieu, être appelés, dans les conditions fixées par l'article L. 121-3, à siéger, pour une part limitée de leur activité, au tribunal judiciaire dont ils sont membres. Dans les mêmes conditions, ces magistrats peuvent, en cas de nécessité, être affectés en même temps dans des chambres de proximité limitrophes ayant leur siège dans le ressort du même tribunal judiciaire. Les magistrats du siège du tribunal judiciaire peuvent, s'il y a lieu, être appelés dans les conditions fixées par l'article L. 121-3, à siéger, pour une part limitée de leur activité, dans une chambre de proximité ayant son siège dans le ressort de ce tribunal judiciaire. L'ordonnance du président du tribunal judiciaire intervient sur proposition du magistrat chargé de l'administration de la chambre de proximité après avis de l'assemblée générale des magistrats du siège (COJ, art. R. 212-20).

81. Procédure suivie. La procédure devant les chambres de proximité est orale, et la représentation par avocat n'est pas obligatoire (CPC, art. 761). Les chambres de proximité ont une organisation interne qui leur est propre. Lorsque le service d'une chambre de proximité est assuré par un seul magistrat du siège du tribunal judiciaire, celui-ci administre la chambre de proximité. Lorsque le service d'une chambre de proximité est assuré par plusieurs magistrats du siège du tribunal judiciaire, le magistrat dont le grade est le plus élevé administre la chambre de proximité. Lorsque plusieurs magistrats du siège exerçant au sein de la chambre de proximité ont le même grade, le président du tribunal judiciaire désigne parmi eux le magistrat chargé de l'administration de la chambre de proximité ; à défaut, le magistrat du siège exerçant au sein de la chambre de proximité dont le rang est le plus élevé administre la chambre de proximité. Pendant la première quinzaine du mois de décembre, sur proposition du magistrat chargé de l'administration de la chambre de proximité, le président du tribunal judiciaire, par ordonnance prise après avis de l'assemblée générale des magistrats de cette juridiction, répartit, conformément aux dispositions de l'article L. 121-3, le service entre les magistrats de la chambre de proximité. Cette ordonnance précise le nombre, le jour et la nature des audiences de la chambre de proximité.

En fonction des nécessités locales, une chambre de proximité du tribunal judiciaire peut tenir des ***audiences foraines*** dans des communes de son ressort autres que celle où est situé son siège.

c) Les formations à juge unique

82. Formations à juge unique. Au lieu de statuer en formations plurales, le ***TJ peut siéger à juge unique.*** Dans certaines affaires, le juge unique est de droit. L'article R. 212-8 du COJ en dresse une liste limitative qui comporte, notamment, les litiges auxquels peuvent donner lieu les accidents de la circulation terrestre ; les contestations relatives à l'électorat, à l'éligibilité et à la régularité des opérations électorales en ce qui concerne l'élection des juges des tribunaux de commerce ; les actions patrimoniales, en matière civile et commerciale, jusqu'à la valeur de 10 000 euros et des demandes indéterminées qui ont pour origine l'exécution d'une obligation dont le montant n'excède pas 10 000 euros... Lorsqu'une affaire, compte tenu de l'objet du litige ou de la nature des questions à juger, est portée devant le tribunal judiciaire statuant à juge unique, le renvoi à la formation collégiale peut être décidé, d'office ou à la demande de l'une des parties, dans les cas prévus par décret en Conseil d'État. Cette décision constitue une mesure d'administration judiciaire qui n'est pas susceptible de recours. Dans toutes les matières, l'attribution de l'affaire à un juge unique ***peut être décidée par le président*** du Tribunal jusqu'à la fixation de la date de l'audience (COJ, art. R. 212-9 et CPC, art. 801 à 805). Le juge unique exerce les pouvoirs conférés au Tribunal, et ceux du juge de la mise en état. Le renvoi à la formation collégiale peut être décidé par le président ou son délégué soit à la demande du juge saisi, soit d'office. Cette décision est une mesure d'administration judiciaire[1].

83. Juges uniques à compétence spécialisée. Certains juges uniques appartiennent au TJ, et ont une compétence spécialisée. Certains exercent leurs fonctions sur

1. Vaissière de la F., « Quelques réflexions simples sur le juge unique », Gaz. Pal., 5-6 janv. 2000, p. 2.

délégation du président de la juridiction, d'autres sont nommés par décret après avis conforme du Conseil supérieur de la magistrature. On peut citer comme exemples :

Le juge de l'exécution	institué par la loi du 9 juillet 1991 (COJ, art. L. 213-5 et s. et R. 213-10 et s.), est généralement le président du TJ ou le juge auquel il a délégué ses fonctions. Il est compétent, à titre exclusif, pour les difficultés relatives aux titres exécutoires et aux contestations qui s'élèvent à l'occasion de l'exécution forcée ; il autorise les mesures conservatoires et connaît des contestations relatives à leur mise en œuvre ; il statue également sur les saisies immobilières.
Le juge aux affaires familiales	est un juge du TJ, délégué aux fonctions de JAF, qui connaît du divorce judiciaire et de la séparation de corps, des actions concernant l'obligation alimentaire, la contribution aux charges du mariage, l'obligation d'entretien, l'autorité parentale ainsi que la modification du nom de l'enfant naturel et des prénoms (COJ, art. L. 213-3 et s. et R. 213-8 et 9).
Le juge des enfants	est un juge nommé par décret après avis conforme de la formation du Conseil supérieur de la magistrature (Ord. 22 déc. 1958, art. 28-3). Il est compétent en matière d'assistance éducative, de protection judiciaire à l'égard des mineurs émancipés ou des majeurs âgés de 21 ans au moins, et de mesure judiciaire d'aide à la gestion du budget familial (COJ, art. L. 252-1 à L. 252-4).
Le juge des contentieux de la protection	est un juge du TJ compétent en matière de tutelle des majeurs, de surendettement, de contrat de louage d'immeubles à usage d'habitation et de litiges en droit de la consommation (COJ, art. L. 213-4-2 et s.). Il y a un ou plusieurs juges par TGI, nommés par décret après avis conforme de la formation du Conseil supérieur de la magistrature (Ord. 22 déc. 1958, art. 28-3).

d) Le président du TJ

84. Attributions. Depuis la loi du 25 juin 2001, les fonctions de président du TJ sont exercées par un conseiller de cour d'appel ou par un président de chambre, ou un conseiller un Cour de cassation (TJ de Paris), pour une durée limitée à 7 ans dans le même tribunal (Ord. 22 déc. 1958, art. 28-2, al. 4). Dans les TJ importants, le président est assisté par un secrétariat général composé de magistrats.

Il exerce seul des attributions particulières :

- il a un pouvoir d'administration de son tribunal. Il doit prendre les mesures propres à permettre le fonctionnement du TJ : par exemple, il répartit annuellement dans les chambres et services du tribunal des juges et vice-présidents qui les composent ;
- il fixe le nombre, le jour et la nature des audiences ;
- il préside, dirige débats, assure la police de l'audience ;
- il exerce des attributions juridictionnelles importantes : les ordonnances de référé et les ordonnances sur requête.

85. Fonction juridictionnelle. Le ***référé*** est une procédure qui permet à un plaideur, le plus souvent en cas d'urgence, d'obtenir du président du tribunal, dans le cadre d'une procédure contradictoire et rapide, une ordonnance qui sera exécutoire de droit immédiatement, à titre provisoire. Le juge des référés dispose de nombreux pouvoirs qu'il exerce dans les matières qui relèvent de la compétence du TJ. Il peut ordonner toutes les mesures qui n'impliquent pas un examen du fond de l'affaire mais qui sont justifiées par l'urgence qu'il y a à trouver une solution provisoire (mise sous séquestre d'un bien, désignation d'un administrateur provisoire...), des mesures conservatoires ou des mesures de remise en état qui s'imposent, pour prévenir un dommage imminent ou faire cesser un trouble manifestement illicite (interdiction de la diffusion d'une émission de télévision qui porte gravement atteinte à l'intimité de la vie privée...), ou même accorder une provision au créancier lorsque l'obligation n'est pas sérieusement contestable (versement d'une somme d'argent à la victime d'un dommage). Néanmoins, sa décision est provisoire et le juge du fond qui sera ensuite saisi n'est pas lié par la mesure ordonnée. On constate qu'en pratique, les parties ne forment pas de procès au fond après avoir exécuté l'ordonnance : le référé aura mis fin au litige.

86. Attributions sur requête. L'ordonnance sur requête est rendue par le président du TJ à l'issue d'une procédure unilatérale, lorsque la loi autorise le demandeur à agir sans prévenir son adversaire (par exemple pour autoriser une saisie conservatoire sur les biens du débiteur, ou encore pour commettre un commissaire de justice pour procéder à un constat d'adultère ou pour saisir des données sur le disque dur d'un ordinateur...). Dans ces situations, l'absence de contradiction est une condition de l'efficacité de la décision. Le plaideur auquel l'ordonnance fait grief peut utiliser une voie de recours : le demandeur débouté peut faire appel. S'il est fait droit à la requête, tout intéressé peut en référer au juge pour qu'il rétracte ou modifie sa décision (CPC, art. 496).

2) *Les formations administratives et le greffe*

a) L'administration du tribunal judiciaire

87. Fonctions des « chefs de juridiction ».- Le président du tribunal judiciaire et le procureur de la République près ce tribunal s'assurent, chacun en ce qui le concerne, de la bonne administration des services judiciaires et de l'expédition normale des affaires ; ils sont assistés, le cas échéant, par le magistrat chargé du secrétariat général ; ils peuvent déléguer ces pouvoirs, pour des actes déterminés, à des magistrats du siège ou du parquet placés sous leur autorité.

Le comité de gestion, composé du président du tribunal judiciaire, du procureur de la République et du directeur de greffe, se réunit aux dates arrêtées conjointement par ses membres en début de semestre, selon une fréquence au moins mensuelle. Le comité ***débat des questions de gestion et de fonctionnement de la juridiction*** et, éventuellement, d'autres questions proposées par ses membres. Les orientations arrêtées lors des réunions du comité sont consignées par le président sur un registre de délibérations et sont communiquées aux membres de la commission plénière.

b) Les assemblées générales

88. Participation à l'administration générale du tribunal. Le fonctionnement du tribunal est également assuré par des assemblées générales qui réunissent les magistrats et les fonctionnaires composant le TJ. Les articles R. 212-22 et suivants du Code de l'organisation judiciaire prévoient plusieurs types d'assemblées générales dotées chacune d'attributions propres.

Le tribunal judiciaire se réunit en assemblée générale selon l'une des formations suivantes :
1° L'assemblée des magistrats du siège ; 2° L'assemblée des magistrats du parquet ;
3° L'assemblée des magistrats du siège et du parquet ;

4° Les assemblées des fonctionnaires du greffe et du secrétariat de parquet autonome ;
5° L'assemblée plénière des magistrats et des fonctionnaires.

Ces assemblées n'ont pas de pouvoir juridictionnel. Elles statuent sur les questions relatives à l'administration générale du tribunal, au fonctionnement de la juridiction. Elles ont chacune une mission particulière. Par exemple, l'assemblée des magistrats du siège du tribunal judiciaire désigne un magistrat du siège pour exercer les fonctions de juge d'instruction ou encore les membres titulaires et suppléants de la commission d'indemnisation des victimes d'infractions. Elle ***donne son avis*** sur le projet de décision fixant le nombre et le jour des audiences correctionnelles, conformément au Code de procédure pénale ; les critères généraux de répartition des dossiers entre les chambres et de distribution des affaires entre les magistrats spécialisés du tribunal ; le projet d'ordonnance, préparé par le président du tribunal, de répartition dans les chambres, services et pôles des magistrats du siège dont le tribunal est composé et de désignation du magistrat chargé de la coordination d'un service ou d'un pôle ; l'affectation des magistrats dans les formations de jugement spécialisées en matière militaire en temps de paix et en matière d'intérêts fondamentaux de la nation, conformément au Code de procédure pénale ; le projet d'ordonnance préparé par le président du tribunal désignant un magistrat pour exercer les fonctions de juge des libertés et de la détention conformément à l'article 137-1 du Code de procédure pénale ; ou encore désignant le magistrat coordonnateur en matière de droit de la famille et des personnes qui exercera les attributions mentionnées à l'article R. 213-9-1 ; ou désignant le magistrat chargé de contrôler l'exécution des mesures d'instruction conformément à l'article 155-1 du Code de procédure civile ; enfin un avis est émis sur le projet d'ordonnance préparé par le président du tribunal désignant le magistrat coordonnateur de la protection et de la conciliation de justice qui exercera les attributions mentionnées à l'article R. 213-9-8 du COJ. Certaines assemblées jouent un rôle dans la ***désignation de juges spécialisés*** : par exemple, l'assemblée des magistrats du siège désigne un remplaçant en cas d'empêchement du juge de l'application des peines ou d'un juge d'instruction. Lorsque le garde des Sceaux consulte le TJ sur un projet de loi ou toute autre question d'intérêt public, le président du TJ convoque la juridiction en assemblée générale et détermine la formation de cette assemblée qui doit être réunie. Lorsque l'assemblée générale des magistrats du siège statue sur le projet d'ordonnance de répartition des services du TJ, préparé par le président, l'avis suppose que les magistrats se prononcent avec un quorum d'au moins 50 % des magistrats présents ou représentés. Si l'avis est défavorable ou si le quorum n'est pas atteint, l'assemblée est à nouveau convoquée dans un délai minimum de 8 jours ne pouvant excéder 1 mois et le projet d'ordonnance éventuellement modifié selon les observations qui auraient été formulées par l'assemblée, lui est de nouveau soumis. L'assemblée est alors réputée avoir valablement émis son avis (COJ, art. R. 212-37-1).

89. Structures internes de l'assemblée. *La commission plénière* prépare les réunions de l'assemblée plénière ; à cet effet, le président du tribunal judiciaire lui communique, quinze jours au moins avant la date de la réunion, après délibération des assemblées concernées, les projets de décisions qui feront l'objet d'échanges de vues à l'assemblée plénière ; la commission fait connaître au président ses avis et propositions. Elle donne son avis sur les demandes d'attribution de mobilier, matériel technique et autres équipements spéciaux non financés sur les moyens propres de la juridiction. Elle propose les mesures tendant à faciliter l'accueil et les démarches au public et assure les liaisons avec les organismes sociaux ou professionnels dont l'activité est liée au fonctionnement de la justice, ainsi qu'avec les autorités locales.

La commission restreinte prépare les réunions de l'assemblée ; à cet effet, le président de cette assemblée communique aux membres de la commission, quinze jours au moins avant la date de la réunion, les propositions et les projets qu'il envisage de soumettre à l'assemblée générale sur les questions inscrites à l'ordre du jour ; la commission fait connaître au président ses avis et propositions. La commission restreinte de l'assemblée des fonctionnaires peut être consultée, par délégation de cette assemblée, par le directeur de greffe, sur les problèmes de gestion et d'organisation du greffe.

90. Rôle du Conseil de juridiction. Le conseil de juridiction, coprésidé par le président du tribunal judiciaire et le procureur de la République, est un lieu d'échanges et de communication entre la juridiction et la cité. Il se réunit au moins une fois par an. Cet organe n'exerce aucun contrôle sur l'activité juridictionnelle ou sur l'organisation de la juridiction ni n'évoque les affaires individuelles dont la juridiction est saisie. L'ordre du jour est arrêté par les chefs de juridiction après avis du directeur de greffe en comité de gestion et de l'assemblée plénière des magistrats et des fonctionnaires, qui peuvent également faire des propositions d'ordre du jour. Sa composition est élargie : il réunit des ***magistrats et fonctionnaires de la juridiction*** désignés par la commission restreinte ou l'assemblée plénière en fonction de la taille de la juridiction et, en fonction de son ordre du jour, notamment de représentants de l'administration pénitentiaire et de la protection judiciaire de la jeunesse, de représentants locaux de l'État ; de représentants des collectivités territoriales, de personnes exerçant une mission de service public auprès des juridictions ; du ***bâtonnier de l'ordre des avocats*** du ressort et de représentants des autres professions du droit ; de représentants d'associations et de représentants des ***conciliateurs de justice*** désignés par le magistrat coordonnateur de la protection et de la conciliation de justice pour le ressort de la juridiction.

c) Le Greffe

91. Importance du greffe. ***Le directeur de greffe*** du tribunal judiciaire établit et certifie, aux dates prévues par les règlements et instructions en vigueur, un état de l'activité de la juridiction au cours de la période écoulée, conformément aux modèles fixés par arrêté du garde des Sceaux, ministre de la Justice (COJ, art. R. 212-16). Le greffe joue un rôle essentiel dans le traitement administratif des procédures, tient le registre d'audience et met en forme les décisions de justice. Il conserve les originaux, classe les jugements dans les minutes et délivre les expéditions des jugements aux parties et aux tiers dans les conditions légales.

Les agents des greffes affectés au siège d'un tribunal judiciaire qui comporte une ou plusieurs chambres de proximité accomplissent les diligences propres à leurs fonctions pour le compte du siège du tribunal judiciaire. Ils reçoivent les actes de procédure pour le compte des chambres de proximité du ressort du tribunal judiciaire.

Selon les besoins du service, les agents du greffe du tribunal judiciaire peuvent être délégués dans les services d'un greffe détaché de ce tribunal. Cette délégation est prononcée par décision du directeur de greffe du tribunal judiciaire qui s'assure préalablement qu'elle est compatible avec la situation personnelle de l'agent de greffe. Elle ne peut excéder une durée de quatre mois, renouvelable une fois.

B - La compétence

1) La compétence d'attribution

a) La compétence générale

92. Litiges civils. Le TJ à une compétence générale pour statuer en matière civile, puisqu'il est la ***juridiction de droit commun*** du premier degré. Il connaît donc de tous les litiges civils qui n'ont pas été attribués par la loi à une autre juridiction. Sous réserve des dispositions de l'article R. 211-3-24 du COJ, le tribunal judiciaire statue à charge d'appel dans les matières pour lesquelles compétence n'est pas attribuée expressément à une autre juridiction en raison de la nature de la demande.

La fusion du TGI et du TI a conduit à un transfert de compétence au TJ : les articles R. 211-3 et suivants du COJ précisent les compétences à charge d'appel et les compétences en dernier ressort (soit sans appel possible contre la décision) et les compétences qui sont à charge d'appel en fonction du montant de la demande (ainsi, lorsque le tribunal judiciaire est appelé à connaître, en matière civile, d'une action personnelle ou mobilière portant sur une demande dont le montant est inférieur ou égal à la somme de 5 000 euros, le tribunal judiciaire statue en dernier ressort ; COJ, art. R. 211-3-24). Dans les matières pour lesquelles il a compétence exclusive, et sauf disposition contraire, le tribunal judiciaire statue en dernier ressort lorsque le montant de la demande est inférieur ou égal à la somme de 5 000 euros (COJ, art. R. 211-3-25).

b) La compétence exclusive

93. Domaine de la compétence exclusive. Le TJ à une compétence exclusive dans certains domaines. La compétence exclusive interdit à toute autre juridiction de connaître des litiges attribués par la loi à un juge déterminé. Un autre juge saisi pourrait même relever d'office son incompétence (CPC, art. 92). Sans donner une liste exhaustive, l'article R. 211-3-26 du COJ énonce la plupart des hypothèses. Le tribunal judiciaire a compétence exclusive dans les matières déterminées par les lois et règlements, au nombre desquelles figurent les matières suivantes :

1° État des personnes : mariage, filiation, adoption, déclaration d'absence ;
2° Annulation des actes d'état civil, les actes irrégulièrement dressés pouvant également être annulés par le procureur de la République ;
3° Successions ;
4° Amendes civiles encourues par les officiers de l'état civil ;
5° Actions immobilières pétitoires ;
6° Récompenses industrielles ;
7° Dissolution des associations ;
8° Sauvegarde, redressement judiciaire et liquidation judiciaire lorsque le débiteur n'exerce ni une activité commerciale ni une activité artisanale ;
9° Assurance contre les accidents et les maladies professionnelles des personnes non salariées en agriculture ;
10° Droits d'enregistrement, taxe de publicité foncière, droits de timbre et contributions indirectes et taxes assimilées à ces droits, taxes ou contributions ;
11° Baux commerciaux à l'exception des contestations relatives à la fixation du prix du bail révisé ou renouvelé, baux professionnels et conventions d'occupation précaire en

matière commerciale ;
12° Inscription de faux contre les actes authentiques ;
13° Actions civiles pour diffamation ou pour injures publiques ou non publiques, verbales ou écrites ;
14° Contestations concernant le paiement, la garantie ou le remboursement des créances de toute nature recouvrées par l'administration des douanes et les autres affaires de douanes, dans les cas et conditions prévus au Code des douanes.

94. TJ spécialisés. Parfois, seuls certains TJ sur le territoire français ont une compétence exclusive. Cette ***concentration des contentieux*** a pour objectif une meilleure spécialisation des juges. Ainsi, des annexes au Code de l'organisation judiciaire précisent les TJ compétents pour connaître des actions aux fins d'adoption ainsi que des actions aux fins de reconnaissance des jugements d'adoption rendus à l'étranger, ou des actions en matière de dessins et modèles ou encore en matière de propriété intellectuelle, d'indications géographiques (dénominations ou appellations d'origine).

c) Les compétences spécialisées

95. TJ spécialement désignés. Lorsqu'il existe plusieurs TJ par département, il est possible de spécialiser l'un d'entre eux, aussi bien en matière civile qu'en matière pénale (D. n° 2021-1103, 20 août 2021 désignant les TJ à compétence départementale).

En matière civile, les tribunaux judiciaires spécialement désignés sur le fondement de l'article L. 211-9-3 connaissent seuls, dans l'ensemble du département ou, dans les conditions prévues au III de l'article L. 211-9-3, dans deux départements, de l'une ou plusieurs des compétences suivantes :
1° Des actions relatives aux droits d'enregistrement et assimilés ;
2° Des actions relatives aux baux commerciaux fondées sur les articles L. 145-1 à L. 145-60 du Code de commerce ;
3° Des actions relatives à la cession ou au nantissement de créance professionnelle fondées sur les articles L. 313-23 à L. 313-29-2 du Code monétaire et financier ;
4° Des actions relatives au billet à ordre fondées sur les articles L. 512-1 à L. 512-8 du Code de commerce ;
5° Des actions relatives au préjudice écologique fondées sur les articles 1246 à 1252 du Code civil ;
6° Des actions fondées sur les dispositions du livre VI du Code de commerce et des actions fondées sur les dispositions du chapitre premier du titre V du livre III du Code rural et de la pêche maritime ;
7° Des litiges relevant de l'exécution d'un contrat de transport de marchandises ;
8° Des actions en responsabilité médicale ;
9° Des demandes en réparation des dommages causés par un véhicule aérien, maritime ou fluvial ;
10° Sauf stipulation contraire des parties et sous réserve de la compétence du tribunal judiciaire de Paris ou de son président en matière d'arbitrage international ainsi que de la compétence de la cour d'appel ou de son premier président en matière de voies de recours, des demandes fondées sur le Livre IV du Code de procédure civile ;
11° Des actions en paiement, en garantie et en responsabilité liées à une opération de construction immobilière ;
12° Les actions en contestation des décisions des assemblées générales et celles relatives

aux copropriétés en difficulté relevant de la loi n° 65-557 du 10 juillet 1965 fixant le statut de la copropriété des immeubles bâtis.

En matière pénale, les tribunaux judiciaires spécialement désignés sur le fondement de l'article L. 211-9-3 connaissent seuls, dans l'ensemble du département ou, dans les conditions prévues au III de l'article L. 211-9-3, dans deux départements d'une ou plusieurs des compétences suivantes :

1° Des délits et contraventions prévus et réprimés par le Code du travail ;
2° Des délits et contraventions prévus et réprimés par le Code de l'action sociale et des familles ;
3° Des délits et contraventions prévus et réprimés par le Code de la sécurité sociale ;
4° Des délits et contraventions prévus et réprimés par le Code de l'environnement ;
5° Des délits et contraventions prévus et réprimés par le Code rural et de la pêche maritime ;
6° Des délits et contraventions prévus et réprimés par le Code forestier ;
7° Des délits et contraventions prévus et réprimés par le Code minier ;
8° Des délits et contraventions prévus et réprimés par le Code de l'urbanisme ;
9° Des délits et contraventions prévus et réprimés par le Code de la consommation ;
10° Des délits et contraventions prévus et réprimés par le Code de la propriété intellectuelle ;
11° Des délits prévus et réprimés par les articles 1741 et 1743 du Code général des impôts ;
12° Des délits prévus par l'article L. 1337-4 du Code de la santé publique et les articles L. 111-6-1, L. 123-3, L. 511-6 et L. 521-4 du Code de la construction et de l'habitation.

2) La compétence territoriale

96. Lieu du domicile du défendeur. Comme il existe au moins un TJ par département, le plaideur doit définir le tribunal territorialement compétent pour juger son litige. En principe, l'affaire est jugée par le TJ du ***lieu où demeure le défendeur***, conformément aux articles 42 et 43 du Code de procédure civile. La demeure correspond au domicile du défendeur ou, à défaut, à sa résidence ; lorsqu'il s'agit d'une personne morale, la demeure correspond au lieu du siège social ou à celui de l'établissement engagé dans le conflit (et à condition qu'il y ait dans la succursale une personne habilitée à engager la société). Cette règle se justifie pleinement : le demandeur a pris l'initiative d'un procès, et son adversaire est présumé ne rien lui devoir tant que le juge ne l'a pas condamné ; en conséquence, c'est au demandeur qu'il appartient de se déplacer devant la juridiction du lieu où son adversaire demeure.

97. Exceptions. Cependant, ce principe connaît d'importantes exceptions qui permettent de répondre à différents besoins de proximité de la justice. Il s'agit parfois de favoriser la victime d'un dommage, ou le contractant consommateur profane présumé en situation de faiblesse, ou encore de garantir une bonne administration de la justice en centralisant les mesures d'instruction ou en regroupant les différentes demandes devant le même juge.

On peut réunir ces hypothèses en deux catégories.

Une option de compétence	La loi l'offre parfois au demandeur : il peut choisir entre le tribunal du domicile du défendeur ou une autre juridiction (celle du lieu de livraison effective de la chose ou de l'exécution de la prestation de services en matière contractuelle ; celle du lieu du fait dommageable ou celle dans le ressort de laquelle le dommage a été subi en matière délictuelle...).
Une compétence territoriale exclusive	Dans d'autres cas, la loi l'impose une en désignant la juridiction compétente : en matière réelle immobilière le TJ compétent est celui du lieu de situation de l'immeuble ; en matière successorale, le TJ compétent est celui du lieu de l'ouverture de la succession ; en matière de rentes viagères, le TJ compétent est celui dans le ressort duquel est situé le bien immobilier, ou le domicile du crédirentier lorsqu'il s'agit d'un meuble (COJ, art. R. 211-12). Si un juge incompétent était saisi, il pourrait relever d'office son incompétence territoriale si la règle méconnue est une compétence exclusive ou si le défendeur ne comparaît pas (CPC, art. 77).

2. LES JURIDICTIONS D'EXCEPTION DU 1ER DEGRÉ

98. Justice de proximité. La juridiction d'exception a une compétence limitée aux matières définies par des dispositions légales (ainsi, le tribunal de commerce ne peut juger que des affaires relevant de la matière commerciale). Ces pouvoirs limités ont pour corollaire une compétence souvent exclusive (le conseil de prud'hommes a seul compétence pour statuer en droit du travail). En dépit d'une diversité d'origine historique, l'organisation et le fonctionnement des juridictions d'exception obéissent à des objectifs communs : ces juridictions doivent être aisément accessibles, proches des justiciables, la procédure suivie doit être simple, relativement rapide et peu coûteuse (la règle de l'oralité de la procédure dispense les parties de la rédaction de conclusions écrites, leur permet de formuler leurs prétentions directement et oralement devant le juge à l'audience des débats, et s'accompagne le plus souvent de l'absence d'obligation de constituer avocat). Dans tous les cas, il s'est agi d'instaurer une justice de proximité.

99. Oralité de la procédure. La procédure est « orale » devant les juridictions d'exception, ce qui signifie que les parties doivent se présenter en personne, ou par mandataire habilité (un avocat, obligatoire si la demande est supérieure à 10 000 euros ; ou un parent ou allié, le conjoint, le partenaire d'un pacs) pour saisir le juge verbalement de leurs prétentions et moyens. Les parties peuvent aussi rédiger des écritures, et se présenter devant le juge pour y faire référence verbalement, afin de saisir le tribunal. Avant de trancher en appliquant une règle de droit, le juge peut tenter de concilier les parties lui-même, mais il peut aussi déléguer cette mission de conciliation à un conciliateur de justice bénévole. Si un accord amiable est conclu, le juge l'homologue pour lui conférer la force exécutoire. À défaut d'accord, l'affaire peut être instruite sous le contrôle du tribunal : elle est renvoyée à une audience ultérieure, pour permettre aux parties de s'échanger des pièces et même des conclusions écrites. À l'audience des débats, les parties ou leur représentant viendront faire référence à ces écritures (mais elles peuvent demander une dispense de présence physique, échanger leurs écritures selon les modalités prévues par le juge et déposer leurs dossiers au greffe du tribunal pour qu'il soit statué au fond). Lorsque toutes les parties sont représentées ou assistées par un avocat, le juge peut, avec leur accord, organiser une mise en état écrite : les avocats échangent des conclusions récapitulatives et des pièces dans les délais prévus par le calendrier, et en cas de non-respect des exigences prévues, le juge peut radier ou juger l'affaire et, dans ce cas, écarter des débats les prétentions, moyens et pièces communiquées tardivement, sans motif légitime, ce qui entrave les droits de la défense.

A - Le tribunal de commerce

100. Réglementation. Depuis l'ordonnance du 8 juin 2006, la réglementation concernant le tribunal de commerce figure dans le Code de commerce, et non dans le Code de l'organisation judiciaire. Les articles L. 721-1 et R. 721-1 et suivants précisent donc l'organisation, le fonctionnement, la discipline, les modalités d'élection, le greffe, la compétence des tribunaux de commerce.

Néanmoins, les tribunaux de commerce « sont soumis aux dispositions, communes à toutes les juridictions, du livre Ier du Code de l'organisation judiciaire » (C. com., art. L. 721-1).

1) La définition et la compétence

101. Originalité. Issu du tribunal consulaire établi à l'occasion des foires, le tribunal de commerce est une juridiction du premier degré dont la compétence est limitée aux affaires commerciales (actes de commerce, litiges concernant les sociétés commerciales, prévention des difficultés, redressement et liquidation judiciaires des entreprises commerciales, artisans). Il s'agit donc d'une juridiction d'exception, composée de commerçants élus par leurs pairs, dont le rôle est très important dans la vie des affaires. L'origine des juges permet une meilleure approche de la situation économique, et donc une solution mieux adaptée aux litiges. Leur office dans le maintien des outils de production et la sauvegarde des emplois est important, surtout en période de crise économique.

2) Le statut juridique

102. Conseil national des tribunaux de commerce. Un organisme national, le Conseil national des tribunaux de commerce, a été institué par un décret n° 2005-1201 du 23 septembre 2005 (C. com., art. R. 721-7 à R. 721-18), à la suite du rapport d'un groupe de travail[2]. Il est présidé par le garde des Sceaux, et ses missions sont la définition des besoins et modalités de formation des juges consulaires en liaison avec l'ENM ; la détermination d'un ensemble de principes d'éthique et de déontologie, avec la diffusion d'un guide des bonnes pratiques (il a élaboré le recueil des obligations déontologiques du juge du tribunal de commerce en 2018). Il doit également veiller à l'efficacité du fonctionnement des tribunaux de commerce, et peut, à la demande des chefs de cour d'appel ou avec leur accord, procéder à des visites d'information dans

2. Rey P., « La main tendue », Annonces de la Seine 2004, n° 75, p. 2, et Rapport publié le 10 novembre 2004, site internet du ministère de la Justice.

les tribunaux de commerce. Il rend compte de son activité au garde des Sceaux dans un rapport annuel (v. site internet du ministère de la Justice).

a) L'organisation

1. Le ressort territorial

103. Modification du nombre de tribunaux de commerce. Un décret d'institution, pris après avis du Conseil d'État, définit le siège et le ressort de chaque tribunal de commerce. L'importance des ressorts varie en fonction de l'activité commerciale. En conséquence, le ressort territorial d'un tribunal de commerce ne coïncide pas nécessairement avec une circonscription administrative déterminée ou au ressort d'un TJ. De plus, la création ou la suppression d'un tribunal de commerce est fonction de l'activité commerciale de chaque région : certaines régions peuvent être dépourvues de tribunal de commerce, et, dans ce cas, les affaires commerciales sont jugées par le TJ statuant commercialement, quel que soit le montant de la demande (C. com., art. L. 721-2). Afin de rationaliser la carte judiciaire, un décret du 30 juillet 1999[3] a déjà supprimé 36 tribunaux de commerce ; le décret n° 2008-146 du 15 février 2008 a supprimé 55 tribunaux, et en a créé 5. Dans les 3 départements d'Alsace Moselle, la juridiction commerciale revient à une chambre commerciale du TJ, qui a une composition particulière, échevinale : elle est présidée par un magistrat et comprend deux assesseurs commerçants élus. Dans les départements d'Outre-Mer, un tribunal mixte commercial statue en matière commerciale : il est composé d'un magistrat du TJ, qui préside, et de trois assesseurs, commerçants élus.

Afin de ménager l'impartialité du tribunal et d'éviter des conflits d'intérêts, en cas de procédure de sauvegarde ou de procédure collective d'une entreprise, si les intérêts en présence le justifient, l'affaire peut être délocalisée devant une autre juridiction, à la demande du ministère public, du débiteur ou du créancier poursuivant.

2. La composition

104. Élection des juges. Les tribunaux de commerce sont composés de juges élus dont le nombre varie selon l'importance de l'activité du tribunal. On compte environ 3 200 juges consulaires (2 000 salariés dans les 135 greffes).

Le décret n° 2022-1211 du 1er septembre 2022 relatif à l'élection des juges des tribunaux de commerce et au report exceptionnel des élections comporte un report exceptionnel des élections des juges des tribunaux de commerce et modifie les modalités d'inscription sur les listes électorales des chambres de commerce et d'industrie et des chambres de métiers et de l'artisanat en vue de l'élection des juges des tribunaux de commerce. Il élargit la composition de la commission d'établissement des listes électorales de l'élection des juges des tribunaux de commerce.

Ce report a eu pour objectif de permettre aux commissions d'établissement des listes électorales et aux présidents des chambres de métiers et de l'artisanat de région de compléter les listes électorales des chambres de commerce et d'industrie et des chambres de métiers et de l'artisanat pour rendre éligibles les candidats aux fonctions de juge de tribunal de commerce. L'article 9 du décret n° 99-433 du 27 mai 1999 relatif à

3. JO, 31 juill. 1999, p. 11460.

la composition des établissements du réseau des chambres de métiers et de l'artisanat et de leurs chambres de niveau départemental et à l'élection de leurs membres est complété : la liste des électeurs peut être complétée pour y inscrire, à leur demande, les personnes justifiant qu'elles remplissent les conditions de l'article 5 du décret n° 99-433 du 27 mai 1999 relatif à la composition des établissements du réseau des chambres de métiers et de l'artisanat et de leurs chambres de niveau départemental et à l'élection de leurs membres. Les élections ont eu lieu du 21 novembre au 4 décembre 2022.

Sont éligibles aux fonctions de juge d'un tribunal de commerce les personnes âgées de trente ans au moins et qui répondent aux conditions prévues à l'article L. 723-4 du Code de commerce (mod. L. n° 2022-1348, 24 octobre 2022). Sont éligibles les personnes qui sont inscrites sur les listes électorales des chambres de commerce et d'industrie ou des chambres de métiers et de l'artisanat dressées dans le ressort du tribunal de commerce ou dans le ressort des tribunaux de commerce limitrophes ; qui remplissent la condition de nationalité prévue à l'article L. 2 du Code électoral ; qui n'ont pas été condamnées pénalement pour des agissements contraires à l'honneur, à la probité ou aux bonnes mœurs. Les intéressés ne doivent pas être concernés par une procédure collective : aucune procédure de sauvegarde, de redressement judiciaire ou de liquidation judiciaire ne doit être en cours au jour du scrutin ; s'agissant des personnes mentionnées aux 1° ou 2° du II de l'article L. 713-1 du Code de commerce, elles ne doivent pas appartenir pas à une société ou à un établissement public à l'égard duquel une procédure de sauvegarde, de redressement judiciaire ou de liquidation judiciaire est en cours au jour du scrutin ; elles ne doivent pas avoir fait l'objet des sanctions prévues au titre V du livre VI ou par des législations étrangères équivalentes lorsqu'elles entraînent ou portent interdiction d'exercer une profession commerciale ou industrielle, de diriger, d'administrer, de gérer ou de contrôler à un titre quelconque, directement ou indirectement, pour son propre compte ou pour le compte d'autrui, une entreprise commerciale ou industrielle ou une société commerciale ; enfin elles ne doivent pas être frappées d'une peine d'interdiction, suivant les modalités prévues à l'article 131-27 du Code pénal, d'exercer une profession commerciale ou industrielle, de diriger, d'administrer, de gérer ou de contrôler à un titre quelconque, directement ou indirectement, pour leur propre compte ou pour le compte d'autrui, une entreprise commerciale ou industrielle ou une société commerciale, ou d'une peine prononcée en application de législations étrangères équivalentes. Enfin, les personnes intéressées doivent justifier soit d'une immatriculation pendant cinq années au moins au registre du commerce et des sociétés ou au répertoire des métiers, soit de l'exercice, pendant une durée totale cumulée de cinq ans, de l'une des qualités et fonctions énumérées au I de l'article L. 713-3 du Code de commerce ou de l'une des professions énumérées au d du 1° du II de l'article L. 713-1.

Sont également éligibles, s'ils sont âgés de trente ans au moins et satisfont aux conditions prévues aux 2° à 5° du I de l'article L. 723-4 du Code de commerce :

1° Les membres en exercice des tribunaux de commerce ainsi que les anciens membres de ces tribunaux ayant exercé les fonctions de juge de tribunal de commerce pendant au moins six années et n'ayant pas été réputés démissionnaires. Lorsque ces personnes se portent candidates dans un tribunal non limitrophe de celui dans lequel elles ont été élues, elles doivent être domiciliées ou disposer d'une résidence dans le ressort du tribunal où elles candidatent ou dans le ressort des tribunaux limitrophes ;

2° Les cadres qui exercent des fonctions impliquant des responsabilités de direction commerciale, technique ou administrative au sein des entreprises ou des établissements inscrits au répertoire des métiers ou mentionnés au II de l'article L. 713-1 situés dans le ressort du tribunal de commerce ou dans le ressort des tribunaux limitrophes. Les candidats doivent être employés dans l'un de ces ressorts.

La durée du mandat est limitée : les juges des tribunaux de commerce élus pour cinq mandats successifs dans un même tribunal de commerce ne sont plus éligibles dans ce tribunal. Ils ne peuvent siéger au-delà de l'année civile au cours de laquelle ils ont atteint l'âge de soixante-quinze ans (C. com., art. L. 723-7).

105. Organisation des élections. Les juges d'un tribunal de commerce sont élus dans le ressort de la juridiction par un collège composé : 1° Des membres élus des chambres de commerce et d'industrie et des chambres de métiers et de l'artisanat dans le ressort de la juridiction, dans des conditions fixées par décret en Conseil d'État ; 2° Des juges du tribunal de commerce ainsi que des anciens membres du tribunal, à la condition, pour ces derniers, qu'ils y aient exercé leurs fonctions pendant au moins six années.

Les élections des juges des tribunaux de commerce ont lieu au scrutin plurinominal majoritaire à deux tours. Sont déclarés élus au premier tour les candidats ayant obtenu un nombre de voix au moins égal à la majorité des suffrages exprimés et au quart des électeurs inscrits. Si aucun candidat n'est élu ou s'il reste des sièges à pourvoir, l'élection est acquise au second tour à la majorité relative des suffrages exprimés. Si plusieurs candidats obtiennent le même nombre de voix au second tour, le plus âgé est proclamé élu (C. com., art. L. 723-10).

Collège électoral	*Il comprend* ***les délégués consulaires*** élus pour une durée de cinq ans, ***les membres en exercice du tribunal de commerce, les anciens membres du tribunal de commerce*** (C. com., art. L. 723-1). Ce collège élit les juges du tribunal.
Élection des juges du tribunal de commerce par le collège électoral	***Les candidats doivent répondre aux exigences légales (C. com., art. L. 723-4).*** ***Les juges « consulaires »*** sont élus pour deux ans lors de leur première élection. À l'issue d'un premier mandat, ils peuvent être réélus par période de quatre ans, dans le même tribunal dans tout autre tribunal de commerce. Toutefois, les juges des tribunaux de commerce élus pour quatre mandats successifs dans un même tribunal de commerce ne sont plus éligibles dans ce tribunal. Ils ne peuvent plus siéger au-delà de l'année civile au cours de laquelle ils ont atteint l'âge de 75 ans. Mais le président sortant à l'issue de quatre mandats successifs de membre ou de président, peut être réélu pour un nouveau mandat, en qualité de membre du tribunal de commerce.

• *Le nouveau statut des juges consulaires*

106. Statut particulier des juges. Le statut est l'ensemble des dispositions légales et réglementaires fixant la situation de professionnels ou de fonctionnaires. S'agissant des juges consulaires, il présente de nombreuses originalités, confortées par la loi n° 2016-1547 du 18 novembre 2016. Les juges exercent leurs fonctions bénévolement puisqu'ils ne perçoivent aucune rémunération (C. com., art. L. 722-16). Après leur élection, ils prêtent serment en ces termes « Je jure de bien et fidèlement remplir mes fonctions, de garder le secret des délibérations et de me conduire en tout comme un juge digne et loyal » (C. com., art. L. 722-7 : le serment est reçu par la cour d'appel, lorsque le tribunal de commerce est établi au siège de la cour d'appel et, dans les autres cas, par le tribunal judiciaire dans le ressort duquel le tribunal de commerce a son siège). Ce serment définit les obligations déontologiques des juges : diligence, secret professionnel, dignité, loyauté. Ils sont installés à l'audience solennelle de rentrée du tribunal. Afin que la justice commerciale soit rendue dans le respect des principes fondamentaux du procès équitable, une formation initiale et continue des juges consulaires a été organisée, concernant aussi bien la procédure que le droit substantiel, sous l'égide de l'École nationale de la magistrature. Après la décision du Conseil constitutionnel du 4 mai 2012[4] et la loi du 18 novembre 2016, la formation initiale et continue est devenue une obligation déontologique. Le juge qui n'a pas satisfait à l'obligation de formation initiale est réputé démissionnaire (C. com., art. L. 722-17).

Comme les juges consulaires tiennent leur pouvoir de l'élection, et qu'ils ne font l'objet d'aucun avancement, les questions relatives à l'indépendance et à l'avancement qui concernent les magistrats de carrière leur sont étrangères. Néanmoins, les conditions d'éligibilité garantissent l'indépendance des juges par rapport au corps électoral (C. com., art. L. 723-4 et s.).

Certains cumuls de fonctions sont prohibés. Ainsi, un juge d'un tribunal de commerce ne peut pas être simultanément membre d'un conseil de prud'hommes ou juge d'un autre tribunal de commerce (C. com., art. L. 722-6-1), ce qui permet d'éviter des conflits d'intérêts. Les juges consulaires sont aussi tenus de respecter l'impartialité de la justice qui les conduit à s'abstenir si, en conscience, ils estiment ne pas avoir la neutralité nécessaire, ou s'ils sont sujets à une cause de récusation en raison de liens d'ordre patrimonial ou personnel qu'ils entretiennent avec l'une des parties au litige.

Les juges doivent également manifester une ***capacité à exercer des fonctions juridictionnelles***. Cette exigence constitutionnelle résulte de l'article 6 de la Déclaration des droits de l'Homme et du citoyen de 1789, comme l'a rappelé le Conseil constitutionnel[5], ce qui impose, notamment, une obligation de formation continue.

- *La déontologie des juges consulaires*

107. Définition des obligations déontologiques. La déontologie est précisée par la loi « *J21* » du 18 novembre 2016 : les juges des tribunaux de commerce exercent leurs fonctions en toute indépendance, dignité, impartialité, intégrité et probité et se comportent de façon à prévenir tout doute légitime à cet égard. Toute manifestation d'hostilité au principe ou à la forme du gouvernement de la République est interdite aux juges des tribunaux de commerce, de même que toute démonstration de nature politique incompatible avec la réserve que leur imposent leurs fonctions. Est également interdite toute action concertée de nature à arrêter ou à entraver le fonctionnement des juridictions (C. com., art. L. 722-18).

108. Prévention des conflits d'intérêts. La loi « *J21* » prévoit des instruments pour éviter les conflits d'intérêts. Les juges des tribunaux de commerce veillent à prévenir ou à faire cesser immédiatement les situations de conflit d'intérêts. Constitue un conflit d'intérêts toute situation d'interférence entre un intérêt public et des intérêts

4. Fricero N., « Le tribunal de commerce : une juridiction conforme aux exigences constitutionnelles », D. 2012, chron. p. 1626.
5. Cons. const., 4 mai 2012, n° 2012-241 QPC ; 20 févr. 2003, n° 2003-466 QPC ; 4 août 2011, n° 2011-635 QPC.

publics ou privés qui est de nature à influencer ou à paraître influencer l'exercice indépendant, impartial et objectif d'une fonction (C. com., art. L. 722-20). ***Une déclaration d'intérêts*** est prévue. Dans un délai de deux mois à compter de leur prise de fonctions, les juges des tribunaux de commerce remettent une déclaration exhaustive, exacte et sincère de leurs intérêts : 1° Au président du tribunal, pour les juges des tribunaux de commerce ; 2° Au premier président de la cour d'appel, pour les présidents des tribunaux de commerce du ressort de cette cour. La déclaration d'intérêts ***mentionne les liens et les intérêts détenus de nature à influencer ou à paraître influencer l'exercice indépendant, impartial et objectif*** des fonctions que le déclarant a ou qu'il a eu pendant les cinq années précédant sa prise de fonctions. La remise de la déclaration d'intérêts donne lieu à un entretien déontologique du juge avec l'autorité à laquelle la déclaration a été remise, ayant pour objet de prévenir tout éventuel conflit d'intérêts. L'entretien peut être renouvelé à tout moment à la demande du juge ou de l'autorité. À l'issue de l'entretien, la déclaration peut être modifiée par le déclarant. L'article R. 722-22 du Code de commerce (D. n° 2017-1163, 12 juill. 2017 relatif à la déontologie, l'éligibilité et la discipline des juges des tribunaux de commerce) indique que la déclaration comporte de nombreux éléments relatifs à l'activité professionnelle, les fonctions occupées, les activités de consultant, la participation aux organes dirigeants d'un organisme public ou privé ou d'une société à la date de la prise de fonctions, les fonctions bénévoles susceptibles de faire naître un conflit d'intérêts exercées à la date de la prise de fonctions, les fonctions et mandats électifs exercés à la date de la prise de fonctions par le déclarant, la dénomination de la société dans laquelle le déclarant détient des participations financières directes dans le capital à la date de sa prise de fonctions ainsi que les activités professionnelles exercées à la date de la prise de fonctions par le conjoint, le partenaire lié par un pacte civil de solidarité ou le concubin.

Toute modification substantielle des liens et des intérêts détenus fait l'objet, dans un délai de deux mois, d'une déclaration complémentaire dans les mêmes formes et peut donner lieu à un entretien déontologique. La déclaration d'intérêts ne peut pas être communiquée aux tiers. Lorsqu'une procédure disciplinaire est engagée, la commission nationale de discipline et le ministre de la Justice peuvent obtenir communication de la déclaration d'intérêts (C. com., art. L. 722-21).

Le droit de grève est supprimé : l'article L. 722-18 du Code de commerce précise qu'est interdite aux juges toute action concertée de nature à arrêter ou à entraver le fonctionnement des juridictions.

- *La discipline des juges consulaires*

109. Commission nationale de discipline. La discipline des juges consulaires est soumise à des règles spécifiques. Aux termes de l'article L. 724-1 du Code de commerce, « Tout manquement par un juge de tribunal de commerce aux devoirs de son état, à l'honneur, à la probité ou à la dignité constitue une faute disciplinaire », sanctionnée par la commission nationale de discipline. La procédure est contradictoire : après audition de l'intéressé par le premier président de la cour d'appel dans le ressort de laquelle le tribunal de commerce a son siège, la Commission nationale de discipline peut être saisie par le ministre de la Justice ou par le premier président (C. com., art. L. 724-3).

Les sanctions disciplinaires sont précisément définies à l'article L. 724-3-1 du Code de commerce (loi « *J21* »). Ce sont : « 1° Le blâme ; 2° L'interdiction d'être désigné dans des fonctions de juge unique pendant une durée maximale de cinq ans ; 3° La déchéance assortie de l'inéligibilité pour une durée maximale de dix ans ; 4° La déchéance assortie de l'inéligibilité définitive » (C. com., art. L. 724-3-2).

Si le juge du tribunal de commerce cesse ses fonctions pour quelque cause que ce soit, cela ne fait pas obstacle à l'engagement de poursuites et au prononcé de sanctions disciplinaires. Dans ce cas, les sanctions disciplinaires applicables sont le retrait de l'honorariat et l'inéligibilité pour une durée maximale de dix ans, ou l'inéligibilité définitive.

Un avertissement peut être fait au juge : en dehors de toute action disciplinaire, les premiers présidents de cour d'appel ont le pouvoir de donner un avertissement aux juges des tribunaux de commerce situés dans le ressort de leur cour, après avoir recueilli l'avis du président du tribunal de commerce dans lequel exerce le juge concerné.

- *La plainte d'un justiciable*

110. Saisine directe de la Commission par un justiciable. Une plainte peut être formée par un justiciable contre le juge du tribunal de commerce (C. com., art. L. 724-3-3), s'il estime qu'à l'occasion d'une procédure judiciaire le concernant le comportement adopté par le juge dans l'exercice de ses fonctions est susceptible de recevoir une qualification disciplinaire. Le justiciable peut saisir la commission nationale de discipline des juges des tribunaux de commerce.

Cette saisine ne constitue pas une cause de récusation du magistrat. Des conditions strictes sont posées : à peine d'irrecevabilité, la plainte ne peut être dirigée contre un juge d'un tribunal de commerce qui demeure saisi de la procédure. Elle ne peut être présentée après l'expiration d'un délai d'un an à compter d'une décision irrévocable mettant fin à la procédure. Elle contient l'indication détaillée des faits et griefs allégués et est signée par le justiciable et indique son identité, son adresse ainsi que les éléments permettant d'identifier la procédure en cause. La plainte est examinée par une commission d'admission des requêtes composée de deux membres de la commission nationale de discipline, l'un magistrat et l'autre juge d'un tribunal de commerce, désignés chaque année par le président de la commission nationale de discipline. La commission d'admission des requêtes sollicite du premier président de la cour d'appel et du président du tribunal de commerce dont dépend le juge mis en cause leurs observations et tous éléments d'information utiles. Le premier président de la cour d'appel invite le juge de tribunal de commerce concerné à lui adresser ses observations. Dans le délai de deux mois à compter de la demande qui lui en est faite par la commission d'admission des requêtes, le premier président de la cour d'appel adresse l'ensemble de ces informations et observations à ladite commission, ainsi qu'au garde des Sceaux, ministre de la Justice. La commission d'admission des requêtes peut entendre le juge mis en cause et, le cas échéant, le justiciable qui a introduit la plainte. Lorsqu'elle estime que les faits sont susceptibles de recevoir une qualification disciplinaire, ***elle renvoie l'examen de la plainte à la Commission nationale de discipline***. En cas de ***rejet de la plainte*** par la commission d'admission des requêtes, le premier président de la cour d'appel et le garde des Sceaux, ministre de la Justice, conservent la faculté de saisir la commission nationale de discipline des faits dénoncés. Le juge visé par la plainte, le justiciable, le premier Président de la cour d'appel, le Président du tribunal de commerce dont dépend le juge mis en cause et le garde des Sceaux, ministre de la Justice, sont avisés du rejet de la plainte ou de l'engagement de la procédure disciplinaire. La décision de rejet n'est susceptible d'aucun recours. Les membres de la commission d'admission des requêtes ne peuvent siéger à la Commission nationale de discipline lorsque celle-ci est saisie d'une affaire qui lui a été renvoyée par la commission d'admission des requêtes ou lorsqu'elle est saisie, par les autorités mentionnées à l'article L. 724-3, de faits identiques à ceux invoqués par un justiciable dont la commission d'admission des requêtes a rejeté la plainte. En cas de partage égal des voix au sein de la commission d'admission des requêtes, l'examen de la plainte est renvoyé à la commission nationale de discipline.

b) Le fonctionnement

1. Le président du tribunal de commerce

111. Attributions. Le président du tribunal est élu pour quatre ans par les juges du tribunal de commerce réunis en assemblée générale (C. com., art. L. 722-11). Le président sortant à l'issue de quatre mandats successifs de membre ou de président peut être réélu pour un cinquième mandat en qualité de membre du même tribunal de commerce. À la fin de ce mandat, il n'est plus éligible à aucun mandat de ce tribunal (C. com., art. L. 723-7).

Le président est doté de nombreuses attributions. Il a des fonctions administratives importantes ; notamment, il est chargé de la direction et de l'organisation des services du tribunal, de la discipline générale, de la présidence des assemblées générales. Il désigne également le vice-président du tribunal ainsi que les présidents de chambre. Il a aussi des fonctions juridictionnelles propres. Il participe au jugement des affaires en sa qualité de juge ; il rend les ordonnances de référé en matière commerciale ainsi que les ordonnances sur requête et il statue en matière d'injonction de payer pour les créances commerciales. Le président du tribunal de commerce prend par ordonnance les mesures d'administration judiciaire.

2. Le vice-président du tribunal de commerce

112. Fonctions. Son rôle est d'assister le président et de le suppléer en cas d'empêchement (C. com., art. R. 722-11). Il est désigné par le président parmi les juges du tribunal ayant déjà exercé des fonctions judiciaires depuis au moins trois ans. Le président procède à cette désignation chaque année, dans la première quinzaine du mois de janvier ; il peut la modifier en cours d'année.

3. Les chambres du tribunal

113. Organisation.- Comme toutes les autres juridictions, le tribunal de commerce qui comprend un nombre de juges suffisants est divisé en chambres spécialisées dont le nombre varie selon l'importance du tribunal. Chaque chambre est présidée par le président du Tribunal ou par un président de chambre. Les présidents de chambre sont désignés par ordonnance du président du tribunal de commerce prise après avis de l'assemblée générale. Le président du tribunal choisi parmi les juges ayant exercé des fonctions dans un tribunal de commerce pendant au moins trois ans. L'ordonnance peut être modifiée au cours de l'année judiciaire en cas de cessation des fonctions du magistrat initialement désigné.

c) *Les formations*

1. Les formations juridictionnelles

114. Formation collégiale et procédure orale. Le tribunal de commerce se réunit en formation de jugement impérativement composée d'un nombre impair de juges. La formation réunit au moins trois juges. Dans le contentieux général, ***la procédure*** est soumise aux dispositions du Code de procédure civile. Les débats ont lieu en audience publique conformément au droit commun. Il existe également des exceptions prévues par la loi permettant des débats en chambre du conseil, notamment dans le cadre des procédures de redressement et de liquidation judiciaires. ***La procédure est orale*** et la représentation par avocat est obligatoire, sauf dans les cas prévus par la loi ou le règlement (par ex. en procédures collectives, les parties sont dispensées d'avocat) et sauf si la demande porte sur un montant inférieur ou égal à 10 000 euros ou qu'elle a pour origine l'exécution d'une obligation dont le montant n'excède pas 10 000 euros (CPC, art. 853). La procédure étant orale, les parties doivent donc saisir le juge en se présentant physiquement à l'audience, en personne ou par avocat lorsqu'il est obligatoire, pour émettre leurs prétentions et moyens. Mais elles peuvent aussi faire référence orale à leurs écritures. Le tribunal peut estimer que l'affaire est susceptible d'être résolue par un arrangement amiable : il peut déléguer sa mission de conciliation à un conciliateur de justice et, en cas d'accord, homologuer l'acte pour lui conférer la force exécutoire.

Si l'affaire n'est pas en état d'être jugée immédiatement, le tribunal peut la renvoyer à une prochaine audience et suivre son instruction (cette mission peut aussi être confiée à l'un des membres, qui sera chargé de l'instruire). Le tribunal précise alors les charges que les parties doivent accomplir (communication des pièces, échanges de conclusions écrites). Avec l'introduction de la communication par voie électronique (e-greffe), les échanges, envois et remises peuvent être effectués par voie électronique, aussi bien dans les rapports des auxiliaires de justice entre eux que dans les rapports entre le greffe de la juridiction et les auxiliaires de justice, et même entre la juridiction et les parties qui ont été authentifiées et ont donc accepté ce mode de communication. Dans l'hypothèse où toutes les parties sont assistées ou représentées par un avocat, le juge peut, avec leur avis, fixer un calendrier avec des délais pour échanger les conclusions récapitulatives et les pièces, et prévoir que les avocats communiqueront par le RPVA. En cas de non-respect de ces modalités, le tribunal peut radier l'affaire ou la juger. S'il la juge, le tribunal peut rejeter les pièces, les prétentions et moyens qui n'ont pas été échangés dans les délais prévus s'il y a atteinte aux droits de la défense et absence de motif légitimant le retard. Il peut aussi dispenser les parties de présence physique à l'audience des débats, et leur demander de déposer leur dossier au greffe du tribunal.

115. Particularisme des procédures collectives. Des procédures particulières ont été mises en place pour statuer sur les difficultés des entreprises exerçant une activité commerciale ou artisanale (C. com., art. L. 610-1 et s. et art. R. 600-1 et s.), soit pour les prévenir, soit pour les traiter (redressement de l'entreprise, ou liquidation en cas de cessation de paiements). La représentation par avocat n'est pas obligatoire (CPC, art. 853). Lorsque le débiteur est une entreprise dont le nombre de salariés est égal ou supérieur à 250 et dont le montant net du chiffre d'affaires est d'au moins 20 millions d'euros ou une entreprise dont le montant net du chiffre d'affaires est d'au moins 40 millions d'euros, seuls certains tribunaux de commerce spécialement désignés peuvent statuer.

En matière de difficultés des entreprises, ***les attributions du tribunal de commerce sont originales*** :

- ***la détection*** est un mécanisme prévu par l'article L. 611-2 alinéa 1er du Code de commerce : « lorsqu'il résulte de tout acte, document ou procédure qu'une société commerciale ou artisanale connaît des difficultés de nature à compromettre la continuité de l'exploitation, ses dirigeants peuvent être convoqués par le président du tribunal de commerce pour que soient envisagées les mesures propres à redresser la situation » ;
- ***le mandat ad hoc*** est prévu par l'article L. 611-3 du Code de commerce : « Le président du tribunal peut, à la demande d'un débiteur, désigner un mandataire *ad hoc* dont il détermine la mission. Le débiteur peut proposer le nom d'un mandataire *ad hoc*. La décision nommant le mandataire *ad hoc* est communiquée aux commissaires aux comptes lorsqu'il en a été désigné » ;
- ***la conciliation*** est organisée par l'article L. 611-4 du Code de commerce au profit des commerçants et artisans « qui éprouvent une difficulté juridique, économique ou financière, avérée ou prévisible, et ne se trouvent pas en cessation des paiements depuis plus de 45 jours ». Le conciliateur désigné doit favoriser la conclusion entre le débiteur et ses principaux créanciers et le cas échéant ces cocontractants habituels, un accord amiable destiné à mettre fin aux difficultés de l'entreprise ou « présenter une toute proposition se rapportant à la sauvegarde de l'entreprise, à la poursuite de l'activité économique et au maintien de l'emploi » ; la procédure de conciliation a été modifiée par la loi du 18 novembre 2016 ;
- ***la sauvegarde*** permet à un dirigeant, dont l'entreprise n'est pas en cessation des paiements, de demander au tribunal d'ouverture d'une procédure en justifiant des difficultés que l'entreprise n'est pas en mesure de surmonter. Avant d'arrêter le plan, le tribunal doit s'assurer que les intérêts de tous les créanciers sont suffisamment protégés ;
- ***le redressement judiciaire*** est ouvert en cas de cessation des paiements, et peut aboutir à un plan de redressement de l'entreprise ;
- ***la liquidation judiciaire*** permet de réaliser l'actif et de payer certains créanciers lorsque la situation du débiteur est irrémédiablement compromise ;
- lorsqu'***une procédure de redressement judiciaire ou de liquidation judiciaires*** est ouverte, le tribunal peut prononcer des sanctions personnelles contre le dirigeant de la société : la faillite personnelle, une interdiction de diriger, de gérer ou contrôler une entreprise commerciale, le comblement du passif ou l'extension du redressement judiciaire.

2. Les formations administratives

116. Assemblée générale. Comme les autres juridictions, le tribunal de commerce se réunit en assemblée générale. Celle-ci délibère sur les questions relatives à l'administration du tribunal. Elle a des attributions originales : notamment, elle élit le président du tribunal et donne son avis sur la désignation des présidents de chambre.

Un bureau est constitué pour chaque réunion de l'assemblée générale. Il est composé du président du tribunal, du vice-président et du premier dans l'ordre du tableau des présidents de chambre présents à l'assemblée générale. Le bureau veille au bon fonctionnement de l'assemblée, tient les feuilles de présence et de vote, statue sur les quorums, fait procéder au vote et surveille le déroulement des scrutins dont les résultats sont proclamés par le président.

B - Le conseil de prud'hommes

1) La définition

117. Particularités. Issue d'une juridiction du travail qui existait à Lyon sous l'Ancien régime, le conseil de prud'hommes est une juridiction d'exception du premier degré, composée de juges élus, dont la mission est de concilier et, à défaut, de juger les litiges individuels nés d'un contrat de travail ou d'apprentissage (C. trav., art. L. 1411-1 et R. 1422-1 et s.). La loi n° 2015-990 du 6 août 2015 a considérablement modifié la juridiction prud'homale. Elle a prévu la création de représentants particuliers, à côté des avocats, pour assister ou représenter les parties : l'article L. 1453-4 nouveau du Code du travail précise qu'un « défenseur syndical exerce des fonctions d'assistance ou de représentation devant les conseils de prud'hommes et les cours d'appel en matière prud'homale. Il est inscrit sur une liste arrêtée par l'autorité administrative sur proposition des organisations représentatives d'employeurs et de salariés au niveau national ». Le décret d'application n° 2016-975 du 18 juillet 2016 précise les modalités d'établissement des listes, l'exercice de la mission et la formation des défenseurs syndicaux en matière prud'homale.

118. Procédure. Dans le but de garantir aux salariés une justice proche, accessible et peu coûteuse, la règle applicable est celle de ***l'oralité de la procédure***. Toutefois, afin de garantir une procédure contradictoire et efficace, des contraintes procédurales ont été définies par la loi n° 2015-990 du 6 août 2015 et le décret d'application n° 2016-660 du 20 mai 2016. Ainsi, la requête doit exposer sommairement les motifs de la demande et mentionner les chefs de celle-ci. Elle est accompagnée des pièces que le demandeur invoque, énumérées dans un bordereau annexé. Le greffe avise le demandeur de l'audience devant le bureau de conciliation et invite le demandeur à adresser ses pièces au défendeur avant cette audience. Il convoque le défendeur par lettre RAR et l'invite à adresser ses pièces au greffe. Lorsque les parties sont toutes assistées ou représentées par un avocat, elles sont tenues de se communiquer des conclusions qualificatives (contenant les moyens de fait et de droit, et indiquant les pièces invoquées) et récapitulatives (en cas d'oubli d'un moyen ou d'une prétention, on applique une présomption d'abandon). Les prétentions sont récapitulées sous forme de dispositif et le bureau de jugement ne statue que sur les prétentions reprises dans le dispositif (C. trav., art. R. 1453-5). Lorsque l'instruction est achevée, le conseil de prud'hommes rend une ordonnance de clôture qui interdit ensuite de présenter de nouvelles prétentions ou pièces. L'affaire est ensuite renvoyée à une audience pour être débattue.

2) L'organisation

119. Conseil supérieur de la prud'homie. Le Conseil supérieur de la prud'homie formule des avis et suggestions, effectue des études sur l'organisation et le fonctionnement des conseils de prud'hommes : c'est un organisme consultatif auprès du garde des Sceaux et du ministre du Travail (C. trav., art. R. 1431-1 et s.). Il a élaboré le recueil de déontologie des conseillers prud'hommes (C. trav., art. R. 1431-3-1), qui précise les différents devoirs : indépendance, impartialité, dignité, probité et intégrité, secret, confidentialité et réserve, zèle, légalité et compétence, loyauté, diligence, disponibilité et attention à autrui.

a) Le ressort territorial

120. Identité de ressort avec le TJ. Depuis 1979, il existe au moins un conseil de prud'hommes dans le ressort de chaque TJ. Mais, en fonction de la situation géographique et du volume des affaires (région où la concentration industrielle est importante, par exemple), il peut y avoir plusieurs Conseils de prud'hommes dans le ressort d'un même TJ.

b) La composition

La composition du conseil de prud'hommes est caractérisée par deux aspects essentiels : c'est une juridiction composée de juges désignés parmi les employeurs et les salariés, selon la règle fondamentale de la parité.

1. Les juges désignés

- *La désignation des juges*

121. Évolution de l'élection à la désignation. L'Ordonnance n° 2016-388 du 31 mars 2016 a fixé les nouvelles modalités de la désignation des conseillers prud'hommes à partir de 2017 (les dispositions sont entrées en vigueur le 1er février 2017). Depuis 1979, les conseillers prud'hommes étaient élus tous les 5 ans par les salariés. Afin de renforcer la légitimité de l'institution prud'homale, le Gouvernement a décidé en décembre 2014, de remplacer cette élection directe par une désignation (voir le rapport au président de la République relatif à l'ordonnance n° 2016-388 du 31 mars 2016 relative à la désignation des conseillers prud'hommes et loi n° 2014-1528 du 18 décembre 2014 relative à la désignation des conseillers prud'hommes modifiée). La désignation des conseillers prud'hommes, fondée sur l'audience des organisations syndicales et professionnelles, recueillie dans le cadre de la mise en œuvre de la représentativité syndicale et de la représentativité patronale a remplacé l'élection. C'est l'ordonnance n° 2016-388 du 31 mars 2016 qui met en place de nouvelles modalités de désignation des conseillers prud'hommes. Elle a été ratifiée par la loi n° 2016-1088 du 8 août 2016 relative au travail, à la modernisation du dialogue social et à la sécurisation des parcours professionnels. Cette dernière loi a également modifié plusieurs mentions contenues dans le texte de l'ordonnance, notamment par rapport au critère de représentativité des syndicats. Le dépôt de liste ne peut se faire que par voie dématérialisée (et non plus à la Préfecture). La parité femme-homme pour les candidatures est exigée. La liste de candidats, déposée par le mandataire au niveau départemental, est composée alternativement d'un candidat de chaque sexe (C. trav., art. L. 1441-19 et L. 1441-29, au 1er février 2017). Le nombre de sièges est attribué en fonction du nombre de conseillers. Pour les organisations syndicales de salariés, cette attribution se fait en fonction des suffrages obtenus, au niveau départemental par chaque organisation, dans le cadre de la mesure de l'audience syndicale. Pour les organisations professionnelles d'employeurs, cette attribution est faite en fonction de l'audience patronale déterminée au niveau national. Les sièges sont attribués à la représentation proportionnelle suivant la règle de la plus forte moyenne (C. trav., art. L. 1441-4). Une organisation syndicale ou professionnelle peut saisir le Conseil d'État dans un délai de quinze jours à compter de sa publication, de contestations relatives à la répartition du nombre des sièges. ***Les conseillers prud'hommes sont nommés conjointement par le garde des Sceaux***, ministre de la Justice, et ***le ministre chargé du travail*** sur proposition des organisations syndicales et professionnelles. La durée du mandat (C. trav., art. L. 1441-1) a été ramenée à 4 ans (comme la durée d'un cycle de mesure de l'audience syndicale et patronale). Les contestations relatives aux nominations sont portées devant le tribunal administratif dans un délai de 10 jours, qui statue en premier et dernier ressort (C. trav., art. L. 1441-24).

- *Le statut original des conseillers prud'hommes*

122. Statut de juges. La législation prend en compte leur double qualité de juges (le Conseil constitutionnel juge que ce sont des magistrats au sens de l'article 34 de la Constitution[6]) et de professionnels. La loi n° 2015-990 du 6 août 2015 sur la croissance, l'activité et l'égalité des chances (loi « *Macron* ») ainsi que le décret n° 2016-660 du 20 mai 2016 ont entraîné des modifications substantielles de l'organisation et du fonctionnement des conseils de prud'hommes. Il est précisé au nouvel article L. 1421-2 du Code du travail que : « ***Les conseillers prud'hommes sont des juges***. Ils exercent leurs fonctions en toute indépendance, impartialité, dignité et probité et se comportent de façon à exclure tout doute légitime à cet égard. Ils s'abstiennent, notamment, de tout acte ou comportement public incompatible avec leurs fonctions. Ils sont tenus au secret des délibérations.

123. Obligation de formation initiale. L'État organise, dans des conditions déterminées par décret, la formation des conseillers prud'hommes et en assure le financement. Les conseillers prud'hommes suivent une formation initiale à l'exercice de leur fonction juridictionnelle et une formation continue. La formation initiale est commune aux conseillers prud'hommes employeurs et salariés. Elle est organisée par l'État. Tout conseiller prud'homme qui n'a pas satisfait à l'obligation de formation initiale dans un délai fixé par décret est réputé démissionnaire (C. trav., art. L. 1442-1). Pour les besoins de la formation, les employeurs accordent aux salariés de leur entreprise membres d'un conseil de prud'hommes des autorisations d'absence, qui peuvent être fractionnées, dans la limite de cinq jours par mandat, au titre de la formation initiale, et de six semaines par mandat, au titre de la formation continue. Ces absences sont rémunérées par l'employeur. Elles sont admises au titre de la participation des employeurs au financement de la formation professionnelle, dans les conditions prévues à l'article L. 6331-1 (C. trav., art. L. 1442-2).

124. Renforcement des obligations déontologiques :

– les obligations des conseillers prud'hommes en leur qualité de juges, sont analogues à celles des magistrats. Ils prêtent serment de remplir leurs devoirs avec zèle et intégrité et de garder le secret des délibérations ; ils doivent rendre la justice sous peine de déni de justice et il leur est interdit de rendre des arrêts de règlement. Ils sont soumis aux mêmes incompatibilités que les magistrats des autres juridictions, et

6. 28 déc. 2006, n° 2006-545 DC : LPA 2 avr. 2007, n° 66, p. 15, obs. Janicot L.

doivent rendre la justice de manière impartiale. L'article L. 1421-2 du Code du travail prévoit que les conseillers prud'hommes exercent leurs fonctions en toute indépendance, impartialité, dignité et probité et se comportent de façon à exclure tout doute légitime à cet égard. Ils s'abstiennent notamment, de tout acte ou comportement public incompatible avec leurs fonctions. Ils peuvent être récusés dans les cas prévus par l'article R. 1457-1 du Code du travail, mais la Cour de cassation a décidé que la liste des hypothèses définies n'est pas limitative, par application de l'article 6 § 1 de la Convention européenne des droits de l'Homme. Ainsi, les juges peuvent être récusés lorsqu'ils ont un intérêt personnel à la contestation, lorsqu'ils sont parents ou alliés d'une partie, lorsqu'ils ont donné un avis écrit dans l'affaire ou lorsque le juge est employeur, cadre, ouvrier ou employé de l'une des parties. En revanche, l'appartenance des juges au même syndicat professionnel que l'une des parties n'est pas une cause de récusation ;

- leur est interdite toute action concertée de nature à arrêter ou à entraver le fonctionnement des juridictions lorsque le renvoi de l'examen d'un dossier risquerait d'entraîner des conséquences irrémédiables ou manifestement excessives pour les droits d'une partie ;
- leur responsabilité est soumise aux articles L. 141-2 et L. 141-3 du Code de procédure civile, c'est-à-dire au régime de la prise à partie personnelle du juge. La procédure est portée devant la cour d'appel (CPC, art. 366-1 et s.) ;

125. Protection des conseillers prud'hommes. Les conseillers prud'hommes salariés sont des ***salariés protégés*** leur employeur est tenu de leur laisser la liberté de participer aux séances du conseil, de leur accorder le temps nécessaire et de les rémunérer intégralement, l'État remboursant aux entreprises les sommes versées aux salariés. Le salarié peut ainsi participer à toutes les formations du conseil de prud'hommes, à l'exécution des mesures d'instruction, aux commissions et assemblées ; il peut exercer les fonctions administratives de président ou de vice-président sans avoir besoin d'obtenir l'autorisation de son employeur à chaque fois. Le temps consacré à l'exercice des fonctions prud'homales est pris en compte pour le calcul de l'ancienneté dans l'entreprise. Pour les conseillers prud'hommes employeurs, le temps de présence aux diverses formations de la juridiction est également rémunéré par une indemnité versée par l'État, dont le montant, très faible, varie selon l'horaire de l'activité.

Si l'employeur souhaite licencier le salarié conseiller prud'homme, certaines exigences doivent être respectées. Le Code du travail prévoit que le licenciement est soumis aux règles applicables aux délégués syndicaux de l'entreprise : l'autorisation de l'inspection du travail est donc nécessaire.

- *La discipline*

126. Régime. Tout manquement à ses devoirs dans l'exercice de ses fonctions par un conseiller prud'homme est susceptible de constituer une faute disciplinaire (C. trav., art. L. 1442-13). En outre, l'acceptation par un conseiller prud'homme d'un mandat impératif, avant ou après son entrée en fonction et sous quelque forme que ce soit, constitue un manquement grave à ses devoirs.

Le pouvoir disciplinaire est exercé par ***une Commission nationale de discipline*** (C. trav., art. L. 1442-13-2 et R. 1442-21 et s.) qui est présidée par un président de chambre à la Cour de cassation, désigné par le premier président de la Cour de cassation, et qui comprend : un membre du Conseil d'État, désigné par le vice-président du

Conseil d'État ; un magistrat et une magistrate du siège des cours d'appel, désignés par le premier président de la Cour de cassation sur une liste établie par les premiers présidents des cours d'appel, chacun d'eux arrêtant le nom d'un magistrat et d'une magistrate du siège de sa cour d'appel après avis de l'assemblée générale des magistrats du siège de la cour d'appel ; un représentant et une représentante des salariés, conseillers prud'hommes ou ayant exercé les fonctions de conseiller prud'homme, désignés par les représentants des salariés au Conseil supérieur de la prud'homie en son sein ; un représentant et une représentante des employeurs, conseillers prud'hommes ou ayant exercé les fonctions de conseiller prud'homme, désignés par les représentants des employeurs au Conseil supérieur de la prud'homie en son sein. Des suppléants en nombre égal sont désignés dans les mêmes conditions. Les membres de la Commission nationale de discipline sont désignés pour trois ans.

127. Procédure. La Commission nationale de discipline peut être saisie par le ministre de la Justice ou par le premier président de la cour d'appel dans le ressort de laquelle le conseiller prud'homme siège, après audition de celui-ci par le premier président (C. trav., art. L. 1442-13-3). La procédure est contradictoire (le conseiller prud'homme est informé de la saisine, il peut prendre connaissance des pièces, se faire assister par un de ses pairs, un avocat à la Cour de cassation ou un avocat inscrit à un barreau, et est invité à s'expliquer sur les faits qui lui sont reprochés devant la Commission où il doit comparaître en personne ; C. trav., art. R. 1442-22-8 et s. ; D. 28 déc. 2016). Les décisions de la Commission nationale de discipline et celles de son président sont motivées et rendues publiquement. ***Les sanctions disciplinaires*** applicables aux conseillers prud'hommes sont le blâme, la suspension pour une durée ne pouvant excéder six mois, la déchéance assortie d'une interdiction d'exercer les fonctions de conseiller prud'homme pour une durée maximale de dix ans, la déchéance assortie d'une interdiction définitive d'exercer les fonctions de conseiller prud'homme. Le conseiller prud'homme ayant fait l'objet d'une interdiction, déchéance ou incapacité relative à ses droits civiques est déchu de plein droit de ses fonctions à la date de la condamnation devenue définitive.

Sur proposition du ministre de la Justice ou du premier président de la cour d'appel dans le ressort de laquelle le conseiller prud'homme mis en cause siège, le président de la Commission nationale de discipline ***peut suspendre*** un conseiller prud'homme, pour une durée qui ne peut excéder six mois, lorsqu'il existe contre l'intéressé, qui a été préalablement entendu par le premier président, des faits de nature à entraîner une sanction disciplinaire. La suspension peut être renouvelée une fois par la commission nationale pour une durée qui ne peut excéder six mois. Si le conseiller prud'homme fait l'objet de poursuites pénales, la suspension peut être ordonnée par le président de la commission nationale jusqu'à l'intervention de la décision pénale définitive (C. trav., art. L. 1442-16).

128. Rappel des obligations déontologiques. En dehors de toute action disciplinaire, les premiers présidents de cour d'appel ***peuvent rappeler à leurs obligations les conseillers prud'hommes*** situés dans le ressort de leur cour (C. trav., art. L. 1442-13-1).

129. Démission. Tout conseiller prud'homme qui, sans motif légitime et après mise en demeure, refuse de remplir le service auquel il est appelé peut être déclaré démissionnaire (C. trav., art. L. 1442-12).

2. La règle de la parité

130. Organisation. Le conseil de prud'hommes est une juridiction paritaire, c'est-à-dire que toutes ses formations sont composées d'un nombre égal d'employeurs et de salariés.

La structure actuelle du conseil de prud'hommes comporte ***cinq sections*** : encadrement, industrie, commerces et services commerciaux, agriculture, activités diverses. Ces divisions correspondent au souci de spécialisation de la justice : un professionnel est certainement mieux à même de trancher un conflit dans son domaine, en raison de la spécificité des règles juridiques et des usages et pratiques professionnels. Chacune de ces sections comprend au moins trois conseillers prud'hommes employeurs et trois conseillers salariés (C. trav., art. R. 1423-1). La compétence des sections dépend, depuis le 1er janvier 2018, du champ d'application des conventions et accords collectifs de travail susceptibles de s'appliquer au salarié, en référence à un tableau de répartition, qui est lié aux identifiants des conventions (IDCC). Un président et un vice-président sont élus pour un an. Si le président est un employeur, le vice-président est obligatoirement un salarié.

131. Bureaux du CP'H. Chaque section, chaque chambre comporte deux bureaux :

Bureau de conciliation et d'orientation	Composé d'un conseiller employeur et d'un conseiller salarié, qui tente la conciliation des parties et prend des mesures urgentes comme la délivrance de bulletins de paye, de certificats de travail. Il assure la mise en état des affaires (C. trav., art. L. 1454-1-2) et peut ordonner une mesure d'instruction, ou le versement de provisions sur les salaires, les indemnités de congés payés, de préavis ou de licenciement, si l'obligation n'est pas sérieusement contestable. Une loi n° 2013-504 du 14 juin 2013 relative à la sécurisation de l'emploi a modifié la conciliation devant ce bureau : un barème, prévu par un décret du 2 août 2013, établit l'indemnisation forfaitaire à laquelle le salarié peut prétendre par conciliation au titre des indemnités de licenciement, en fonction de son ancienneté dans l'entreprise (ex. moins de 2 ans = 2 mois de salaires, de 2 à 8 ans = 4 mois, etc.). Ces montants peuvent être modifiés par les parties. À défaut de conciliation, le bureau de conciliation et d'orientation peut renvoyer les parties devant le bureau de jugement, soit en formation restreinte, soit en formation ordinaire pour qu'il tranche. Le bureau assure la mise en état de l'affaire. Si sans motif légitime, l'une des parties ne comparaît pas, le bureau de conciliation et d'orientation ***peut juger l'affaire***, en l'état des pièces et moyens que la partie comparante a contradictoirement communiqués (C. trav., art. L. 1454-1-3).
Bureau de jugement	Composé de deux conseillers employeurs et de deux conseillers salariés, il a pour mission de trancher les contestations qui n'ont pu faire l'objet d'une conciliation. Il peut aussi instruire une affaire qui n'est pas en état. En formation restreinte, il est composé d'un employeur et d'un salarié, il statue dans les 3 mois sur les litiges portant sur un licenciement ou une demande de résiliation judiciaire du contrat de travail : C. trav., art. L. 1423-13 et L. 1454-1-1).

132. Formation de référé. Le conseil de prud'hommes comprend une ***formation de référé*** composée d'un conseiller employeur et d'un conseiller salarié, qui peut prendre des mesures urgentes dans les limites de la compétence du conseil de prud'hommes, ou encore prescrire des mesures conservatoires ou de remise en état, où accorder des provisions au créancier dont l'obligation n'est pas sérieusement contestable.

133. Départage. Compte tenu de la règle de la parité, un partage égal de voix peut empêcher la prise d'une décision. Dans ce cas, l'affaire est renvoyée en audience de départage. L'article L. 1454-2 du Code du travail précise qu'en cas de partage, l'affaire est renvoyée devant le même bureau de jugement ou la même formation de référé, présidé par un juge du tribunal judiciaire dans le ressort duquel est situé le siège du conseil de prud'hommes. L'affaire est reprise dans le délai d'un mois. En cas de partage devant le bureau de conciliation et d'orientation, ce dernier renvoie l'affaire devant le bureau de jugement présidé par le juge du tribunal judiciaire dans le ressort duquel est situé le siège du conseil de prud'hommes. Les juges chargés de ces fonctions sont désignés chaque année, notamment en fonction de leurs aptitudes et connaissances particulières, par le président du tribunal judiciaire. Des délais brefs doivent être respectés. En cas de partage des voix devant le bureau de jugement ou le bureau de conciliation et d'orientation, l'affaire est renvoyée à une audience ultérieure du bureau de jugement. Cette audience, présidée par le juge départiteur, est tenue dans le mois du renvoi. En cas de partage des voix au sein de la formation de référé, l'affaire est renvoyée à une audience présidée par le juge départiteur. Cette audience est tenue sans délai et au plus tard dans les quinze jours du renvoi. Quel que soit le nombre des conseillers prud'hommes présents et même en l'absence de tout conseiller prud'homme, lorsque lors de l'audience de départage la formation n'est pas réunie au complet, le juge départiteur statue seul à l'issue des débats. Il recueille préalablement l'avis des conseillers présents.

À l'issue des débats et si la décision n'est pas immédiatement rendue, le juge départiteur indique aux parties la date à laquelle le jugement sera prononcé, le cas échéant par sa mise à disposition au greffe de la juridiction. S'il décide de renvoyer le prononcé du jugement à une date ultérieure, le président en avise les parties par tous moyens. Cet avis comporte les motifs de la prorogation ainsi que la nouvelle date à laquelle la décision sera rendue.

c) La compétence

1. La compétence territoriale

134. Protection du salarié. Des règles spéciales ont été élaborées afin de protéger les intérêts légitimes des salariés, présumés en état de faiblesse. Ainsi, le conseil compétent est celui dans le ressort duquel se trouve l'établissement où le travail est effectué. Si le travail est accompli en dehors de tout établissement ou à domicile, le conseil de prud'hommes du domicile du salarié est compétent. Néanmoins, le salarié bénéficie toujours d'une option de compétence, puisqu'il peut saisir le conseil de prud'hommes du lieu où l'engagement a été contracté ou celui du lieu où l'employeur est établi. Il est interdit de stipuler une clause contraire dans le contrat de travail ; elle serait réputée non écrite (C. trav., art. R. 1412-1).

2. La compétence d'attribution

135. Compétence d'attribution. Les conseils de prud'hommes sont des juridictions spécialisées dotées d'une compétence exclusive pour trancher des litiges qui s'élèvent à l'occasion d'un contrat de travail ou d'apprentissage. Seuls les conflits individuels entre un employeur et un salarié sont concernés, à l'exclusion des conflits collectifs du travail (comme les grèves) qui trouvent nécessairement une solution négociée (médiation, conciliation).

136. Voies de recours. Le conseil des prud'hommes statue en premier ressort (à charge d'appel) lorsque l'affaire est d'un montant supérieur à 5 000 euros (C. trav., art. D. 1462-3) ; en dessous de ce montant, ou lorsque la demande tend à la remise de certificats de travail, de bulletins de paie ou de toutes pièces que l'employeur est tenu de délivrer (à moins que le jugement soit en premier ressort en raison du montant des autres demandes), le conseil statue en dernier ressort (sans appel possible). Les articles R. 1462-1 et 1462-2 du Code du travail fixent les modalités d'évaluation des prétentions : le jugement n'est pas susceptible d'appel lorsque la valeur totale des prétentions d'aucune des parties ne dépasse le taux de compétence en dernier ressort du conseil de prud'hommes. De même, le jugement n'est pas susceptible d'appel si la seule demande reconventionnelle en dommages et intérêts, lorsqu'elle est fondée exclusivement sur la demande initiale, dépasse le taux de compétence en dernier ressort.

C - Le tribunal paritaire des baux ruraux

1) La définition

137. Compétence d'attribution. Le tribunal paritaire des baux ruraux est une juridiction d'exception du premier degré, compétente pour statuer sur les litiges nés à l'occasion d'un bail rural. Le bail rural est un contrat par lequel le propriétaire d'une terre, appelé le bailleur, loue son bien à un fermier ou à un métayer, appelé le preneur. La spécificité juridique et économique de ce bail a justifié la création d'une juridiction compétente pour trancher les litiges le concernant (C. rur. et de la pêche maritime, art. L. 491-1).

2) L'organisation

a) Le ressort territorial

138. Détermination. Il existe un tribunal paritaire des baux ruraux au siège de chaque tribunal judiciaire (C. rur. et de la pêche maritime, art. L. 491-1).

b) La composition

139. Échevinage. Le tribunal paritaire est présidé par un juge du tribunal judiciaire désigné par le président du tribunal judiciaire. Il comprend en outre, en nombre égal, des bailleurs non preneurs et des preneurs non-bailleurs, répartis, s'il y a lieu, entre deux sections ; l'une des sections est composée de bailleurs et de preneurs à ferme, l'autre de bailleurs et preneurs de baux à métayage. La règle est celle d'une composition paritaire, les bailleurs et les preneurs figurant à égalité. Les assesseurs sont désignés pour une durée de six ans par le premier président de la cour d'appel, après avis du président du tribunal paritaire, sur une liste dressée dans le ressort de chaque tribunal paritaire par l'autorité administrative sur proposition des organisations professionnelles les plus représentatives intéressées pour les preneurs non-bailleurs ainsi que sur proposition, pour les bailleurs non preneurs, des organisations professionnelles les plus représentatives intéressées et, le cas échéant, des organisations de propriétaires ruraux représentatives au plan départemental. Leurs fonctions peuvent être renouvelées suivant les mêmes formes. En l'absence de liste ou de proposition, le premier président de la cour d'appel peut renouveler les fonctions d'un ou de plusieurs assesseurs pour une durée de six ans.

Les assesseurs sont tenus de respecter une stricte déontologie et d'éviter les conflits d'intérêts. Ils peuvent être récusés s'ils ont un intérêt personnel dans la contestation ; s'ils sont parents ou alliés de l'une des parties en ligne directe ou collatérale jusqu'au quatrième degré inclusivement ; si, dans les cinq années qui ont précédé, il y a eu une action judiciaire civile ou criminelle entre eux et l'une des parties ; s'ils ont donné un avis écrit dans l'affaire ; ou s'ils sont patrons, ouvriers, employés, bailleurs ou preneurs de l'une des parties en cause. En cas d'absence ou de récusation de l'un des assesseurs, il est aussitôt remplacé par un membre suppléant de sa catégorie.

c) Le fonctionnement

140. Modalités de fonctionnement. Le tribunal paritaire des baux ruraux peut être divisé en sections (C. rur., art. R. 492-1). Le garde des Sceaux, ministre de la Justice, détermine par arrêté les tribunaux qui comportent deux sections. Une section est composée de quatre assesseurs, dont deux représentants des bailleurs et deux représentants des preneurs. Lorsqu'elle siège en formation de jugement, la section comprend quatre assesseurs.

Lorsque le siège du tribunal paritaire des baux ruraux est au siège du tribunal judiciaire, le président du tribunal judiciaire désigne, dans les conditions fixées à l'article L. 121-3 du Code de l'organisation judiciaire, le président du tribunal paritaire des baux ruraux et les assesseurs qui siègent, selon les audiences, au sein de la formation de jugement de ce tribunal. Lorsque le siège du tribunal paritaire des baux ruraux est au siège d'une chambre de proximité, le président du tribunal paritaire des baux ruraux et les assesseurs sont désignés dans les mêmes conditions, par le président du tribunal judiciaire sur proposition du magistrat chargé de l'administration de la chambre de proximité.

Le greffe du tribunal paritaire des baux ruraux est, selon le cas, le greffe du tribunal judiciaire ou le greffe détaché de la chambre de proximité.

Le tribunal tient des audiences publiques en principe, mais il peut siéger en chambre du conseil.

d) La compétence

141. Attributions du tribunal. D'un point de vue territorial, le tribunal compétent est celui du lieu de situation de l'immeuble objet du bail rural.

Pour la compétence d'attribution, le tribunal statue sur tous les conflits qui s'élèvent entre un propriétaire d'immeuble rural et son fermier ou son métayer, quelle que soit la nature juridique du bail (litiges sur le renouvellement du bail, le montant du fermage...). Il s'agit d'une compétence exclusive. Il est également compétent pour les contestations relatives aux contrats d'exploitation des terres pastorales (C. rur., art. L. 481-1).

Le tribunal paritaire des baux ruraux connaît en dernier ressort jusqu'à la valeur de 5 000 euros, et à charge d'appel lorsque la demande excède cette somme ou est indéterminée, des contestations mentionnées à l'article L. 491-1 (C. rur. et de la pêche maritime, art. R. 491-1).

142. Attributions du président. Le président du tribunal exerce seul des attributions juridictionnelles. Ainsi, dans la limite de la compétence du tribunal, il peut rendre des ordonnances de référé pour prendre des mesures urgentes, des mesures conservatoires ou de remise en état, et même accorder une provision au créancier dont l'obligation n'est pas sérieusement contestable. De même, dans les cas spécifiés par la loi, il peut rendre des ordonnances sur requête.

3. LA COUR D'APPEL, JURIDICTION DE DROIT COMMUN DU SECOND DEGRÉ

143. Double degré de juridiction. La cour d'appel est une juridiction de droit commun du second degré qui a reçu compétence pour statuer sur les affaires déjà jugées en premier ressort par toutes les juridictions du premier degré de son ressort judiciaire (COJ, art. L. 311-1 et R. 311-2 et s.). C'est une juridiction hiérarchiquement supérieure, dont l'existence est la conséquence de la règle du double degré de juridiction. Ce principe fondamental offre au plaideur qui a succombé en première instance la possibilité d'obtenir un réexamen de son affaire aussi bien en fait qu'en droit. Pour cela, il faut que la valeur du litige, c'est-à-dire le montant de la demande, soit supérieure à ce que l'on nomme le « taux du ressort » (actuellement ce taux est fixé en principe à 5 000 euros en matière civile). Parfois, la demande est indéterminée ou inchiffrable en argent, dans ce cas l'appel est toujours possible. Parfois au contraire, pour accélérer le processus juridictionnel, la loi ferme l'appel quel que soit le montant des prétentions.

144. Régulation du flux des appels. Malgré cela, l'encombrement des cours d'appel est réel et des réformes ont été entreprises pour limiter les flux, dans toutes les matières civiles, pénales et administratives. Ces réformes ont consisté à multiplier les charges procédurales des parties et des avocats, en les sanctionnant par l'extinction de l'instance d'appel (irrecevabilité, caducité), à limiter les cas d'ouverture de l'appel et à inciter les parties à s'orienter vers des solutions alternatives (comme la médiation judiciaire).

A - L'organisation

1) Le ressort territorial

145. Diversité. Il existe trente-six cours d'appel (ainsi que 2 tribunaux supérieurs d'appel dans 2 collectivités d'outre-mer). Le ressort territorial de chaque cour comprend deux à quatre départements, même si certaines englobent cinq ou six départements. Chaque cour connaît des jugements rendus par toutes les juridictions de son ressort.

Chaque cour d'appel a son siège, fixé par décret, généralement dans une grande métropole régionale. Selon la tradition historique, les cours d'appel sont principalement installées dans les locaux où siégeait un Parlement sous l'Ancien régime. La cour porte le nom de la ville où elle siège (cour d'appel de Paris, cour d'appel d'Aix-en-Provence).

En raison de l'évolution des affaires et des flux judiciaires, ces ressorts territoriaux font parfois l'objet de critiques importantes : en effet, certaines cours d'appel sont très encombrées alors que d'autres ont un volume d'affaires plus restreint. Les propositions de réforme de la carte judiciaire, qui envisagent un réaménagement du territoire, se heurtent à des obstacles nombreux, tenant aux situations locales, à la tradition historique, à des considérations économiques, qui expliquent le maintien de la situation actuelle. En revanche, le rapport du Comité des États généraux suggère une réorganisation des cours d'appel sans suppression de sites, avec un nouveau pilotage (v. le rapport « Pilotage des organisations »).

Certains textes regroupent le contentieux de l'appel devant la cour d'appel de Paris, qui dispose d'une compétence exclusive sur tout le territoire : ainsi, seule la cour d'appel de Paris juge les recours formés contre les décisions des autorités administratives indépendantes (Autorité des marchés financiers, Autorité de la concurrence) ou des contestations relatives à l'élection des membres de certains organismes (le Conseil national des barreaux).

2) La composition

a) Les conseillers

146. Statut. La cour d'appel est composée de magistrats que l'on nomme « conseillers », en souvenir de l'époque où le roi prenait conseil de ses jurisconsultes que l'on appelait les « conseillers de robe longue ». Ces conseillers sont des magistrats d'un rang élevé, disposant d'une expérience importante dans l'exercice des fonctions de juge. Ce sont des magistrats de carrière. Le nombre de conseillers diffère selon les dimensions de la cour et le volume des affaires qu'elle est amenée à juger (des postes de magistrats ont ainsi été créés dans certaines cours d'appel qui ont passé avec le ministère de la Justice des contrats d'objectif afin de résorber le nombre des affaires restant à juger).

b) Les chambres

147. Organisation. Les cours d'appel sont divisées en chambres, dont le nombre varie selon l'importance de la cour, qui sont placées sous la responsabilité d'un président de chambre. Certaines chambres de la cour ont une compétence spécifique (notamment une compétence pénale comme la chambre des appels correctionnels, ou une compétence en matière de droit du travail, comme la chambre sociale, la chambre spéciale des mineurs connaît de l'appel des décisions du juge des enfants). En matière civile, chaque cour d'appel doit comprendre au moins une chambre sociale spécialement constituée pour statuer sur les affaires concernant la Sécurité sociale et le droit du travail. Les conseillers qui la composent sont choisis en fonction de leurs connaissances particulières en matière sociale. Néanmoins, chaque chambre de la cour est l'organe de la cour tout entière et une chambre peut rendre une décision même dans une matière qui n'est pas celle qu'elle juge habituellement.

148. Pôles. Les chambres de la cour d'appel peuvent être regroupées en pôles dont le nombre et le contenu sont fixés par l'ordonnance prévue à l'article R. 121-1 du COJ. Chaque pôle est coordonné par l'un des magistrats qui le composent, choisi parmi les magistrats nommés dans la fonction de président de chambre ou, à défaut, parmi les autres magistrats. Le premier président de la cour d'appel procède à sa désignation, après concertation avec les magistrats du pôle, par ordonnance prise après avis de l'assemblée des magistrats du siège. Le magistrat coordonnateur est notamment chargé de l'animation du pôle. Il est l'interlocuteur des personnes, organismes et autorités avec lesquels ce pôle est en relation. L'administration du pôle est exercée par un directeur des services de greffe judiciaires (COJ, art. R. 312-83).

B - Le fonctionnement

1) Les audiences ordinaires ou solennelles

149. Publicité des débats. La règle de la publicité des débats est applicable aux audiences devant la cour d'appel dans les mêmes conditions et avec les mêmes limites que devant les autres juridictions de première instance et elle constitue le principe applicable à toutes les audiences. Néanmoins, il existe devant la cour d'appel une formation en chambre du conseil lorsque la loi fait exception principe de la publicité des débats : les conseillers doivent alors siéger hors la présence du public.

a) Audience ordinaire

150. Formation collégiale. Il s'agit de la formation de jugement habituelle, qui comporte trois magistrats, président compris. Les conseillers doivent toujours siéger en nombre impair pour qu'une majorité puisse se dégage aisément.

b) Audience solennelle

151. Formation exceptionnelle. Dans les cas prévus par la loi, notamment en cas de renvoi après cassation (lorsque la Cour de cassation « casse » et annule un arrêt rendu par une cour d'appel, et qu'elle décide de ne pas trancher le fond du litige, elle peut renvoyer l'examen de l'affaire à la même cour d'appel, dans une formation comprenant d'autres magistrats, ou à une autre cour d'appel), la cour d'appel peut siéger en audience solennelle présidée par le premier président et comprenant des conseillers appartenant à plusieurs chambres de la cour (COJ, art. L. 312-2 et R. 312-9 : le nombre des assesseurs est de 4). C'est le premier président qui, d'office ou à la demande des parties, décide de renvoyer, ou non, l'affaire à l'audience solennelle après cassation, « si la nature ou la complexité » de l'affaire le justifie. Chaque conseiller est revêtu de sa toge rouge. L'audience solennelle se tient dans les locaux de la première chambre de la cour. De même, le contentieux des élections au Conseil national des barreaux et aux conseils de l'ordre et des élections des bâtonniers ainsi que les recours dirigés contre les décisions ou les délibérations de ces conseils sont portés aux audiences solennelles.

c) Audience en chambres réunies

152. Affaires complexes. La cour d'appel peut rendre ses arrêts par une formation de deux chambres réunies (COJ, art. R. 312-11- 1) présidée par le premier président et comprenant, outre les présidents de ces chambres, deux conseillers assesseurs affectés dans chacune de ces chambres. Elle siège au nombre de 7. Cette formation peut être réunie lorsqu'une affaire est d'une particulière complexité ou est susceptible de recevoir devant les chambres des solutions divergentes.

2) *L'assemblée des chambres*

153. Formation spéciale. C'est une formation spéciale de la cour d'appel qui siège dans des cas exceptionnels prévus par la loi (COJ, art. R. 312-10). Elle est constituée par des représentants des deux premières chambres de la cour, sauf à Paris où elle regroupe des représentants des trois premières chambres. Cette assemblée a des attributions spécifiques, concernant essentiellement les professions judiciaires. Ainsi, elle statue en matière disciplinaire pour les avocats et les commissaires de justice. Elle reçoit le serment des magistrats de la cour et procède à leur installation.

3) *L'Assemblée générale*

154. Attributions administratives. La cour d'appel peut se réunir en assemblée générale sous la présidence du premier président, pour traiter des questions de nature administrative intéressant le fonctionnement de la juridiction. On y rencontre les mêmes formations que devant le TJ, à savoir l'assemblée générale des magistrats du siège et du parquet, l'assemblée générale des magistrats du parquet, l'assemblée générale des magistrats du siège et l'assemblée plénière de tous les magistrats et fonctionnaires de la juridiction (COJ, art. R. 312-27). Lorsque l'assemblée générale des magistrats du siège statue sur le projet d'ordonnance de répartition des services de la cour d'appel, préparé par le premier président, l'avis suppose que les magistrats se prononcent avec un quorum d'au moins 50 % des magistrats présents ou représentés. Si l'avis est défavorable ou si le quorum n'est pas atteint, l'assemblée est à nouveau convoquée dans un délai minimum de 8 jours ne pouvant excéder 1 mois et le projet d'ordonnance éventuellement modifié selon les observations qui auraient été formulées par l'assemblée, lui est de nouveau soumis. L'assemblée est alors réputée avoir valablement émis son avis (COJ, art. R. 312-42-1).

4) *Le premier président*

155. Chef de cour. Il dirige la cour d'appel ; il est aussi appelé « chef de cour » (l'expression « premier président » permet de distinguer le chef de cour des autres présidents des différentes chambres composant la cour d'appel). Le premier président joue un rôle important, puisqu'il est doté d'attributions administratives et juridictionnelles.

a) Les fonctions administratives

156. Rôle dans l'organisation de la cour d'appel. Le premier président doit veiller à la bonne administration des services de la cour ; à ce titre, il distribue les affaires entre les chambres, veille à la discipline générale et s'assure de la bonne marche des affaires. En sa qualité de chef de cour, il doit inspecter les juridictions de première instance de son ressort. Il doit visiter les TJ et les tribunaux d'instance du ressort territorial de la cour, pour surveiller le bon fonctionnement des services judiciaires et l'expédition normale des affaires de chacune de ces juridictions. Le Code de l'organisation judiciaire lui impose de rendre compte chaque année au garde des Sceaux des constatations qu'il a faites dans le cadre de son inspection. Le premier président est également investi d'attributions importantes relatives à la notation et à l'avancement des magistrats du siège de son ressort, ainsi qu'en matière disciplinaire : depuis la loi du 25 juin 2001, le premier président de la cour d'appel peut saisir le Conseil supérieur de la magistrature de faits motivant une poursuite disciplinaire (Ord. 22 déc. 1958, art. 50-2) ; il peut aussi, en dehors de toute action disciplinaire, donner un avertissement aux magistrats placés sous son autorité (Ord. 22 déc. 1958, art. 44).

b) Les fonctions juridictionnelles

157. Attributions. Le premier président participe à l'activité judiciaire de la cour en siégeant au sein d'une chambre, habituellement la première chambre, qu'il préside. Il dispose également d'attributions juridictionnelles qu'il exerce en sa qualité de premier président (COJ, art. L. 311-7). Ainsi, en cas d'appel, il peut rendre ***des ordonnances de référé*** afin de prescrire des mesures qui ne se heurtent à aucune contestation sérieuse ou que justifie l'existence d'un différend. Le premier président dispose également du pouvoir de rendre des ***ordonnances sur requête*** afin de prescrire toutes les mesures urgentes relatives à la sauvegarde des droits d'une partie ou d'un tiers.

Enfin, il dispose de pouvoirs importants ***en matière d'exécution provisoire des jugements***. En vertu de la loi, les jugements rendus par les tribunaux de première instance sont immédiatement exécutoires à titre provisoire (le gagnant peut faire procéder à des saisies des biens du perdant). Si la partie qui a succombé forme appel, elle peut demander au premier président de la cour d'arrêter cette exécution provisoire, à condition de prouver que cette exécution risque d'entraîner des conséquences manifestement excessives pour elle (mise en péril de son activité par exemple) et qu'elle a des moyens sérieux pour faire annuler ou réformer le jugement (CPC, art. 514-3).

CHAPITRE 3

Les juridictions pénales

158. Principes d'organisation. L'organisation des juridictions répressives du premier degré comme d'appel obéit à une logique particulière tenant à la spécificité de la matière pénale. Le principe de la séparation des fonctions de poursuite, d'instruction et de jugement influence l'organisation des juridictions répressives : pour protéger les libertés individuelles, on doit multiplier les contrôles et faire intervenir des magistrats différents et spécialisés pour chaque fonction.

Ce principe de séparation se décline comme suit :

- ***la séparation de la poursuite et de l'instruction*** : la poursuite appartient au ministère public et les magistrats instructeurs ne peuvent se saisir eux-mêmes, l'instruction appartient aux juridictions d'instruction et à elles seules (les projets actuels de suppression de juge d'instruction n'ont pas abouti, notamment celui de la Commission Léger du 1er septembre 2009[1]) ;
- ***la séparation de l'instruction et du jugement*** : les juridictions d'instruction interviennent pour apprécier les charges pesant sur le mis en examen ; mais il est interdit à un magistrat qui a instruit dans une affaire de participer à son jugement, à peine de nullité (CPP, art. 49, al. 2) ;
- ***la séparation de la poursuite et du jugement*** : cela signifie qu'en principe, les organes de poursuite ne peuvent participer au jugement au fond de l'affaire (CPP, art. 253), et que les organes de jugement ne peuvent pas exercer la poursuite : la poursuite « est mise en mouvement et exercée par les magistrats ou par les fonctionnaires auxquels elle est confiée par la loi » (CPP, art. 1).

159. Règles de compétence générale. Les règles de compétence répressive ont un ***caractère d'ordre public***, ce qui entraîne plusieurs conséquences. Ainsi, aucune prorogation de compétence au profit d'un autre juge n'est possible. De plus, le juge pénal saisi régulièrement peut statuer sur toutes exceptions proposées par le prévenu pour sa défense (CPP, art. 385), sauf si, par exception, la loi prévoit un sursis à statuer pour question préjudicielle[2].

En principe, la détermination de la ***compétence d'attribution*** se fait selon la nature de l'infraction (contraventions jugées par le tribunal de police, délits par le tribunal correctionnel et crimes par la cour d'assises ou le cas échéant par la cour criminelle départementale). Mais un critère tiré des caractéristiques de la personne est parfois utilisé :

---

1. Conte Ph., « Les propositions du pré-rapport du comité de réflexion sur la justice pénale », Dr. pén. 2009, étude 11 ; Matsopoulou H., « À propos du Rapport du Comité de réflexion sur la justice pénale », JCP 2009, n° 38, p. 236.
2. C'est le cas pour une question de droit réel immobilier, Cass. crim., 8 juill. 1986 : Bull. crim., n° 231.

c'est le cas pour les juridictions pour mineurs de dix-huit ans ; des juridictions chargées de juger des militaires ; de la Cour de justice de la République jugeant les membres du gouvernement ayant commis une infraction dans l'exercice de leurs fonctions.

Pour la ***compétence territoriale***, trois critères sont généralement retenus : le lieu de la commission de l'infraction, la résidence de la personne impliquée dans l'infraction, et le lieu de l'arrestation des personnes poursuivies.

160. Règles de compétence spécialisée. Il existe des dispositions particulières : par exemple, les juridictions parisiennes ont parfois une compétence exclusive (CPP, art. 706-108, pour certaines affaires de pollution des eaux maritimes par rejet des navires). En outre, certaines ***juridictions interrégionales spécialisées*** (JIRS) sont instituées pour traiter des affaires complexes. En matière économique et financière, les JIRS couvrent plusieurs ressorts de cours d'appel, lorsque l'affaire apparaît d'une très grande complexité, en raison, notamment, du grand nombre d'auteurs, de complices, ou de victimes, ou de ressorts géographiques sur lesquels elle s'étend (CPP, art. 704 et D. 47-3 : 8 juridictions). Des JIRS sont également instituées en matière de criminalité et de délinquance organisées (CPP, art. 706-73, 706-74, 706-75 et D. 47-13 : 8 juridictions).

De même, deux tribunaux judiciaires en France (Marseille et Paris) sont désignés comme ***pôles spécialisés en matière d'accidents collectifs*** (CPP, art. 706-176 ; D. 2014-1634, 26 déc. 2014 : CPP, art. D. 47-38). Ils sont compétents pour l'enquête, la poursuite, l'instruction et le jugement des délits d'homicide ou de blessures involontaires dans les affaires qui comportent une pluralité de victimes et apparaissent d'une grande complexité. Ces deux tribunaux (Marseille et Paris) sont également spécialisés pour ***certaines infractions sanitaires*** (CPP, art. 706-22 et D. 47-5).

À différentes échelles, le mouvement de spécialisation connaît des développements continus. Dernièrement, la ***loi n° 2020-1672 du 24 décembre 2020 relative au Parquet européen, à la justice environnementale et à la justice pénale spécialisée*** a entendu contribuer à un fonctionnement plus efficace de la justice pénale spécialisée (principe de primauté du parquet bénéficiant une compétence spécialisée, renforcement des compétences du ***parquet national antiterroriste*** (créé par la loi du 23 mars 2019), spécialisation du parquet national financier ainsi que du juge d'instruction et du tribunal correctionnel de Paris en matière de ***pratiques anticoncurrentielles***, création de pôles régionaux spécialisés en matière d'***atteintes à l'environnement***...). En outre, en application de la loi n° 2021-1729 du 22 décembre 2021 pour la confiance dans l'institution judiciaire et des décrets n° 2022-67 du 20 janvier 2022 et n° 2022-236 du 24 février 2022, le tribunal judiciaire de Nanterre est spécialisé pour exercer une compétence concurrente à celle qui résulte de l'application des règles de droit commun pour l'enquête, la poursuite, l'instruction et le jugement de certains ***crimes sériels*** (susceptibles d'avoir été commis de manière répétée à des dates différentes par une même personne à l'encontre de différentes victimes) ou ***non élucidés*** (dont l'auteur n'a pas pu être identifié plus de dix-huit mois après leur commission), lorsque les investigations les concernant présentent une particulière complexité (CPP, art. 706-106-1 s. et D. 47-12-8). Les crimes sont jugés par la cour d'assises des Hauts-de-Seine (*ibid.*). Seul le procureur de la République de Nanterre peut ordonner des enquêtes ayant pour objet de retracer l'éventuel parcours criminel d'une personne condamnée dans le cadre de ces dispositions (CPP, art. D. 47-12-9).

161. Particularisme de la composition des juridictions. Les juridictions répressives sont composées en principe de juges de carrière. Parfois, des juges citoyens peuvent participer à la justice pénale (par ex. : les jurés d'assises, les assesseurs du tribunal pour enfants).

De plus, les juridictions pénales ne sont pas composées de magistrats spécialisés : selon le principe d'unité des justices civile et pénale, les magistrats peuvent par roulement passer d'une juridiction civile à une juridiction pénale ou inversement. Cela ne répond pas toujours à la réalité criminologique qui impose parfois une spécialisation des magistrats (ex. : pour les infractions économiques, financières et techniques, pour le terrorisme et d'une manière générale, pour la criminalité et la délinquance dites « organisées » ; v. CPP, art. 706-73). C'est pourquoi la tendance contemporaine est à ***la création de pôles spécialisés*** : c'est le cas des JIRS déjà évoquées. De plus, les magistrats qui prennent des fonctions pénales reçoivent une formation particulière sous forme de sessions spécifiques.

Enfin, les juridictions répressives statuent en principe en formation collégiale et en nombre impair. Cette règle n'est pas absolue : la Cour d'assises est composée de neuf membres en premier ressort et de douze membres en appel, le juge des enfants statue à juge unique, comme le juge de l'application des peines, et le tribunal correctionnel statue à juge unique pour certains délits (CPP, art. 398-1).

1. LES JURIDICTIONS D'INSTRUCTION

La justice restaurative (CPP, art. 10-1)

L'article 10-1 du CPP prévoit que « à l'occasion de toute procédure pénale et à tous les stades de la procédure, y compris lors de l'exécution de la peine, la victime et l'auteur d'une infraction, sous réserve que les faits aient été reconnus, peuvent se voir proposer une mesure de justice restaurative ». Il s'agit d'une ***« mesure permettant à une victime ainsi qu'à l'auteur d'une infraction de participer activement à la résolution des difficultés résultant de l'infraction***, et notamment à la réparation des préjudices de toute nature résultant de sa commission ». Cette mesure requiert une information et un consentement exprès de l'auteur et de la victime. Elle est mise en œuvre par « un tiers indépendant formé à cet effet », sous le contrôle des autorités. Elle est en principe confidentielle mais l'accord des parties peut y déroger ; des exceptions existent « dans les cas où un intérêt supérieur lié à la nécessité de prévenir ou de réprimer des infractions justifie que des informations relatives au déroulement de la mesure soient portées à la connaissance du procureur de la République ».

Cette mesure voit son domaine et ses fonctions s'étendre. Ainsi, le décret n° 2021-1516 du 23 novembre 2021 précise que « les mesures de justice restaurative peuvent être mises en œuvre y compris si la prescription de l'action publique est acquise ». Il est même prévu qu'en cas de décisions de classement sans suite, de non-lieu, de relaxe ou d'acquittement dans des procédures concernant des infractions sexuelles commises par des majeurs sur des mineurs dont la commission est reconnue par leur auteur mais qui sont motivées par la prescription de l'action publique, le procureur de la République vérifie si une mesure de justice restaurative est susceptible d'être mise en œuvre (CPP, art. D. 1-1-1). Il s'agit de permettre une forme de réponse pour la victime là où la réponse pénale ne peut plus s'exercer.

La justice restaurative est également expressément envisagée s'agissant des **mineurs** (CJPM, art. L. 13-4) si le degré de maturité et la capacité de discernement du mineur le permettent et après avoir recueilli le consentement des représentants légaux.

A - Du premier degré

162. Diversité. L'instruction se déroule en principe devant un juge d'instruction (obligatoirement pour les crimes, mais facultativement pour les délits et les contraventions). Devant certaines juridictions pénales, l'instruction obéit à des règles particulières (c'est le cas s'agissant des mineurs). Des particularités doivent aussi être observées en ce qui concerne l'instruction devant la Cour de justice de la République et les juridictions chargées des infractions militaires.

1) *Le juge d'instruction*

163. Maintien. L'institution du juge d'instruction est régulièrement remise en cause compte tenu de la faible part des affaires pénales faisant l'objet d'une information judiciaire. Le rapport du comité des États généraux de la justice ne recommande toutefois pas sa suppression.

a) L'organisation

164. Règles générales. Le juge d'instruction est magistrat du siège du tribunal judiciaire (CPP, art. 50), nommé à cette fonction par décret du président de la République (Ord. 22 déc. 1958, art. 28-3). Le juge d'instruction ne peut exercer cette fonction au sein du même tribunal plus de 10 ans (*ibid*.).

Le juge est en principe ***compétent*** pour les infractions commises dans le ressort du tribunal judiciaire, ainsi que pour celles commises hors de son ressort si la personne soupçonnée réside dans le ressort du TJ, y est détenue, ou y est arrêtée (CPP, art. 52). Mais pour améliorer l'instruction de certaines infractions complexes, une centralisation est parfois prévue : tribunal de Paris (terrorisme), juges d'instruction spécialisés (infractions économiques et financières), juridictions interrégionales spécialisées (JIRS) en matière de délinquance et de criminalité organisée.

Depuis la loi n° 2019-222 du 23 mars 2019, l'article 52-1 du CPP prévoit que lorsqu'il existe plusieurs tribunaux judiciaires dans un département, ***certains peuvent ne pas comporter de juges d'instruction***. Ce sont alors les juges d'instruction d'un autre tribunal judiciaire du département, désigné par décret, qui sont compétents. Le procureur de la République près le tribunal judiciaire dans lequel il n'y a pas de juge d'instruction reste compétent pour requérir l'ouverture d'une information devant le ou les juges d'instruction du tribunal judiciaire compétents.

165. Pôles de l'instruction. Dans certains tribunaux judiciaires, les juges d'instruction sont regroupés au sein d'un ***pôle de l'instruction***. Les juges d'instruction composant un pôle sont, en principe, seuls compétents pour connaître des informations en matière de crime et donnant lieu à une cosaisine (CPP, art. 83-1 et 83-2). La compétence territoriale des juges d'instruction qui composent un pôle peut couvrir le ressort de plusieurs tribunaux judiciaires. Toutefois, la loi du 22 décembre 2021 a prévu un tempérament à cette compétence exclusive en matière de crimes. Le procureur de la République peut requérir l'ouverture d'une l'information auprès du juge d'instruction du tribunal judiciaire dans lequel il n'y a pas de pôle de l'instruction lorsque trois conditions sont réunies :

- s'il s'agit d'un crime puni de quinze ans ou de vingt ans de réclusion criminelle ;
- lorsqu'il n'est pas commis en état de récidive légale ;

– et si le procureur de la République considère qu'il résulte des circonstances de l'espèce et de son absence de complexité que le recours à la cosaisine, même en cours d'instruction, paraît peu probable (CPP, art. 52-1).

166. Protection de l'impartialité. Le juge d'instruction ne peut, à peine de nullité, participer au jugement des affaires pénales dont il a connu en sa qualité de juge d'instruction (CPP, art. 49, al. 2).

b) La saisine

167. Hypothèses de saisine. L'instruction préparatoire est obligatoire en matière de crime ; sauf dispositions spéciales, elle est facultative en matière de délit ; elle peut également avoir lieu en matière de contravention si le procureur de la République le requiert en application de l'article 44 (CPP, art. 79).

168. Origine de la saisine. Le juge d'instruction ne peut agir d'office : il doit être ***saisi par un réquisitoire*** à fin d'informer émanant du Parquet qui met en mouvement l'action publique (CPP, art. 80), par une ***constitution de partie civile*** émanant de la victime ou de ses ayants droit victimes d'un crime ou d'un délit (CPP, art. 85). La loi du 23 mars 2019 autorise la victime qui a exercé son action devant une juridiction civile au cours du délai pendant lequel elle ne pouvait directement se constituer partie civile à se constituer partie civile devant le juge d'instruction après s'être désistée de l'instance civile (CPP, art. 85, al. 3).

c) Le rôle du juge d'instruction

1. Le rassemblement des preuves

169. Diversité des prérogatives. Le rassemblement des preuves est essentiel. Le juge d'instruction « instruit à charge et à décharge », doit procéder « conformément à la loi à tous les actes d'information qu'il juge utiles à la manifestation de la vérité » (CPP, art. 81). Il doit en particulier rechercher les preuves de l'infraction, la personnalité des responsables, procéder à des interrogatoires, à des descentes sur les lieux, des expertises (CPP, art. 159), des auditions de témoins, des constatations matérielles, des saisies et des perquisitions.

170. Les perquisitions au cabinet ou au domicile d'un avocat. Elles obéissent à des règles spéciales qui ont été modifiées par la ***loi du*** 22 décembre 2021. Elles doivent être ***effectuées par un magistrat et en présence du bâtonnier ou de son délégué, sur décision écrite du juge des libertés et de la détention saisi par le magistrat qui effectue la perquisition***. La décision doit mentionner, outre la nature de l'infraction et les raisons justifiant la perquisition « l'objet de celle-ci et sa proportionnalité au regard de la nature et de la gravité des faits ». De plus, il est prévu que « lorsque la perquisition est justifiée par la mise en cause de l'avocat, elle ne peut être autorisée que s'il existe des raisons plausibles de le soupçonner d'avoir commis ou tenté de commettre, en tant qu'auteur ou complice, l'infraction qui fait l'objet de la procédure ou une infraction connexe »[3].

Le magistrat qui effectue la perquisition doit veiller à ce « qu'aucun document relevant de l'exercice des droits de la défense et couvert par le secret de la défense et du conseil » ne soit saisi et placé sous scellé. Le bâtonnier ou son délégué peut s'opposer à la saisie d'un document ou d'un objet s'il estime que cette saisie serait irrégulière. Le document ou l'objet doit alors être placé sous scellé fermé. En cas de contestation relative à la saisie, le juge des libertés et de la détention statue. La loi ouvre un recours contre sa décision devant le président de la chambre de l'instruction.

De même, lorsqu'une perquisition est effectuée en un ***autre lieu*** mais qu'il est découvert un document couvert par le secret de la défense et du conseil, la loi introduit un droit pour la personne chez qui la perquisition a lieu de s'opposer à la saisie de ce document. Le juge des libertés et de la détention statue après mise sous scellé du document (CPP, art. 56-1-1).

171. Exemples. Le juge d'instruction peut également faire procéder à des écoutes téléphoniques (CPP, art. 100 à 100-7). Depuis la loi n° 2014-372 du 28 mars 2014 relative à la géolocalisation (à la suite de l'arrêt de la CEDH, *Uzun c. Allemagne* du 2 septembre 2010 et aux arrêts de la chambre criminelle de la Cour de cassation du 22 octobre 2013, qui considèrent que la mesure de géolocalisation d'un téléphone portable en temps réel constitue une ingérence dans la vie privée dont la gravité nécessite qu'elle soit exécutée sous le contrôle d'un juge), le juge d'instruction a des compétences en matière de géolocalisation (CPP, art. 230-32 et s.)[4]. La loi du 23 mars 2019 autorise le recours à cette mesure pour tous les crimes et délits punis d'une peine d'au moins trois ans d'emprisonnement et encadre davantage son utilisation en prévoyant une durée maximale.

2. La mise en examen

172. Spécificités. La mise en examen peut être prononcée par le juge uniquement contre « les personnes à l'encontre desquelles il existe des indices graves ou concordants rendant vraisemblable qu'elles aient pu participer, comme auteur ou comme complice, à la commission des infractions dont il est saisi », et à la condition de ne pas pouvoir recourir à la procédure de témoin assisté (CPP, art. 80-1).

Le mis en examen a droit à un avocat, le droit de prendre connaissance du dossier dans les conditions prévues par la loi, d'intervenir à l'instruction en proposant au juge des observations et en sollicitant l'accomplissement d'actes.

---

3. La Cour de cassation avait considéré que « l'absence dans la décision des motifs justifiant la perquisition et décrivant l'objet de celle-ci, qui prive le bâtonnier, chargé de la protection des droits de la défense, de l'information qui lui est réservée et qui interdit ensuite le contrôle réel et effectif de cette mesure par le juge des libertés et de la détention éventuellement saisi d'une contestation, porte nécessairement atteinte aux intérêts de l'avocat concerné », de sorte que les documents saisis au cours de cette perquisition ne peuvent être versés au dossier de l'information (Cass. crim., 8 juill. 2020, n° 19-85491).
4. Circulaire du 1er avril 2014 de présentation de la loi, BOMJ du 14 avril 2014, JUSD1407842C. La géolocalisation peut être utilisée en dehors d'une instruction.

3. Le contrôle judiciaire

173. Notion. Le juge d'instruction (ou le JLD si la personne mise en examen encourt une peine d'emprisonnement correctionnel ou une peine plus grave : CPP, art. 138), peut ordonner le contrôle judiciaire. Il astreint l'intéressé à des obligations énumérées par la loi afin de garantir le maintien de l'intéressé à la disposition de la justice, ou bien à titre de mesures de sûreté au bénéfice de la victime ou de l'intéressé (CPP, art. 137). Si la personne se soustrait volontairement aux obligations du contrôle judiciaire, le juge d'instruction peut décerner à son encontre un mandat d'arrêt ou d'amener, et saisir le JLD aux fins de placement en détention provisoire (CPP, art. 141-2).

2) Le juge des libertés et de la détention

a) Organisation

174. Statut. Le juge des libertés et de la détention (JLD) est une création de la loi du 15 juin 2000. La loi organique n° 2016-1090 du 8 août 2016 sur l'indépendance et l'impartialité des magistrats a prévu la nomination du JLD à cette fonction par décret et pour une durée limitée, comme les autres magistrats exerçant des fonctions spécialisées (Ord. n° 58-270, 22 déc. 1958, art. 28-3, al. 1). Le JLD est nécessairement un magistrat du premier grade ou hors hiérarchie (*ibid.*). Le JLD ne peut exercer cette fonction plus de dix ans dans le même tribunal judiciaire (*ibid.*, al. 3). Le rapport du comité des États généraux de la justice recommande toutefois de recentrer statutairement le JLD sur ses missions pénales et à confier les fonctions civiles du JLD à un magistrat non spécialisé[5].

Lorsqu'il statue à l'issue d'un débat contradictoire, le JLD est assisté d'un greffier (CPP, art. 137-1).

175. Protection de l'impartialité. Il ne peut, à peine de nullité, participer au jugement des affaires pénales dont il a connu (CPP, art. 137-1). Toutefois, la Cour de cassation admet qu'un juge qui est intervenu pour refuser l'homologation d'une peine proposée par le procureur de la République dans le cadre d'une procédure de comparution sur reconnaissance préalable de culpabilité puisse ensuite intervenir dans la même affaire en qualité de juge des libertés et de la détention et ordonner le placement en détention provisoire du prévenu[6].

b) Fonctionnement

Le JLD dispose de pouvoirs en matière de détention provisoire et de contrôle judiciaire.

176. Détention provisoire. La détention provisoire est ordonnée ou prolongée par le juge des libertés et de la détention. Les demandes de mise en liberté lui sont également soumises (CPP, art. 137-1 et 144-1).

---

5. Rapport du comité des États généraux de la justice, oct. 2021 – avr. 2022, p. 200 : http://www.justice.gouv.fr/etats-generaux-de-la-justice-13010/
6. Cass. crim., 19 juin 2018, n° 17-84930, Publié au Bulletin.

Le rôle du JLD et les conditions indignes de détention

Lorsqu'une personne est détenue provisoirement dans des conditions portant atteinte à la dignité humaine, elle dispose désormais d'un recours devant le JLD. Ce recours est la résultante d'un processus prétorien consacré par le législateur.

Auparavant, la Cour de cassation jugeait que les conditions indignes de détention ne constituaient pas un obstacle légal au placement et au maintien en détention provisoire[7] : un tel motif ne figurait pas dans la liste des obstacles à la détention provisoire des articles 144 et 144-1 du Code de procédure pénale.

Or, les conditions indignes de détention sont contraires à l'article 3 de la Convention européenne des droits de l'Homme qui prohibe les traitements inhumains et dégradants. La Cour européenne des droits de l'Homme a donc condamné la France en relevant que le droit français n'offrait aucun recours effectif et préventif devant le juge judiciaire à même de garantir aux détenus des conditions dignes de détention[8]. Par suite, rappelant qu'« il appartient au juge national, chargé d'appliquer la Convention, de tenir compte de ladite décision sans attendre une éventuelle modification des textes législatifs ou réglementaires », la Cour de cassation a, de manière prétorienne, admis sur le principe que « le juge judiciaire a l'obligation de garantir à la personne placée dans des conditions indignes de détention un recours préventif et effectif permettant d'empêcher la continuation de la violation de l'article 3 de la Convention »[9]. Elle a également renvoyé une QPC au Conseil constitutionnel[10]. Dans une décision du 2 octobre 2020, le Conseil constitutionnel, statuant au visa du principe constitutionnel de « dignité de la personne humaine contre toute forme d'asservissement et de dégradation » ainsi que des articles 9 de la DDHC (présomption d'innocence) et 16 de la DDHC (garantie des droits), a déclaré le second alinéa de l'article 144-1 du Code de procédure pénale contraire à la Constitution et a imparti au législateur un délai expirant le 1er mars 2021 pour créer une voie de droit adéquate[11].

La loi n° 2021-403 du 8 avril 2021 tendant à garantir le droit au respect de la dignité en détention tire les conséquences de la censure constitutionnelle. Désormais, toute personne détenue dans un établissement pénitentiaire qui considère que ses conditions de détention sont contraires à la dignité de la personne humaine peut saisir le juge des libertés et de la détention, si elle est en détention provisoire (ou le juge de l'application des peines, si elle est condamnée et incarcérée en exécution d'une peine privative de liberté), afin qu'il soit mis fin à ces conditions de détention indignes selon une procédure déterminée (CPP, art. 803-8).

L'ordonnance n° 2022-478 du 30 mars 2022 portant partie législative du Code pénitentiaire crée un article L. 315-9 dans le Code pénitentiaire rappelant la disposition précitée.

177. Autres pouvoirs. Le contrôle judiciaire peut être ordonné par le juge des libertés et de la détention, lorsqu'il est saisi (CPP, art. 137-2).

Le juge des libertés et de la détention intervient également dans le cadre de l'enquête pour autoriser certains actes. Par exemple, le JLD autorise les mesures de perquisition et de saisies sans l'assentiment de la personne chez laquelle l'opération a lieu lorsque les nécessités d'une enquête relative à un crime ou à un délit puni d'une peine d'emprisonnement d'une durée égale ou supérieure à trois ans l'exigent (CPP, art. 76). De plus, le JLD peut annuler une perquisition ou une visite domiciliaire lorsque la personne qui en

7. Cass. crim., 18 sept. 2019, n° 19-83950, Publié au bulletin.
8. CEDH, 30 janv. 2020, n° 9671/15 et autres, J.M.B. c. France.
9. Cass. crim., 8 juill. 2020, n° 20-81739, Publié au bulletin.
10. Cass. crim., 8 juill. 2020, n° 20-81731.
11. Cons. const., 2 oct. 2020, n° 2020-858/859 QPC, M. Geoffrey F. et autres.

a fait l'objet n'a pas été poursuivie devant une juridiction d'instruction ou de jugement au plus tôt six mois après l'accomplissement de cet acte (CPP, art. 802-2).

Le rôle du JLD dans la protection du secret professionnel de la défense et du conseil

La loi pour la confiance dans l'institution judiciaire a entendu encadrer le secret professionnel de la défense et du conseil en prévoyant une intervention plus systématique du JLD lorsqu'est envisagée une mesure d'enquête visant un avocat.
D'abord, de manière générale, l'article préliminaire du Code de procédure pénale énonce désormais que « le respect du secret professionnel de la défense et du conseil, prévu à l'article 66-5 de la loi n° 71-1130 du 31 décembre 1971 portant réforme de certaines professions judiciaires et juridiques, est garanti au cours de la procédure pénale dans les conditions prévues par le présent code ».
Ensuite, la loi encadre davantage les perquisitions menées au cabinet ou au domicile des avocats (v. *supra*).
En outre, elle prévoit qu'aucune interception ne peut porter sur une ligne dépendant du cabinet d'un avocat ou de son domicile, sauf s'il existe des raisons plausibles de le soupçonner d'avoir commis ou tenté de commettre, en tant qu'auteur ou complice, l'infraction qui fait l'objet de la procédure ou une infraction connexe et à la condition que la mesure soit proportionnée au regard de la nature et de la gravité des faits. La décision est prise par ordonnance motivée du juge des libertés et de la détention, saisi à cette fin par ordonnance motivée du juge d'instruction, prise après avis du procureur de la République (CPP, art. 100).
Enfin, la loi encadre, au cours de l'enquête, la possibilité de réquisitions portant sur des données de connexion (qu'il s'agisse de données de trafic ou de données de localisation) émises par un avocat. Ces réquisitions ne peuvent être faites que sur ordonnance motivée du juge des libertés et de la détention, saisi à cette fin par le procureur de la République ; elle fait état des raisons plausibles de soupçonner que l'avocat a commis ou tenté de commettre, en tant qu'auteur ou complice, l'infraction qui fait l'objet de la procédure ou une infraction connexe ainsi que de la proportionnalité de la mesure au regard de la nature et de la gravité des faits (CPP, art. 60-1-1). La loi n° 2022-299 du 2 mars 2022 visant à combattre le harcèlement scolaire prévoit par ailleurs que de telles réquisitions ne sont possibles, en principe, que lorsque la procédure porte sur un crime ou un délit puni d'au moins trois ans d'emprisonnement (CPP, art. 60-1-2).

B - Du second degré : la chambre de l'instruction

Avant la loi du 1er janvier 2001, cette formation était dénommée « chambre d'accusation », mais ces termes étaient trop restrictifs pour couvrir les différentes attributions qui lui sont dévolues.

1) L'organisation

178. Composition. Chaque cour d'appel comprend au moins une chambre de l'instruction, composée d'un président de chambre, exclusivement attaché à ce service, et de deux conseillers. Le président de la chambre de l'instruction est désigné par décret, après avis du Conseil supérieur de la magistrature (CPP, art. 191).

Les fonctions du ministère public sont exercées par le procureur général ou par ses substituts (CPP, art. 192).

Celles du greffe sont exercées par un greffier de la cour d'appel (CPP, art. 192).

La chambre de l'instruction se réunit au moins une fois par semaine et, sur convocation de son président ou à la demande du procureur général, toutes les fois qu'il est nécessaire (CPP, art. 193).

2) Le rôle

179. Juge d'appel. Sa fonction la plus importante est ***l'appel des ordonnances du juge d'instruction et du juge des libertés et de la détention.*** Les ordonnances du juge d'instruction comme celles du JLD sont soumises à l'appel devant la chambre de l'instruction. L'appel est ouvert, selon le type d'ordonnance, au ministère public, à la partie civile, à la personne mise en examen ou en détention provisoire (CPP, art. 207).

La chambre de l'instruction examine la régularité des procédures qui lui sont soumises : si elle découvre une cause de nullité, elle ***prononce la nullité*** de l'acte qui en est entaché et, le cas échéant, de tout ou partie de la procédure ultérieure (CPP, art. 206, al. 2). Elle peut alors soit évoquer l'affaire, soit renvoyer le dossier au même juge d'instruction (CPP, art. 206, al. 3).

La chambre de l'instruction est également compétente pour examiner les appels dirigés contre les ordonnances du juge d'instruction (CPP, art. 185 et s.)

180. Pouvoirs propres du président. Depuis la loi du 23 mars 2019, le président a vu ses pouvoirs développés. Il est prévu que lorsque la solution d'une requête en annulation paraît s'imposer de façon manifeste, le président de la chambre de l'instruction ***statue seul sur cette demande*** et lorsque la décision qui s'impose consiste dans l'annulation des actes ou pièces de la procédure, il statue sans audience, à condition que le ministère public soit d'accord. L'auteur de la requête en annulation peut cependant demander que celle-ci soit examinée par la chambre de l'instruction (CPP, art. 170-1).

Le président de la chambre de l'instruction a également compétence pour statuer seul dans certaines affaires concernant la restitution d'objets placés sous main de justice, la saisie de biens ou droits incorporels et les rectifications d'état civil prévues par l'article 778 du CPP. L'auteur de la demande peut toutefois choisir de saisir la chambre de l'instruction dans sa formation collégiale et le président peut décider de renvoyer une affaire complexe à la chambre dans sa composition collégiale (CPP, art. 41-4, 41-6, 99, 706-153, 778 et D. 43-5).

De plus, le président s'assure du bon fonctionnement des cabinets d'instruction du ressort de la cour d'appel ; il vérifie notamment le cours des instructions, peut convoquer les juges d'instruction, visiter les cabinets, prendre connaissance des dossiers. Il doit s'employer à ce que les procédures ne « subissent aucun retard injustifié » (CPP, art. 220).

181. Autres missions. La chambre de l'instruction exerce le ***contrôle de l'activité*** des officiers et des agents de police judiciaire qu'ils soient fonctionnaires civils ou militaires (CPP, art. 224).

2. LES JURIDICTIONS DE JUGEMENT

182. Principes. L'organisation des juridictions de jugement est fondée sur plusieurs principes qui peuvent utilement guider leur étude. Il en va ainsi du ***principe du double degré de juridiction***, puisqu'il existe des tribunaux du premier degré et des juridictions d'appel. À ce titre, le Protocole n° 7 à la Convention européenne des droits de l'Homme prévoit dans son article 2 le droit de toute personne déclarée coupable d'une infraction pénale de faire examiner par une juridiction supérieure la déclaration de culpabilité ou la condamnation. En outre, la ***division tripartite des infractions*** définies à l'article 111-1 du Code pénal, permet de distinguer au premier degré, le tribunal de police qui juge les contraventions, le tribunal correctionnel qui juge les délits et la Cour d'assises (ainsi que la cour criminelle départementale) qui juge les crimes. À cela, il faut ajouter que des juridictions de droit commun ont compétence pour statuer sur toutes les infractions et toutes les personnes concernées, sauf lorsqu'une loi prend en considération la nature de l'infraction ou la qualité de la personne jugée, pour conférer compétence à une juridiction pénale spéciale.

183. Alternatives aux poursuites. Parfois, une réponse pénale est apportée à la suite de la commission d'une infraction sans saisine d'une juridiction de jugement. Il s'agit des mesures alternatives aux poursuites. La ***loi n° 2021-401 du 8 avril 2021 améliorant l'efficacité de la justice de proximité et de la réponse pénale*** a entendu développer ces alternatives (en prévoyant d'autres mesures alternatives comme la contribution citoyenne, en enrichissant les mesures de composition pénale, en élargissant le périmètre de l'amende forfaitaire minorée...).

184. Les procédures alternatives aux poursuites : l'exemple de la convention judiciaire d'intérêt public (CJIP : CPP, art. 41-1-2 et 41-1-3). Pour assurer l'effectivité de la sanction pénale, la loi prévoit parfois des processus particuliers, dans lesquels le juge n'intervient pas dans son office traditionnel de jugement d'une infraction. La loi n° 2016-1691 du 9 décembre 2016 relative à la transparence, à la lutte contre la corruption et la modernisation de la vie économique, dite loi « *Sapin II* », a mis en place *la convention judiciaire d'intérêt public*. L'article 41-1-2, I du Code de procédure pénale prévoit que tant que l'action publique n'a pas été mise en mouvement, le procureur de la République peut proposer à une personne morale mise en cause pour certains délits prévus par la loi et notamment la corruption, le trafic d'influence, et la fraude fiscale depuis la loi n° 2018-898 du 23 octobre 2018, ainsi que leur blanchiment, de conclure une convention judiciaire d'intérêt public imposant une ou plusieurs obligations parmi lesquelles :

- le versement d'une amende dont le montant est fixé de manière proportionnée aux avantages tirés des manquements constatés, dans la limite de 30 % du chiffre d'affaires moyen annuel ;
- la mise en place d'un programme de conformité sous le contrôle de l'Agence française anticorruption, dont les frais seront supportés par la personne morale ;
- l'indemnisation de la victime.

La convention peut encore être proposée soit par le juge d'instruction, soit sur demande du procureur de la République dans le cadre d'une information judiciaire (dans ce cas, la personne morale doit en outre reconnaître les faits). Après avoir été approuvée par les deux parties, cette *convention doit être homologuée par le Président du tribunal lors d'une audience publique* au cours de laquelle il vérifie le bien-fondé du recours à cette procédure, la régularité de son déroulement, la conformité du montant de l'amende et la proportionnalité des mesures prévues aux avantages tirés du manquement. L'ordonnance de validation de la convention n'emporte pas déclaration de culpabilité et n'a ni la nature ni les effets d'un jugement de condamnation. La convention judiciaire d'intérêt public n'est pas inscrite au bulletin n° 1 du casier judiciaire. L'exécution des obligations prévues dans la convention mettra un terme à l'action publique, mais les représentants légaux de la personne morale mise en cause demeureront pour leur part responsables en tant que personnes physiques. Enfin, la loi prévoit que la personne morale peut se rétracter dans un certain délai (dans cette hypothèse, le procureur de la République doit mettre en mouvement l'action publique, sauf élément nouveau).

La loi n° 2020-1672 du 24 décembre 2020 relative au Parquet européen, à la justice environnementale et à la justice pénale spécialisée a étendu le champ d'application de la CJIP à certaines infractions environnementales (CPP, art. 41-1-3).

Mise en œuvre de la CJIP environnementale

La première CJIP environnementale a été validée le 16 décembre 2021 par le président du TJ du Puy-en-Velay (la CJIP était relative à une infraction de pollution des eaux commise par un syndicat intercommunal). Depuis lors, le dispositif a fait l'objet de plusieurs applications qui démontrent son utilité. Les conventions validées prévoient souvent la réparation en nature du préjudice écologique avec la mise en place de fiducies-sûretés pour garantir l'affectation des fonds versés à cette fin (v. https://www.ecologie.gouv.fr/convention-judiciaire-dinteret-public-cjip).

A - Les juridictions du premier degré

1) Les juridictions de droit commun

a) Le tribunal de police

185. Organisation. Le tribunal de police est la dénomination donnée au tribunal judiciaire lorsqu'il statue en matière pénale pour le jugement des contraventions (COJ, art. L. 211-1 et CPP, art. 521). Ce tribunal statue à ***juge unique*** (CPP, art. 523) et peut être constitué par un magistrat exerçant à titre temporaire sauf pour les contraventions de la 5e classe ne relevant pas de la procédure de l'amende forfaitaire et certaines autres contraventions (CPP, art. 523 et R. 41-1). La compétence territoriale du tribunal de police est, sous réserve de règles spéciales, liée soit au ressort dans lequel la contravention a été commise ou constatée soit à la résidence du prévenu (CPP, art. 522).

Le ***ministère public*** présente une particularité. Pour les contraventions de la 5e classe ne relevant pas de la procédure de l'amende forfaitaire, c'est le procureur de la République qui occupe le siège du ministère public devant le tribunal de police (CPP, art. 45). Pour les autres contraventions, les fonctions du ministère public sont en principe exercées par le commissaire de police sous le contrôle du procureur de la République (ou par le directeur régional de l'administration chargée des forêts pour les infractions forestières), sauf si le procureur de la République juge à propos d'occuper lui-même le siège du ministère public (CPP, art. 45).

Le tribunal de police est saisi soit par le renvoi qui lui en est fait par la juridiction d'instruction, soit par la comparution volontaire des parties, soit par la citation délivrée directement au prévenu et à la personne civilement responsable de l'infraction (CPP, art. 531). Le ministère public peut aussi délivrer un « avertissement » indiquant l'infraction poursuivie et visant le texte de loi qui la réprime lequel dispense de citation s'il est suivi de la comparution volontaire de la personne à laquelle il a été adressé (CPP, art. 532).

186. Procédure. La procédure est simple devant le tribunal de police : elle obéit aux principes d'oralité, de publicité et de contradiction, et elle est souvent rapide (la comparution n'est d'ailleurs pas indispensable).

À côté de cette procédure traditionnelle existe une procédure simplifiée dite de « ***l'ordonnance pénale*** » (CPP, art. 524 et s.), dans laquelle le juge statue sans débat. Le ministère public communique au tribunal de police le dossier de la poursuite et ses réquisitions. Le juge statue alors par une ordonnance pénale portant soit relaxe, soit condamnation à une amende ainsi que, le cas échéant, à une ou plusieurs des peines complémentaires encourues. Le juge n'est pas obligé de statuer selon cette procédure : s'il estime qu'un débat contradictoire est utile, le juge renvoie le dossier au ministère public aux fins de poursuite dans les formes de la procédure ordinaire (CPP, art. 525).

Le domaine de cette procédure est large : le ministère public peut choisir de la mettre en œuvre pour la poursuite de toutes les contraventions, même commises en l'état de récidive, à l'exception de celles de la 5e classe commises par un prévenu de moins de 18 ans au jour de l'infraction (CPP, art. 524). La victime a la possibilité de court-circuiter cette procédure en faisant délivrer une citation au prévenu avant que l'ordonnance ne soit rendue, la procédure simplifiée ne pouvant alors être poursuivie (CPP, art. 524).

En outre, pour les contraventions dont la liste est fixée par décret en Conseil d'État (CPP, art. R. 48-1), l'action publique est éteinte par le paiement ***d'une amende forfaitaire*** qui est exclusive de l'application des règles de la récidive. Toutefois, la procédure de l'amende forfaitaire n'est pas applicable si plusieurs infractions, dont l'une au moins ne peut donner lieu à une amende forfaitaire, ont été constatées simultanément ou lorsque la loi prévoit que la récidive de la contravention constitue un délit (CPP, art. 529). L'amende est minorée lorsque le contrevenant s'acquitte de son montant dans un délai de quinze jours (CPP, art. 529-2-1). Une procédure d'amende forfaitaire est également prévue en matière délictuelle applicable notamment aux délits de conduite sans permis ou sans assurance ainsi qu'au délit d'usage illicite de stupéfiants, la procédure étant simplifiée par le décret n° 2021-1093 du 18 août 2021.

b) Le tribunal correctionnel

Le tribunal correctionnel est la dénomination du tribunal judiciaire lorsqu'il statue sur la poursuite des délits (COJ, art. L. 211-1 et CPP, art. 381).

1. L'organisation

187. Composition. En principe, le tribunal correctionnel est ***composé d'un président et de deux juges*** (CPP, art. 398, al. 1). Néanmoins, comme en dispose l'article 398 du CPP, lorsqu'un procès paraît de nature à entraîner de longs débats, le président du tribunal judiciaire peut décider qu'un ou plusieurs magistrats du siège supplémentaires assisteront aux débats (ils pourront ainsi remplacer les magistrats composant le tribunal qui seraient empêchés de suivre les débats jusqu'au prononcé du jugement).

Des ***magistrats à titre temporaire*** peuvent siéger au sein du tribunal correctionnel en qualité d'assesseurs au sein de la formation collégiale du tribunal correctionnel, laquelle ne peut comprendre plus d'un juge non professionnel. Une liste de ces magistrats à titre temporaire est établie avant le début de l'année judiciaire par ordonnance du président du tribunal judiciaire. Cette ordonnance peut être modifiée en cours d'année (CPP, art. 398, al. 5).

Le ***ministère public*** est assuré par le procureur de la République et ses substituts (CPP, art. 398-3).

Le ***greffe*** est tenu par le greffier du tribunal judiciaire (CPP, art. 398-3).

188. Extension du juge unique. Pour le jugement des délits énumérés à l'article 398-1 du Code de procédure pénale, le tribunal correctionnel statue à ***juge unique*** (CPP, art. 398 al. 3). La liste de ces délits ne cesse de s'allonger à mesure que les réformes se succèdent. La loi n° 2019-222 du 23 mars 2019 a modifié cette liste. Sont compris à titre d'exemple les délits prévus par le Code de la route, le vol, les faux, certaines violences, les actes de cruauté envers les animaux... Le recours au juge unique n'est pas applicable lorsque le prévenu est en état de détention provisoire lors de sa comparution à l'audience ou en matière de comparution immédiate (CPP, art. 398-1).

2. La compétence et la saisine

189. Compétence territoriale. La compétence territoriale est définie à l'article 382 du Code de procédure pénale. Les critères de compétence sont le lieu de l'infraction, celui de la résidence du prévenu ou celui du lieu d'arrestation ou de détention.

Il existe des dispositions spéciales : par exemple, pour le jugement du délit d'abandon de famille prévu par l'article 227-3 du Code pénal, est également compétent le tribunal du domicile ou de la résidence de la personne qui doit recevoir la pension, la contribution, les subsides ou l'une des autres prestations visées par cet article. Lorsque l'infraction a été commise au préjudice d'un magistrat exerçant ses fonctions au sein du tribunal judiciaire, un tribunal judiciaire dont le ressort est limitrophe est également compétent. La compétence à l'égard d'un prévenu s'étend à tous les coauteurs et complices (CPP, art. 383).

190. Compétence d'attribution. La compétence d'attribution du tribunal correctionnel s'étend aux délits ainsi qu'aux contraventions qui forment avec l'infraction déférée au tribunal un ensemble indivisible ; elle peut aussi s'étendre aux délits et contraventions connexes, au sens de l'article 203 du CPP (CPP, art. 382, al. 3).

Il est prévu que le tribunal saisi de l'action publique est compétent pour statuer sur toutes exceptions proposées par le prévenu pour sa défense, à moins que la loi n'en dispose autrement, ou que le prévenu n'excipe d'un droit réel immobilier (CPP, art. 384).

191. Diversité des modes de saisine. La saisine du tribunal correctionnel s'opère selon plusieurs modalités : soit par la comparution volontaire des parties, soit par la citation, soit par la convocation par procès-verbal, soit par la comparution immédiate, soit enfin par le renvoi ordonné par la juridiction d'instruction (CPP, art. 388).

La CRPC (comparution sur reconnaissance préalable de culpabilité)

En matière délictuelle, la personne mise en cause, qui reconnaît les faits, peut accepter une ou des peines proposées par le procureur de la République, en présence de son avocat. Dans ce cas, la personne est présentée au président du tribunal judiciaire. Après avoir entendu la personne et son avocat, vérifié la réalité des faits et leur qualification juridique, le président peut décider d'homologuer les peines proposées par le procureur de la République (CPP, art. 495-9). Il statue le jour même par ordonnance motivée par des vérifications précises (CPP, art. 495-11). La procédure se déroule en audience publique mais la présence du procureur de la République à l'audience n'est pas obligatoire.
Cette procédure de jugement simplifiée est fréquemment mise en œuvre. ***La loi du 22 décembre 2021*** pour la confiance dans l'institution judiciaire a entendu la favoriser encore davantage, en étendant les possibilités de réorientation d'une affaire vers cette procédure, y compris en cause d'appel et en simplifiant ses modalités.

c) La cour d'assises

La cour d'assises a fait l'objet d'une réforme assez sensible par la loi du 22 décembre 2021 pour la confiance dans l'institution judiciaire qui a modifié la procédure de jugement des crimes sur plusieurs aspects (tenue d'une réunion préparatoire criminelle, modifications quant au choix de la peine...) et qui comprend également des dispositions institutionnelles.

1. Le ressort

192. Département. Le ressort de la Cour d'assises est, en dehors de Paris, celui d'un département (CPP, art. 232) ; la Cour d'assises est désignée par le nom du département où elle siège. Dans les départements où siège une cour d'appel, les assises se tiennent ordinairement au chef-lieu de cette cour. Dans les autres départements, les assises se tiennent ordinairement au chef-lieu de ces circonscriptions (CPP, art. 234).

2. La composition

193. Sessions. La Cour d'assises n'est pas permanente, elle siège par sessions (CPP, art. 236). La composition est originale : en plus du ministère public et du greffe, la cour d'assises comprend à la fois la Cour et le Jury.

▶ ***Le ministère public***

194. Magistrats habilités. Les fonctions du ministère public sont exercées soit par le procureur général et ses substituts (CPP, art. 34) soit par le procureur de la République et ses substituts (lorsque les assises se tiennent au siège d'un tribunal judiciaire et sauf si le ministère public est assuré par le Procureur général : CPP, art. 39). Toutefois, le procureur général peut déléguer tout magistrat du ministère public du ressort de la cour d'appel auprès d'une cour d'assises instituée dans ce ressort (CPP, art. 241).

▶ ***Le greffe***

195. Greffiers habilités. À l'audience, la cour d'assises est assistée d'un greffier. À Paris et dans les départements où siège une cour d'appel, les fonctions du greffe sont exercées par un directeur des services de greffe judiciaires ou un greffier de la cour d'appel. Dans les autres départements, elles le sont par un directeur des services de greffe judiciaires ou un greffier du tribunal judiciaire (CPP, art. 242).

▶ *La Cour*

196. Organisation. La Cour proprement dite comprend :

– un président désigné par ordonnance du Premier président de la cour d'appel : il s'agit d'un président de chambre de la cour d'appel ou d'un conseiller de la cour d'appel ; le Premier président de la cour d'appel peut présider la cour d'assises « chaque fois qu'il le juge convenable » (CPP, art. 247) ;
– deux assesseurs désignés par ordonnance du Premier président soit parmi les conseillers de la cour d'appel, soit parmi les présidents, vice-présidents, ou juges du ressort de la cour d'appel (et non plus du tribunal judiciaire du lieu de la tenue des assises, depuis la ***loi du 22 décembre 2021***). Un des assesseurs peut être un magistrat honoraire exerçant des fonctions juridictionnelles, voire désormais un magistrat exerçant à titre temporaire lorsque la cour d'assises statue en premier ressort (CPP, art. 249). Il est prévu des assesseurs supplémentaires qui assistent aux débats mais non aux délibérations, et qui peuvent faire face à l'empêchement d'un assesseur titulaire.

197. Incompatibilités. Ne peuvent faire partie de la cour en qualité de président ou d'assesseur les magistrats qui, dans l'affaire soumise à la cour d'assises, ont, soit fait un acte de poursuite ou d'instruction, soit participé à l'arrêt de mise en accusation ou à une décision sur le fond relative à la culpabilité de l'accusé (CPP, art. 253).

▶ *Le jury*

198. Origines et composition. Le jury, qui date d'une loi des 16-26 septembre 1791, est la traduction d'une justice populaire parfois contestée et sa composition résulte de modalités complexes.

Le jury est composé de citoyens désignés (CPP, art. 254), remplissant ***des conditions d'aptitude précises***. Il faut être âgé de plus de 23 ans, savoir lire et écrire en français, jouir des droits politiques, civils et de famille, et ne se trouver dans aucun cas d'incapacité ou d'incompatibilité (CPP, art. 255) :

– les ***incapacités*** concernent : les personnes dont le bulletin n° 1 du casier judiciaire mentionne une condamnation pour crime ou pour délit, ceux qui sont en état d'accusation ou de contumace et ceux qui sont sous mandat de dépôt ou d'arrêt ; les fonctionnaires et agents de l'État, des départements et des communes, révoqués de leurs fonctions ; les officiers ministériels destitués et les membres des ordres professionnels, frappés d'une interdiction définitive d'exercer par une décision juridictionnelle ; les personnes qui ont été déclarées en état de faillite et n'ont pas été réhabilitées ; les personnes qui ont fait l'objet d'une condamnation en vertu de l'article 288 du Code de procédure pénale (précédent juré n'ayant pas déféré à une convocation ou s'étant retiré avant l'expiration de ses fonctions) ou celles auxquelles les fonctions de juré sont interdites en vertu de l'article 131-26 du Code pénal (interdiction des droits civiques et politiques) ; les majeurs sous sauvegarde de justice, les majeurs en tutelle, les majeurs en curatelle et ceux qui sont placés dans un établissement d'aliénés en vertu des articles L. 3211-1 et suivants du Code de la santé publique (CPP, art. 256) ;
– les ***incompatibilités*** sont prévues à l'article 257 du CPP (par ex. membre du Gouvernement, du Parlement, du Conseil constitutionnel, du Conseil supérieur de la magistrature et du Conseil économique, social et environnemental ; membre du

Conseil d'État ou de la Cour des comptes, magistrat de l'ordre judiciaire, membre des tribunaux administratifs, magistrat des tribunaux de commerce, assesseur des tribunaux paritaires de baux ruraux et conseiller prud'homme ; secrétaire général du Gouvernement ou d'un ministère, directeur de ministère, membre du corps préfectoral ; fonctionnaire des services de police ou de l'administration pénitentiaire et militaire de la gendarmerie, en activité de service).

Enfin, des dispenses des fonctions de jurés concernent les personnes âgées de plus de 70 ans ou n'ayant pas leur résidence principale dans le département siège de la cour d'assises lorsqu'elles en font la demande ainsi que, d'une manière générale, les personnes qui invoquent un motif grave reconnu valable par la commission établissant la liste annuelle des jurés (CPP, art. 258).

199. Sélection. La ***sélection des jurés*** se fait en 3 étapes :

– ***1re étape : une liste annuelle du jury criminel*** (CPP, art. 259 et s.) est établie dans le ressort de chaque cour d'assises par une commission. Cette commission est présidée, au siège de la cour d'appel, par le premier président ou son délégué, et dans les tribunaux judiciaires, par le président du tribunal ou son délégué, et comprend des magistrats, le procureur général ou le procureur de la République, ainsi que le bâtonnier de l'ordre des avocats de la juridiction et des conseillers départementaux (CPP, art. 239 et 262).
Cette liste est établie sur la base d'une liste préparatoire qui est élaborée dans les conditions suivantes. Le nombre des jurés pour la liste annuelle est réparti proportionnellement au tableau officiel de la population. Cette répartition est faite par commune ou communes regroupées, par arrêté du préfet au mois d'avril de chaque année. À Paris, elle est faite par arrêté du préfet au mois de juin entre les arrondissements (CPP, art. 260). Un tirage au sort public est effectué à partir de la liste électorale dans chaque commune par le maire en vue de dresser la liste préparatoire de la liste annuelle. Ne sont pas retenues les personnes qui n'auront pas atteint l'âge de 23 ans au cours de l'année civile qui suit[12] (CPP, art. 261).
Ensuite, la liste préparatoire est dressée en deux originaux dont l'un est déposé à la mairie (et pour Paris à la mairie annexe) et l'autre transmis avant le 15 juillet au secrétariat-greffe de la juridiction siège de la cour d'assises. Le maire avertit les personnes qui ont été tirées au sort. Il leur demande de lui préciser leur profession. Il les informe qu'elles ont la possibilité de demander par lettre simple avant le 1er septembre au président de la commission le bénéfice d'une dispense (CPP, art. 261-1).
La liste annuelle est dressée par la commission, laquelle établit également une liste spéciale de jurés suppléants, qui doivent résider dans la ville où siège la cour d'assises (CPP, art. 263 et 264). La commission exclut les personnes présentant des incompatibilités ou des incapacités et statue sur les demandes de dispense. De même, l'article 258-1 du CPP prévoit que sont exclus ou rayés de la liste annuelle des jurés et de la liste spéciale ceux qui ont rempli les fonctions de juré dans le

12. Lorsque l'arrêté préfectoral de répartition a prévu un regroupement de communes, le tirage au sort est effectué par le maire de la commune désignée dans l'arrêté du préfet. Il porte sur l'ensemble des listes électorales des communes concernées. À Paris, le tirage au sort est effectué, dans chaque arrondissement, par l'officier d'état civil désigné par le maire (CPP, art. 261).

département depuis moins de cinq ans ou ceux qui ne paraissent pas en mesure d'exercer les fonctions de juré pour un motif grave (le texte indiquant qu'une objection morale d'ordre laïque ou religieux ne constitue pas un motif grave).
La liste annuelle et la liste spéciale sont transmises par le président de la commission au maire de chaque commune. Le maire est tenu d'informer, dès qu'il en a connaissance, le premier président de la cour d'appel ou le président du tribunal judiciaire, siège de la cour d'assises, des décès, des incapacités ou des incompatibilités légales qui frapperaient les personnes dont les noms sont portés sur ces listes (CPP, art. 265) ;

- ***2e étape : une liste est établie pour chaque session*** : trente jours au moins avant l'ouverture des assises, le premier président de la cour d'appel, ou son délégué, ou le président du tribunal judiciaire, siège de la cour d'assises, ou son délégué, tire au sort, en audience publique, sur la liste annuelle, ***les noms de 35 jurés qui forment la liste de session***. Il tire, en outre, les noms de 10 jurés suppléants sur la liste spéciale (CPP, art. 266).
Les jurés peuvent être ***convoqués*** : le greffier de la cour d'assises convoque, par courrier, quinze jours au moins avant l'ouverture de la session, chacun des jurés titulaires et suppléants. Cette convocation précise la date et l'heure d'ouverture de la session, sa durée prévisible et le lieu où elle se tiendra. Elle rappelle l'obligation, pour tout citoyen requis, de répondre à cette convocation sous peine d'être condamné à une amende (tout juré qui, sans motif légitime, n'a pas déféré à la convocation qu'il a reçue peut être condamné par la cour à une amende de 3 750 euros). Elle invite le juré convoqué à renvoyer, par retour du courrier, au greffe de la cour d'assises le récépissé joint à la convocation, après l'avoir dûment signé (CPP, art. 267).
Si nécessaire, le greffier peut ***requérir les services de police ou de gendarmerie*** aux fins de rechercher les jurés qui n'auraient pas répondu à la convocation et de leur remettre celle-ci. Il peut être procédé à une révision de la liste de session le jour de l'ouverture de la session pour notamment rayer de la liste les noms des jurés incapables, décédés ou qui se révéleraient être conjoints, parents ou alliés jusqu'au degré d'oncle ou de neveu inclusivement d'un membre de la cour ou des jurés présents inscrits avant lui (CPP, art. 289) ;
- ***3e étape :*** le jury de jugement est composé de ***six jurés lorsque la cour statue en premier ressort et de neuf jurés lorsqu'elle statue en appel*** (CPP, art. 296). Il est formé en audience publique (CPP, art. 293). Le greffier fait l'appel des jurés non excusés et une carte à leur nom est déposée dans une urne (CPP, art. 295). Il est procédé à un tirage au sort du jury de jugement. Il est également tiré au sort un ou plusieurs jurés supplémentaires qui assistent aux débats et au délibéré, sans pouvoir manifester leur opinion ; ces jurés sont destinés à remplacer les jurés de jugement qui auraient été empêchés de suivre les débats ou de prendre part à la délibération jusqu'au prononcé de l'arrêt de la cour d'assises (CPP, art. 296). Depuis la loi du 22 décembre 2021 pour la confiance dans l'institution judiciaire, une majorité de sept voix est nécessaire pour que l'accusé soit condamné (CPP, art. 359), de sorte qu'une majorité de jurés est nécessaire pour entrer en voie de condamnation.

200. Droit de récusation. Les parties disposent d'un droit de récusation dans la limite, en première instance, de 4 jurés pour l'accusé et de 3 pour le ministère public, et en appel respectivement de 5 et de 4 (CPP, art. 298). Ce droit est exercé par l'accusé ou son avocat d'abord et par le ministère public ensuite, à mesure que leurs noms sortent de l'urne. Les motifs de récusation ne peuvent être exposés. Le jury de jugement est formé à l'instant où sont sortis de l'urne les noms de six ou neuf jurés non récusés et les noms des jurés supplémentaires. S'il y a plusieurs accusés, ils peuvent se concerter pour exercer tout ou partie de leurs récusations ou peuvent les exercer séparément (CPP, art. 299, 300 et 301). Dans tous les cas, ils ne peuvent excéder le nombre de récusations déterminé pour un seul accusé (CPP, art. 299). Le greffier dresse procès-verbal des opérations de formation du jury de jugement (CPP, art. 302).

201. Les formations spécialisées de la cour d'assises. Des formations spécialisées de la cour d'assises sont prévues. Il en est ainsi pour juger les crimes en matière de *trafic de stupéfiants* (CPP, art. 706-27) : dans le ressort de chaque cour d'appel, une ou plusieurs cours d'assises sont compétentes pour le jugement de ces crimes et des infractions qui leur sont connexes. Pour le jugement des accusés majeurs, les règles relatives à la composition et au fonctionnement de la cour d'assises sont fixées par les dispositions de l'article 698-6. Il résulte de ce texte que la Cour est composée d'un président et, lorsqu'elle statue en premier ressort, de quatre assesseurs, ou lorsqu'elle statue en appel, de six assesseurs. Il n'existe alors *aucun jury* et la cour d'assises est composée uniquement de juges professionnels.

C'est également en cette formation que statue la cour d'assises pour le jugement des *crimes contre les intérêts fondamentaux de la nation* (CPP, art. 702) ou commis par des militaires s'il existe un risque de divulgation d'un secret de la défense nationale (CPP, art. 698-7), ou de certaines autres infractions (par ex. infractions de prolifération d'actes de destruction massive, CPP, art. 706-174).

Pour les *actes de terrorisme*, la cour d'assises statue, pour le jugement des accusés majeurs, dans cette même formation. Le ministère public, en première instance, est représenté par le procureur de la République antiterroriste en personne ou par ses substituts et en appel par le procureur général qui peut se faire représenter par le procureur de la République antiterroriste ou l'un de ses substituts (CPP, art. 706-25).

3. La compétence

202. Compétence d'attribution. Sous réserve de la compétence de la cour criminelle départementale (v. *infra*), la cour d'assises a plénitude de juridiction pour juger, en premier ressort ou en appel, les personnes renvoyées devant elle par la décision de mise en accusation. Elle ne peut connaître d'aucune autre accusation (CPP, art. 231). Autrement dit, à compter du 1er janvier 2023, la cour d'assises connaît du jugement des personnes majeures accusées :

- de crimes punis de 30 ans de réclusion criminelle ou de la réclusion criminelle à perpétuité ;
- de crimes commis en état de récidive légale ;
- ou encore de crimes relevant normalement de la compétence de la cour criminelle départementale pour lesquels il existe des coaccusés ne relevant pas de la compétence de la cour criminelle départementale.

La cour d'assises est également compétente pour examiner l'appel des décisions rendues en premier ressort par une cour d'assises ainsi que des décisions de la cour criminelle départementale dans les mêmes conditions que pour l'appel des arrêts rendus par les cours d'assises en premier ressort.

203. Compétence territoriale. Sa compétence territoriale obéit aux règles du droit commun : le crime doit avoir été commis dans le ressort de la cour, ou cette cour doit avoir son ressort au lieu de résidence de l'accusé ou de l'arrestation.

d) La cour criminelle départementale

204. De l'expérimentation à l'institutionnalisation. La loi n° 2019-222 du 23 mars 2019 a créé une nouvelle juridiction pour juger certains crimes : la cour criminelle. Initialement, il s'agissait d'une expérimentation dans plusieurs départements déterminés par arrêté du ministre de la Justice et pour une durée de trois ans à compter de la date fixée par arrêté du ministre de la Justice. Une évaluation globale associant tous les acteurs judiciaires devait être adressée au Parlement par le Gouvernement au moins 6 mois avant le terme de l'expérimentation. Toutefois, la loi du 22 décembre 2021 pour la confiance dans l'institution judiciaire a institutionnalisé cette nouvelle juridiction à compter du **1er janvier 2023**, date qui constitue le terme de l'expérimentation.

Le comité d'évaluation et de suivi de la cour criminelle départementale

La loi du 22 décembre 2021 a confié à un comité d'évaluation et de suivi de la cour criminelle départementale la mission de produire un rapport public avant le terme de l'expérimentation et l'entrée en vigueur de la généralisation. Ce rapport a été établi en octobre 2022.
Le comité relève d'un point de vue statistique qu'entre le 5 septembre 2019 et le 14 juin 2022, ont été jugées 387 affaires, 90 % concernant des faits de nature sexuelle, le taux d'acquittement étant de 5,5 %, similaire à celui des cours d'assises. Sous toutes réserves, le taux d'appel apparaîtrait cependant légèrement plus important.
Le comité constate que ces nouvelles juridictions n'ont pas eu, *a priori*, d'impact sensible sur la pratique de la correctionnalisation et souhaite qu'une étude soit réalisée afin de l'évaluer, étant rappelé que la diminution de la correctionnalisation constituait l'un des objectifs essentiels poursuivis par cette réforme. Il souhaite également qu'une évaluation soit faite du nombre de magistrats et de greffiers nécessaires au fonctionnement de ces cours avant la généralisation car la cour criminelle départementale mobilise des magistrats professionnels en nombre plus important que la cour d'assises. Cela est compensé en partie par une diminution du temps consacré aux audiences.
Le comité examine plusieurs propositions d'évolution. Il se montre réservé quant à la généralisation de la compétence des cours criminelles à l'ensemble des crimes en première instance et à l'extension de la compétence de cette cour à des accusés mineurs (au regard des ressources humaines) mais favorable à ce que les personnes en état de récidive puissent être jugées par la cour criminelle départementale. Il souligne « la nécessité impérative » d'un « recrutement substantiel » de magistrats et de greffiers ainsi que la nécessité d'une formation spécifique des magistrats à titre temporaire et honoraires aux violences sexuelles.

205. Compétence. La cour criminelle départementale n'a pas vocation à se substituer purement et simplement à la cour d'assises. Sa ***compétence d'attribution*** concerne le jugement en premier ressort :

- des personnes majeures (les crimes imputés à des mineurs sont jugés selon les cas soit par le tribunal pour enfants soit par la cour d'assises des mineurs ; v. *infra*) ;

- accusées d'un crime puni de 15 ou de 20 ans de réclusion criminelle ;
- hors récidive légale.

Elle s'étend au jugement des délits connexes.

Néanmoins, s'il existe un ou plusieurs coaccusés ne répondant pas à ces conditions, la cour criminelle départementale n'est pas compétente (CPP, art. 380-16).

La cour criminelle siège au même lieu que la cour d'assises ou, par exception et sur décision motivée de la cour d'appel prise sur les réquisitions du procureur général, dans un autre tribunal judiciaire du même département (CPP, art. 380-17).

206. Mécanisme de renvoi. Si la cour criminelle estime, au cours ou à l'issue des débats, que les faits dont elle est saisie constituent un crime puni de trente ans de réclusion criminelle ou de la réclusion criminelle à perpétuité, elle renvoie l'affaire devant la cour d'assises. Si l'accusé comparaissait détenu, il demeure placé en détention provisoire jusqu'à sa comparution devant la cour d'assises ; dans le cas contraire, la cour criminelle peut, après avoir entendu le ministère public et les parties ou leurs avocats, décerner, par la même décision, mandat de dépôt ou mandat d'arrêt contre l'accusé (CPP, art. 380-20).

207. Composition allégée. À la différence de la cour d'assises, la cour criminelle départementale ***ne comporte pas de jury*** : elle est composée d'un président et de quatre assesseurs, choisis par le premier président de la cour d'appel parmi, pour le président, les présidents de chambre et les conseillers du ressort de la cour d'appel exerçant ou ayant exercé les fonctions de président de la cour d'assises (ce qui garantit sa bonne connaissance de la procédure criminelle) et, pour les assesseurs, les conseillers et les juges de ce ressort. Deux des assesseurs peuvent être des magistrats exerçant à titre temporaire ou des magistrats honoraires exerçant des fonctions juridictionnelles (CPP, art. 380-17).

La loi du 22 décembre 2021 pour la confiance dans l'institution judiciaire prévoit qu'à titre expérimental, un des assesseurs de la cour criminelle départementale, désigné par ordonnance du premier président de la cour d'appel, peut être un avocat honoraire exerçant des fonctions juridictionnelles. Dans ce cas, le premier président de la cour d'appel ne peut désigner en qualité d'assesseur à la cour criminelle départementale qu'un seul magistrat exerçant à titre temporaire ou magistrat honoraire exerçant des fonctions juridictionnelles (L. 22 déc. 2021, art. 10).

208. Procédure adaptée. La procédure suivie devant la cour criminelle est similaire à celle prévue devant la cour d'assises, la loi procédant par renvoi (CPP, art. 380-19). Toutefois, il n'est logiquement pas fait application des dispositions relatives au jury et aux jurés et il est prévu que la cour criminelle délibère en étant en possession de l'entier dossier de la procédure. Ce faisant, la procédure se veut plus rapide. Il en va de même pour l'audiencement : il est prévu que l'accusé poursuivi hors récidive et détenu en raison des faits pour lesquels il est renvoyé devant la cour criminelle départementale est immédiatement remis en liberté s'il n'a pas comparu devant celle-ci à l'expiration d'un délai de six mois (au lieu d'un an pour la cour d'assises) à compter soit de la date à laquelle la décision de mise en accusation est devenue définitive s'il était alors détenu, soit de la date à laquelle il a été ultérieurement placé en détention provisoire. Ce délai ne peut être prorogé qu'une fois par la chambre de l'instruction (CPP, art. 181-1).

2) *Les juridictions pénales spécialisées*

Vers un tribunal des violences infrafamiliales ?

Le 1er décembre 2022, l'Assemblée nationale a adopté une *proposition de loi* « portant création d'une juridiction spécialisée aux violences intrafamiliales ». Seraient ainsi créées en réalité deux juridictions, à savoir un « tribunal des violences intrafamiliales » et un « juge aux violences intrafamiliales ». Le premier, composé d'un juge aux violences intrafamiliales, président, et de deux assesseurs, connaîtrait, dans les conditions définies par le Code de procédure pénale, des délits constitutifs d'une atteinte à l'intégrité de la personne commis au sein de la famille (sur la personne d'un ascendant, par l'autre membre du couple, ou sur la personne de son enfant ou de l'enfant de l'autre membre du couple). Le second connaîtrait des demandes d'ordonnance de protection. Les juges ainsi que les greffiers du tribunal seraient spécialement formés. L'exposé des motifs estime que « la juridiction spécialisée permet de juger vite, plus fermement et d'être saisie plus facilement par les victimes » et exprime l'idée selon laquelle « ces affaires nécessitent d'être jugées de manière spécifique parce qu'elles ne ressemblent pas aux autres violences ». La juridiction serait à la fois une juridiction d'instruction, de jugement et de suivi de la phase d'exécution, ce qui engagerait « une réforme profonde de notre organisation judiciaire ». Le texte voté par l'Assemblée nationale n'est pas sans malfaçons et il n'est pas certain que la proposition aboutisse. Cela est pour le moins symptomatique des vertus prêtées à la justice pénale spécialisée.

a) Les juridictions pour mineurs

209. Domaine. La nécessité d'adapter le droit pénal et le système juridictionnel aux besoins des mineurs (qui n'ont pas atteint l'âge de 18 ans) a depuis longtemps conduit à l'édiction de règles spéciales. L'article 122-8 du Code pénal pose le principe de la responsabilité pénale des crimes, délits ou contraventions des mineurs capables de discernement.

Cette condition de discernement est précisée par la ***loi n° 2021-218 du 26 février 2021*** qui indique qu'« *est capable de discernement le mineur qui a compris et voulu son acte et qui est apte à comprendre le sens de la procédure pénale dont il fait l'objet* ». La loi pose une présomption de discernement à compter de l'âge de 13 ans et une présomption de non-discernement en deçà de cet âge (CJPM, art. L. 11-1).

Les particularités de la justice des mineurs sont importantes, aussi bien en ce qui concerne les juridictions compétentes que les procédures et les mesures applicables (de protection, d'assistance, de surveillance et d'éducation, peines pénales plus faibles que pour les majeurs).

210. Réforme. La loi n° 2019-222 du 23 mars 2019 a entendu réformer l'ordonnance n° 45-174 du 2 février 1945 relative à l'enfance délinquante en habilitant le gouvernement à adopter des mesures par voie d'ordonnance et à regrouper et organiser ces dispositions dans un Code de la justice pénale des mineurs. C'est l'objet de l'ordonnance n° 2019-950 du 11 septembre 2019 portant partie législative du Code de la justice pénale des mineurs. Celle-ci a été ratifiée par la ***loi n° 2021-218 du 26 février 2021.*** Cette ordonnance est complétée par les ***décrets n° 2021-682 et n° 2021-683 du 27 mai 2021*** portant partie réglementaire du Code de la justice pénale des mineurs. Ces dispositions ont été notamment complétées par la loi n° 2022-52 du 24 janvier 2022 relative à la responsabilité pénale et à la sécurité intérieure, la loi n° 2022-299 du 2 mars 2022 visant à combattre le harcèlement scolaire, l'ordonnance n° 2022-478 du 30 mars 2022 portant partie législative du Code pénitentiaire et le décret n° 2022-479 du 30 mars 2022 portant partie réglementaire du Code pénitentiaire (et le décret de coordination n° 2022-855 du 7 juin 2022) ainsi que le décret n° 2022-1287 du 4 octobre 2022.

211. Principe de spécialisation. La matière est gouvernée par un principe de spécialisation des institutions :

- s'agissant des juridictions, l'article L. 12-1 du CJPM prévoit que « les crimes, délits et contraventions de la cinquième classe reprochés à un mineur sont instruits et jugés par des juridictions et chambres spécialisées ou spécialement désignées ou composées, devant lesquelles les procédures sont adaptées » ;
- s'agissant du ministère public, l'article L. 12-2 du CJPM prévoit que « les fonctions du ministère public sont remplies par le procureur général ou un magistrat du ministère public spécialement chargé des affaires concernant les mineurs ». Toutefois, en cas d'urgence ou d'empêchement, les magistrats spécialement désignés peuvent être substitués par tout magistrat du parquet au sein duquel ils exercent leurs fonctions (CJPM, art. L. 211-1). En principe, c'est le procureur de la République près le tribunal judiciaire dans le ressort où le tribunal pour enfants a son siège qui est compétent pour la poursuite des infractions commises par les mineurs (CJPM, art. L. 211-2).

1. Les juridictions d'instruction

212. Instruction obligatoire ou facultative. Lorsque l'infraction poursuivie est un crime, l'information préalable est obligatoire (CJPM, art. L. 423-3). Lorsque l'infraction poursuivie est un délit ou une contravention de la cinquième classe, le ministère public peut requérir l'ouverture d'une information judiciaire ou saisir directement une juridiction pour mineurs (CJPM, art. L. 423-2).

213. Juge d'instruction spécialisé. Lorsqu'il y a matière à information, en première instance, l'article L. 12-1 du CJPM prévoit que l'instruction est conduite par « le juge d'instruction chargé spécialement des affaires concernant les mineurs ». Le juge des enfants ne dispose plus de pouvoir d'instruction, comme l'indique le rapport au président de la République qui accompagne l'ordonnance, ce qui est de nature à renforcer son impartialité. En effet, un tel cumul de fonctions avait été remis en cause par la Cour européenne des droits de l'Homme qui estime que le principe d'impartialité du juge n'est pas respecté lorsque le juge instruit une affaire contre un mineur, puis renvoie ce mineur devant le tribunal pour enfants qu'il préside lui-même aux côtés de deux assesseurs non professionnels[13]. Le Conseil constitutionnel a déclaré inconstitutionnel le cumul de fonctions d'instruction et de jugement du juge des enfants, dès lors qu'il préside le tribunal pour enfants, juridiction habilitée à prononcer des peines[14].

214. Juge des libertés et de la détention spécialisé. La loi n° 2021-218 du 26 février 2021 institue également un juge des libertés et de la détention spécialisé qui pourra statuer sur le placement du mineur en détention provisoire.

---

13. 2 mars 2010, n° 54729/00, Adamkiewicz c/Pologne.
14. 8 juill. 2011, n° 2011-147 QPC.

215. Chambre de l'instruction spécialement composée. En appel, il existe une « chambre de l'instruction spécialement composée en matière d'affaires concernant les mineurs ». Cette chambre comporte un conseiller de la cour d'appel délégué à la protection de l'enfance (CJPM, art. L. 12-1 et L. 221-3 ; COJ, art. L. 312-6).

2. Les juridictions de jugement

216. Diversité des juridictions. En première instance, la compétence pour statuer sur la poursuite des infractions commises par les mineurs se répartit entre le tribunal de police, le juge des enfants, le tribunal pour enfants et la cour d'assises des mineurs :

- le juge des enfants est un magistrat du siège du TJ nommé à cette fonction par décret du président de la République après avis du Conseil supérieur de la magistrature, dans la limite de 10 ans au sein du même tribunal (Ord. 22 déc. 1958, art. 28-3) ;
- le tribunal pour enfants est composé d'un juge des enfants, président, et de deux assesseurs choisis parmi des personnes âgées de plus de trente ans, de nationalité française et qui se sont signalées par l'intérêt qu'elles portent aux questions de l'enfance et par leurs compétences ; ils sont nommés en principe pour quatre ans par le garde des Sceaux (CJPM, art. L. 231-4 ; COJ, art. L. 251-4). Il peut être adjoint des assesseurs supplémentaires qui pourront remplacer les assesseurs empêchés ;
- la cour d'assises des mineurs se réunit au siège de la cour d'assises et au cours de la session de celle-ci. Hormis le cas où tous les accusés de la session auraient été renvoyés devant la cour d'assises des mineurs, le jury de la cour d'assises est formé de jurés pris sur la liste arrêtée par la cour d'assises (CJPM, art. L. 231-8). Les deux assesseurs de la cour d'assises des mineurs sont pris, sauf impossibilité, parmi les juges des enfants du ressort de la cour d'appel (CJPM, art. L. 231-10).

217. Compétence territoriale. Les règles de compétence territoriale sont aménagées : sont compétentes en principe les juridictions de la résidence du mineur ou de celle de ses parents ou représentants légaux, celle du lieu où il a été placé à titre provisoire ou définitif, celle du lieu de l'infraction ou celle du lieu où le mineur a été trouvé (CJPM, art. L. 231-1).

218. Compétence d'attribution. La compétence d'attribution des différentes juridictions pour mineurs est ainsi organisée :

Contraventions des quatre premières classes	Commises par tout mineur	Tribunal de police (CJPM, art. L. 423-1), sous réserve de la procédure simplifiée
Contraventions de la cinquième classe (et contraventions des 4 premières classes connexes)	Commises par un mineur de moins de 13 ans	Juge des enfants (CJPM, art. L. 231-2)
	Commises par un mineur d'au moins 13 ans	Tribunal pour enfants (CJPM, art. L. 231-3)
Délits (et contraventions des 4 premières classes connexes)	Commis par un mineur de moins de 13 ans	Juge des enfants (CJPM, art. L. 231-2)

	Commis par un mineur d'au moins 13 ans	Tribunal pour enfants (CJPM, art. L. 231-3)
Crimes	Commis par un mineur de moins de 16 ans	Tribunal pour enfants (CJPM, art. L. 231-3)
	Commis par un mineur d'au moins 16 ans	Cour d'assises des mineurs (CJPM, art. L. 231-9) N.B. : celle-ci connaît aussi de certaines infractions connexes ou formant un ensemble indivisible avec des crimes commis par un mineur d'au moins 16 ans : - crimes et délits commis par les intéressés avant qu'ils n'aient atteint l'âge de 16 ans, - crimes et délits commis par les intéressés à compter de leur majorité, - crimes et délits commis par leurs coauteurs ou complices majeurs

Sauf disposition contraire, la juridiction compétente, la procédure applicable ainsi que les mesures et peines encourues sont déterminées selon l'âge du mineur à la date des faits (CJPM, art. L. 13-2).

La mise à l'épreuve éducative

En matière de délits et de contraventions de cinquième classe, la réforme favorise la procédure de « ***mise à l'épreuve éducative*** » (CJPM, art. L. 423-4). Dans ce cadre, le mineur est jugé en trois étapes : il est d'abord statué sur sa culpabilité et sur l'indemnisation de la victime. Une mise à l'épreuve éducative est ensuite mise en place. Enfin, à l'issue de celle-ci, le jugement sur la sanction intervient, dans un délai allant de 6 à 9 mois à compter du jugement sur la culpabilité (CJPM, art. L. 521-9). Ce dispositif est pleinement en phase avec l'objectif de participer au « relèvement éducatif et moral » du mineur (CJPM, art. L. 11-2).
Il est néanmoins prévu la possibilité de statuer sur la culpabilité et la sanction au cours d'une ***audience unique*** soit lorsque la juridiction est saisie par ordonnance de renvoi d'un juge d'instruction soit à titre exceptionnel à la diligence du procureur de la République si certaines conditions sont réunies (CJPM, art. L. 423-4, al. 3).

219. Appel. En appel, la chambre spéciale des mineurs de la cour d'appel connaît des appels formés contre :

- les décisions du juge des enfants et du tribunal pour enfants ;
- les jugements du tribunal de police rendus à l'égard des mineurs ;
- les décisions du juge des libertés et de la détention rendues à l'égard des mineurs en matière de détention provisoire, sauf dans le cadre d'une information judiciaire (CJPM, art. L. 231-6 et L. 531-1).

Pour les appels portés contre les arrêts de la cour d'assises des mineurs statuant en premier ressort, il est fait application des dispositions du Code de procédure pénale (CJPM, art. L. 531-2).

220. Spécificités de l'action civile. L'action civile peut être exercée devant les juridictions spécialisées pour les mineurs. À l'audience, la déclaration de partie civile doit, à peine d'irrecevabilité, être faite avant les réquisitions du ministère public sur le fond.

Lorsqu'il est fait application de la procédure de mise à l'épreuve éducative, cette déclaration doit intervenir avant les réquisitions du ministère public sur la sanction (CJPM, art. L. 512-1).

Les victimes sont avisées des audiences et la partie civile est citée à l'audience pour qu'il soit statué sur ses demandes. Dans un cas particulier, l'action civile peut être jugée par un tribunal correctionnel ou par une cour d'assises. Il en va ainsi lorsqu'un mineur est impliqué dans la même cause qu'un ou plusieurs majeurs : la juridiction compétente à l'égard des majeurs peut statuer sur l'action civile contre tous les responsables, sur saisine de la victime ou sur renvoi du juge des enfants ou du tribunal pour enfants, d'office ou à la demande de la partie civile. En ce cas, seuls les représentants légaux des mineurs comparaissent à l'audience et non les mineurs eux-mêmes. Un avocat est désigné d'office à défaut de choix. Le tribunal correctionnel ou la cour d'assises peut surseoir à statuer sur l'action civile s'il n'a pas encore été statué sur la culpabilité des mineurs (CJPM, art. L. 512-2).

b) Les juridictions pour certains responsables politiques

1. La Haute Cour

221. Compétence : président de la République. Prévue par les articles 67 et 68 de la Constitution du 4 octobre 1958, la Haute cour ne dépend d'aucun ordre de juridiction. Cette juridiction succède à la Haute Cour de justice qui avait été créée par une ordonnance du 2 janvier 1959. Avec la révision constitutionnelle du 23 février 2007 le régime de responsabilité du président de la République a été modifié : l'article 67 prévoit qu'il n'est pas responsable des actes accomplis en cette qualité sous réserve des dispositions des articles 53-2 (hypothèse de compétence de la Cour pénale internationale) et 68 (compétences de la Haute cour). Le président de la République ne peut durant son mandat et devant aucune juridiction ou autorité administrative française, être requis de témoigner non plus que faire l'objet d'une action, d'un acte d'information, d'instruction ou de poursuite. Tout délai de prescription ou de forclusion est suspendu. Les instances et procédures auxquelles il est ainsi fait obstacle peuvent être reprises ou engagées contre lui à l'expiration d'un délai d'un mois suivant la cessation des fonctions du président de la République.

222. Composition. L'article 68 de la Constitution du 4 octobre 1958 prévoit une procédure originale de destitution du président de la République en cas de manquement à ses devoirs, manifestement incompatible avec l'exercice de son mandat. La destitution est alors prononcée par le Parlement constitué en Haute cour, instance qui remplace la Haute Cour de justice.

223. Procédure. La procédure est définie pour l'essentiel par article 68 de la Constitution. La proposition de réunion de la Haute cour est adoptée par une des assemblées du Parlement et est aussitôt transmise à l'autre qui se prononce dans les 15 jours, à la majorité des deux tiers des membres composant l'assemblée concernée. La Haute cour est présidée par le président de l'Assemblée nationale. Elle statue dans un délai d'un mois sur la destitution, et prend sa décision à bulletins secrets, à la majorité des deux tiers des membres composant la Haute cour (L. org. 24 nov. 2014).

2. La Cour de justice de la République

Quel avenir ?

Plusieurs fois a été envisagée la suppression de la Cour de justice de la République. Tel était l'un des aspects des projets de lois constitutionnelles du 14 mars 2013 (relatif à la responsabilité juridictionnelle du président de la République et des membres du gouvernement) et du 28 août 2019 (pour un renouveau de la vie démocratique) qui n'ont pas abouti. Le *rapport du comité des États généraux de la justice* relance cette perspective de suppression, en marquant sa faveur pour « une réforme institutionnelle tendant à supprimer la CJR afin que les ministres soient responsables pénalement devant les juridictions de droit commun pour les crimes et délits accomplis dans l'exercice de leurs fonctions, au même titre que les autres responsables publics ». Il est proposé de confier le contentieux au tribunal judiciaire de Paris et, en appel, à la cour d'appel de Paris. Le comité préconise un mécanisme de filtrage destiné à « écarter rapidement et en amont les procédures judiciaires abusives n'ayant pour seul but que de porter atteinte aux personnalités politiques ».

224. Compétence : membres du gouvernement. Prévue par les articles 68-1 et 68-2 de la Constitution de 1958, la Cour de justice de la République a été créée par la loi constitutionnelle du 27 juillet 1993 afin de pallier les carences antérieures dues à l'extrême lourdeur de la procédure devant la Haute cour aboutissant en pratique à une immunité pénale en faveur des membres du gouvernement, ce qui a choqué profondément l'opinion en particulier lors de l'affaire du sang contaminé.

225. Composition. Cette cour est composée de 15 juges : 12 parlementaires élus en leur sein et en nombre égal par l'Assemblée nationale et le Sénat après chaque renouvellement de ces assemblées, et 3 magistrats du siège à la Cour de cassation, dont l'un préside la Cour de justice de la République. Le greffier en chef de la Cour de cassation est greffier de la Cour de justice. Le procureur général près la Cour de cassation exerce les fonctions de parquetier. Il est assisté du 1er avocat général et de 2 avocats généraux.

226. Procédure. Toute personne se prétendant lésée peut porter plainte à l'encontre de membres du gouvernement (Premier ministre, ministres et secrétaires d'État) pénalement responsables des actes accomplis dans l'exercice de leurs fonctions et qualifiés crimes ou délits au moment où ils ont été commis. La cour est liée par la définition des infractions et des peines prévues par la loi pénale, mais, par dérogation au principe de non-rétroactivité des lois, la responsabilité peut concerner « des faits commis avant l'entrée en vigueur » de la Cour de justice de la République.

La plainte, examinée par une Commission des requêtes, peut être classée ou transmise au procureur général de la Cour de cassation aux fins de saisine de la cour. La cour peut aussi être saisie d'office par le procureur général sur avis la commission des requêtes. Il appartient ensuite à la Commission d'instruction d'instruire l'affaire et de décider d'un non-lieu ou d'un renvoi devant la Cour de justice de la République. La décision de la Cour de justice de la République est susceptible d'un pourvoi devant l'assemblée plénière de la Cour de cassation.

Cette cour a siégé 7 fois depuis sa création. La gestion de la crise sanitaire a conduit à la formation de nombreuses requêtes.

c) Les tribunaux maritimes

227. Origine. Initialement, les tribunaux maritimes « commerciaux » étaient présidés par un magistrat du siège du tribunal de grande instance de leur ressort, complétés par 4 juges (des professionnels de la navigation maritime) mais une décision du Conseil constitutionnel du 2 juillet 2010[15] a décidé que l'article 90 du Code disciplinaire et pénal de la marine marchande est contraire à l'exigence d'indépendance des juridictions issue de la Constitution, parce que certains membres sont des fonctionnaires soumis à l'autorité hiérarchique du Gouvernement.

228. Organisation. L'ordonnance n° 2012-1218 du 2 novembre 2012 porte réforme pénale en matière maritime : elle crée les tribunaux maritimes en lieu et place des tribunaux maritimes commerciaux et définit les délits maritimes relevant de la compétence de ces tribunaux (L., 17 déc. 1926, art. 2 et s. mod.). Le tribunal est composé de 3 magistrats dont le président, désignés par le président du tribunal judiciaire auprès duquel il est institué, et de deux assesseurs maritimes (choisis parmi les personnes âgées de plus de 30 ans, de nationalité française, jouissant de leurs droits civils, civiques et de famille ; L., 17 déc. 1926 mod., art. 7). Ils sont inscrits sur une liste des assesseurs maritimes pour une durée de 5 ans non renouvelable. L'assesseur marin peut être récusé en cas de soupçon légitime de partialité (L., 17 déc. 1926 mod., art. 10). L'ordonnance précise la compétence et la procédure pénale applicable (C. transp., art. L. 5111-4 et L., 17 déc. 1926, titre II mod.).

Le décret n° 2014-1581 du 23 décembre 2014 fixe la liste, le siège et le ressort des 6 tribunaux maritimes créés (Bordeaux, Brest, Cayenne, Le Havre, Marseille, Saint-Denis).

B - Les juridictions du second degré

1) La chambre des appels correctionnels

a) Le droit d'appel

229. Délits. L'appel est toujours ouvert en matière délictuelle (CPP, art. 496). La faculté d'appeler appartient :
- au prévenu ;
- à la personne civilement responsable quant aux intérêts civils seulement ;
- à la partie civile, quant à ses intérêts civils seulement ;
- au procureur de la République ;
- aux administrations publiques, dans les cas où celles-ci exercent l'action publique ;
- et au procureur général près la cour d'appel.

230. Contraventions. L'appel sur l'action publique n'est pas systématiquement ouvert en matière contraventionnelle (CPP, art. 546). Cette voie de recours peut être exercée lorsque l'amende encourue est celle prévue pour les contraventions de la cinquième classe, lorsque a été prononcée la peine de suspension du permis de conduire, ou lorsque la peine d'amende prononcée est supérieure au maximum de l'amende encourue pour les contraventions de la deuxième classe.

---

15. 2 juill. 2010, n° 2010-10 QPC.

La faculté d'appeler appartient :
- au prévenu,
- à la personne civilement responsable,
- au procureur de la République,
- au procureur général,
- et à l'officier du ministère public près le tribunal de police.

Lorsque des dommages et intérêts ont été alloués, la faculté d'appeler appartient également au prévenu et à la personne civilement responsable. Cette faculté appartient dans tous les cas à la partie civile quant à ses intérêts civils seulement (CPP, art. 546).

231. Portée limitée de l'appel. L'article 502 du CPP prévoit que « la déclaration indique si l'appel porte sur la décision sur l'action publique ou sur la décision sur l'action civile ou sur les deux décisions. Si l'appel concerne la décision sur l'action publique, la déclaration indique s'il porte sur l'ensemble de la décision ou s'il est limité aux peines prononcées, à certaines d'entre elles ou à leurs modalités d'application. Si la décision sur l'action publique a déclaré le prévenu coupable de plusieurs infractions, l'appel sur cette décision précise s'il concerne l'ensemble des infractions ou certaines d'entre elles. ***Si la déclaration ne comporte aucune de ces précisions, l'appel est considéré comme portant sur l'intégralité de la décision***. Le prévenu qui a limité la portée de son appel sur l'action publique aux peines prononcées dans les conditions prévues au présent alinéa peut, selon les modalités prévues au premier alinéa, revenir sur cette limitation dans un délai d'un mois à compter de la déclaration d'appel ; si l'affaire est audiencée en appel avant ce délai d'un mois, il peut revenir sur cette limitation au moment de l'audience. Le prévenu qui n'a pas limité la portée de son appel lors de la déclaration d'appel peut toujours le faire ultérieurement, jusqu'à l'audience de jugement ».

b) La formation de jugement

232. Collégialité. En principe, la chambre des appels correctionnels statue en formation collégiale. L'article 510 du CPP prévoit que « la chambre des appels correctionnels est composée d'un président de chambre et de deux conseillers. Les fonctions du ministère public sont exercées par le procureur général ou par l'un de ses avocats généraux ou de ses substituts ; celles du greffe par un greffier de la cour d'appel ».

233. Juge unique. Toutefois, depuis la loi du 23 mars 2019, la chambre des appels correctionnels peut également, dans certains cas, statuer à juge unique. Il en va ainsi lorsque le tribunal correctionnel a lui-même valablement statué à juge unique (pour le jugement des infractions mentionnées à l'article 398-1 du CPP) ou lorsque la décision alloue une provision à la partie civile exécutoire à titre provisoire (CPP, art. 464, al. 3).

Toutefois, il y a des restrictions et des exceptions :
- la cour ne statue pas à juge unique lorsque le prévenu est en détention provisoire pour les faits qui lui sont reprochés (CPP, art. 510, al. 2) ;
- la partie appelante peut demander que l'affaire soit examinée par une formation collégiale dans le délai d'un mois à compter de la déclaration d'appel (CPP, art. 510, al. 2 ; selon les modalités précisées à l'article D. 45-23). Ainsi, la cour

d'appel ne peut valablement statuer à juge unique lorsque le prévenu appelant a expressément demandé que son affaire soit examinée par une formation collégiale[16] ;
- la chambre des appels correctionnels statuant à juge unique ne peut prononcer une peine d'emprisonnement ferme supérieure à 5 ans (CPP, art. 510, al. 2) ;
- le juge unique peut renvoyer l'affaire à une formation collégiale (CPP, art. 510, al. 2).

2) La cour d'assises d'appel

234. Appel circulaire. La loi du 15 juin 2000, entrée en vigueur le 1er janvier 2001, a institué un appel circulaire en matière criminelle, devant une autre cour d'assises que celle qui a rendu la décision attaquée.

Les ***modalités de désignation de la cour d'appel*** sont prévues aux articles 380-1 et suivants du CPP. Après avoir recueilli les observations écrites du ministère public et des parties ou de leurs avocats, le premier président de la cour d'appel désigne la cour d'assises chargée de statuer en appel parmi les autres cours d'assises du ressort de la cour d'appel. Si le ministère public ou l'une des parties le demande ou si le premier président estime nécessaire la désignation d'une cour d'assises située hors de ce ressort, le ministère public adresse sans délai au greffe de la ***chambre criminelle de la Cour de cassation***, avec ses observations éventuelles et celles des parties, l'arrêt attaqué et, le cas échéant, le dossier de la procédure. Dans le mois qui suit la réception de l'appel, la chambre criminelle, après avoir recueilli, si elles n'ont pas déjà été données, les observations écrites du ministère public et des parties ou de leurs avocats, désigne la cour d'assises chargée de statuer en appel. Il est alors procédé comme en cas de renvoi après cassation.

Si l'appel n'a pas été formé dans les délais prévus par la loi ou porte sur un arrêt qui n'est pas susceptible d'appel, le premier président de la cour d'appel ou le président de la chambre criminelle de la Cour de cassation dit n'y avoir lieu à désignation d'une cour d'assises chargée de statuer en appel.

235. Décision de la cour d'assises d'appel. La cour d'assises statuant en appel sur l'action publique ***ne peut, sur le seul appel de l'accusé, aggraver le sort de ce dernier*** (CPP, art. 380-3). La cour d'assises statuant en appel sur l'action civile ne peut, sur le seul appel de l'accusé, du civilement responsable ou de la partie civile, aggraver le sort de l'appelant. La partie civile ne peut, en cause d'appel, former aucune demande nouvelle ; toutefois, elle peut demander une augmentation des dommages et intérêts pour le préjudice souffert depuis la première décision. Même lorsqu'il n'a pas été fait appel de la décision sur l'action civile, la victime constituée partie civile en premier ressort peut exercer devant la cour d'assises statuant en appel les droits reconnus à la partie civile jusqu'à la clôture des débats ; elle peut également demander une augmentation des dommages-intérêts pour le préjudice souffert depuis la première décision, ainsi qu'une condamnation au titre des frais irrépétibles (CPP, art. 380-6).

---

16. Cass. crim., 14 déc. 2022, n° 22-80249, Publié au bulletin.

Toute décision défavorable à l'accusé se forme à la majorité de huit voix au moins lorsque la cour d'assises statue en appel (CPP, art. 359).

3. LES JURIDICTIONS DE L'APPLICATION DES PEINES

236. Diversité des institutions. L'exécution des peines s'effectue sur décision et sous le contrôle des autorités judiciaires (CPP, art. 707). Les juges compétents sont, au 1er degré, le juge de l'application des peines et le tribunal de l'application des peines (CPP, art. 712-1), puis, au 2e degré, sur appel, la chambre de l'application des peines. Il faut également noter qu'***un bureau d'aide aux victimes*** est institué dans chaque tribunal judiciaire (CPP, art. 706-15-4 et art. D. 47-6-15), de même qu'un ***bureau d'exécution des peines***, chargé de recevoir le prévenu qui n'est pas incarcéré et de lui expliquer la décision et de lui remettre un relevé de condamnation (CPP, art. D. 48-2 et 709-1).

La loi n° 2019-222 du 23 mars 2019 a considérablement modifié le droit de la peine afin de renforcer son efficacité et son sens. Elle réforme le classement des peines correctionnelles (C. pén., art. 131-3 : sursis probatoire, surveillance électronique, travail d'intérêt général, peine unique de stage, sanction réparation), le prononcé des peines (principe du sursis, nouvelle échelle d'emprisonnements, motivation des peines, révocation du sursis simple, création du dossier unique de personnalité) ainsi que l'exécution (aménagement de peines, systématisation de la libération sous contrainte aux deux tiers de la peine qui a été précisée par le décret n° 2019-508 du 24 mai 2019, création d'une mesure unique de probation, d'un emprisonnement assorti d'un sursis probatoire, d'une détention à domicile sous surveillance électronique, d'un placement sous surveillance électronique mobile, simplification des permissions de sortir et développement du travail d'intérêt général).

A - Les juges compétents

Il existe deux juridictions de l'application des peines du premier degré : ***le juge de l'application des peines et le tribunal de l'application des peines***.

La mission de ces juridictions est définie en ces termes par l'article 712-1 du CPP : elles sont « chargées, dans les conditions prévues par la loi, de fixer les principales modalités de l'exécution des peines privatives de liberté ou de certaines peines restrictives de liberté, en orientant et en contrôlant les conditions de leur application. Ces juridictions sont avisées, par les services d'insertion et de probation, des modalités de prise en charge des personnes condamnées, définies et mises en œuvre par ces services. Elles peuvent faire procéder aux modifications qu'elles jugent nécessaires au renforcement du contrôle de l'exécution de la peine ».

La déjudiciarisation de la fixation des modalités des travaux d'intérêt général

Parmi les compétences du juge d'application des peines figurait la fixation des modalités d'exécution de l'obligation d'accomplir un travail d'intérêt général à laquelle une personne peut être condamnée. Dans le but de simplifier cette mesure, la loi n° 2021-401 du 8 avril 2021 améliorant l'efficacité de la justice de proximité et de la réponse pénale prévoit désormais que l'intervention du JAP n'est pas systématique : sauf s'il décide d'exercer cette compétence, c'est désormais le directeur du service pénitentiaire d'insertion et de probation (SPIP) ou son représentant qui est compétent pour décider des modalités d'exécution de ce travail d'intérêt général, étant précisé que le poste de travail « doit être adapté à la situation de la personne condamnée et de nature à favoriser sa réinsertion sociale et professionnelle » (C. pén., art. 131-22). C'est désormais également le directeur du SPIP qui établit, après avis du ministère public et du juge de l'application des peines dans le ressort duquel se situe la structure d'accueil et après consultation de tout organisme public compétent en matière de prévention de la délinquance, la liste des travaux d'intérêt général susceptibles d'être accomplis dans le département (C. pén., art. 131-36).

1) Le juge de l'application des peines

237. Statut. Les fonctions de juge de l'application des peines, depuis la loi du 23 mars 2019, sont exercées par un ou plusieurs magistrats du siège auprès de certains tribunaux judiciaires fixés par décret, étant précisé qu'il existe au moins un juge d'application des peines par département (CPP, art. 712-2). Ces magistrats sont désignés par décret pris après avis du Conseil supérieur de la magistrature (Ord., 22 déc. 1958, art. 28-3). Le JAP ne peut exercer ces fonctions plus de 10 ans au sein du même tribunal (*ibid.*) Le juge de l'application des peines ***est assisté d'un greffier*** (CPP, art. 712-2).

238. Saisine et missions. Le JAP peut se saisir d'office sauf disposition contraire ou être saisi à la demande du condamné ou sur réquisitions du procureur de la République. Le Conseil constitutionnel a précisé que la faculté de saisine d'office était conforme à la Constitution sous réserve que le JAP qui se saisit ainsi ne puisse prononcer une mesure défavorable sans que la personne condamnée ait été mise en mesure de présenter des observations[17]. Il statue par ***ordonnance*** ou ***jugement motivé*** selon les cas. Il dispose de pouvoirs étendus puisqu'il peut à la fois accorder ou refuser des mesures mais également les modifier, les ajourner, les retirer ou les révoquer (CPP, art. 712-4).

239. Commission de l'application des peines. Dans certains cas prévus par la loi, spécialement les ordonnances concernant les réductions de peine, les autorisations de sortie sous escorte et les permissions de sortir, sauf en cas d'urgence, les décisions du JAP sont prises après ***l'avis d'une commission de l'application des peines*** présidée par le JAP et composée en principe du procureur de la République, du chef de l'établissement pénitentiaire, d'un représentant du service d'insertion et de probation et d'un représentant du corps de commandement ou du corps d'encadrement et d'application du personnel de surveillance (CPP, art. 712-4-1 modifié par la loi pour la confiance dans l'institution judiciaire et 712-5).

17. Cons. const., 10 nov. 2017, n° 2017-671 QPC.

240. Débats. Le JAP prend plusieurs décisions par ordonnance (réductions de peine, autorisations de sorties sous escortes, permissions de sortir [art. 712-5], fin anticipée à une peine de détention à domicile sous surveillance électronique [art. 712-43]...). Toutefois, en application de l'article 712-6 du CPP, les décisions afférentes à certaines mesures sont, en principe, prises par ***jugement rendu à l'issue d'un débat contradictoire*** : il en va ainsi s'agissant des mesures de placement à l'extérieur, de semi-liberté, de fractionnement et suspension de peines ou de détention à domicile sous surveillance électronique mais également, en principe, des peines de suivi socio-judiciaire, d'interdiction de séjour, de travail d'intérêt général, d'emprisonnement avec sursis probatoire ou d'ajournement avec probation. Les décisions ***modifiant*** ou ***refusant*** de modifier ces mesures peuvent être prises par ***ordonnance motivée*** sauf si le procureur de la République demande qu'elles fassent l'objet d'un jugement pris après débat contradictoire (CPP, art. 712-8). De plus, le juge peut octroyer l'une de ces mesures sans débat en cas d'accord du procureur de la République et du condamné ou de son avocat (CPP, art. 712-6, al. 2).

Depuis la loi du 23 mars 2019, le JAP peut décider d'office ou à la demande du condamné ou du procureur de la République de renvoyer le jugement de l'affaire afférente à ces mesures au tribunal d'application des peines par une mesure d'administration judiciaire insusceptible de recours (CPP, art. 712-6, al. 3).

2) Le tribunal de l'application des peines

241. Organisation. Les tribunaux de l'application des peines sont établis, à raison d'un ou de plusieurs, dans le ressort de chaque cour d'appel ; leur compétence territoriale correspond à celle d'un ou plusieurs tribunaux judiciaires et elle est fixée par décret (CPP, art. 712-3).

242. Compétence. Ces tribunaux connaissent des mesures afférentes aux peines les plus importantes : ils statuent spécialement sur les mesures de relèvement de la période de sûreté, la libération conditionnelle ou la suspension de peine qui ne relèvent pas du juge de l'application des peines (CPP, art. 712-7).

243. Composition. Le tribunal de l'application des peines est ***composé d'un président et de deux assesseurs*** désignés par le premier président de la cour d'appel parmi les JAP du ressort de la cour (CPP, art. 712-3).

244. Débats. Les décisions font l'objet d'un ***jugement pris après débat contradictoire*** en chambre du conseil et après avis du représentant de l'administration pénitentiaire (CPP, art. 712-7). Ces débats se tiennent aux différents sièges des tribunaux judiciaires du ressort de la cour d'appel ou dans les établissements pénitentiaires de ce ressort. Le ministère public est assuré par le procureur de la République du lieu où se tient le débat (CPP, art. 712-3).

3) En appel : la chambre de l'application des peines et son président

245. Droit d'appel. Les décisions du JAP et du tribunal de l'application des peines peuvent être attaquées par la voie de l'appel devant la chambre de l'application des peines de la cour d'appel ou devant le président de cette chambre. Ladite chambre est composée d'un président de chambre et de deux conseillers (CPP, art. 712-1).

Le droit d'appel appartient au condamné, au procureur de la République et au procureur général. Les délais d'appels courent à compter de la notification des décisions. En principe, ***l'appel n'est pas suspensif***. Toutefois, lorsque l'appel du ministère public est formé dans les 24 heures de la notification, il suspend l'exécution de la décision jusqu'à ce que la chambre de l'application des peines ou son président ait statué, au plus tard dans les 2 mois suivant l'appel du parquet, faute de quoi celui-ci est non avenu (CPP, art. 712-14).

246. Variabilité de l'organisation. Le délai et les modalités de l'appel varient selon la décision attaquée.

En application de l'article 712-11 1° du CPP, le délai est de **24 heures** s'agissant des ***ordonnances*** (mentionnées aux articles 712-5, 712-8, 713-43, 713-44, 713-47 et 720). L'appel de ces ordonnances est ***porté devant le président de la chambre*** de l'application des peines de la cour d'appel, qui statue par ordonnance motivée au vu des observations écrites du ministère public et de celles du condamné ou de son avocat (CPP, art. 712-12).

En application de l'article 712-11 2° du CPP, le délai est de dix jours s'agissant des ***jugements*** mentionnés aux articles 712-6 et 712-7, à savoir les jugements du JAP faisant suite à un débat contradictoire et les jugements du tribunal d'application des peines. L'appel est alors porté devant la chambre d'application des peines qui statue par arrêt motivé après un débat contradictoire. En application de l'article 712-13 du CPP, outre les réquisitions du ministère public, seules sont entendues les observations de l'avocat du condamné et non le condamné lui-même, sauf si le président de la chambre ordonne son audition qui est alors effectuée en présence de son avocat le cas échéant par visio-audience (CPP, art. 706-71) ou dans l'établissement pénitentiaire par un membre de la juridiction. Il faut relever que la Cour de cassation a décidé que « le respect des principes du contradictoire et de l'équilibre des droits des parties interdit à la chambre de l'application des peines prononçant sur une demande de révocation de libération conditionnelle de statuer sans que le condamné eût été mis en mesure de comparaître à l'audience »[18].

Lorsqu'elle statue sur l'appel des jugements du tribunal d'application des peines mentionnés à l'article 712-7 du CPP, la chambre de l'application des peines de la cour d'appel comprend, outre le président et les deux conseillers assesseurs, un responsable d'une association de réinsertion des condamnés et un responsable d'une association d'aide aux victimes. La compétence d'une cour d'appel peut alors être étendue au ressort de plusieurs cours d'appel par un décret (CPP, art. 712-13).

Si elle confirme un jugement ayant refusé d'accorder une des mesures mentionnées aux articles 712-6 ou 712-7, la chambre peut fixer ***un délai pendant lequel toute nouvelle demande tendant à l'octroi de la même mesure sera irrecevable***. Ce délai est encadré par la loi : il ne peut excéder ni le tiers du temps de détention restant à subir ni trois années (CPP, art. 712-13).

247. Recours. Les ordonnances et arrêts rendus par la chambre de l'application des peines ou son président sont susceptibles d'un ***pourvoi en cassation*** non suspensif

18. Cass. crim., 15 avr. 2015, n° 14-82622 : Bull. crim. n° 92.

qui doit être formé dans un délai de 5 jours à compter de la notification (CPP, art. 712-15).

B - Les juridictions de la rétention de sûreté

248. Définition. La rétention de sûreté est une ***mesure exceptionnelle***. D'après l'article 706-53-13 du CPP, elle consiste dans « le placement de la personne intéressée en centre socio-médico-judiciaire de sûreté dans lequel lui est proposée, de façon permanente, une prise en charge médicale, sociale et psychologique destinée à permettre la fin de cette mesure ». Elle concerne « les personnes dont il est établi, à l'issue d'un réexamen de leur situation intervenant à la fin de l'exécution de leur peine, qu'elles présentent une particulière dangerosité caractérisée par une probabilité très élevée de récidive parce qu'elles souffrent d'un trouble grave de la personnalité ».

249. Conditions de fond. La rétention de sûreté n'est envisageable que si deux conditions sont réunies :

- d'une part, cela ne concerne que certaines condamnations. L'intéressé doit avoir été condamné à une peine de réclusion criminelle d'une durée égale ou supérieure à quinze ans pour les crimes :
  - commis sur une victime mineure : d'assassinat ou de meurtre, de torture ou actes de barbarie, de viol, d'enlèvement ou de séquestration,
  - commis sur une victime majeure : d'assassinat ou de meurtre aggravé, de torture ou actes de barbarie aggravés, de viol aggravé, d'enlèvement ou de séquestration aggravé ou, lorsqu'ils sont commis en récidive, de meurtre, de torture ou d'actes de barbarie, de viol, d'enlèvement ou de séquestration ;
- d'autre part, il faut que la cour d'assises ait expressément prévu dans sa décision de condamnation que la personne pourrait faire l'objet à la fin de sa peine d'un réexamen de sa situation en vue d'une éventuelle rétention de sûreté.

250. Procédure. La rétention de sûreté ne peut être prononcée qu'au terme d'une procédure faisant intervenir à la fois une commission pluridisciplinaire et une juridiction.

- l'article 706-53-14 du CPP prévoit qu'au moins un an avant la date prévue pour leur libération, la ***commission pluridisciplinaire des mesures de sûreté*** évalue la dangerosité des personnes concernées. Si la commission conclut à la particulière dangerosité du condamné, elle peut proposer une rétention de sûreté, par un avis motivé. Les cas sont limitativement énumérés par la loi :
  - si les obligations résultant de l'inscription dans le fichier judiciaire national automatisé des auteurs d'infractions sexuelles ou violentes, ainsi que les obligations résultant d'une injonction de soins ou d'un placement sous surveillance électronique mobile, susceptibles d'être prononcés dans le cadre d'un suivi socio-judiciaire ou d'une surveillance judiciaire, apparaissent insuffisantes pour prévenir la commission des crimes concernés par la mesure,
  - et si cette rétention constitue ainsi l'unique moyen de prévenir la commission, dont la probabilité est très élevée, de ces infractions ;

– en application de l'article 706-53-15 du CPP, la décision de rétention de sûreté est ***prise par la juridiction régionale de la rétention de sûreté*** saisie par le procureur général, sur proposition de la commission pluridisciplinaire des mesures de sûreté, au moins trois mois avant la date prévue pour la libération.

251. Juridiction régionale de la rétention de sûreté. Cette juridiction est composée d'un président de chambre et de deux conseillers de la cour d'appel, désignés par le premier président pour une durée de trois ans.

La juridiction statue après un débat contradictoire. Le condamné est assisté par un avocat choisi ou commis d'office. Le débat peut être public si le condamné le demande.

L'office de la juridiction est encadré par la loi : elle doit vérifier les conditions précisées à l'article 706-53-14 et que la personne condamnée a effectivement été mise en mesure de bénéficier, pendant l'exécution de sa peine, d'une prise en charge médicale, sociale et psychologique adaptée au trouble de la personnalité dont elle souffre. La décision de rétention de sûreté doit être spécialement motivée à cet égard et elle est exécutoire immédiatement à l'issue de la peine du condamné.

La décision est valable pour une durée d'un an. La rétention de sûreté peut être renouvelée, après avis favorable de la commission pluridisciplinaire des mesures de sûreté (CPP, art. 706-53-16). La personne placée en rétention de sûreté peut demander tous les trois mois à ce qu'il soit mis fin à la mesure (CPP, art. 706-53-17). La juridiction régionale ordonne d'office qu'il soit mis fin à la rétention de sûreté si les conditions de l'article 706-53-14 du CPP ne sont plus réunies (CPP, art. 706-53-18). En cas de non-renouvellement ou de cessation de la mesure, la personne peut être placée sous un régime dit de surveillance de sûreté (CPP, art. 706-53-19).

252. Juridiction nationale de la rétention de sûreté. Les décisions de la juridiction régionale de la rétention de sûreté peuvent faire l'objet d'un recours devant la ***Juridiction nationale de la rétention de sûreté***. Cette juridiction est composée de trois conseillers à la Cour de cassation désignés pour une durée de trois ans par le premier président de cette cour (CPP, art. 706-53-15, al. 6).

La décision de la juridiction nationale de la rétention de sûreté est susceptible d'un ***pourvoi en cassation*** (CPP, art. 706-53-15).

La mesure judiciaire de prévention de la récidive terroriste et de réinsertion

La *loi n° 2021-998 du 30 juillet 2021* relative à la prévention d'actes de terrorisme et au renseignement institue une mesure judiciaire de prévention de la récidive terroriste et de réinsertion. Celle-ci n'est pas décidée lors de la condamnation mais à l'issue de la peine par le ***tribunal d'application des peines de Paris*** au vu d'un avis motivé de la commission pluridisciplinaire des mesures de sûreté et après un débat contradictoire et public si le condamné le demande. Des garanties sont prévues. La mesure ne peut être prononcée qu'à certaines conditions, si elle est « strictement nécessaire », en considération de l'état d'une « particulière dangerosité caractérisée par une probabilité très élevée de récidive et par une adhésion persistante à une idéologie ou à des thèses incitant à la commission d'actes de terrorisme, faisant ainsi obstacle à sa réinsertion » par une décision spécialement motivée susceptible d'appel. En outre, la mesure est limitée dans le temps à une durée maximale de 1 an renouvelable plusieurs fois dans la limite de 5 ans (CPP, art. 706-25-16 et s.).

CHAPITRE 4

La Cour de cassation

253. Juridiction suprême. La Cour de cassation est la plus haute juridiction de l'ordre judiciaire. Elle est unique en France et siège à Paris. Elle est compétente pour juger les pourvois formés contre toutes les décisions émanant de toutes les juridictions du fond, tribunaux civils ou pénaux, situées sur le territoire français (COJ, art. L. 411-1 et R. 411-1 et s.). Cette juridiction, que l'on nomme parfois la Cour suprême, a pour origine le conseil des parties, section du conseil du Roi, qui avait reçu compétence dans l'ancien régime pour examiner les recours formés contre les arrêts des parlements.

1 • LES RÔLES DE LA COUR DE CASSATION

A - Le rôle juridictionnel

254. Uniformisation de l'application du droit. La Cour de cassation a pour mission essentielle d'uniformiser l'application du droit. Dans le cadre du pourvoi en cassation, elle vérifie si les juges, dont la décision est attaquée, ont fait une bonne application du droit, si le jugement est conforme aux règles de droit (règles de procédure et règles du fond du droit). Pour simplifier le déroulement des procédures et accélérer l'issue des procès, la loi n° 2016-1547 du 18 novembre 2016 a modifié l'article L. 411-3 du COJ : la Cour de cassation peut aussi, en matière civile, statuer au fond lorsque l'intérêt d'une bonne administration de la justice le justifie. En matière pénale, elle peut, en cassant sans renvoi, mettre fin au litige lorsque les faits tels qu'ils ont été souverainement constatés et appréciés par les juges du fond, lui permettent d'appliquer la règle de droit. Le pourvoi en cassation n'est recevable que si certaines conditions sont remplies. Notamment, il ne peut critiquer qu'une décision rendue en dernier ressort (il s'agit d'un jugement d'un tribunal portant sur un litige inférieur à 5 000 euros, ou d'un arrêt rendu par une cour d'appel) ; de plus, le pourvoi cassation doit être fondé sur la violation d'une règle de droit (toutes les règles de droit sont concernées, peu importe qu'il s'agisse d'une de loi de forme ou d'une loi de fond). D'importantes réflexions ont été menées en vue d'améliorer le traitement des pourvois par la Cour de cassation. Elles ont conduit à une nouvelle rédaction des arrêts, avec une motivation plus développée et explicite, ainsi qu'à un traitement différencié des pourvois en fonction de la nature et de la complexité plus ou moins grande des affaires.

Son rôle est donc ***d'uniformiser l'application du droit sur tout le territoire*** : les juridictions sont très nombreuses, les juges ne donnent pas aux mêmes textes les mêmes interprétations, ce qui crée nécessairement des divergences de jurisprudence. Cette situation n'est pas critiquable en soi : il est logique et souhaitable que les juges disposent pour statuer d'un pouvoir souverain d'appréciation. Mais, ce pouvoir est susceptible d'entraîner des situations contraires au principe de sécurité juridique et de prévisibilité du droit : le justiciable jugé à Nice doit pouvoir raisonnablement compter sur le fait que la loi soit interprétée de la même façon que s'il était jugé à Boulogne-sur-Mer. La Cour de cassation veille à ce que les notions juridiques aient le même sens pour tous, elle contribue à cet égard à l'égalité des citoyens devant la justice. Certes, les décisions de la Cour de cassation ne s'imposent pas aux juges du fond qui conservent leur pouvoir d'appréciation : mais l'autorité morale de la Cour de cassation, le souci éthique qui anime les juges de respecter l'unité du droit et l'égalité des citoyens, font que les interprétations qu'elle donne des normes sont appliquées. La Cour de cassation contrôle également l'application des normes d'origine internationale par les juges du fond : elle veille notamment à ce que les droits fondamentaux des personnes, garantis par la Convention européenne des droits de l'Homme, soient effectifs. Dans ce cadre, la Cour de cassation contrôle que l'application des règles de droit a été faite en conformité avec la Convention européenne, et peut décider d'écarter une règle de droit française si son application à l'espèce conduit à une entrave disproportionnée au droit protégé par la Convention (c'est le contrôle de conventionnalité et de proportionnalité).

255. Question prioritaire de constitutionnalité. Depuis la mise en œuvre de la ***question prioritaire de constitutionnalité***, la Cour de cassation décide s'il y a lieu, ou non, de transmettre au Conseil constitutionnel une question qui lui est transmise par une juridiction du fond[1] ou qui est soulevée à l'occasion d'un pourvoi en cassation. La QPC est transmise à la Cour de cassation par une juridiction du fond qui estime que la disposition législative applicable au litige qu'elle doit trancher n'est pas conforme à un droit garanti par la Constitution et que la question a un caractère sérieux. La Cour de cassation examine si la disposition contestée est applicable au litige, si elle n'a pas déjà été déclarée conforme à la Constitution par le Conseil constitutionnel, et si la question est nouvelle ou présente un caractère sérieux. Elle transmet la question au Conseil constitutionnel lorsqu'elle estime qu'une disposition législative porte atteinte aux droits et libertés garantis par la Constitution. Le Conseil constitutionnel peut abroger la disposition non conforme à la Constitution. Sa décision, qui n'est pas susceptible de recours, s'impose à tous les pouvoirs publics et à toutes les autorités administratives et juridictionnelles (Const. 1958, art. 62).

256. Saisine pour avis de la Cour européenne des droits de l'Homme. Depuis la ratification du Protocole n° 16 à la Convention européenne des droits de l'Homme, la Cour de cassation peut saisir la Cour européenne d'une ***demande d'avis sur une question de principe relative à l'interprétation ou à l'application des droits et libertés définis par la Convention européenne ou ses protocoles***. Un collège de 5 juges de la Cour européenne décide si la demande est recevable, et, le cas échéant, la transmet à la Grande chambre de la Cour qui prononce l'avis consultatif. L'avis n'est pas contraignant.

1. Constitution, art. 61-1 ; L. org. n° 2009-1523, 10 déc. 2009 ; D. n° 2010-148, 16 févr. 2010.

257. Perspectives d'évolution de la Cour de cassation. Un rapport de la Commission de réflexion sur la Cour de cassation-2030 a été publié en juillet 2021. Il contient un grand nombre de propositions de réformes, afin d'améliorer la procédure du pourvoi en cassation, et de renforcer le rôle de la Cour. Sans entrer dans le détail des propositions (voir le site internet de la Cour de cassation), on peut insister sur celles qui concernent l'élaboration des décisions. Le rapport suggère d'utiliser plus souvent la motivation enrichie, en y intégrant non seulement la dimension juridique de l'arrêt mais également des explications destinées à faciliter sa compréhension par le plus grand nombre, d'ouvrir la possibilité d'intégrer une opinion minoritaire dans la motivation d'un arrêt, sous une forme anonyme et avec l'accord de la majorité, d'organiser sur certaines « affaires phares » un débat exceptionnel, appelé « procédure interactive ouverte ». Certaines propositions tendent à une amélioration de la communication de la Cour de cassation : il est recommandé de modéliser une stratégie proactive de communication, notamment sur les affaires d'intérêt public majeur, et de filmer et diffuser les séances préparatoires publiques et les audiences dans les affaires relevant de la procédure interactive ouverte. Il est également proposé de faire en sorte que le pourvoi en cassation soit pleinement une voie d'achèvement en renforçant, dans l'intérêt du justiciable, l'autorité des arrêts de cassation et en étendant le champ de la cassation sans renvoi.

B - Le rôle non juridictionnel

258. Saisine pour avis de la Cour de cassation par les juges du fond. Depuis une loi de 1991, un mécanisme de saisine de la Cour de cassation pour avis peut être utilisé par les juridictions de l'ordre judiciaire. En effet, avant de statuer sur une demande soulevant une question de droit nouvelle, présentant une difficulté sérieuse et susceptible de s'appliquer à de nombreux litiges, une juridiction de l'ordre judiciaire peut solliciter l'avis de la Cour de cassation. Une telle demande d'avis n'appartient pas aux parties, mais seulement au juge qui est confronté à une question de droit nouvelle posant une difficulté importante, ce qui est souvent le cas lorsqu'il doit appliquer une réforme.

259. Formation compétente pour donner l'avis en matière civile. – La chambre de la Cour de cassation compétente pour statuer sur le contentieux concerné se prononce sur la demande d'avis. Lorsque la demande relève de plusieurs chambres, elle est portée devant une formation mixte pour avis ; si elle pose une question de principe, elle est portée devant une formation plénière pour avis (COJ, art. L. 441-2). La formation mixte et la formation plénière pour avis sont présidées par le premier président ou, en cas d'empêchement, par le doyen des présidents de chambre :

- *la formation mixte pour avis* est composée de magistrats appartenant à deux chambres au moins de la Cour désignées par ordonnance du premier président. Elle comprend, outre le premier président, les présidents et doyens des chambres concernées, ainsi qu'un conseiller désigné par le premier président au sein de chacune de ces chambres. En cas d'absence ou d'empêchement de l'un des présidents de chambre, doyens ou conseillers, il est remplacé par un conseiller de la même chambre désigné par le premier président ou, en cas d'empêchement de celui-ci, par le président de chambre qui le remplace ;

– *la formation plénière pour avis* comprend, outre le premier président, les présidents et doyens des chambres et un conseiller par chambre désignée par le premier président. En cas d'absence ou d'empêchement de l'un des présidents de chambre, doyens ou conseillers, il est remplacé par un conseiller désigné par le premier président ou, en cas d'empêchement de celui-ci, par le président de chambre qui le remplace. La formation plénière pour avis ne peut siéger que si tous les membres qui doivent la composer sont présents (COJ, art. L. 441-2 et R. 441-1).

Le jugement qui sollicite l'avis suspend l'instance au fond. L'avis donné par la Cour de cassation fait l'objet de diverses publicités ; il est adressé au juge qu'il l'a demandé, communiqué au ministère public de la juridiction, au premier président et au procureur général de la cour d'appel. Il peut être publié au journal officiel. L'avis ne lie pas le juge qui est libre de s'y conformer ou non.

260. Avis en matière pénale. L'article 706-64 du Code de procédure pénale prévoit que les juridictions pénales, à l'exception des juridictions d'instruction et des cours d'assises, peuvent solliciter l'avis de la Cour de cassation. Toutefois, aucune demande d'avis ne peut être présentée lorsque, dans l'affaire concernée, une personne est placée en détention provisoire ou sous contrôle judiciaire.

Cette innovation a conforté le rôle essentiel de la Cour de cassation qui est d'uniformiser l'interprétation des règles de droit par toutes les juridictions de l'ordre judiciaire, tous les juges concernés étant informés de la réponse donnée. Elle permet aussi de gérer les flux de pourvois : connaissant déjà l'interprétation de la Cour de cassation, les plaideurs ne se hasarderont pas à critiquer la décision d'un juge du fond qui a adopté cette interprétation.

261. Avis du SDER. En marge de cette procédure, on doit noter l'existence des ***avis que donne le SDER*** (service de documentation, d'études et du rapport) aux juges qui le sollicitent, lorsqu'ils sont confrontés à la mise en œuvre d'une réforme : dès lors que la loi ou le décret présente une ambiguïté, que leur interprétation est sujette à discussion, le SDER donne une « consultation » au juge qui l'interroge. Cet avis non juridictionnel (publié sur le site de la Cour de cassation) n'engage pas la Cour de cassation, et ne lie pas les juges ; il les aide à décider !

2 • L'ORGANISATION ET LE FONCTIONNEMENT

262. Caractéristiques. Le Code de l'organisation judiciaire (art. L. 411-1) rappelle qu'il n'y a qu'une seule Cour de cassation pour toute la République. Cette juridiction a son siège à Paris, au palais de justice. La Cour de cassation publie un rapport annuel qui contient tous les éléments chiffrés concernant son activité, ainsi que des propositions de réformes législatives, lorsque des difficultés récurrentes lui sont apparues au cours de l'année judiciaire écoulée. La procédure devant la Cour de cassation est entièrement dématérialisée, et la représentation par avocat spécialisé est obligatoire (sauf devant la chambre criminelle). L'arrêté du 18 octobre 2013 relatif à la signature électronique des décisions de justice rendues en matière civile par la Cour de cassation a permis de compléter la mise en place des nouvelles technologies : le 3 décembre 2013, le premier président de la Cour de cassation a reçu la carte électronique permettant aux magistrats de signer leurs arrêts par voie numérique.

A - La composition

L'effectif de la Cour de cassation est fixé par décret. Il comprend : le premier président, six présidents de chambre, des conseillers, des conseillers référendaires. Il faut ajouter un procureur général, un premier avocat général, et des avocats généraux.

1) Le premier président

263. Attributions. La Cour de cassation est placée sous l'autorité du premier président qui occupe le rang plus élevé dans la hiérarchie judiciaire française. Il exerce des attributions importantes : il participe à l'activité juridictionnelle, préside les débats de l'une des chambres de la cour, de la chambre mixte, de l'assemblée plénière et de la formation spéciale pour avis.

Il est doté de pouvoirs administratifs étendus puisqu'il veille au bon fonctionnement de la cour, répartit les conseillers entre les différentes chambres, fixe les attributions de chacune d'elles et décide du renvoi des affaires en chambre mixte ou en assemblée plénière. Il prend la décision de retirer l'affaire du rôle de la Cour si le demandeur n'a pas exécuté en totalité la décision attaquée.

264. Présidence du Conseil supérieur de la magistrature. Le premier président de la Cour de cassation préside le Conseil supérieur de la magistrature, notamment lorsque celui-ci siège à l'occasion de poursuites disciplinaires engagées contre un magistrat du siège. Il préside aussi la formation plénière du CSM qui se réunit pour répondre aux demandes d'avis formulées par le président de la République ou sur la déontologie des magistrats.

2) Les présidents de chambre

265. Fonctions. Chacune des six chambres de la Cour de cassation est placée sous la responsabilité d'un président. Ce dernier participe à l'activité juridictionnelle de la chambre et dirige les débats. Il a également la charge de répartir les dossiers entre les conseillers. Il fait partie du bureau de la Cour de cassation et siège de plein droit aux assemblées plénières.

3) Les conseillers

266. Statut. Ce sont les magistrats du siège qui jugent les pourvois en cassation. Il s'agit de magistrats de carrière occupant un rang très élevé dans la hiérarchie judiciaire. On les nomme « hauts conseillers ».

Peuvent être nommés à la Cour de cassation des conseillers et des avocats généraux en service extraordinaire, à titre temporaire pour une durée de dix ans non renouvelable. Pour être nommé conseiller en service extraordinaire, l'intéressé doit remplir les conditions requises pour être magistrat, justifier de 25 années au moins d'activité professionnelle, et prouver que sa compétence et son activité le qualifient particulièrement pour l'exercice de fonctions judiciaires à la Cour de cassation. Ces conseillers et avocats généraux ont le même statut et les mêmes attributions que les magistrats de carrière.

4) Les conseillers référendaires

267. Rôle. Ils ont été institués par la loi du 3 juillet 1967 : l'idée était de recourir à des magistrats qui joueraient le rôle d'assistants des hauts conseillers en élaborant un rapport sur les affaires et en préparant une note ou un projet d'arrêt. Mais leur rôle s'est accru puisque, actuellement, ils participent aux débats avec voix délibérative, pour le jugement des affaires qu'ils sont chargés de rapporter ; ils peuvent même être appelés à compléter les effectifs d'une chambre pour y siéger avec voix délibérative si le quorum requis n'est pas atteint.

5) Les auditeurs à la Cour de cassation

268. Attributions essentiellement administratives. Le décret n° 84-134 du 20 février 1984 a institué les auditeurs, dont le rôle essentiel est d'exercer des attributions administratives auprès de la Cour de cassation, notamment au sein du service de documentation, d'études et du rapport. Ils participent aux travaux d'aide à la décision tels que définis par le premier président, notamment en ce qui concerne le traitement automatisé de données jurisprudentielles.

Ils peuvent assister aux audiences des chambres. Sur la demande du procureur général et avec leur accord, le premier président peut déléguer des auditeurs à la Cour de cassation au parquet général, pour y exercer des fonctions autres que celles du ministère public. Cette délégation est effectuée pour une durée d'un an renouvelable.

6) Le parquet général

269. Avis dans l'intérêt de la loi et du bien commun. Devant la Cour de cassation, ce sont des magistrats de carrière qui constituent un parquet ou ministère public, dans la fonction essentielle est de porter la parole au nom de la loi. Ils rendent des avis dans l'intérêt de la loi et du bien commun et éclairent la Cour sur la portée de la décision à intervenir (COJ, art. L. 432-1). À sa tête se trouve le procureur général qui est le chef du parquet. Il peut prendre la parole devant n'importe laquelle des chambres de la Cour de cassation et dispose de pouvoirs administratifs importants. Le parquet général joue un rôle original de « fenêtre ouverte » sur la société civile : le ministère public peut, notamment, recueillir les avis de personnalités compétentes pour aider les conseillers à interpréter la loi dans un sens conforme aux besoins du corps social.

270. Organisation. Le procureur général est assisté par des avocats généraux qui sont répartis entre les différentes chambres de la Cour de cassation. Le procureur général répartit les premiers avocats généraux, les avocats généraux et les avocats généraux référendaires entre les chambres de la Cour de cassation et les divers services du parquet. Il peut modifier à tout moment cette répartition. Il peut exercer lui-même les fonctions qu'il leur a spécialement déléguées. Il a un collaborateur direct que l'on nomme le premier avocat général. Depuis la loi du 25 février 1992, des avocats généraux en service extraordinaire peuvent être recrutés dans les mêmes conditions que les conseillers en service extraordinaire.

271. Présidence de la formation du Conseil supérieur de la magistrature compétente pour les magistrats du parquet. Le Procureur général près la Cour de cassation préside la formation du CSM compétente à l'égard des magistrats du Parquet, qui donne son avis sur la nomination des magistrats ainsi que sur les sanctions disciplinaires prononcées par le ministre de la Justice.

Le décret n° 2021-1341 du 13 octobre 2021 revalorise le rôle du parquet général de la Cour de cassation. Il prévoit que le procureur général est consulté sur la réduction des délais de production des mémoires dans les conditions prévues par l'article 1009 du CPC et que, dans ce cas, le président de la formation compétente fixe la date de l'audience dès la désignation du ou des rapporteurs. Il prévoit en outre de faciliter les échanges au sein de chaque chambre civile de la Cour de cassation en instaurant, à l'article 1013 du CPC, la possibilité pour le président de désigner deux rapporteurs et de prévoir une séance d'instruction à laquelle participent le ou les avocats généraux dans les affaires nécessitant une instruction approfondie. Enfin, l'article 1015-1 du CPC est modifié afin de permettre aux conseillers rapporteurs des deux chambres saisies d'assister au délibéré d'une autre chambre que celle à laquelle ils sont affectés, contribuant ainsi à favoriser les échanges entre les chambres. Le décret n° 2021-1341 du 13 octobre 2021 revalorise le rôle du parquet général de la Cour de cassation. Il prévoit que le procureur général est consulté sur la réduction des délais de production des mémoires dans les conditions prévues par l'article 1009 du CPC et que, dans ce cas, le président de la formation compétente fixe la date de l'audience dès la désignation du ou des rapporteurs. Il prévoit en outre de faciliter les échanges au sein de chaque chambre civile de la Cour de cassation en instaurant, à l'article 1013 du CPC, la possibilité pour le président de désigner deux rapporteurs et de prévoir une séance d'instruction à laquelle participent le ou les avocats généraux dans les affaires nécessitant une instruction approfondie. Enfin, l'article 1015-1 du CPC est modifié afin de permettre aux conseillers rapporteurs des deux chambres saisies d'assister au délibéré d'une autre chambre que celle à laquelle ils sont affectés, contribuant ainsi à favoriser les échanges entre les chambres.

7) Le greffe

272. Rôle. La Cour de cassation dispose d'un greffe qui emploie plus de 200 personnes sous l'autorité d'un directeur de greffe. Chaque chambre dispose d'un greffier de chambre. Son rôle est analogue à celui qu'exercent les greffes des juridictions du fond ; mais, compte tenu du caractère essentiellement écrit et dématérialisé de la procédure, le greffe de la Cour de cassation joue un grand rôle (enregistrement des pourvois, dépôt des mémoires, mise en forme des arrêts, conservation des décisions...).

B - Les formations de la Cour de cassation

1) Les formations juridictionnelles

273. Compétences définies en interne. Les formations juridictionnelles de la Cour de cassation prennent plusieurs formes : la chambre ordinaire, la chambre mixte ou l'assemblée plénière.

Les chambres ont chacune des compétences spécifiques, déterminées par une ordonnance du premier président après avis du procureur général. Le premier président fixe les attributions de chacune des chambres civiles par ordonnance après avis du procureur général. Le président de chambre détermine, à l'intérieur de chaque chambre, le nombre de sections et les règles de répartition des affaires entre elles. Il affecte chaque affaire à la ***section compétente*** ou décide, le cas échéant, de son examen en formation plénière. En cas de modification des attributions des chambres civiles ou des sections, les affaires distribuées antérieurement à cette modification sont transférées aux chambres ou aux sections désormais compétentes. Il est procédé, s'il y a lieu, à la désignation de nouveaux rapporteurs (COJ, art. R. 431-1).

Il existe six chambres civiles : trois chambres civiles qui statuent sur les différentes matières de droit privé, une chambre commerciale compétente en matière de droit commercial et de droit de la concurrence, une chambre sociale qui intervient en matière de droit du travail et de sécurité sociale. La chambre criminelle juge les pourvois en matière pénale déterminés par les articles 567 et suivants du Code de procédure pénale. Dans chaque chambre, le doyen est le plus ancien des conseillers (COJ, art. R. 421-6).

a) Pluralité des circuits procéduraux

274. Schéma adapté aux contentieux. Depuis le 1er septembre 2020, la Cour de cassation a adapté le circuit procédural à la plus ou moins grande complexité des affaires, et à l'impact social, économique ou sociétal de la décision à rendre. Après le dépôt du mémoire en demande (ampliatif), puis du mémoire en défense, les affaires sont soumises à une chambre de la Cour de cassation ou à une chambre mixte ou l'assemblée plénière (v. *infra*), en vue de la désignation d'un rapporteur. Avant la distribution du dossier au rapporteur, la cellule de préorientation des dossiers de la chambre définit le circuit à suivre : soit un circuit court lorsque la solution s'impose ; le circuit approfondi lorsqu'une question de droit nouvelle, ou une question entraînant un revirement de jurisprudence, ou encore une question ayant un impact important pour les juridictions du fond, se pose ; le circuit intermédiaire s'appliquant dans tous les autres cas.

b) Formations de la chambre saisie

275. Formation restreinte. Les pourvois peuvent être examinés par une formation restreinte à trois magistrats de la chambre à laquelle elles ont été distribuées (COJ, art. L. 431-1 et R. 421-4-3). Cette composition allégée permet une meilleure organisation du travail et une efficacité accrue de la Cour de cassation. Cette formation statue lorsque la solution du pourvoi s'impose. En outre, le décret du 25 février 2022 a développé la médiation devant la Cour de cassation et prévoit que la formation restreinte est compétente pour homologuer l'accord issu de la médiation ou pour mettre fin à la mission du médiateur.

276. Formation de section ou formation plénière. La chambre de la Cour de cassation peut statuer en formation de section (COJ, art. R. 421-4-2) ou en formation plénière (COJ, art. R. 421-4-1). Le premier président ou le président de la chambre concernée, ou leurs délégués, d'office ou à la demande du procureur général ou de l'une des parties, peuvent renvoyer directement une affaire à l'audience de la chambre (au lieu de la formation restreinte) par décision non motivée. La chambre de la Cour de cassation statue en formation de section ou plénière avec au moins cinq conseillers ayant voix délibérative (COJ, art. R. 431-5 : l'audience de la chambre, au moins cinq de ses membres ayant voix délibérative sont présents).

c) *Chambre mixte*

277. Cas de renvoi du pourvoi cassation devant une chambre mixte :

- le renvoi est facultatif lorsque l'affaire pose une question relevant normalement des attributions de plusieurs chambres, ou lorsque la question a reçu ou susceptible de recevoir devant les chambres des solutions divergentes. Il est réalisé avant l'ouverture des débats par le premier président, d'office ou sur proposition du président de la chambre normalement compétente ; après l'ouverture du débat, il est décidé par un arrêt non motivé de la chambre saisie. La chambre mixte règle ainsi les divergences de jurisprudence « internes » à la Cour de cassation (COJ, art. L. 431-5) ;
- le renvoi est obligatoire en cas de partage égal des voix devant une formation de la Cour de cassation ; le renvoi est de droit lorsque le procureur général le requiert avant l'ouverture des débats.

278. Composition. La chambre mixte comprend le premier président de la Cour de cassation qui la préside, les présidents et doyens des chambres qui la composent, deux conseillers de chacune de ces chambres (la chambre mixte comprend des magistrats appartenant à trois chambres au moins de la Cour de cassation : COJ, art. L. 421-4). Le premier président désigne, conformément à l'article R. 431-3, sur proposition de chacun des présidents de chambre, parmi les conseillers de chaque chambre, celui qui sera appelé à siéger aux chambres mixtes au titre de cette chambre. Dans l'ordonnance portant constitution d'une chambre mixte, le premier président indique les chambres qui doivent la composer et, dans chacune de celles-ci, désigne, sur proposition du président de chambre, pour siéger à la chambre mixte, un conseiller en sus de celui qui est désigné pour l'année judiciaire en cours. Lorsque la présidence de la chambre mixte est assurée par le président de l'une des chambres qui la composent, le premier président, ou, à défaut, le président de chambre qui le supplée, désigne un autre conseiller de cette chambre pour siéger à la chambre mixte (COJ, art. R. 431-11).

d) *Assemblée plénière*

279. Cas. La loi du 3 juillet 1967 a supprimé les « chambres réunies » et les a remplacées par l'assemblée plénière.

Le renvoi de l'affaire devant l'assemblée plénière est ***obligatoire*** en cas de deuxième pourvoi cassation fondé sur les mêmes moyens qu'un premier pourvoi déjà jugé (COJ, art. L. 431-6). Le renvoi est ***facultatif*** lorsque l'affaire pose une question de principe, notamment s'il existe des solutions divergentes, soit entre les juges du fond, soit entre les juges du fond et la Cour de cassation. L'assemblée plénière tranche ainsi les divergences de jurisprudence entre la Cour de cassation et les autres juges du fond. Le premier président désigne, sur proposition de chacun des présidents de chambre, parmi les conseillers de chaque chambre, celui qui sera appelé à siéger à l'assemblée plénière au titre de cette chambre (COJ, art. R. 431-12).

280. Modalités de saisine de l'assemblée plénière. Ce sont les mêmes que celles de la chambre mixte. L'assemblée plénière est composée du premier président de la Cour de cassation, des six présidents et des six doyens de chambre, ainsi que d'un conseiller de chacune des six chambres (dix-neuf membres au total). L'assemblée ne peut siéger que si tous les membres sont présents ; néanmoins, une procédure de remplacement est prévue en cas d'empêchement d'un conseiller.

2) *Les formations non juridictionnelles*

a) L'assemblée générale de la Cour de cassation

281. Rôle. Elle réunit tous les membres de la Cour de cassation et est présidée par le premier président. Ses attributions sont de nature exclusivement administrative et concernent le fonctionnement de la Cour de cassation.

b) Le bureau

282. Fonctions. Il est composé du premier président, des présidents de chambre, du procureur général et du premier avocat général. Il siège avec l'assistance du greffier en chef et sa fonction est d'assister le premier président dans l'administration de la cour, d'élaborer le règlement intérieur, de fixer notamment le nombre et la durée des audiences. Il dresse également la liste nationale des experts.

c) Le service de documentation, des études et du rapport

283. Missions. Il s'agit d'un service administratif important, placé sous l'autorité du premier président de la Cour et assuré par des auditeurs à la Cour de cassation, sous la responsabilité d'un conseiller, dont les missions sont de rassembler les éléments d'information utiles aux travaux de la Cour et de procéder aux recherches nécessaires. Ce service établit un classement méthodique de tous les pourvois cassation et détient le fichier central. Ce dernier comprend les sommaires de toutes les décisions de la Cour de cassation ainsi que les sommaires des décisions les plus importantes rendues par les autres juridictions. Le SDER contribue au développement de la politique jurisprudentielle de la Cour de cassation, par la publication et la diffusion des arrêts par voie électronique. Ce service met en mémoire informatique les moyens de cassation pour faciliter les rapprochements entre les affaires en cours et les études des dossiers ; il participe à la conception des applications informatiques à la Cour de cassation et administre les moyens mis en œuvre à cet effet. Avec le décret n° 2020-797 du 29 juin 2020, le SDER de la Cour de cassation est chargé de mettre en œuvre la mise à disposition gratuite au public de toutes les décisions rendues par les juridictions (*open data*).

C - Le mécanisme du pourvoi en cassation

1) *Le mécanisme de droit commun d'un pourvoi en cassation*

284. Déclaration de pourvoi. On suppose qu'une juridiction du premier ou du second degré a rendu une décision en dernier ressort (c'est-à-dire, essentiellement, sans appel possible : un jugement rendu dans une affaire inférieure à 5 000 euros, ou un arrêt de cour d'appel). Le pourvoi est formé, selon la matière, devant la chambre compétente de la Cour de cassation. Lors de l'examen du pourvoi, la Cour de cassation peut inviter toute personne dont la compétence ou les connaissances sont de nature à l'éclairer utilement sur la solution à donner à un litige à produire des observations d'ordre général sur les points qu'elle détermine (COJ, art. L. 431-3-1, on parle d'un *amicus curiae*).

a) L'arrêt non spécialement motivé

285. Circuit court. La formation restreinte peut statuer selon un circuit rapide si elle estime le pourvoi irrecevable ou non fondé sur un moyen sérieux de cassation : elle rend un arrêt « non spécialement motivé » après un rapport du conseiller rapporteur et un avis du parquet général. Dans ce cas, le pourvoi étant rejeté, la décision attaquée retrouve toute son autorité. Les actes d'exécution qui avaient été effectués sont définitivement confirmés.

b) Les issues du pourvoi devant la chambre (en formation de section ou plénière)

286. Rejet du pourvoi. La Cour de cassation peut ***rejeter le pourvoi***, notamment lorsque le moyen n'était pas fondé, le jugement attaqué ayant respecté les règles de droit. L'affaire est alors terminée, la partie qui avait formé le pourvoi n'étant plus recevable devant la Cour de cassation. La décision attaquée devient irrévocable, les actes d'exécution sont confirmés.

287. Cassation de la décision attaquée. La chambre de la Cour peut ***casser la décision***, si elle estime qu'il existe une violation de la règle de droit. Elle ***renvoie*** l'affaire devant une juridiction du même ordre, du même degré et de même nature. Par exemple, si elle casse un arrêt rendu par la cour d'appel d'Aix-en-Provence, elle peut renvoyer l'affaire devant la même cour d'appel, devant une chambre composée d'autres magistrats, ou devant une cour d'appel limitrophe, par exemple, la cour d'appel de Nîmes. L'arrêt de cassation remet les parties dans l'état où elles étaient avant la décision cassée. La cassation est le plus souvent totale, c'est-à-dire qu'elle anéantit l'ensemble des chefs de la décision attaquée. Néanmoins, elle peut être partielle, ce qui signifie que certains chefs de la décision attaquée conservent leurs effets dans les rapports entre les parties, alors que d'autres sont anéantis et seront rejugés par la juridiction de renvoi. C'est le dispositif de l'arrêt de cassation qui détermine la portée de la cassation (CPC, art. 624), mais la cassation s'étend aussi à l'ensemble des dispositions du jugement cassé ayant un lien d'indivisibilité ou de dépendance nécessaire.

Elle peut exceptionnellement ***casser la décision sans renvoi***, dans les cas limitativement énumérés par la loi. Il en est ainsi lorsque la cassation n'implique pas qu'il soit nouveau statué sur le fond (par exemple, en cas de contrariété de jugements, la Cour de cassation annule un jugement et maintient l'effectivité de l'autre jugement : il est inutile de rejuger l'affaire). De même, la Cour de cassation peut mettre fin au litige lorsque les faits, tels qu'ils ont été souverainement constatés et appréciés par les juges du fond, lui permettent d'appliquer la règle de droit appropriée.

Enfin, la Cour de cassation peut aussi, en matière civile, après avoir cassé la décision, ***statuer au fond*** lorsque l'intérêt d'une bonne administration de la justice le justifie. Dans ces hypothèses, la Cour de cassation se prononce sur la charge des dépens afférents aux instances devant les juges du fond. L'arrêt emporte exécution forcée. Il n'est pas susceptible de recours.

Une nouvelle issue : le renvoi en médiation judiciaire

Dans la mesure où la Cour de cassation, à l'instar de tout juge, a le pouvoir d'ordonner une médiation judiciaire et qu'une telle mesure peut être ordonnée en tout état de la procédure, la Cour peut, lorsqu'elle casse la décision attaquée, ordonner une telle mesure (après avoir obtenu l'accord des parties) et surseoir à statuer sur la question du renvoi de l'affaire à une juridiction du fond jusqu'à l'issue de la mesure.
Les parties se voient ainsi offrir la possibilité d'elles-mêmes prévoir amiablement les modalités du règlement du litige sur les points restant à juger à la suite de la cassation. Si la médiation aboutit à la conclusion d'un accord, la Cour de cassation peut l'homologuer et en tirer les conséquences quant à la question du renvoi devant une cour d'appel. Si la médiation n'aboutit pas à un accord, la Cour de cassation statue sur le renvoi.
Ce mécanisme innovant, qui instaure une sorte de césure du procès devant la Cour de cassation, a déjà été mis en œuvre par la chambre commerciale dans un arrêt du 22 juin 2022[2].

288. Saisine de la juridiction de renvoi. Dans l'hypothèse d'un renvoi après cassation, les parties sont tenues de ***saisir la juridiction de renvoi*** désignée par l'arrêt.

Celle-ci examine, en droit comme en fait, les questions qui ont fait l'objet de la cassation. Elle possède une totale liberté de jugement, c'est-à-dire qu'elle peut s'incliner et adopter la décision de la Cour de cassation : en ce cas, l'affaire est terminée et la décision de la juridiction de renvoi ne pourra plus faire objet d'un pourvoi en cassation fondé sur le même moyen de droit. La juridiction de renvoi peut aussi refuser de se rallier à la décision de la Cour de cassation : en ce cas, le plaideur intéressé peut former un deuxième pourvoi en cassation fondé sur le même moyen. Ce second pourvoi est obligatoirement porté devant l'assemblée plénière. Cette assemblée dispose des mêmes pouvoirs que la chambre ordinaire : elle peut donc rejeter le pourvoi (l'affaire sera terminée et la décision de la juridiction de renvoi deviendra définitive) ; elle peut casser la décision de la juridiction de renvoi sans renvoyer l'affaire, dans les mêmes conditions que la chambre ordinaire (l'arrêt de cassation sans renvoi met fin au litige) ; elle peut enfin casser et renvoyer l'affaire devant une troisième juridiction du même ordre, de même degré, de même nature que les deux premières juridictions du fond. Cette dernière juridiction de renvoi est tenue de s'incliner face à la décision de l'assemblée plénière de la Cour de cassation. Un troisième pourvoi en cassation fondé sur le même moyen de droit n'est donc pas possible (sauf si, par extraordinaire, la juridiction de renvoi refusait de s'incliner, ce qui constituerait un excès de pouvoir justifiant un troisième pourvoi, mais cette hypothèse reste théorique). En revanche, un pourvoi en cassation fondé sur un autre moyen de droit qui n'a pas encore été discuté reste possible. En outre, l'Assemblée plénière de la Cour de cassation a jugé dans un arrêt du 2 avril 2021 qu'« il y a lieu d'admettre la recevabilité d'un moyen critiquant la décision par laquelle la juridiction s'est conformée à la doctrine de l'arrêt de cassation qui l'avait saisie, lorsqu'est invoqué un changement de norme intervenu postérieurement à cet arrêt, et aussi longtemps qu'un recours est ouvert contre la décision sur renvoi »[3].

2. Cass. com., 22 juin 2022, n° 20-11846, Publié au bulletin.
3. Cass. ass. plén., 2 avr. 2021, n° 19-18814, Publié au bulletin.

2) Les mécanismes particuliers de pourvoi en cassation

a) Le renvoi devant la chambre mixte

289. Conflits internes de jurisprudence. Le pourvoi en cassation peut être jugé par la chambre mixte qui règle les conflits de jurisprudence entre plusieurs chambres de la Cour de cassation. La chambre mixte peut, comme les autres formations juridictionnelles de la Cour de cassation, soit rejeter le pourvoi, ce qui met définitivement fin au procès, soit casser sans renvoi dans les mêmes conditions que la chambre en formation ordinaire, soit casser et renvoyer l'affaire devant une juridiction de renvoi. Dans ce dernier cas, on doit suivre les mêmes règles que dans l'hypothèse d'un renvoi par une chambre de la Cour de cassation en formation ordinaire.

b) Le renvoi devant l'assemblée plénière

290. Conflits de jurisprudence entre Cour de cassation et juges du fond. Le pourvoi en cassation qui soulève une question de principe peut être jugé par l'assemblée plénière sur premier pourvoi ; sur deuxième pourvoi cassation l'assemblée plénière est obligatoirement saisie. L'assemblée plénière dispose des mêmes attributions que les autres formations juridictionnelles de la Cour de cassation. Elle peut donc rejeter le pourvoi, ou casser sans renvoi, ou casser et renvoyer l'affaire devant la juridiction de renvoi.

La particularité de ce renvoi est que la décision de ***l'assemblée plénière lie le juge*** de renvoi sur les points de droit qui ont été tranchés (COJ, art. L. 431-4). Néanmoins, un arrêt de l'assemblée plénière de la Cour de cassation du 2 avril 2021 (*n° 19-18814*) a décidé qu'il y a lieu d'admettre la recevabilité d'un moyen critiquant la décision par laquelle la juridiction s'est conformée à la doctrine de l'arrêt de cassation qui l'avait saisie, lorsqu'est invoqué un changement de norme intervenu postérieurement à cet arrêt, et aussi longtemps qu'un recours est ouvert contre la décision sur renvoi. Cette solution ouvre le droit à un nouveau pourvoi en cassation contre l'arrêt de la juridiction de renvoi qui a appliqué la solution donnée par l'assemblée plénière !

c) Le pourvoi du procureur général près la Cour de cassation

291. Originalité. Le décret n° 2014-1338 du 6 novembre 2014 précise les deux pourvois résultant des articles 17 et 18 de la loi n° 67-523 du 3 juillet 1967.

- l'article 639-1 du Code de procédure civile précise que le pourvoi prévu à l'article 17 dans l'intérêt de la loi est formé contre une décision ayant acquis force de chose jugée, à compter du jour où la décision n'est plus susceptible d'aucun recours par les parties ou du jour où celles-ci l'ont acceptée ou exécutée. Ce pourvoi tend à sanctionner « pour le principe » un jugement qui méconnaît la loi, mais contre lequel les parties n'ont pas formé de recours. Il ne peut être exercé au-delà d'un délai de 5 ans à compter du prononcé de la décision (auparavant, il n'y avait aucun délai). Le pourvoi est formé contre le dispositif ou les motifs de la décision. Le jugement attaqué conserve tous ses effets entre les parties, même sur les chefs annulés ;
- l'article 639-3 du Code de procédure civile indique que le pourvoi prévu à l'article 18 est formé contre un acte par lequel un juge excède ses pouvoirs, par requête motivée du procureur général et qu'il est dirigé contre l'acte judiciaire joint à la requête. Il peut être exercé à tout moment et dans un délai de 5 ans à compter de

l'établissement de l'acte attaqué. Il n'a aucun effet suspensif. L'annulation pour excès de pouvoir vaut à l'égard de tous, et la décision d'annulation n'est susceptible d'aucun recours.

d) Le particularisme du pourvoi devant la chambre criminelle

1. Le pourvoi dans l'intérêt des parties

292. Qualité pour agir. Seules les parties à l'instance peuvent se pourvoir en cassation si la décision leur fait grief. Ainsi, le parquet peut se pourvoir sur l'action publique, la partie civile sur ses intérêts civils, le mis en examen ou l'accusé ou le condamné sur l'action publique et sur l'action civile. En application de la théorie de la peine justifiée, si, en cas d'erreur dans la citation du texte de loi, la peine prononcée est la même que celle portée par la loi qui s'applique à l'infraction, nul ne peut demander l'annulation de l'arrêt (le pourvoi en cassation est impossible, CPP, art. 598). La Cour de cassation redresse l'erreur mais ne casse pas la décision.

▶ ***Les décisions concernées***

293. Domaine du pourvoi. Toutes les décisions pénales ne sont pas susceptibles de pourvoi ; à titre d'exemples, peuvent être annulés les arrêts de la chambre de l'instruction et les arrêts et jugements rendus en dernier ressort en matière criminelle, correctionnelle et de police en cas de violation de la loi sur pourvoi en cassation formé par le ministère public ou par la partie à laquelle il est fait grief. Seule la partie à laquelle il est fait grief peut attaquer ces décisions devant la chambre criminelle de la Cour de cassation (CPP, art. 567). En revanche, les arrêts d'acquittement prononcés par la cour d'assises ne peuvent faire l'objet d'un pourvoi que dans le seul intérêt de la loi, et sans préjudicier à la partie acquittée (CPP, art. 572).

▶ ***Les cas d'ouverture limitativement prévus***

294. Méconnaissance de la loi. Il s'agit, notamment, de la violation de la loi, c'est-à-dire de la violation des règles de fond : fausse qualification, peine non prévue, méconnaissance des éléments de l'infraction, de la constitution irrégulière de la juridiction ; du défaut, insuffisance ou contradiction de motifs, mettant ainsi la Cour de cassation dans l'impossibilité d'effectuer son contrôle du droit ; de l'inobservation des formes imposées à peine de nullité (ex. publicité des débats, omission de statuer sur un chef d'inculpation...) à la condition que les nullités aient été commises en première instance et aient été opposées devant la cour d'appel ; de l'excès de pouvoir de la juridiction.

▶ ***Les délais sont brefs***

295. Délais diversifiés. Les parties et le ministère public ont un délai de cinq jours francs après le jour où la décision attaquée a été prononcée, pour se pourvoir en cassation. Parfois, le point de départ du délai de cinq jours est constitué par le jour de la signification de la décision, quel qu'en soit le mode : c'est le cas pour la partie qui, après un débat contradictoire, n'était pas présente ou représentée à l'audience l'arrêt a été prononcé, pour le prévenu qui a demandé à être jugé en son absence, pour le prévenu qui a été jugé par itératif défaut... (CPP, art. 568). Le délai est ramené à 3 jours francs dans certains cas (CPP, art. 568-1).

▶ *Les effets du pourvoi*

296. Conséquences de la formation d'un pourvoi. L'article 569 du Code de procédure pénale (mod. loi n° 2019-222 du 23 mars 2019) organise les effets du pourvoi. Pendant les délais du recours en cassation et, s'il y a eu recours, jusqu'au prononcé de l'arrêt de la Cour de cassation, il est ***sursis à l'exécution de l'arrêt de la cour d'appel***, sauf en ce qui concerne les condamnations civiles, et à moins que la cour d'appel ne confirme le mandat décerné par le tribunal en application de l'article 464-1 ou de l'article 465, premier alinéa, du CPP, ou ne décerne elle-même mandat sous les mêmes conditions et selon les mêmes règles.

Le contrôle judiciaire et l'assignation à résidence avec surveillance électronique prennent fin, sauf si la cour d'appel en décide autrement, lorsqu'elle prononce une condamnation à l'emprisonnement sans sursis ou assorti du sursis probatoire. Lorsqu'un cautionnement a été fourni, les dispositions des premier et deuxième alinéas de l'article 142-2 et du deuxième alinéa de l'article 142-3 sont applicables.

En cas d'acquittement, d'exemption de peine ou de condamnation soit à l'emprisonnement assorti du sursis simple ou du sursis probatoire, soit à l'amende, le prévenu détenu est, nonobstant pourvoi, ***mis en liberté immédiatement après l'arrêt***. Il en est de même en cas de condamnation à une peine d'emprisonnement, lorsque la détention provisoire a été ordonnée ou maintenue, aussitôt que la durée de la détention aura atteint celle de la peine prononcée.

2. Les pourvois spéciaux dans l'intérêt de la société

▶ *Le pourvoi du procureur général de la Cour de cassation dans l'intérêt de la loi*

297. Portée. Ce pourvoi est ouvert à l'encontre d'une décision rendue par une cour d'appel ou d'assises, un tribunal correctionnel ou de police, en dernier ressort : la décision est sujette à cassation, mais aucune des parties ne s'est pourvue dans les délais légaux. Le procureur général de la Cour de cassation peut d'office intenter un pourvoi dans l'intérêt de la loi, sans qu'il soit soumis à un quelconque délai (CPP, art. 621).

La Cour de cassation se prononcera sur la recevabilité et sur le bien-fondé de ce pourvoi. S'il est accueilli, la cassation est prononcée sans que les parties puissent s'en prévaloir et s'opposer à l'exécution de la décision annulée. Autrement dit, la cassation a une portée théorique : elle n'affectera pas la situation des parties, qui demeure régie par l'arrêt attaqué. L'intérêt d'un tel pourvoi est surtout pédagogique, il répond au souci d'éviter que d'autres juridictions statuent dans un sens erroné.

▶ *Le pourvoi du procureur général sur l'ordre formel du garde des Sceaux*

298. Annulation de décisions. Le procureur général peut dénoncer à la chambre criminelle des actes judiciaires, arrêts ou jugements contraires à la loi (CPP, art. 620), sur l'ordre formel donné par le ministre de la Justice. Ces actes, arrêts ou jugements peuvent alors être annulés par la Cour de cassation.

3. LES JURIDICTIONS ET COMMISSIONS PLACÉES AUPRÈS DE LA COUR DE CASSATION

A - Les juridictions de révision et de réexamen

1) La cour de révision et de réexamen (en matière pénale)

299. Composition. La cour de révision et de réexamen est composée de dix-huit magistrats de la Cour de cassation, dont le président de la chambre criminelle, qui la préside. Les dix-sept autres magistrats sont désignés, par l'assemblée générale de la Cour de cassation, pour une durée de trois ans, renouvelable une fois. Chacune des chambres de la Cour de cassation y est représentée par trois de ses membres. Dix-sept magistrats suppléants sont désignés dans les mêmes conditions. Le conseiller de la chambre criminelle dont le rang est le plus élevé est désigné suppléant du président de la chambre criminelle (CPP, art. 623).

Pour protéger l'impartialité fonctionnelle des magistrats, il est prévu que ne peuvent siéger au sein de la commission d'instruction et de la formation de jugement ou y exercer les fonctions du ministère public les magistrats qui, dans l'affaire soumise à la cour de révision et de réexamen, ont, au sein d'autres juridictions, soit fait un acte de poursuite ou d'instruction, soit participé à une décision sur le fond relative à la culpabilité du requérant (CPP, art. 623-1).

La cour de révision et de réexamen se structure en deux formations :

- la ***commission d'instruction des demandes en révision et en réexamen*** : elle se compose de cinq magistrats titulaires et cinq magistrats suppléants, qui sont désignés au sein de la cour de révision et de réexamen, pour une durée de trois ans, renouvelable une fois. La commission désigne en son sein un président (CPP, art. 623-1).
- la ***formation de jugement*** : elle se compose des treize autres magistrats. Elle est présidée par le président de la chambre criminelle. Les magistrats qui siègent dans la commission d'instruction et leurs suppléants ne peuvent siéger au sein de la formation de jugement (CPP, art. 623-1).

300. Compétence. La ***révision*** peut être demandée par le ministre de la justice, le procureur général près la Cour de cassation, le condamné (et après sa mort, son conjoint, le partenaire lié par un pacte civil de solidarité, son concubin, ses enfants, ses parents, ses petits-enfants ou arrière-petits-enfants, ou ses légataires universels ou à titre universel) ou les procureurs généraux près les cours d'appel (CPP, art. 622-2), au bénéfice de toute personne reconnue coupable, par une décision définitive, d'un crime ou d'un délit « lorsque, après une condamnation, vient à se produire un fait nouveau ou à se révéler un élément inconnu de la juridiction au jour du procès de nature à établir l'innocence du condamné ou à faire naître un doute sur sa culpabilité » (CPP, art. 622). Tel serait le cas lorsque des pièces sont présentées qui tendent à établir que la victime est toujours en vie ou lorsqu'un témoin entendu dans une affaire est condamné pour faux témoignage. La loi pour la confiance dans l'institution judiciaire prévoit que la révision peut être demandée relativement à des condamnations prononcées par une cour d'assises sous l'empire du code d'instruction criminelle après des aveux recueillis à la suite de violences exercées par les enquêteurs (L. n° 2021-1729, art. 6).

Quant au ***réexamen en matière pénale***, il peut être demandé, par les mêmes requérants, relativement à toute décision pénale définitive ou à un pourvoi en cassation, au bénéfice de toute personne reconnue coupable d'une infraction lorsqu'il résulte d'un arrêt rendu par la Cour EDH que la condamnation a été prononcée en violation de la Convention EDH, « dès lors que, par sa nature et sa gravité, la violation constatée entraîne, pour le condamné, des conséquences dommageables auxquelles la satisfaction équitable accordée en application de l'article 41 de la convention précitée ne pourrait mettre un terme » (CPP, art. 622-1). Le délai du recours est d'un an à compter de la décision de la Cour EDH.

301. Procédure. La demande en révision ou la demande en réexamen est adressée à la ***commission d'instruction***. Celle-ci se prononce sur sa recevabilité et peut ordonner ***un supplément d'information***. Après avoir recueilli les observations du requérant ou de son avocat, celles du ministère public ainsi que, le cas échéant, celles de la partie civile, la commission saisit la formation de jugement de la cour de révision et de réexamen si la demande lui paraît recevable (CPP, art. 624).

La décision de la formation de jugement de la cour de révision et de réexamen est régie par l'article 624-7 du CPP. Ainsi, la formation de jugement :

- si elle estime la demande mal fondée, la rejette ;
- si elle estime la demande fondée, ***annule la condamnation prononcée***, sauf lorsqu'il est fait droit à une demande en réexamen du pourvoi du condamné. L'annulation de la condamnation entraîne la suppression de la fiche du casier judiciaire. La cour de révision et de réexamen peut, voire parfois doit, également ordonner la suppression des mentions figurant dans différents fichiers.

Dès lors, s'il est possible de procéder à de nouveaux débats contradictoires, la formation de jugement de la cour de révision et de réexamen ***renvoie*** *le requérant devant une juridiction de même ordre et de même degré*, mais autre que celle dont émane la décision annulée.

S'il y a impossibilité de procéder à de nouveaux débats (notamment en cas d'amnistie, de décès, de contumace ou de défaut d'un ou de plusieurs condamnés, d'irresponsabilité pénale, en cas de prescription de l'action ou de la peine), la formation de jugement, après l'avoir expressément constatée, ***statue au fond*** en présence des parties civiles, s'il y en a au procès, et des curateurs nommés par elle à la mémoire de chacun des morts. Dans ce cas, elle annule seulement celles des condamnations qui lui paraissent non justifiées et ***décharge, s'il y a lieu, la mémoire des morts***.

2) La Cour de réexamen (en matière civile)

302. Domaine limité du réexamen. Des dispositions spécifiques ont été prévues par la loi n° 2016-1547 du 18 novembre 2016 (COJ, art. L. 452-2 et s.) pour le ***réexamen en matière civile*** : « ***Le réexamen d'une décision civile définitive rendue en matière d'état des personnes*** peut être demandé au bénéfice de toute personne ayant été partie à l'instance et disposant d'un intérêt à le solliciter, lorsqu'il résulte d'un arrêt rendu par la Cour européenne des droits de l'Homme que cette décision a été prononcée en violation de la Convention européenne de sauvegarde des droits de l'Homme et des libertés fondamentales ou de ses protocoles additionnels, dès lors que, par sa nature et sa gravité, la violation constatée entraîne, pour cette personne, des conséquences dommageables auxquelles la satisfaction équitable accordée en application de l'article 41 de la même convention ne pourrait mettre un terme. Le réexamen peut être demandé dans un délai d'un an à compter de la décision de la Cour européenne des droits de l'Homme. Le réexamen d'un pourvoi en cassation peut être demandé dans les mêmes conditions ».

La demande en réexamen est adressée à la ***Cour de réexamen*** qui est alors composée de treize magistrats de la Cour de cassation, dont le doyen des présidents de chambre, qui la préside. Lorsque la demande est manifestement irrecevable, le président de la Cour de réexamen peut la rejeter par une ordonnance motivée non susceptible de recours.

303. Conséquences du réexamen. La Cour de réexamen rejette la demande si elle l'estime mal fondée. Par contre, si la demande lui semble fondée, elle annule la décision litigieuse, sauf lorsqu'il est fait droit à une demande en réexamen du pourvoi du requérant. La Cour de réexamen renvoie le requérant devant une juridiction de même ordre et de même degré, autre que celle qui a rendu la décision annulée.

B - La Commission nationale de réparation des détentions

304. Réparation des conséquences d'une détention injustifiée. La Commission nationale est compétente pour juger le recours formé contre les décisions prises par le premier président de la cour d'appel en matière de réparation des préjudices causés par les détentions injustifiées (CPP, art. 149). Elle est réglementée par le décret n° 2001-709 du 31 juillet 2001, et est composée du premier président de la Cour de cassation, de 2 magistrats du siège de la Cour ayant le grade de président de chambre, de conseiller ou de conseiller référendaire. Le parquet général de la Cour de cassation assume les fonctions de ministère public.

La procédure se déroule en audience publique, sauf opposition du demandeur. L'assistance d'un avocat est facultative. Les décisions rendues ne sont susceptibles d'aucun recours.

C - La Commission juridictionnelle de suspension ou de retrait d'habilitation des officiers de police judiciaire

305. Recours ouvert aux OPJ sanctionnés. Trois magistrats du siègent ayant rang de président ou de conseiller constituent une commission pour statuer sur les recours formés par les officiers de police judiciaire qui ont été sanctionnés par une décision de suspension ou de retrait d'habilitation (CPP, art. 16-3). Dans le délai d'un mois à partir du rejet explicite ou implicite de sa demande (dans le mois qui suit la notification de la décision de refus, de suspension ou de retrait d'habilitation), l'officier de police judiciaire peut demander au procureur général de rapporter cette décision. Le procureur général doit statuer dans un délai d'un mois. À défaut, son silence vaut rejet de la demande, l'officier de police judiciaire peut ***former un recours devant une commission composée de trois magistrats du siège de la Cour de cassation*** ayant le grade de président de chambre ou de conseiller. Les fonctions du ministère public sont remplies par le parquet général près la Cour de cassation.

CHAPITRE 5

Les juridictions administratives

306. Instauration d'un ordre administratif. La loi des 16-24 août 1790 interdit au juge judiciaire de juger l'administration, en conséquence du principe de la séparation des pouvoirs. Ce principe a conduit à la constitution d'un véritable ordre administratif soumettant progressivement l'administration à un contrôle juridictionnel. Néanmoins, le Conseil d'État ne fut érigé en juridiction administrative autonome que par la loi du 24 mai 1872 (c'est la justice déléguée aux tribunaux, par opposition au système antérieur de justice retenue, selon lequel l'Administration se jugeait elle-même) ; il est situé au sommet de la pyramide des juridictions administratives, et a les compétences d'un juge de cassation. L'ordre administratif comprend des juridictions de droit commun et de nombreuses juridictions d'exception.

1 • LES JURIDICTIONS DE DROIT COMMUN

307. Évolution. Depuis les réformes de 1953 et de 1987, il existe trois catégories de juridictions de droit commun dans l'ordre administratif : les tribunaux administratifs, les Cours administratives d'appel et le Conseil d'État (CJA, art. L. 1). Toutes ces juridictions ont intégré les ***nouvelles technologies*** : l'arrêté du 12 mars 2013 relatif à l'application permettant la communication électronique devant les juridictions administratives, dénommée « Télérecours », organise les relations entre les juridictions, les avocats et les administrations, et ouvre la voie aux échanges dématérialisés. Le décret n° 2012-1437 du 21 décembre 2012 relatif à la communication par voie électronique devant le Conseil d'État, les cours administratives d'appel et les tribunaux administratifs avait généralisé la possibilité de transmettre des écritures et des pièces de la procédure contentieuse par voie électronique, à tous les stades de la procédure contentieuse administrative, utilisée par les avocats, les avocats au Conseil d'État et à la Cour de cassation, aux administrations de l'État, aux personnes morales de droit public et aux organismes de droit privé chargés de la gestion d'un service public.

Open data

La justice administrative s'est engagée dans l'ouverture et la mise à disposition de l'ensemble de ses décisions de justice en open data, sur le site : *opendata.conseil-etat.fr* Les décisions seront mises en ligne progressivement dans le respect des règles de confidentialité et des

critères d'interopérabilité propres à l'open data (format xml) pour permettre la réutilisation et le partage de ces données par le plus grand nombre à partir des dates suivantes :
- 30 septembre 2021 pour les décisions du Conseil d'État ;
- 31 mars 2022 s'agissant des décisions des cours administratives d'appel ;
- 30 juin 2022 s'agissant des décisions des tribunaux administratifs.

En parallèle de cette plateforme open data, les décisions de justice présentant un intérêt jurisprudentiel sont mises en ligne quotidiennement sur le site internet du Conseil d'État (Ariane web), qui dispose de fonctionnalités de consultation perfectionnées et permet de télécharger ces décisions en html.

Le décret « *JADE* » – Justice administrative de demain, n° 2016-1480 du 2 novembre 2016 – accélère le traitement des requêtes en modernisant la procédure et le décret n° 2017-566 du 18 avril 2017 précise la ***médiation devant les juridictions administratives*** (v. la Charte éthique des médiateurs dans les litiges administratifs établie par le Conseil d'État en 2017). Un référentiel de sélection des médiateurs à l'usage des juridictions administratives a été élaboré le 18 novembre 2022.

A - Les tribunaux administratifs

308. Création de juridictions spécialisées. Créés par décret du 30 septembre 1953, ils font suite aux Conseils départementaux de préfecture présidés par le préfet, créés en l'An VIII, devenus Conseils interdépartementaux en 1926. Les tribunaux administratifs, désignés par le nom de la ville où ils siègent, sont au nombre de 42. Leur ressort s'étend d'un département à une ou plusieurs Régions : il est déterminé par l'article R. 221-3 du Code de justice administrative.

1) Le fonctionnement

a) La formation collégiale

309. Diversité des formations. En règle générale, les jugements des tribunaux administratifs sont rendus par une ***formation de 3 membres*** (CJA, art. R. 222-18). Pour les tribunaux composés de plus de deux chambres, à l'exception du tribunal administratif de Paris, les jugements peuvent être rendus par une formation de ***chambres réunies*** présidée par le président du tribunal ou, dans les tribunaux administratifs dotés d'un premier vice-président et sur délégation du président du tribunal, par le premier vice-président et comprenant, en outre, le président de la chambre à laquelle est affecté le rapporteur et, selon le cas, le président d'une autre chambre et un magistrat assesseur affecté dans cette chambre ou les présidents de deux autres chambres et deux magistrats assesseurs affectés dans ces chambres, ainsi que le rapporteur (CJA, art. R. 222-20).

Le tribunal administratif de Paris, en raison du nombre important d'affaires, comprend 17 chambres regroupées en sections (CJA, art. R. 221-6) : il peut se prononcer en section (5 membres), ou dans une formation de 9 membres (le président, le vice-président du tribunal, les présidents et vice-présidents de trois sections et le rapporteur, CJA, art. R. 222-21). La formation plénière comprend le président du tribunal, le vice-président, les présidents de section et le rapporteur, et ne peut statuer que si sept de ses membres ou leurs suppléants sont présents.

b) La formation à juge unique

310. Développement des formations à juge unique. Il existe aussi au tribunal administratif une formation à juge unique (CJA, art. R. 222-18). Le président du tribunal, ou un magistrat qu'il désigne à cette fin, exerce un pouvoir juridictionnel notamment dans les procédures d'urgence (référé, CJA, art. L. 521-1 et s.). Enfin, il statue à juge unique, en audience publique et après audition du rapporteur public sur un nombre important de catégories de litiges : notamment, sur les litiges relatifs aux déclarations de travaux exemptés de permis de construire, à la situation individuelle des agents publics, en matière de pensions, d'aide au logement, de communication de documents administratifs, de service national, de redevance audiovisuelle, de taxes syndicales et d'impôts locaux autres que la taxe professionnelle, sur la mise en œuvre de la responsabilité de l'État pour refus opposé à une demande de concours de la force publique pour exécuter une décision de justice, pour les litiges relatifs aux bâtiments menaçant ruine, les litiges relatifs au permis de conduire... (CJA, art. R. 222-13). Le juge unique est le président du TA, ou le magistrat qu'il désigne à cette fin.

Le décret n° 2013-730 du 13 août 2013 portant modification du Code de justice administrative à compter du 1er janvier 2014 accroît notablement le domaine des procédures sur lesquelles il est statué à juge unique qui concernent le contentieux social (l'essentiel du contentieux de la situation individuelle des agents publics relève toujours de la formation collégiale). Le juge unique intervient notamment pour les litiges relatifs aux prestations, allocations ou droits attribués au titre de l'aide de l'action sociale, sur les litiges relatifs à la notation ou à l'évaluation professionnelle des fonctionnaires ou agents publics ainsi qu'aux sanctions disciplinaires prononcées à leur encontre, sur les litiges en matière de pensions, en matière de consultation et de communication de documents administratifs ou d'archives publiques, sur les litiges relatifs aux impôts locaux et à la contribution à l'audiovisuel public, sur les litiges relatifs au refus de concours de la force publique pour exécuter une décision de justice, sur les litiges relatifs au permis de conduire, etc. (CJA, art. R. 222-13).

c) La formation plénière

311. Formation exceptionnelle. Chaque tribunal peut, à titre exceptionnel, se réunir en formation plénière respectant la règle de l'imparité (CJA, art. R. 222-20). Si les membres présents sont en nombre pair, le dernier conseiller dans l'ordre du tableau ne siège pas.

d) Le président

312. Fonctions administratives. Le président affecte les juges dans les différentes formations, dirige les services du tribunal, formule un avis pris en compte pour l'avancement des conseillers administratifs. Il exerce également des fonctions juridictionnelles. Ainsi, il décide de la dispense d'instruction de l'affaire s'il lui apparaît que la solution de l'affaire est d'ores et déjà certaine (CJA, art. R. 611-8), prend des décisions par ordonnance dans de nombreuses hypothèses, afin d'améliorer l'efficacité et la célérité de la justice (CJA, art. R. 222-1).

313. Les pouvoirs du président. Donner acte des désistements ; rejeter les requêtes ne relevant manifestement pas de la compétence de la juridiction administrative ; constater qu'il n'y a pas lieu de statuer sur une requête ; rejeter les requêtes manifestement irrecevables, lorsque la juridiction n'est pas tenue d'inviter leur auteur à les régulariser ou qu'elles n'ont pas été régularisées à l'expiration du délai imparti par une demande en ce sens ; statuer sur les requêtes qui ne présentent plus à juger de questions autres que la condamnation prévue à l'article L. 761-1 du CJA ou la charge des dépens ; statuer sur les requêtes relevant d'une série, qui, sans appeler de nouvelle appréciation ou qualification de faits, présentent à juger en droit, pour la juridiction saisie, des questions identiques à celles qu'elle a déjà tranchées ensemble par une même décision devenue irrévocable, à celles tranchées ensemble par une même décision du Conseil d'État statuant au contentieux ou examinées ensemble par un même avis rendu par le Conseil d'État en application de l'article L. 113-1 et, pour le tribunal administratif, à celles tranchées ensemble par un même arrêt devenu irrévocable de la cour administrative d'appel dont il relève ; enfin, rejeter, après l'expiration du délai de recours ou, lorsqu'un mémoire complémentaire a été annoncé, après la production de ce mémoire, les requêtes ne comportant que des moyens de légalité externe manifestement infondés, des moyens irrecevables, des moyens inopérants ou des moyens qui ne sont assortis que de faits manifestement insusceptibles de venir à leur soutien ou ne sont manifestement pas assortis des précisions permettant d'en apprécier le bien-fondé.

314. Juridiction des référés. Sont ***juges des référés*** les présidents des tribunaux administratifs et des cours administratives d'appel ainsi que les magistrats qu'ils désignent à cet effet et qui, sauf absence ou empêchement, ont une ancienneté minimale de deux ans et ont atteint au moins le grade de premier conseiller (CJA, art. L. 511-2). Pour les litiges relevant de la compétence du Conseil d'État, sont juges des référés le président de la section du contentieux ainsi que les conseillers d'État qu'il désigne à cet effet. Lorsque la nature de l'affaire le justifie, ***le président du tribunal administratif*** ou de la cour administrative d'appel ou, au Conseil d'État, le président de la section du contentieux peut décider qu'elle sera jugée par une formation composée de trois juges des référés, sans préjudice du renvoi de l'affaire à une autre formation de jugement dans les conditions de droit commun.

e) Le rapporteur public

315. Principe de l'intervention du rapporteur public. Dans chaque tribunal administratif, selon ses besoins, un ou plusieurs conseillers sont chargés, par décret, d'exercer les fonctions de Rapporteur public (ancien « Commissaire du gouvernement ») : ils ont pour mission d'exposer « publiquement, en toute indépendance, leur opinion sur les questions que présentent à juger les requêtes et sur les solutions qu'elles appellent » (CJA, art. L. 7). Tout Rapporteur public absent ou empêché est suppléé de droit par un autre.

Le Rapporteur public est un membre de la juridiction, totalement indépendant du pouvoir exécutif. Il contribue au jugement des affaires en éclairant la juridiction sur les questions juridiques, mais son intervention n'est pas obligatoire dans toutes les affaires. La procédure administrative a donné à la Cour européenne des droits de l'Homme l'occasion de sanctionner la France à plusieurs reprises, pour non-respect du procès équitable : en effet, les conclusions du Rapporteur public n'étaient pas communiquées avant l'audience aux parties (elles peuvent n'être qu'orales), ce qui, selon la Cour européenne, méconnaissait le principe de la contradiction[1]. Depuis le décret n° 2009-14 du 7 janvier 2009, l'avis d'audience « mentionne les modalités selon lesquelles les parties ou leurs mandataires peuvent prendre connaissance du sens des conclusions du rapporteur public » (CJA, art. R. 711-2) sur l'affaire qui les concerne (CJA, art. R. 711-3).

Toute partie est avertie, par une notification faite par lettre recommandée avec demande d'avis de réception ou par la voie administrative mentionnée à l'article R. 611-4, du jour où l'affaire sera appelée à l'audience. L'avis d'audience reproduit les dispositions des articles R. 731-3 et R. 732-1-1. Il mentionne également les modalités selon lesquelles les parties ou leurs mandataires peuvent prendre connaissance du sens des conclusions du rapporteur public, en application du premier alinéa de l'article R. 711-3 ou, si l'affaire relève des dispositions de l'article R. 732-1-1, de la décision prise sur la dispense de conclusions du rapporteur public, en application du second alinéa de l'article R. 711-3. L'avertissement est donné sept jours au moins avant l'audience. Toutefois, en cas d'urgence, ce délai peut être réduit à deux jours par une décision expresse du président de la formation de jugement qui est mentionnée sur l'avis d'audience (CJA, art. R. 711-2).

Dans le prolongement, postérieurement au prononcé des conclusions du rapporteur public à l'audience, toute partie à l'instance peut adresser au président de la formation de jugement ***une note en délibéré***, en vue d'y répondre (CJA, art. R. 731-3).

316. Dispense de rapporteur public. Dans des matières énumérées par décret en Conseil d'État, le président de la formation de jugement peut dispenser le rapporteur public, sur sa proposition, d'exposer à l'audience ses conclusions sur une requête, eu égard à la nature des questions à juger (CJA, art. L. 732-1). Ainsi, sans préjudice de l'application des dispositions spécifiques à certains contentieux prévoyant que l'audience se déroule sans conclusions du rapporteur public, le président de la formation de jugement ou le magistrat statuant seul peut dispenser le rapporteur public, sur sa proposition, de prononcer des conclusions à l'audience sur tout litige relevant des contentieux suivants : permis de conduire ; refus de concours de la force publique pour exécuter une décision de justice ; naturalisation ; entrée, séjour et éloignement des étrangers, à l'exception des expulsions ; taxe d'habitation et taxe foncière sur les propriétés bâties afférentes aux locaux d'habitation et à usage professionnel au sens de l'article 1496 du Code général des impôts ainsi que contribution à l'audiovisuel public ; et enfin, prestation, allocation ou droit attribués au titre de l'aide ou de l'action sociale, du logement ou en faveur des travailleurs privés d'emploi (CJA, art. R. 732-1-1).

f) Le greffe

317. Composition. Le greffe comprend un greffier en chef et s'il y a lieu un ou plusieurs greffiers : ils sont choisis parmi les fonctionnaires des corps des personnels de préfecture, par le président le tribunal. Ils sont placés sous l'autorité exclusive du président qui dispose à leur égard du pouvoir de notation.

1. V. notamment, CEDH, 7 juin 2001, Kress c/France : D. 2001, p. 2619.

2) *La compétence*

a) La compétence d'attribution

318. Juge de droit commun. Les tribunaux administratifs sont, en premier ressort et sous réserve des compétences attribuées aux autres juridictions administratives, juges de droit commun du ***contentieux administratif*** » (CJA, art. L. 211-1 et L. 311-1).

319. Avis. Les tribunaux administratifs ont également des ***attributions administratives***, ils donnent leur avis sur certaines questions qui leur sont soumises par les Préfets (CJA, art. L. 212-1 et R. 212-1). Ainsi, les TA se prononcent sur l'exercice par les contribuables, des actions appartenant à certaines collectivités territoriales et à leurs établissements publics, dans les conditions fixées par le Code général des collectivités territoriales.

320. Développement des modes amiables. La loi « J21 » du 18 novembre 2016 a ouvert la possibilité pour les juridictions administratives de ***renvoyer les parties en médiation*** (CJA, art. L. 231-7), définie comme « tout processus structuré, quelle qu'en soit la dénomination, par lequel deux ou plusieurs parties tentent de parvenir à un accord en vue de la résolution amiable de leurs différends, avec l'aide d'un tiers, le médiateur, choisi par elles ou désigné, avec leur accord, par la juridiction » (CJA, art. L. 213-1).

La médiation peut être mise en œuvre à ***l'initiative du juge ou des parties***. Un magistrat administratif peut être désigné comme médiateur, mais le Conseil d'État a jugé qu'il ne peut plus ensuite statuer au fond de l'affaire en cas d'échec de la médiation : le principe d'impartialité s'oppose à ce qu'un magistrat administratif choisi ou désigné comme médiateur, en application de l'article L. 213-1 du Code de justice administrative, participe à la formation de jugement chargée de trancher le différend soumis à la médiation ou conclue comme rapporteur public sur celui-ci[2]. En aucun cas la médiation ne dessaisit le juge, qui peut prendre à tout moment les mesures d'instruction qui lui paraissent nécessaires.

Les parties peuvent, en dehors de toute procédure juridictionnelle, organiser une mission de médiation et elles peuvent demander au président du tribunal administratif ou de la cour administrative d'appel territorialement compétent d'organiser une mission de médiation et de désigner la ou les personnes qui en sont chargées, ou lui demander de désigner la ou les personnes qui sont chargées d'une mission de médiation qu'elles ont elles-mêmes organisée. Lorsque le président de la juridiction ou son délégataire est chargé d'organiser la médiation et qu'il choisit de la confier à une personne extérieure à la juridiction, il détermine s'il y a lieu d'en prévoir la rémunération et fixe le montant de celle-ci.

Lorsqu'elle constitue un préalable obligatoire au recours contentieux en application d'une disposition législative ou réglementaire, la médiation présente un caractère gratuit pour les parties.

---

2. CE, 29 déc. 2022, n° 459673, Rec. Lebon.

b) La compétence territoriale

321. Définition. Lorsqu'il n'en est pas disposé autrement par les dispositions spéciales, le tribunal administratif territorialement compétent est celui dans le ressort duquel a légalement son siège l'autorité qui, soit en vertu de son pouvoir propre, soit par délégation, a pris la décision attaquée. Lorsque l'acte a été signé par plusieurs autorités, le tribunal administratif compétent est celui dans le ressort duquel a son siège la première des autorités dénommées dans cet acte. Sous les mêmes réserves en cas de recours préalable à celui qui a été introduit devant le tribunal administratif, la décision à retenir pour déterminer la compétence territoriale est celle qui a fait l'objet du recours administratif ou du pourvoi devant une juridiction incompétente (CJA, art. R. 312-1 ; D. n° 2016-1480, 2 nov. 2016). Sauf en matière de contrats, la compétence territoriale ne peut faire l'objet de dérogations, même par voie d'élection de domicile ou d'accords entre les parties. Lorsqu'il n'a pas été fait application de la procédure de renvoi prévue à l'article R. 351-3 et que le moyen tiré de l'incompétence territoriale du tribunal administratif n'a pas été invoqué par les parties avant la clôture de l'instruction de première instance, ce moyen ne peut plus être ultérieurement soulevé par les parties ou relevé d'office par le juge d'appel ou de cassation (CJA, art. R. 312-2).

Le tribunal administratif territorialement compétent pour connaître d'une demande principale l'est également pour connaître de toute demande accessoire, incidente ou reconventionnelle ressortissant à la compétence des tribunaux administratifs ; il est également compétent pour connaître des exceptions relevant de la compétence d'une juridiction administrative (CJA, art. R. 312-3).

322. Matière contractuelle. En matière précontractuelle, contractuelle et quasi contractuelle le tribunal administratif compétent est celui dans lequel se trouve ***le lieu prévu pour l'exécution du contrat***. Si son exécution s'étend au-delà du ressort d'un seul tribunal administratif ou si le lieu de cette exécution n'est pas désigné dans le contrat ou quasi-contrat, le tribunal administratif compétent est celui dans le ressort duquel l'autorité publique compétente pour signer le contrat ou la première des autorités publiques dénommées dans le contrat a son siège, sans que, dans ce cas, il y ait à tenir compte d'une approbation par l'autorité supérieure, si cette approbation est nécessaire (CJA, art. R. 312-11).

B - Les Cours administratives d'appel

323. Création. Afin de désengorger le Conseil d'État en le déchargeant de sa compétence d'appel, la loi du 31 décembre 1987 a créé les Cours Administratives d'appel. L'article R. 221-7 du Code de justice administrative fixe désormais à 9 (en vertu du D. n° 2021-1583, 7 décembre 2021 portant création de la cour administrative d'appel de Toulouse) le nombre de Cours avec des ressorts particulièrement variés :

- Bordeaux : ressort des tribunaux administratifs de Bordeaux, Limoges, Pau, Poitiers, Guadeloupe, Guyane, Martinique, La Réunion, Mayotte, Saint-Barthélemy, Saint-Martin et Saint-Pierre-et-Miquelon ;
- Douai : Amiens, Lille et Rouen ;
- Lyon : Clermont-Ferrand, Dijon, Grenoble, Lyon ;

– Marseille : Bastia, Marseille, Nice et Toulon ;
– Nancy : Besançon, Châlons-en-Champagne, Nancy et Strasbourg ;
– Nantes : Caen, Nantes, Orléans et Rennes ;
– Paris : Melun, Paris, Wallis-et-Futuna, Nouvelle-Calédonie et Polynésie française ;
– Toulouse : Montpellier, Nîmes, Toulouse ;
– Versailles : Cergy Pontoise Montreuil et Versailles.

Chaque Cour comporte des chambres (CJA, art. L. 221-3), présidées par un Conseiller d'État en service ordinaire, affecté par décret.

1) Le fonctionnement

324. Formations. Les affaires sont jugées soit par une chambre siégeant en formation de jugement, soit par une formation de chambres réunies, soit par la cour administrative d'appel en formation plénière, qui délibèrent en nombre impair (CJA, art. R. 222-25). Par dérogation, le président de la cour ou le président de chambre statue en audience publique et sans conclusions du rapporteur public sur les demandes de sursis à exécution mentionnées aux articles R. 811-15 à R. 811-17 du CJA. La chambre siège en formation de jugement sous la présidence de son président ou, en cas d'absence ou d'empêchement, d'un magistrat désigné à cet effet par le président de la cour et ayant au moins le grade de président. Elle comprend, outre le président, un magistrat affecté à la chambre, désigné en suivant l'ordre du tableau parmi les magistrats présents et le magistrat rapporteur.

Lorsque la nature ou la difficulté de l'affaire le justifie, le président de la chambre peut proposer au président de la cour que la chambre siégeant en formation de jugement comprenne, outre les magistrats mentionnés à l'article précédent, un autre magistrat affecté à la chambre, désignée en suivant l'ordre du tableau parmi les magistrats présents ; un magistrat affecté à une autre chambre, désigné en suivant l'ordre du tableau parmi les magistrats présents autres que les présidents de chambre (CJA, art. R. 222-27).

La cour peut aussi siéger en formation de chambres réunies ou en formation plénière. La formation de jugement ou le président de la cour peuvent, à tout moment de la procédure, décider d'inscrire une affaire soit au rôle d'une formation de chambres réunies, soit au rôle de la cour statuant en formation plénière (CJA, art. R. 222-29).

325. Rapporteur public et greffe. Les règles concernant le Rapporteur public et le greffe prévues pour les tribunaux administratifs s'appliquent aux Cours administratives d'appel.

2) La compétence

326. Compétence d'attribution. En raison de la matière, les Cours administratives d'appel connaissent des jugements rendus en premier ressort par les tribunaux administratifs (CJA, art. L. 211-2), sous réserve des compétences que l'intérêt d'une bonne administration de la justice conduit à attribuer au Conseil d'État en qualité de juge d'appel, et des attributions résultant des articles L. 552-1 et L. 552-2 du Code de justice administrative (référé en matière fiscale). Elles connaissent en premier et dernier ressort des litiges dont la compétence leur est attribuée par décret en Conseil d'État à raison de leur objet ou de l'intérêt d'une bonne administration.

Afin de désengorger les cours d'appel administratives, le décret n° 2013-730 du 13 août 2013 portant modification du Code de justice administrative à compter du 1er janvier 2014 supprime la voie d'appel pour l'ensemble des contentieux sociaux ainsi que pour le contentieux du permis de conduire. En revanche la voie d'appel est rétablie pour le contentieux de la fonction publique dans son ensemble. Elle est supprimée dans certains contentieux en matière d'urbanisme (CJA, art. R. 811-1-1 : les tribunaux administratifs statuent en premier et dernier ressort sur les recours contre les permis de construire ou de démolir un bâtiment à usage principal d'habitation ou contre les permis d'aménager un lotissement lorsque le bâtiment ou le lotissement est implanté en tout ou partie sur le territoire d'une des communes mentionnées à l'article 232 du Code général des impôts et son décret d'application).

327. Compétence territoriale. La cour administrative d'appel territorialement compétente pour connaître d'un appel formé contre un jugement d'un tribunal administratif est celle dans le ressort de laquelle ce tribunal a son siège. La compétence territoriale des Cours administratives d'appel est d'ordre public (CJA, art. R. 322-2). Pour sauvegarder l'impartialité de la juridiction, si le président constate qu'un des membres de la cour est en cause ou s'il estime qu'il existe une autre raison objective de mettre en cause l'impartialité de la cour. Il transmet le dossier au président de la section du contentieux du Conseil d'État qui en attribue le jugement à la juridiction qu'il désigne (CJA, art. R. 322-3).

3) Les attributions propres aux Présidents

328. Attributions judiciaires et juridictionnelles. Les présidents de tribunal administratif et de cour administrative d'appel, les premiers vice-présidents des tribunaux et des cours, le vice-président du tribunal administratif de Paris, les présidents de formation de jugement des tribunaux et des cours et les magistrats ayant une ancienneté minimale de deux ans et ayant atteint au moins le grade de premier conseiller désignés à cet effet par le président de leur juridiction peuvent, par ordonnance prendre un certain nombre de décisions (CJA, art. R. 222-1).

Le président peut donner acte des désistements, rejeter les requêtes ne relevant manifestement pas de la compétence de la juridiction administrative, constater qu'il n'y a pas lieu de statuer sur une requête et rejeter les requêtes manifestement irrecevables, lorsque la juridiction n'est pas tenue d'inviter leur auteur à les régulariser ou qu'elles n'ont pas été régularisées à l'expiration du délai imparti par une demande en ce sens. Il peut enfin rejeter, après l'expiration du délai de recours ou, lorsqu'un mémoire complémentaire a été annoncé, après la production de ce mémoire, les requêtes ne comportant que des moyens de légalité externe manifestement infondés, des moyens irrecevables, des moyens inopérants ou des moyens qui ne sont assortis que de faits manifestement insusceptibles de venir à leur soutien ou ne sont manifestement pas assortis des précisions permettant d'en apprécier le bien-fondé.

Il peut également ***statuer sur les requêtes*** qui ne présentent plus à juger de questions autres que la condamnation prévue à l'article L. 761-1 ou la charge des dépens ou encore ***statuer sur les requêtes relevant d'une série***, qui, sans appeler de nouvelle appréciation ou qualification de faits, présentent à juger en droit, pour la juridiction saisie, des questions identiques à celles qu'elle a déjà tranchées ensemble par une même décision devenue irrévocable, à celles tranchées ensemble par une même décision du Conseil d'État statuant au contentieux ou examinées ensemble par un même avis rendu par le Conseil d'État en application de l'article L. 113-1 et, pour le tribunal administratif, à celles tranchées ensemble par un même arrêt devenu irrévocable de la cour administrative d'appel dont il relève.

Les présidents des cours administratives d'appel, les premiers vice-présidents des cours et les présidents des formations de jugement des cours peuvent, en outre, ***par ordonnance, rejeter les conclusions à fin de sursis à exécution d'une décision juridictionnelle*** frappée d'appel, les requêtes dirigées contre des ordonnances prises en application des 1° à 5° de l'article R. 222-1 du CJA ainsi que, après l'expiration du délai de recours ou, lorsqu'un mémoire complémentaire a été annoncé, après la production de ce mémoire les requêtes d'appel manifestement dépourvues de fondement. Ils peuvent, de même, ***annuler une ordonnance*** prise en application des 1° à 5° de l'article R. 222-1 du CJA, à condition de régler l'affaire au fond.

C - Le Conseil d'État

329. Évolution. Plus haute juridiction de l'ordre administratif, il est issu du Conseil du Roi chargé, dès le XIIIe siècle, de conseiller le Roi sur les affaires administratives et judiciaires. Aménagé en l'An VIII, il continua sa fonction de conseiller de l'exécutif et fut chargé de fonctions contentieuses en instruisant les litiges et en préparant des projets de solution pour le chef de l'État. Cette fonction évolua avec la loi du 24 mai 1872 qui transforma le Conseil d'État en juge administratif de droit commun : « le Conseil d'État est la juridiction administrative suprême » (CJA, art. L. 111-1). Le statut de cette juridiction est défini par une ordonnance n° 45-1708 du 31 juillet 1945, suivie d'un décret du 30 juillet 1963 (n° 63-766) et de la loi no 87-1127 du 31 décembre 1987, textes qui ont été modifiés à plusieurs reprises, notamment pour tenir compte de la jurisprudence de la Cour européenne des droits de l'Homme. La nomination, l'évaluation et l'avancement des magistrats ont fait l'objet d'une importante réforme par une ordonnance du 2 juin 2021 (v. *infra*).

1) *Les garanties d'indépendance et d'impartialité des magistrats*

330. Garanties d'indépendance et d'impartialité. Les membres du Conseil d'État exercent leurs fonctions en toute indépendance, dignité, impartialité, intégrité et probité et se comportent de façon à prévenir tout doute légitime à cet égard. Ils s'abstiennent de tout acte ou comportement à caractère public incompatible avec la réserve que leur imposent leurs fonctions. Ils ne peuvent se prévaloir, à l'appui d'une activité politique, de leur appartenance au Conseil d'État (CJA, art. L. 131-2). La loi n° 2016-483 du 20 avril 2016, précise les garanties d'impartialité et d'indépendance des juges liées à la lutte contre les conflits d'intérêts. Les membres du Conseil d'État veillent à prévenir ou à faire cesser immédiatement les situations de conflit d'intérêts. Constitue un conflit d'intérêts toute situation d'interférence entre un intérêt public et des intérêts publics ou privés qui est de nature à influencer ou à paraître influencer l'exercice indépendant, impartial et objectif d'une fonction (CJA, art. L. 131-3).

331. Déclaration d'intérêts. Dans les deux mois qui suivent leur affectation, ***les membres du Conseil d'État*** remettent une ***déclaration exhaustive, exacte et sincère de leurs intérêts*** au président de la section à laquelle ils ont été affectés.

La déclaration est transmise au vice-président du Conseil d'État. Dans les deux mois qui suivent leur prise de fonctions, ***les présidents de section et le secrétaire général*** remettent une déclaration exhaustive, exacte et sincère de leurs intérêts au vice-président du Conseil d'État. La déclaration d'intérêts ***mentionne les liens et les intérêts*** détenus de nature à influencer ou à paraître influencer l'exercice indépendant, impartial et objectif des fonctions, que le déclarant a, ou qu'il a eu pendant les cinq années précédant son affectation ou sa prise de fonctions. Elle ne comporte aucune mention des opinions ou des activités politiques, syndicales, religieuses ou philosophiques de l'intéressé, sauf lorsque leur révélation résulte de la déclaration de fonctions ou de mandats exercés publiquement (CJA, art. L. 131-7).

La remise de la déclaration d'intérêts donne lieu à un entretien déontologique avec l'autorité à laquelle la déclaration a été remise, ayant pour objet de prévenir tout éventuel conflit d'intérêts et d'inviter, s'il y a lieu, à mettre fin à une situation de conflit d'intérêts. À l'issue de l'entretien, la déclaration peut être modifiée par le déclarant. L'entretien peut être renouvelé à tout moment à la demande du déclarant ou de l'autorité. L'autorité à laquelle la déclaration a été remise peut solliciter l'avis du collège de déontologie de la juridiction administrative sur la déclaration lorsqu'il existe un doute sur une éventuelle situation de conflit d'intérêts. Lorsque l'avis est sollicité par un président de section, il est également porté à la connaissance du vice-président du Conseil d'État. Toute modification substantielle des liens et intérêts détenus fait l'objet, dans un délai de deux mois, d'une déclaration complémentaire dans les mêmes formes et peut donner lieu à un entretien déontologique. La ***déclaration d'intérêts est annexée au dossier*** de l'intéressé selon des modalités garantissant sa confidentialité, sous réserve de sa consultation par les personnes autorisées à y accéder. Son contenu est fixé par l'article R. 131-3 du CJA. Lorsqu'une procédure disciplinaire est engagée, le garde des Sceaux, ministre de la Justice, et la commission supérieure du Conseil d'État mentionnée à l'article L. 132-1 peuvent obtenir communication de la déclaration d'intérêts.

Dans les deux mois qui suivent sa prise de fonctions, ***le vice-président du Conseil d'État*** remet une déclaration exhaustive, exacte et sincère de ses intérêts au collège de déontologie de la juridiction administrative, qui peut lui adresser des observations ayant pour objet de prévenir tout éventuel conflit d'intérêts et de l'inviter, s'il y a lieu, à mettre fin à une situation de conflit d'intérêts. Toute modification substantielle des liens et intérêts détenus fait l'objet, dans un délai de deux mois, d'une déclaration complémentaire dans les mêmes formes.

332. Déclaration de situation patrimoniale. Dans les deux mois qui suivent leur prise de fonctions et dans les deux mois qui suivent la cessation de leurs fonctions, le ***vice-président du Conseil d'État*** et les ***présidents de section du Conseil d'État*** adressent ***une déclaration de situation patrimoniale*** au président de la Haute Autorité pour la transparence de la vie publique. La déclaration de situation patrimoniale est établie, contrôlée et sanctionnée dans les conditions et selon les modalités prévues aux premier et quatrième alinéas du I, aux II et V de l'article 4, aux articles 6 et 7, à l'exception de la publication d'un rapport spécial au *Journal officiel*, et 26 de la loi n° 2013-907 du 11 octobre 2013 relative à la transparence de la vie publique. Toute modification substantielle de la situation patrimoniale fait l'objet, dans un délai de deux mois, d'une déclaration complémentaire dans les mêmes formes. La déclaration de situation patrimoniale n'est pas versée au dossier de l'intéressé et ne peut pas être communiquée aux tiers. Aucune nouvelle déclaration n'est exigée du membre du Conseil d'État qui a établi depuis moins de six mois une déclaration en application de l'article L. 131-10 du CJA, des articles 4 ou 11 de la loi n° 2013-907 du 11 octobre 2013 précitée ou de l'article LO 135-1 du Code électoral (CJA, art. L. 131-10). La déclaration de situation patrimoniale n'est pas versée au dossier de l'intéressé et ne peut pas être communiquée aux tiers.

333. Abstention. Dans le cadre des fonctions juridictionnelles du Conseil d'État, sans préjudice des autres dispositions prévues au CJA en matière d'***abstention***, le membre du Conseil d'État qui estime se trouver dans une situation de conflit d'intérêts s'abstient de participer au jugement de l'affaire concernée. Son remplacement est assuré en application des règles de suppléance prévues au CJA. Le président de la formation de jugement peut également, à son initiative, inviter à ne pas siéger un membre du Conseil d'État dont il estime, pour des raisons qu'il lui communique, qu'il se trouve dans une situation de conflit d'intérêts. Si le membre du Conseil d'État concerné n'acquiesce pas à cette invitation, la formation de jugement se prononce, sans sa participation. Dans le cadre des fonctions consultatives du Conseil d'État, le membre du Conseil d'État qui estime se trouver dans une situation de conflit d'intérêts s'abstient de participer aux délibérations (CJA, art. L. 131-9).

334. Collège de déontologie. Le ***collège de déontologie*** de la juridiction administrative ***est composé*** d'un membre du Conseil d'État élu par l'assemblée générale ; d'un magistrat des tribunaux administratifs et des cours administratives d'appel élu par le Conseil supérieur des tribunaux administratifs et cours administratives d'appel ; d'une personnalité extérieure désignée alternativement par le premier président de la Cour de cassation parmi les magistrats en fonction à la Cour de cassation ou honoraires et par le premier président de la Cour des comptes parmi les magistrats en fonction à la Cour des comptes ou honoraires ; et d'une personnalité qualifiée nommée par le président de la République, en dehors des membres du Conseil d'État et des magistrats des tribunaux administratifs et des cours administratives d'appel, sur proposition du vice-président du Conseil d'État. Le président du collège de déontologie est désigné par le vice-président du Conseil d'État. La durée du mandat des membres du collège de déontologie est de trois ans, renouvelable une fois.

Le vice-président du Conseil d'État établit, après avis du collège de déontologie de la juridiction administrative, ***une charte de déontologie énonçant les principes déontologiques et les bonnes pratiques*** propres à l'exercice des fonctions de membre de la juridiction administrative.

Le collège de déontologie de la juridiction administrative est chargé de rendre un avis préalable à l'établissement de la charte de déontologie mentionnée à l'article L. 131-4 ; de rendre des avis sur toute question déontologique concernant personnellement un membre de la juridiction administrative, sur saisine du membre concerné, du vice-président du Conseil d'État, d'un président de section du Conseil d'État, du secrétaire général du Conseil d'État, du président de la mission d'inspection des juridictions administratives, du président d'une cour administrative d'appel ou d'un tribunal administratif ou du Conseil supérieur des tribunaux administratifs et cours administratives d'appel ; de formuler des recommandations de nature à éclairer les membres de la juridiction administrative sur l'application des principes déontologiques et de la charte de déontologie, à son initiative ou sur saisine du vice-président du Conseil d'État, d'un président de section du Conseil d'État, du secrétaire général du Conseil d'État, du président de la mission d'inspection des juridictions administratives, du président d'une cour administrative d'appel ou d'un tribunal administratif, du Conseil supérieur des tribunaux administratifs et cours administratives d'appel ou d'une organisation syndicale ou association de membres de la juridiction administrative et de rendre des avis sur les déclarations d'intérêts qui lui sont transmises dans les conditions prévues aux articles L. 131-7 et L. 231-4-1. Il rend publiques ses recommandations et peut rendre publics, sous forme anonyme, ses avis.

2) *Les formations*

Le Conseil d'État est composé d'une section du contentieux et de sections administratives (CJA, art. L. 121-3).

a) Les formations de jugement

335. Section du contentieux. La section du contentieux est juge de toutes les affaires relevant de la juridiction du Conseil d'État. Divisée en sous-sections participant à l'instruction et au jugement des affaires, elle comprend un président et 3 présidents adjoints (chaque sous-section comprend 3 conseillers en service ordinaire, le président et deux assesseurs), des conseillers, des maîtres des requêtes et des auditeurs chargés des fonctions de rapporteur ou de rapporteur public. Les assistants de justice aident les conseillers dans leurs travaux préparatoires.

Les formations de jugement de la section du contentieux sont variées :

- le jugement est confié à une sous-section qui a instruit l'affaire, qui doit comprendre au moins trois membres ayant voix délibérative (CJA, art. R. 122-14) ;
- le jugement peut être confié à deux sous-sections réunies, qui ne peuvent statuer qu'en nombre impair et que si 5 membres au moins sont présents (CJA, art. R. 122-16). Les affaires les plus complexes sont confiées à la Section du contentieux en formation de jugement, qui comprend le président de la section, les trois présidents adjoints, les présidents de sous-section, le rapporteur et deux conseillers représentant les sections administratives ; la section ne peut siéger que si 9 au moins de ses membres sont présents ;
- ces affaires peuvent aussi être confiées à l'Assemblée du Contentieux qui comporte au moins 9 membres : le vice-président du Conseil d'État, les présidents de section, les trois présidents adjoints de la section du contentieux, le président de la sous-section d'instruction, les 4 présidents de sous-section les plus anciens dans leurs fonctions et le rapporteur (CJA, art. R. 122-20).

b) Les formations administratives et législatives

336. ***La commission supérieure du Conseil d'État*** (CJA, art. L. 132-1) comprend le vice-président du Conseil d'État, qui la préside, les présidents de section en activité exerçant des fonctions de président de section, huit membres élus représentant les membres du Conseil d'État (leur mandat est de trois ans, renouvelable une fois), et trois personnalités qualifiées choisies pour leurs compétences dans le domaine du droit en dehors des membres du Conseil d'État et des magistrats des tribunaux administratifs et des cours administratives d'appel, qui n'exercent pas de mandat parlementaire et sont désignées pour une période de trois ans non renouvelable, respectivement par décret du président de la République, par le président de l'Assemblée nationale et par le président du Sénat. La commission peut être consultée sur toutes les questions intéressant le statut des membres du Conseil d'État. Elle doit donner son avis sur les mesures individuelles concernant la discipline, l'avancement des membres du Conseil ainsi que dans les cas prévus par le Code.

337. Sections. Le Conseil d'État délibère soit en section, soit en sections réunies, soit en commission où les différentes sections sont représentées, soit en Assemblée générale. Les rapporteurs publics sont désignés par arrêté du vice-président du Conseil d'État pris sur proposition du président de la section du contentieux. Les rapporteurs publics ne peuvent exercer leurs fonctions pendant une durée totale supérieure à sept années. En cas de nécessité de service, ces fonctions peuvent cependant être prolongées dans la limite de six mois, par arrêté du vice-président (CJA, art. R. 122-5).

Les sections administratives sont au nombre de 6 : intérieur, finances, travaux publics, sociale, de l'administration et du rapport et des études. Les affaires ressortissant aux différents départements ministériels sont réparties entre les quatre premières sections selon un arrêté du Premier ministre et du garde des Sceaux. La section du rapport élabore les propositions du Conseil d'État aux Pouvoirs Publics, prépare un rapport d'activité annuel remis au président de la République sur l'action du Conseil d'État.

338. Assemblée générale du Conseil d'État. ***L'Assemblée générale du Conseil d'État*** se réunit en formation plénière ou en formation ordinaire (CJA, art. R. 123-14 et s.). Son rôle est extrêmement important pour l'élaboration des normes (CJA, art. R. 123-20). En effet, elle est saisie pour avis sur les ***projets et propositions de lois*** **et** ***projets d'ordonnances***, ainsi que sur les ***projets de décrets pris sur le fondement de l'article 37 de la Constitution du 4 octobre 1958*** (on parle de décrets pris après avis du Conseil d'État, ou décrets en Conseil d'État, que l'on nommait avant la loi n° 80-514 du 7 juill. 1980 des « règlements d'administration publique », termes remplacés par décrets en Conseil d'État).

En cas d'urgence, une Commission permanente est chargée *de* ***l'examen des projets de loi et d'ordonnance*** : ***l'urgence*** doit être signalée par le ministre compétent et constatée par décision spéciale du Premier ministre (CJA, art. R. 123-21 et s.).

3) Les attributions

a) Les attributions contentieuses

339. Compétence en premier et dernier ressort. Lorsque le Conseil d'État est saisi d'un litige en premier et dernier ressort, il peut, après avoir obtenu l'accord des parties, ordonner une médiation pour tenter de parvenir à un accord entre celles-ci selon les modalités prévues au chapitre III du titre Ier du livre II (CJA, art. L. 114-1).

Le Conseil d'État a conservé une ***compétence exceptionnelle en premier et dernier ressort*** (CJA, art. L. 311-2 à L. 311-5 et R. 311-1). Cette compétence concerne :

– d'abord des recours de pleine juridiction en vertu de certains textes (CJA, art. L. 311-4) : par exemple des textes du Code des assurances, de l'urbanisme, de la Sécurité sociale, des postes... ;

– mais aussi le contentieux des protestations dirigées contre les élections des représentants à certaines institutions : au Parlement européen, aux conseils régionaux et à l'assemblée de Corse, aux instances de territoires d'outre-mer... (CJA, art. L. 311-3) ;
– et, enfin les recours dirigés contre les décrets ou ordonnances du président de la République, les actes réglementaires des ministres ou leurs décisions en matière de contrôle des concentrations économiques, les actes administratifs dont le champ d'application s'étend au-delà du ressort d'un seul tribunal administratif (par ex., liste de médicaments remboursables par la Sécurité sociale...), les décisions administratives des organismes collégiaux à compétence nationale, en matière de litiges relatifs à la situation individuelle des fonctionnaires nommés par décret du président de la République (CJA, art. R. 311-1).

340. Compétence en appel. Le Conseil d'État statue « connaît des appels formés contre les décisions rendues en premier ressort par les autres juridictions administratives » (CJA, art. L. 321-2). Mais, s'agissant des décisions rendues par les tribunaux administratifs, l'appel relève en principe de la cour d'appel (CJA, art. L. 321-1).

341. Compétence sur les recours en cassation. Le Conseil d'État « statue souverainement sur les recours en cassation dirigés contre les décisions rendues en dernier ressort par les diverses juridictions administratives, ainsi que sur ceux dont il est saisi en qualité de juge de premier ressort ou de juge d'appel » (CJA, art. L. 111-1).

Le Conseil d'État est « seul compétent pour statuer sur les recours en cassation dirigés contre les décisions rendues en dernier ressort par toutes les juridictions administratives » (CJA, art. L. 331-1 et L. 821-1). Le délai de recours en cassation, sauf disposition contraire de la loi, est de 2 mois ; le ministère d'un avocat au Conseil d'État et à la Cour de cassation est en principe obligatoire.

S'il prononce l'annulation d'une décision d'une juridiction administrative, le Conseil d'État peut renvoyer l'affaire devant la même juridiction statuant dans une autre formation, soit la renvoyer devant une autre juridiction de même nature, soit régler l'affaire au fond « si l'intérêt d'une bonne administration d'une bonne justice le justifie » (CJA, art. L. 821-2). Lorsque l'affaire fait l'objet d'un second pourvoi en cassation, le Conseil d'État statue définitivement sur cette affaire.

342. Filtrage des recours en cassation. Un mécanisme de filtre des recours a été mis en place, selon une procédure d'admission : les pourvois en cassation présentés sont répartis entre les sous-sections. S'il apparaît que l'admission du pourvoi peut être refusée, le président de la chambre transmet le dossier au rapporteur public en vue de son inscription au rôle ; le requérant ou son mandataire est averti du jour de la séance. Dans le cas contraire, le président de la chambre décide qu'il sera procédé à l'instruction du pourvoi dans les conditions ordinaires ; le requérant ou son mandataire est avisé de cette décision (CJA, art. R. 822-2). La décision juridictionnelle de refus d'admission est notifiée au requérant ou à son mandataire. Elle n'est susceptible que du recours en rectification d'erreur matérielle et du recours en révision. Lorsque la formation de jugement ne refuse pas l'admission du pourvoi, il est procédé à l'instruction de l'affaire dans les conditions ordinaires. Le requérant ou son mandataire en est avisé.

b) Les attributions administratives

343. Avis. Le Conseil d'État est le ***conseiller du gouvernement et du Parlement***. Le Gouvernement le consulte obligatoirement ou facultativement sur les projets de textes, sur des décisions en préparation ou sur des questions intéressant l'administration. Le Conseil d'État émet aussi un avis sur les propositions de loi, déposées sur le bureau d'une assemblée parlementaire et non encore examinées en commission, dont il est saisi par le président de cette assemblée. Le Conseil d'État donne son avis sur les projets de décrets et sur tout autre projet de texte pour lesquels son intervention est prévue par les dispositions constitutionnelles, législatives ou réglementaires ou qui lui sont soumis par le Gouvernement. Il propose les modifications qu'il juge nécessaires. En outre, il prépare et rédige les textes qui lui sont demandés.

344. Rôle de la Section du Rapport et des Études. Elle attire l'attention des gouvernants sur les réformes législatives ou autres qui lui paraissent nécessaires à la satisfaction de l'intérêt général ; elle ***règle les difficultés d'exécution des décisions*** juridictionnelles rendues par les juridictions administratives ; elle prépare le rapport annuel d'activité du Conseil d'État (CJA, art. R. 123-5).

345. Avis aux juridictions du fond. Le Conseil d'État peut aussi donner ***un avis*** à un tribunal administratif ou une cour d'appel administrative qui le saisit d'une question de droit nouvelle, présentant une difficulté sérieuse et se posant dans de nombreux litiges (CJA, art. L. 113-1). La juridiction soumet la question au Conseil d'État, qui doit examiner la question dans les trois mois (les parties et le ministre compétent peuvent produire des observations). La juridiction sursoit à statuer en attendant la réponse du Conseil d'État qui lui est adressé en même temps que lui est retourné le dossier de l'affaire.

2 • LES JURIDICTIONS D'EXCEPTION

346. Multiplication des juridictions d'exception. Il est traditionnel de souligner le développement de juridictions d'exception dans le contentieux administratif. Sans être exhaustif, on peut citer à titre d'exemple les nombreuses commissions de recours (des réfugiés, des pensions militaires d'invalidité, d'aide sociale, d'indemnisation des rapatriés, des objecteurs de conscience, de la taxe d'apprentissage...), les juridictions disciplinaires (sections de discipline dans l'université, dans les ordres professionnels, dans le cadre du Conseil supérieur de la magistrature...). Ces organes ou juridictions fonctionnent en collégialité, avec des juges le plus souvent non professionnels, et peuvent même comprendre leurs propres organes de recours (par ex., la décision d'une section disciplinaire du Conseil de l'université est déférée en appel au Conseil national de l'enseignement supérieur et de la recherche, CNESER, autre juridiction administrative spécialisée, avec un recours en cassation devant le Conseil d'État). Cette diversité dans la composition, le fonctionnement, soulève la délicate question de la nature de ces organes : méritent-ils tous la qualification de juridiction ? Par exemple, au sein de l'université, on trouve une multitude de commissions (commission des équivalences, des bourses) : certes, ces commissions prennent des décisions (octroi d'une équivalence, d'une bourse...), mais ce ne sont pas des juridictions. Les intérêts de la qualification sont essentiels : si l'organe administratif est une juridiction, son statut devra lui conférer une réelle indépendance vis-à-vis de l'Administration (c'est le cas des Autorités administratives dites indépendantes, comme la Commission nationale informatique et libertés – CNIL, ou de l'Autorité des marchés financiers). De plus, l'organe devra appliquer le procès équitable, c'est-à-dire trancher publiquement, impartialement, dans un délai raisonnable, selon une procédure contradictoire et respectant l'égalité des armes. La Cour européenne des droits de l'Homme, pour faire application de l'article 6 § 1 de la Convention européenne, utilise cumulativement plusieurs critères pour définir la notion de tribunal. Selon les critères organiques, est un tribunal un organe établi par une loi (et non un décret gouvernemental), avec un statut d'indépendance (il faut observer les conditions de nomination, la durée du mandat, l'inamovibilité des membres... pour vérifier que les « juges » sont à l'abri des pressions). Selon des critères fonctionnels, l'organe est un tribunal s'il a une compétence protégée par la loi, qui lui permet d'apprécier souverainement les faits et d'appliquer la règle de droit appropriée. L'organe doit trancher les contestations en respectant une procédure contradictoire, sa décision doit être motivée, rendue publiquement, être revêtue de l'autorité de la chose jugée. Malheureusement, la mise en œuvre de ces critères n'est pas toujours aisée, parce qu'il est rare de trouver un cumul idéal.

Toutes les juridictions administratives spéciales ne seront pas examinées dans cet ouvrage. Seules celles qui présentent le plus de spécificité et d'intérêt feront l'objet de développements. Elles se situent dans le domaine des finances publiques. Le Code des juridictions financières réglemente les aspects organiques et fonctionnels de ces juridictions.

A - La Cour des comptes

347. Composition. Réglementée par le Code des juridictions financières, et composée de magistrats inamovibles et indépendants appartenant à un corps particulier (voir le statut des magistrats administratifs, *infra*, n° 466, 520 et s.), la Cour, divisée en chambres, comprend un Premier président, des présidents de chambre, des conseillers maîtres en service ordinaire ou extraordinaire, des conseillers référendaires, et des auditeurs (CJF, art. R. 112-1) ; un procureur général, un premier avocat général, des avocats généraux et des chargés de mission assurent les fonctions de ministère public.

S'agissant des magistrats de la Cour des comptes et des magistrats des chambres régionales des comptes, la réforme issue de l'ordonnance n° 2021-702 du 2 juin 2021 modifie le recrutement de tous les membres. Les magistrats de la Cour des comptes pourront participer aux travaux d'une chambre régionale et territoriale des comptes. En ce qui concerne les magistrats de la Cour des comptes, le grade d'auditeur est supprimé et remplacé par un statut d'emploi d'auditeur d'une durée maximale de trois ans, accessible aux administrateurs de l'État et aux membres des corps et cadres d'emplois de niveau comparable justifiant d'au moins deux ans d'expérience préalable, après passage devant un comité composé de façon paritaire de membres de la Cour des comptes et de personnalités qualifiées. Afin d'octroyer aux auditeurs des garanties d'indépendance équivalentes à celles des membres de la Cour des comptes, il est prévu qu'il ne peut être mis fin à leurs fonctions que sur demande des intéressés ou pour motif disciplinaire et sur proposition du conseil supérieur de la Cour des comptes.

348. Attributions non juridictionnelles. La Cour des comptes vérifie la bonne exécution du budget de l'État en assistant le Parlement et le gouvernement dans le contrôle de l'exécution des lois de finances. Elle vérifie les comptes des entreprises publiques et des organismes de Sécurité sociale, afin d'assurer une performance publique et une transparence des opérations publiques. Elle répond à l'article 15 de la Déclaration des droits de l'Homme et du citoyen, selon lequel « *la société a le droit de demander compte à tout agent public de son administration* ». Elle contrôle le bon emploi des crédits, fonds et valeurs de l'État, dans le cadre d'un véritable audit de gestion, et présente des observations ou recommandations. Elle consigne ses observations dans un ***rapport public remis chaque année au président de la République***. Ces rapports exercent une influence grandissante sur les pouvoirs publics, tenus d'améliorer la gestion des fonds publics, particulièrement en période de crise économique.

349. Attributions juridictionnelles. La Cour des comptes est juge de droit commun des comptes des comptables publics (CJF, art. L. 111-1 et L. 131-1 et s.). En l'absence de tout litige, elle vérifie si ces comptables ont bien reçu ce qu'ils devaient recevoir, et payé ce qui devait être payé : elle juge les comptes et non les comptables. Le résultat de cette vérification se traduit par un arrêt, soit de décharge ou de quitus en l'absence d'irrégularité, soit de débet en cas contraire (exposant le comptable à répondre des différences sur ses deniers). Ces arrêts sont susceptibles de recours en cassation devant le Conseil d'État.

La Cour est aussi chargée d'examiner ***l'appel*** formé contre les arrêts définitifs rendus par les Chambres régionales et territoriales des comptes.

B - Les chambres régionales et territoriales des comptes

350. Composition. Leur création, par la loi de décentralisation du 2 mars 1982, tendait à assurer un contrôle effectif des comptes des collectivités locales que ne pouvait assumer réellement la Cour des comptes. Au sein de chaque région française, existe une chambre composée de magistrats inamovibles constituant un corps autonome (CJF, art. L. 210-1, L. 212-7 et L. 212-8 ; v. *infra*, n° 466, 520, le statut des magistrats). Elle comprend un président, des conseillers et un ou plusieurs représentants du ministère public (CJF, art. L. 212-10). Les Chambres régionales et territoriales jugent, dans leur ressort, l'ensemble des comptes des comptables publics des collectivités territoriales et de leurs établissements publics ainsi que les comptes des personnes ayant été déclarées comptables de fait. En vertu de l'article L. 211-4 du Code des juridictions financières, elles peuvent aussi vérifier les comptes des établissements, sociétés et groupements auxquels les collectivités territoriales apportent un concours financier supérieur à 1 500 euros. Ce qui fait le succès des chambres régionales et a permis leur maintien, c'est l'examen de la gestion des comptes des collectivités territoriales et des établissements publics.

Une nouvelle extension du champ des contrats est opérée devant les chambres régionales des comptes. L'article 8 de l'ordonnance n° 2021-702 du 2 juin 2021 insère dans l'article L. 221-10 du Code des juridictions financières (CJF) un alinéa disposant que

« peuvent exercer les fonctions de magistrats des chambres régionales des comptes, des agents contractuels justifiant d'une expérience professionnelle nécessaire aux activités et missions des chambres régionales des comptes ». Des garanties d'indépendance devront être fournies, puisqu'il y a une entorse à la situation « statutaire » qui a jusque-là paru nécessaire à l'indépendance des magistrats.

La loi n° 2011-1862 du 13 décembre 2011, relative à la répartition des contentieux et à l'allégement de certaines procédures juridictionnelles limite leur nombre à 20. Le décret n° 2012-255 du 23 février 2012 fixe leur siège et leur ressort.

351. Compétence. Au titre des attributions ***non juridictionnelles***, les chambres sont chargées du contrôle budgétaire. Les chambres jouent également un rôle d'audit des gestions locales en examinant la gestion des collectivités territoriales, soit à leur initiative, soit à celle des Préfets.

Au titre des ***attributions juridictionnelles***, elles sont notamment compétentes, dans leur ressort, pour vérifier « l'ensemble des comptes des comptables publics des collectivités territoriales et de leurs établissements publics, des établissements publics régionaux ainsi que les comptes des personnes qu'elle a déclarées comptables de fait » (CJF, art. L. 211-1). Elle rend des jugements de décharge ou de débet. Les jugements définitifs des chambres régionales peuvent être frappés d'appel devant la Cour des comptes dans les deux mois de leur notification.

C - La Cour de discipline budgétaire et financière

352. Organisation. Cette juridiction, créée le 25 septembre 1948, concerne les ordonnateurs, c'est-à-dire les agents publics ayant le pouvoir de gérer des crédits budgétaires : la Cour peut prononcer des sanctions pécuniaires contre les ordonnateurs fautifs (CJF, art. L. 311-1). Comme son activité est très limitée, il a été proposé de la supprimer en faisant de la Cour des comptes la juridiction unique en matière de surveillance et de sanction de la discipline budgétaire et financière.

Cette juridiction, qui siège à la Cour des comptes, n'a pas de personnel propre. Elle est composée de 6 membres nommés pour 5 ans : présidée par le premier président de la Cour des comptes, elle comprend aussi le président de la section des finances du Conseil d'État, un nombre égal de conseillers d'État et de conseillers maîtres à la Cour des comptes. Le procureur général de la Cour des comptes exerce les fonctions du ministère public, assisté d'un avocat général.

353. Compétence. La Cour est compétente pour sanctionner les ordonnateurs coupables d'irrégularités financières commises dans la gestion de l'État, des collectivités publiques et de leurs établissements publics, des entreprises publiques et des organismes soumis au contrôle de la Cour des comptes ou des chambres régionales des comptes. Il s'agit aussi bien de la violation de règles budgétaires ou de la comptabilité publique, que de fautes de gestion entraînant des préjudices graves.

Le plus souvent, c'est la Cour des comptes qui saisit la Cour de discipline budgétaire même si, en théorie, elle peut aussi être saisie par le gouvernement, les présidents des assemblées, les chambres régionales des comptes, et le procureur général près la Cour de discipline budgétaire. Les sanctions consistent en des amendes dont le maximum correspond au double du traitement annuel de l'intéressé. Les arrêts de la Cour de discipline budgétaire et financière, publiés au Journal officiel, peuvent être frappés d'un recours en cassation devant le Conseil d'État.

Chaque année, la Cour de discipline budgétaire et financière présente **un rapport** au président de la République.

CHAPITRE 6

Le Tribunal des conflits

354. Rôle et évolution. Le Tribunal des conflits a été créé pour trancher les conflits d'attribution, c'est-à-dire les conflits de compétence entre les différents ordres de juridiction, l'ordre judiciaire et l'ordre administratif : on comprend que, par nature, ces conflits ne pouvaient pas être réglés par l'un ou l'autre de ces deux ordres, et exigeaient une juridiction supérieure aux ordres concernés. Ce tribunal fut créé en 1848, fonctionna jusqu'en 1852, et fut réintroduit dans les institutions françaises par une loi du 24 mai 1872[1]. Il siège à Paris, au Palais-Royal, comme le Conseil d'État. Le Tribunal des conflits reposait sur une législation ancienne qui n'était pas toujours conforme aux exigences constitutionnelles et européennes, ce qui a justifié sa modification par la loi n° 2015-177 du 16 février 2015 et le décret n° 2015-233 du 27 février 2015, adoptés à l'issue des réflexions d'un groupe de travail présidé par Monsieur Gallet, vice-président du Tribunal des conflits, qui a présenté un rapport au garde des Sceaux, ministre de la Justice, le 10 octobre 2013.

355. Perspectives de réforme. Le rapport de la Commission de réflexion sur la Cour de cassation 2030 (publié en juillet 2021) propose d'accroître les compétences du Tribunal des conflits, pour éviter les divergences de jurisprudence entre la Cour de cassation et le Conseil d'État. Le rapport suggère que soit mise à l'étude une réforme destinée à étendre les compétences du Tribunal des conflits, composé en nombre égal de membres de la Cour de cassation et du Conseil d'État, permettant à chacune de ces deux institutions de soumettre à cette juridiction paritaire une affaire dont elle est saisie et dont l'intérêt d'une bonne administration de la justice rend nécessaire qu'elle reçoive une solution cohérente au sein des deux ordres de juridictions, administratif et judiciaire. La réforme pourrait conduire à conférer à la décision rendue par le Tribunal des conflits, soit une force obligatoire, soit la portée d'un avis solennel.

1 • L'ORGANISATION

A - La composition

356. Représentation des deux ordres de juridiction. La composition du Tribunal des conflits reflète à parité la dualité des ordres juridictionnels. L'article 2 de la loi du

1. Petit S., *Le Tribunal des conflits*, n° 2866, PUF, coll. « Que sais-je ? ».

24 mai 1872, tel que modifié par la loi n° 2015-177 du 16 février 2015, détaille la composition de la formation ordinaire du Tribunal des conflits comme suit :

« 1° Quatre conseillers d'État en service ordinaire élus par l'assemblée générale du Conseil d'État ;

2° Quatre magistrats du siège hors hiérarchie de la Cour de cassation élus par les magistrats du siège hors hiérarchie de la Cour de cassation ; 3° Deux suppléants élus, l'un par l'assemblée générale du Conseil d'État parmi les conseillers d'État en service ordinaire et les maîtres des requêtes, l'autre par l'assemblée générale des magistrats du siège de la Cour de cassation parmi les conseillers hors hiérarchie et référendaires.

Les membres du Tribunal des conflits sont soumis à réélection tous les trois ans et rééligibles deux fois. Lorsqu'un membre titulaire ou suppléant cesse définitivement d'exercer ses fonctions, il est procédé à son remplacement jusqu'à la fin du mandat en cours dans les conditions prévues aux 1°, 2° ou 3°, selon le cas. »

357. Présidence. Les membres non suppléants élisent parmi eux, pour trois ans, ***un président*** issu alternativement du Conseil d'État et de la Cour de cassation (L., 24 mai 1872 mod., art. 3).

358. Rapporteur public. L'article 4 de la loi du 24 mai 1872 prévoit que le ***rapporteur public*** expose publiquement et en toute indépendance son opinion. Ses fonctions sont exercées par deux membres du Conseil d'État, élus par l'assemblée générale du Conseil d'État parmi les rapporteurs publics, et deux membres du parquet général de la Cour de cassation, élus par l'assemblée générale des magistrats hors hiérarchie du parquet général parmi eux ; les rapporteurs publics sont élus pour trois ans et rééligibles deux fois (L., 24 mai 1872, art. 4).

359. Secrétariat. Le secrétariat du Tribunal des conflits est assuré par le secrétaire du contentieux du Conseil d'État. Le secrétariat des séances peut être assuré par un des agents de la section du contentieux qu'il délègue (D., 27 févr. 2015, art. 2).

B - Le fonctionnement

1) La procédure

360. Représentation des parties. Les parties sont représentées par un avocat au Conseil d'État et à la Cour de cassation. L'État est dispensé du ministère d'avocat et il est représenté par le ministre dont relève l'administration concernée (D., 27 févr. 2015, art. 5).

Toute personne y ayant intérêt peut intervenir, à titre accessoire, devant le Tribunal des conflits (D., 27 févr. 2015, art. 6).

361. Déroulement de la procédure. Lorsque l'affaire est en état, le président fixe la séance à laquelle elle sera appelée et désigne le rapporteur. Lorsque l'affaire est inscrite au rôle, les parties et les ministres intéressés en sont avisés cinq jours au moins avant la séance (D., 27 févr. 2015, art. 8).

Le déroulement de l'audience publique est réglementé par l'article 10 du décret qui prévoit une chronologie rigoureuse :
- le rapporteur expose les données de l'affaire ainsi que la position des parties et des ministres intéressés, sans faire connaître son avis ;
- après le rapport, les avocats représentant les parties peuvent présenter des observations orales ;
- le rapporteur public est ensuite entendu dans ses conclusions ;
- les avocats peuvent présenter de brèves observations orales après le prononcé des conclusions du rapporteur public.

Le délibéré des juges est secret (L., 24 mai 1872, art. 8).

2) Les décisions

362. Mentions. Les décisions du Tribunal des conflits obéissent à certaines exigences de forme et de fond ; elles contiennent :
- en tête, la mention suivante : « Au nom du peuple français, le Tribunal des conflits » (D., 27 févr. 2015, art. 12) ;
- le nom des magistrats qui ont délibéré (L., 24 mai 1872, art. 9) ;
- les noms et l'analyse des conclusions des parties et des ministres intéressés (D., 27 févr. 2015, art. 12) ;
- le visa des pièces principales et des dispositions dont elles font application (D., 27 févr. 2015, art. 12) ;
- la mention que le rapporteur, le rapporteur public et, s'il y a lieu, les avocats représentant les parties ont été entendus (D., 27 févr. 2015, art. 12) ;
- une motivation (L., 24 mai 1872, art. 9) ; la signature du président, du rapporteur et du secrétaire sur la minute (D., 27 févr. 2015, art. 12).

363. Régime des décisions. Les décisions du Tribunal des conflits ont une ***portée très importante*** : elles s'imposent à toutes les juridictions de l'ordre judiciaire et de l'ordre administratif (L., 24 mai 1872, art. 11). Les recours sont limités : le recours en interprétation et en rectification est possible mais pas l'opposition. La tierce opposition n'est ouverte que lorsque le tribunal statue au fond (D., 27 févr. 2015, art. 14).

2. LES ATTRIBUTIONS

A - Les conflits de compétence

1) Les conflits positifs

364. Cas. Le conflit positif correspond à la situation dans laquelle le préfet estime que la connaissance d'un litige ou d'une question préjudicielle portée devant une juridiction de l'ordre judiciaire relève de la compétence de la juridiction administrative. Dans ce cas, il peut demander à la juridiction saisie de décliner sa compétence (L., 24 mai 1872, art. 13). Le conflit positif peut être élevé tant qu'il n'a pas été statué sur la compétence par une décision passée en force de chose jugée (D., 27 févr. 2015, art. 18) et il ne peut l'être en matière pénale (L., 24 mai 1872, art. 14).

365. Suites du déclinatoire. La procédure est initiée par un ***déclinatoire*** qu'adresse le préfet au greffe de la juridiction saisie qui doit être motivé à peine d'irrecevabilité. Pour respecter le contradictoire, les parties en sont informées par le greffe et sont invitées à faire connaître leurs observations écrites dans un délai de quinze jours (pouvant être réduit en cas d'urgence). Le ministère public se voit communiquer l'affaire afin qu'il puisse faire connaître son avis dans le même délai, cet avis étant communiqué au préfet et aux parties (D., 27 févr. 2015, art. 19).

Si le jugement décline la compétence de l'ordre judiciaire, il renvoie les parties à saisir la juridiction compétente de l'autre ordre de juridiction (D., 27 févr. 2015, art. 32).

Si le jugement rejette le déclinatoire, le préfet peut élever le conflit par arrêté dans les 15 jours suivant la réception du jugement. Le conflit peut également être élevé si le tribunal a, avant expiration de ce délai, passé outre et jugé au fond (D., 27 févr. 2015, art. 22). Si le jugement a admis le déclinatoire et si une partie fait appel du jugement, le préfet peut saisir la juridiction d'appel d'un nouveau déclinatoire et, en cas de rejet de celui-ci, élever le conflit dans les mêmes conditions qu'en première instance (*ibid.*).

L'arrêté de conflit oblige la juridiction à surseoir à statuer en attendant la décision du Tribunal des conflits (D., 27 févr. 2015, art. 26).

366. Décision du Tribunal des conflits. Le Tribunal des conflits statue sur le conflit positif dans le délai de trois mois à compter de la réception du dossier à son secrétariat (D., 27 févr. 2015, art. 29). Si la décision du Tribunal des conflits n'est pas notifiée à la juridiction dans ce délai, éventuellement prorogé par son Président, la juridiction initialement saisie peut procéder au jugement de l'affaire (D., 27 févr. 2015, art. 30).

2) La prévention de conflit

367. Première situation de prévention. La juridiction saisie d'un litige estime son ordre de juridiction incompétent alors que dans la même affaire, une juridiction de l'autre ordre a déjà considéré que le litige ne relevait pas de son ordre. Dans ce cas, la juridiction saisie en second doit par une décision motivée qui n'est susceptible d'aucun recours même en cassation, renvoyer au Tribunal des conflits le soin de décider sur la question de compétence ainsi soulevée et surseoir jusqu'à la décision du tribunal (D., 27 févr. 2015, art. 32). Si le Tribunal des conflits estime que la juridiction n'est pas compétente pour connaître de l'action ou de l'exception ayant donné lieu au renvoi, il déclare nuls et non avenus les jugements et actes de procédure auxquels cette action ou exception a donné lieu devant la juridiction qui a prononcé le renvoi ainsi que devant toutes autres juridictions du même ordre, sauf la décision de renvoi elle-même (D., 27 févr. 2015, art. 34, al. 1). S'il estime que la juridiction de l'autre ordre a rendu à tort un jugement d'incompétence, le Tribunal des conflits déclare nul et non avenu ce jugement et renvoie l'examen du litige ou de l'exception à cette juridiction (D., 27 févr. 2015, art. 34, al. 2).

368. Seconde situation de prévention. Une juridiction saisie d'un litige estime qu'il existe une question de compétence soulevant une difficulté sérieuse et mettant en jeu la séparation des ordres de juridiction. Dans ce cas, elle peut, par une décision motivée qui n'est susceptible d'aucun recours, renvoyer au Tribunal des conflits le soin de décider sur cette question de compétence (D., 27 févr. 2015, art. 35). L'instance est suspendue jusqu'à la décision du Tribunal des conflits (D., 27 févr. 2015, art. 35, al. 3), qui doit statuer dans un délai de trois mois à compter de la réception du dossier à son secrétariat (D., 27 févr. 2015, art. 36) dans tous les cas de renvoi relevant de la prévention du conflit.

Un exemple intéressant : T. confl., 12 févr. 2018 (n° C4115, rec. Lebon)

En l'espèce, un magistrat honoraire s'était vu retirer la présidence de certaines audiences par le président de la juridiction. Estimant avoir fait l'objet d'une sanction déguisée, il a saisi la juridiction administrative de demandes aux fins d'annulation pour excès de pouvoir des ordonnances de roulement par lesquelles il s'était vu retirer la présidence des audiences, d'injonction pour être réintégré dans ses fonctions de président et de réparation du préjudice subi.

Dans le cadre de la prévention du conflit, le Conseil d'État a saisi le Tribunal des conflits pour que soit déterminé l'ordre de juridiction compétent.

Le Tribunal décide que « la décision prise par le président d'une juridiction judiciaire de modifier une ordonnance de roulement constitue une mesure relevant du fonctionnement du service public de la justice et dont l'examen conduit à porter une appréciation sur la marche même des services judiciaires ; que la juridiction judiciaire peut seule procéder à cet examen ; qu'il s'ensuit qu'un recours contre une telle décision, fondé sur le fait qu'elle constituerait une sanction déguisée, relève de sa compétence ; que la juridiction judiciaire est donc compétente pour connaître de l'action introduite par M. B... ».

3) *Le conflit négatif*

369. Hypothèse. Les juridictions des deux ordres se déclarent successivement incompétentes pour statuer sur la même action ; les recours ont été épuisés et la dernière juridiction n'a pas renvoyé le litige au Tribunal des conflits. Dans ce cas, les parties intéressées peuvent saisir le Tribunal des conflits d'une requête aux fins de désignation de la juridiction compétente (D., 27 févr. 2015, art. 37, al. 1), dans un délai de deux mois à compter du jour où la dernière décision est devenue irrévocable (D., 27 févr. 2015, art. 38). La requête est motivée en droit et en fait et est accompagnée d'une copie des décisions intervenues (D., 27 févr. 2015, art. 37, al. 2).

B - Les conflits de décisions

370. Décisions contradictoires des deux ordres de juridiction. Le Tribunal des conflits, intervient ici pour juger au fond certains litiges. L'hypothèse est qu'une juridiction de l'ordre judiciaire et une juridiction de l'ordre administratif ont chacune rendu une décision définitive et contradictoire dans une même affaire. Dans les deux mois du jour où la dernière des deux décisions est devenue irrévocable, le Tribunal des conflits doit être saisi pour statuer définitivement au fond : il s'agit de réparer une « ***contrariété conduisant à un déni de justice*** » (D., 27 févr. 2015, art. 40).

Une décision célèbre illustre la saisine du Tribunal des conflits ouverte par la loi du 20 avril 1932 : dans l'affaire *Rosay*[2], une personne transportée bénévolement dans un véhicule privé a été victime d'une collision lors d'un accident avec un véhicule de l'armée. Elle avait saisi le juge civil et avait été déboutée au motif que la responsabilité incombait au véhicule militaire ; elle avait alors saisi la juridiction administrative qui la

2. T. confl., 8 mai 1933 : S. 1833.III, p. 117.

débouta aussi sur la base d'un motif inverse du précédent. Le Tribunal des conflits a ainsi été amené à trancher l'affaire au fond.

371. Décision du Tribunal des conflits. Sur les litiges qui lui sont ainsi déférés, le Tribunal des conflits juge au fond, à l'égard de toutes les parties en cause. Ses décisions ne sont susceptibles d'aucun recours (L., 24 mai 1872, art. 15).

C - L'indemnisation de la durée excessive des procédures

372. Délai non raisonnable d'une procédure devant les deux ordres de juridiction. Le Tribunal des conflits est seul compétent pour connaître ***d'une action en indemnisation du préjudice découlant d'une durée totale excessive des procédures afférentes à un même litige et conduites entre les mêmes parties devant les juridictions des deux ordres*** en raison des règles de compétence applicables et, le cas échéant, devant lui (L., 24 mai 1872, art. 16). La partie qui entend obtenir réparation doit préalablement saisir le garde des Sceaux, ministre de la Justice, d'une réclamation. En application du 3° de l'article L. 231-4 du Code des relations entre le public et l'administration, le silence gardé pendant plus de deux mois sur la réclamation vaut décision de rejet. À l'expiration de ce délai, la partie intéressée peut saisir le Tribunal des conflits.

En cas de décision explicite de rejet, la requête doit être présentée dans un délai de deux mois à compter du jour de la notification de cette décision. Ce délai n'est opposable qu'à la condition d'avoir été mentionné, ainsi que les voies de recours, dans la notification de la décision (D. n° 2015-233, 27 févr. 2015, art. 43, mod. D. n° 2016-308, 17 mars 2016).

CHAPITRE 7

Le Conseil constitutionnel

373. Contrôle de conformité des lois à la Constitution avant la promulgation. La Constitution du 4 octobre 1958 a instauré un véritable ***contrôle juridictionnel a priori*** (avant la promulgation de la loi) ***de la conformité des lois à la Constitution***, confié à un Conseil constitutionnel (Titre VII, art. 56 à 63). Initialement, le Conseil constitutionnel avait pour mission essentielle de réguler les relations entre le législatif et l'exécutif, en veillant au respect par le Parlement des domaines de compétence attribués par les articles 34 et 37 de la Constitution. Mais le Conseil constitutionnel s'est progressivement dégagé de cette seule fonction, pour défendre les principes et libertés à valeur constitutionnelle, et sanctionner leur non-respect par le Parlement. C'est la décision « *Liberté d'association* » du 16 juillet 1971[1] qui marque un tournant dans ce rôle : les juges décident qu'ils peuvent contrôler ***la conformité des lois aux principes et droits contenus dans le Préambule de la Constitution de 1958***, qui se réfère, notamment, au Préambule de la Constitution de 1946 et à la Déclaration des droits de l'Homme et du citoyen du 26 août 1789. Le bloc de constitutionnalité a été ainsi considérablement étendu, le Conseil constitutionnel ayant pratiqué une interprétation constructive de la Constitution pour définir des principes et des droits à valeur constitutionnelle que le pouvoir législatif doit mettre en œuvre et qu'il ne peut pas entraver de manière substantielle. Cette attitude a conduit à une constitutionnalisation croissante de l'ensemble de droit, à laquelle le droit du procès n'échappe pas[2].

374. Contrôle de la conformité des lois à la Constitution après la promulgation. La réforme constitutionnelle du 23 juillet 2008 a considérablement accru ce rôle du Conseil constitutionnel : l'article 61-1 de la Constitution du 4 octobre 1958 prévoit un ***contrôle a posteriori***, par la « ***question prioritaire de constitutionnalité*** ». Lorsque, à l'occasion d'une instance en cours devant une juridiction (civile, pénale ou administrative), il est soutenu qu'une disposition législative porte atteinte aux droits et libertés que la Constitution garantit, le Conseil constitutionnel peut être saisi pour déclarer, le cas échéant, la loi inconstitutionnelle. Le juge transmet la QPC à la Cour de cassation ou au Conseil d'État, qui décide de la déférer au Conseil constitutionnel, si la question est nouvelle, qu'elle présente un caractère sérieux, et que la disposition est applicable au litige (L. org. n° 2009-1523, 10 déc. 2009[3]). Le Conseil constitutionnel a déjà abrogé plusieurs dispositions législatives sur ce fondement.

1. N° 71-44 DC, Rec. p. 29.
2. *La Cour de cassation et la Constitution de la République*, 1997, PUAM, préf. L. Favoreu.
3. D. n° 2010-148, 16 févr. 2010 ; déc. du 4 févr. 2010 portant règlement intérieur sur la procédure suivie devant le Conseil constitutionnel pour les QPC.

1. LA COMPOSITION

375. Composition originale. Aux termes de l'article 56 de la Constitution du 4 octobre 1958, et de l'ordonnance organique n° 58-1067 du 7 novembre 1958, le Conseil constitutionnel comprend :

- des membres de droit, représentés par les anciens présidents de la République (qui n'ont pas l'obligation de siéger) ; leur présence au sein du Conseil constitutionnel est contestée et plusieurs propositions ont été formulées pour, de mettre fin au statut de membre de droit des anciens présidents de la République ; une ***proposition de loi constitutionnelle a été présentée à l'assemblée nationale le 17 mai 2013*** (n° 1044) à cette fin, et en vue d'augmenter le nombre de membre (passant de 9 à 12, les 3 membres supplémentaires étant nommés par le Premier Ministre) et de soumettre les nominations à l'avis conforme des commissions permanentes compétentes des assemblées parlementaires et mises à la majorité des trois cinquièmes des suffrages exprimés. Les membres nommés devraient être choisis parmi les personnes qui se distinguent par leur connaissance du droit afin de garantir leur compétence juridique. Il serait également précisé que les membres du Conseil constitutionnel sont inéligibles ce qui leur interdirait le droit de se présenter à une élection quelle qu'elle soit. En outre, les membres du conseil pourraient rédiger des opinions individuelles qui seraient publiées avec la décision. Faute de majorité parlementaire, cette réforme n'a pas vu le jour ;
- des membres nommés, au nombre de neuf, pour neuf ans, selon la procédure prévue à l'article 13 de la Constitution. Trois sont choisis par le président de la République, trois par le président de l'Assemblée nationale et trois par le président du Sénat. Ces membres sont renouvelés par tiers tous les trois ans, chacune des autorités choisissant alors une personnalité. Le mandat de neuf ans n'est pas renouvelable, mais il est irrévocable pour préserver l'indépendance de jugement des personnes nommées.

Le président est nommé par le président de la République ; il a voix prépondérante en cas de partage des voix.

376. Incompatibilités. Les fonctions de membres du Conseil sont incompatibles avec celle de membres du gouvernement, du Parlement ou du Conseil économique et social. Pour éviter le soupçon de partialité, le membre du Conseil constitutionnel qui a participé dans ses fonctions antérieures, à l'élaboration d'une loi, ne siège pas au Conseil lorsque ce dernier statue sur la constitutionnalité de la loi concernée (la décision rendue précise l'absence de l'intéressé).

2. LA COMPÉTENCE

A - Les attributions principales

1) Le rôle

377. Attributions. Le Conseil constitutionnel est juge de la constitutionnalité des lois et des règlements des assemblées. Il intervient avant la promulgation des lois, et, par le biais de la récente question prioritaire de constitutionnalité, il peut être saisi même à tout moment, y compris pour des lois déjà promulguées. Il assure également le respect par le Parlement et le gouvernement de leurs rôles respectifs dans l'élaboration du droit (Const. 1958, art. 34 et 37), ainsi que le respect des droits et libertés fondamentaux d'un État de droit[4].

2) La saisine

Le Conseil est saisi soit de façon obligatoire, soit sur recours.

a) Le contrôle obligatoire

378. Contrôle de conformité préalable. ***Les lois organiques*** (il s'agit des lois votées par le Parlement pour compléter ou préciser les dispositions de la Constitution, comme la loi qui détermine l'organisation et le fonctionnement du Conseil constitutionnel : Const. 1958, art. 63 ; ou celle qui définit le fonctionnement du Conseil supérieur de la magistrature : Const. 1958, art. 65), avant leur promulgation, ***et les règlements des assemblées parlementaires***[5], avant leur mise en application, ainsi que les lois qui vont être soumises à un référendum, sont ***obligatoirement soumis au contrôle du Conseil constitutionnel,*** qui se prononce sur leur conformité à la Constitution (Const. 1958, art. 61 et 46).

b) Le contrôle facultatif

379. Modalités de contrôle des lois ordinaires. Pour les lois ordinaires adoptées par le Parlement dans l'une des matières que l'article 34 de la Constitution lui réserve, le Conseil constitutionnel est saisi sur recours selon plusieurs modalités.

1. Contrôle *a priori*

380. Moment. Le contrôle de conformité à la Constitution a lieu soit ***pendant la discussion d'une loi***, si une contestation porte sur la compétence du Parlement pour adopter le texte (par ex. si le gouvernement prétend que l'on est en présence d'une matière réglementaire relevant de l'article 37 de la Constitution), le Conseil, saisi par le gouvernement ou par le président de l'Assemblée nationale ou du Sénat, statue dans le délai de huit jours ; soit ***après l'adoption d'une loi***, l'article 61 de la

---

4. Chevallier J., *L'État de droit*, dossier n° 898, mars 2004, La Documentation française.
5. Le 5 juillet 2019, le Conseil constitutionnel a validé les modifications du Règlement de l'Assemblée nationale afin de fluidifier les débats parlementaires, renforcer les droits de l'opposition, favoriser l'expression citoyenne en rénovant le droit de pétition, et améliorer la prévention et le traitement des conflits d'intérêts.

Constitution prévoit la possibilité d'un recours pendant le délai de promulgation de la loi, qui se trouve suspendu. Le Conseil doit statuer dans le délai d'un mois, ou de huit jours en cas d'urgence.

381. Saisine du Conseil constitutionnel. La saisine du Conseil constitutionnel est ouverte au président de la République, au Premier ministre et aux présidents de l'Assemblée nationale et du Sénat, ainsi qu'à soixante députés, ou soixante sénateurs. Dans le cadre de la QPC, tout justiciable peut initier le moyen, mais il ne peut pas saisir directement le Conseil constitutionnel : le juge saisi transmet la QPC à la Cour de cassation ou au Conseil d'État, qui décide de transmettre au Conseil constitutionnel.

382. Procédure. Dans tous les cas, le Conseil constitutionnel doit statuer dans de délais brefs. Les pouvoirs du Conseil constitutionnel sont diversifiés. Il apprécie la loi soumise à son contrôle disposition par disposition. Si une disposition déclarée inconstitutionnelle peut être disjointe du reste du texte, celui-ci est conservé dans sa partie conforme à la Constitution ; dans le cas contraire, l'ensemble est anéanti par la déclaration d'inconstitutionnalité. Parfois, le Conseil constitutionnel déclare la loi conforme à la Constitution en émettant des « réserves d'interprétation » : il précise alors la seule interprétation qui rend la disposition en cause conforme à la Constitution ; parfois enfin, il ajoute au texte des précisions pour que l'ensemble soit conforme à la Constitution. Pour éviter les conséquences irrémédiables de l'abrogation d'une loi, le Conseil constitutionnel détermine les conditions et les limites dans lesquelles les effets que la disposition a produits sont susceptibles d'être remis en cause.

383. Effets de la décision rendue. Selon l'article 62 de la Constitution de 1958, une disposition légale déclarée non conforme à une norme à valeur constitutionnelle ne peut être ni promulguée ni mise en application. La décision du Conseil n'est susceptible d'aucun recours, et elle s'impose aux autorités administratives et juridictionnelles.

2. Contrôle *a posteriori* : la QPC

384. Cas. L'article 61-1 de la Constitution prévoit qu'à l'occasion d'une instance juridictionnelle, une partie à cette instance peut soutenir qu'une disposition législative (au sens formel, soit une loi, et non un décret, même pris sur le fondement de l'art. 37 de la Constitution, mais en tenant compte de la « portée effective qu'une interprétation jurisprudentielle constante confère à cette disposition »[6]), porte atteinte aux droits et libertés que la Constitution garantit, en formant une « question prioritaire de constitutionnalité ». La QPC doit être formée par écrit, et être motivée.

385. Procédure. Le juge saisi de cette QPC doit décider souverainement s'il transmet cette QPC à la Cour de cassation (ou au Conseil d'État), en se référant à trois critères : la disposition contestée est applicable au litige, elle n'a pas déjà été déclarée conforme à la Constitution, et la question n'est pas dépourvue de caractère sérieux. La juridiction doit surseoir à statuer en attendant la réception de la décision de la Cour de cassation. Cette dernière décide de la transmission au Conseil constitutionnel, si plusieurs conditions sont réunies qu'elle apprécie souverainement : la question est nouvelle ou présente un caractère sérieux ; elle frappe une disposition applicable au litige ; elle n'a

6. Cons. const., 6 oct. 2010, n° 2010-39 QPC.

pas déjà été déclarée conforme à la Constitution. Si elle renvoie au Conseil constitutionnel, ce dernier statue en suivant la procédure prévue par l'ordonnance du 7 novembre 1958 modifiée par la loi organique du 10 décembre 2009, ainsi que par le règlement du Conseil constitutionnel (décision du 4 février 2010 portant règlement intérieur sur la procédure suivie devant le Conseil constitutionnel pour les QPC[7], mod. par la décision du 21 nov. 2013).

386. Effets de la décision. La décision du Conseil constitutionnel est motivée. Elle est notifiée aux parties et communiquée à la Cour de cassation et au juge devant lequel la QPC a été soulevée. Si la disposition législative est déclarée inconstitutionnelle, elle est abrogée, à la date fixée par le Conseil constitutionnel (qui laisse souvent au législateur un délai pour proposer une nouvelle loi conforme). Sa décision est insusceptible de recours et s'impose à toutes les autorités.

B - Les attributions complémentaires

387. Régularité d'opérations électorales et des référendums. En matières électorale et référendaire, le Conseil constitutionnel dispose également de pouvoirs juridictionnels. En vue de garantir la régularité des opérations électorales, le Conseil est juge du contentieux de l'élection du président de la République ; il est associé à différentes phases du déroulement de l'élection (Const. 1958, art. 7). Le contentieux des élections des députés et des sénateurs relève également du Conseil constitutionnel. Le Conseil est enfin chargé de juger le contentieux des référendums, mais il intervient largement dans le déroulement des opérations (Ord. org., 7 nov. 1958, art. 46 et s.) afin d'en assurer la régularité.

388. Établissement de constats. Le Conseil constitutionnel est compétent pour élaborer des constats. Ainsi, seul le conseil peut constater que le président de la République est empêché, soit provisoirement, soit définitivement, d'exercer ses fonctions, ce qui provoque l'ouverture de son intérim ou de nouvelles élections (Const. 1958, art. 7). Le Conseil peut aussi vérifier qu'un engagement international devant être ratifié ou approuvé ne comporte pas de clause contraire à la Constitution (Const. 1958, art. 54 ; le cas échéant, le Parlement ne pourrait autoriser sa ratification ou son approbation qu'après la révision de la Constitution).

389. Consultation. Lorsque le président de la République entend exercer les pouvoirs exceptionnels que lui confère l'article 16 de la Constitution, en cas d'événements constitutifs de crise grave, il doit, préalablement à sa mise en œuvre, procéder à la consultation du Conseil constitutionnel ainsi qu'à celle du Premier ministre et des présidents des assemblées. Le Conseil émet un avis sur la réunion des conditions exigées. Pendant la durée d'application de l'article 16, le Conseil constitutionnel doit être consulté par le président sur les mesures prises.

7. M. Guillaume, « Le règlement intérieur sur la procédure suivie devant le Conseil constitutionnel pour les QPC », Gaz. Pal. 23 févr. 2010, n° 54.

CHAPITRE 8

Les juridictions européennes

390. Union européenne et Conseil de l'Europe. Elles concernent l'application du droit de l'Union européenne avec la Cour de justice de l'Union européenne de Luxembourg et le tribunal de première instance, et celle de la Convention européenne de sauvegarde des droits de l'Homme et des libertés fondamentales, dans le cadre du Conseil de l'Europe, avec la Cour européenne des droits de l'Homme de Strasbourg.

1 • LES JURIDICTIONS DE L'UNION EUROPÉENNE

391. Création de juridictions propres à l'Union européenne. Créée par le Traité sur le charbon et l'acier (CECA de 1951), la Cour de justice, siégeant à Luxembourg, a joué un rôle fondamental pour la primauté du droit de l'Union : destiné à l'instauration d'un espace sans frontières intérieures assurant la libre circulation des personnes, des marchandises et des capitaux, ainsi que d'un espace de liberté, de sécurité et de justice, le droit de l'Union est directement applicable aux États membres. La CJUE a pour mission d'assurer le respect de l'application des traités européens et de donner l'interprétation des textes communautaires. Le tribunal de première instance a été créé en 1988 par une décision du Conseil.

A - La Cour de justice de l'Union européenne

1) La composition

La Cour est composée, depuis 1995, d'un juge par État membre, et d'avocats généraux. Des référendaires assistent les membres de la juridiction.

a) Les juges

392. Un juge par État membre. Afin de tenir compte du processus d'élargissement de l'Europe, le Traité de Nice de 2001 a prévu la règle selon laquelle chaque État membre dispose d'un juge à la Cour de justice (TUE, art. 19). Les juges sont choisis parmi des personnalités indépendantes, compétentes, qui remplissent, dans leur pays, les conditions pour exercer les plus hautes fonctions juridictionnelles (TFUE, art. 253). Ils sont nommés pour une période renouvelable de 6 ans d'un commun accord par les gouvernements des États membres ; un renouvellement partiel de 7 ou 8 juges a lieu tous les 3 ans. Une fois élus, les juges disposent d'un statut organisant leurs droits et leurs obligations, issu du décret n° 2003-246 du 18 mars 2003[1]. Ils prêtent serment d'exercer leurs fonctions en pleine impartialité et en toute conscience et de ne rien divulguer du secret des délibérations. Ils jouissent de l'immunité de juridiction (sauf si la Cour, en assemblée plénière, lève cette immunité).

393. Élection du président. Les juges élisent parmi eux, par vote à bulletin secret et pour un mandat renouvelable de 3 ans, le président de la CJUE. Le président dirige les travaux de la Cour, répartit les affaires entre les différentes chambres, désigne le juge rapporteur pour chaque affaire, fixe les délais de procédure, la date des audiences et des délibérations. Il statue, en référé, par ordonnance motivée, sur les demandes de mesures provisoires.

b) Les avocats généraux

394. Rôle. Les avocats généraux présentent publiquement et en toute indépendance des conclusions motivées sur les affaires soumises à la Cour. Ils sont au nombre de 11, mais, si la Cour le demande, le Conseil peut augmenter ce nombre à l'unanimité (TFUE, art. 252).

395. Nomination. Ils sont nommés pour une période de 6 ans renouvelable par les gouvernements, avec renouvellement partiel tous les trois ans pour quatre d'entre eux. Ils sont choisis parmi des personnalités indépendantes et compétentes. Le premier avocat général, désigné pour une année par la Cour, décide de l'attribution des affaires aux avocats généraux, aussitôt après la désignation du juge rapporteur par le président.

c) Le greffe

396. Organisation. Les juges et avocats généraux nomment ensemble, pour 6 ans renouvelables, le greffier de la Cour. Ce dernier, assisté par des fonctionnaires et autres agents attachés à la Cour, est chargé des fonctions du greffe et de l'administration de la Cour sous l'autorité du président. Le greffier est assisté de deux greffiers adjoints, l'un pour le greffe (tenue du registre, réception, transmission et conservation de tous les documents et notifications), l'autre pour les services administratifs et l'aide aux membres de la Cour et aux avocats généraux.

2) Le fonctionnement

397. Diversité des formations. Depuis le Traité de Nice de 2001, la Cour peut siéger selon diverses formations, en fonction de la nature et de l'importance des affaires (TFUE, art. 251). La Cour ne peut délibérer qu'en nombre impair.

La majorité des affaires sont jugées en chambre de trois juges ou de cinq juges. Ces chambres disposent d'un président, élu par les juges pour trois ans renouvelables une fois si la chambre comprend 5 juges. La Cour siège en grande chambre de 15 juges, lorsqu'un État membre ou une institution de la Communauté le demande. La grande chambre est présidée par le président de la Cour, elle comprend les présidents des chambres à 5 juges et d'autres juges désignés dans les conditions prévues par le

1. JO, 20 mars 2003, p. 4940, portant, notamment, Protocole sur le statut de la Cour de justice.

règlement de procédure. La Cour siège en assemblée plénière dans des cas prévus par l'article 16 du Protocole qui renvoie à certaines dispositions des traités, ou lorsqu'elle estime que l'affaire dont elle est saisie revêt une importance exceptionnelle.

398. Procédure. La première phase est écrite : les parties présentent leurs écritures, les autorités nationales, les institutions de l'UE et certains particuliers peuvent envoyer des observations. Le juge rapporteur synthétise ces éléments et la réunion des juges et des avocats généraux décide du nombre de juge pour statuer (3,5 ou 15) selon l'importance et la complexité de l'affaire et de la tenue d'une audience. À la phase orale, à l'audience publique, les avocats des parties exposent les moyens aux juges et à l'avocat général qui peuvent poser des questions.

3) Les attributions

a) Le respect du droit dans l'interprétation et l'application des traités

399. Respect du droit de l'Union européenne. L'article 19 du Traité sur l'Union européenne (TUE) confère à la Cour (et au tribunal de 1re instance pour ce qui relève de sa compétence) la mission d'assurer le respect du droit de l'Union, fonction qui peut revêtir plusieurs modalités.

1. Le recours en annulation

400. Contrôle de la légalité des actes. La Cour de justice contrôle la légalité des actes des institutions communautaires (TFUE, art. 263). Dans les 2 mois suivant leur publication ou notification, la CJUE se prononce sur les recours pour incompétence, violation des formes substantielles du traité ou de toute règle de droit prise pour son application, ou détournement de pouvoir, formés par un État membre, le Conseil de l'Union européenne ou la Commission européenne ; dans ce délai, toute personne physique ou morale peut former un recours contre les décisions ou les Règlements la concernant directement et individuellement.

L'exception d'illégalité peut être soulevée à l'encontre d'un tel acte, même si le délai de 2 mois suivant sa publication ou sa notification est forclos. La CJUE peut être saisie par toute partie, institution communautaire, État membre, personne physique ou morale, d'un litige mettant en cause un acte de l'Union.

2. Le recours en carence

401. Sanction de la carence d'une institution. Si le Parlement européen, le Conseil ou la Commission s'abstiennent de statuer, les États membres et les autres institutions de l'Union peuvent saisir la CJUE en vue de faire constater cette violation (TFUE, art. 265). Préalablement à cette saisine, l'institution incriminée doit avoir été invitée à agir, et si à l'expiration d'un délai de 2 mois à compter de cette invitation, l'institution n'a pas pris position, le recours devant la CJUE peut être formé dans un nouveau délai de deux mois. Toute personne physique ou morale peut saisir la Cour pour faire grief à l'une des institutions d'avoir manqué de lui adresser un acte autre qu'une recommandation ou un avis.

3. Le recours en manquement

402. Non-respect de ses obligations par un État membre. La Commission européenne peut former un recours en manquement devant la CJUE contre un État membre qui aurait manqué à une des obligations lui incombant en vertu du Traité et du droit dérivé (TFUE, art. 258 et s.). Le Traité prévoit, avant tout recours, que la Commission qui doit émettre son avis motivé après que l'État membre incriminé a été mis en mesure de présenter contradictoirement ses observations : ce n'est que si l'État ne se conforme pas à cet avis que la Cour peut être saisie. Si la CJUE reconnaît le manquement de l'État, celui-ci est tenu de prendre les mesures prévues par l'arrêt de la Cour. Ce recours en manquement peut être formé par un autre État membre (TFUE, art. 259), mais l'État doit d'abord saisir la Commission qui émet un avis motivé après avoir mis en demeure l'État incriminé de présenter contradictoirement ses observations ; si la commission n'a pas émis d'avis dans les trois mois, ceci ne fait pas obstacle à la saisine de la Cour de justice.

4. L'action en dommages et intérêts

403. Réparation du préjudice. L'action en dommages et intérêts peut être exercée par toute personne ou entreprise dont les intérêts ont été lésés à la suite de l'action ou de l'inaction de l'Union européenne ou de son personnel.

b) Le renvoi préjudiciel

404. Fonction du renvoi préjudiciel. Il permet aux juridictions nationales de saisir la CJUE d'une question portant sur l'interprétation du Traité et du droit dérivé, ce qui assure une uniformisation du droit (TFUE, art. 267- voir les « *Recommandations à l'attention des juridictions nationales, relatives à l'introduction de procédures préjudicielles* » et le « *Guide de la jurisprudence communautaire sur l'article 234* » publiés par la CJUE). Il représente près de la moitié des affaires devant la CJUE. La Cour de Justice peut statuer sur l'interprétation du traité, sur la validité et l'interprétation des actes pris par les institutions de l'Union, sur l'interprétation des statuts des organismes créés par un acte du Conseil, lorsque ces statuts le prévoient. Seule une juridiction nationale a la faculté de saisir la Cour, si elle estime qu'une décision de la CJUE est nécessaire pour rendre son jugement. Ce renvoi préjudiciel est même obligatoire si la question est soulevée dans une affaire pendante devant une juridiction nationale dont les décisions ne sont pas susceptibles d'un recours juridictionnel en droit interne (ex. : la Cour de cassation).

405. Procédure préjudicielle d'urgence (PPU). Depuis le 1er mars 2008, si le renvoi préjudiciel soulève plusieurs questions concernant l'espace de liberté, de sécurité de justice, il peut, à la demande de la juridiction nationale ou à titre exceptionnel d'office, être soumis à ***une procédure d'urgence***. Cette procédure permet de traiter rapidement et correctement les questions préjudicielles urgentes : seul participe à la procédure écrite les parties au principal, l'État membre dont relève la juridiction de renvoi, la commission et les autres institutions si un de leurs actes est en cause ; de l'affaire est renvoyée à une chambre spécialement désignée à cet effet qui statue sans passage préalable par la réunion générale de la cour ; les communications dans le cadre de la procédure d'urgence, en interne et vis-à-vis des parties et des intéressés, se font dans la mesure du possible entièrement par voie électronique pour plus de célérité (voir *Le guide de la procédure de renvoi préjudiciel devant la Cour de justice de l'UE*, ainsi que *Les recommandations à l'attention des juridictions nationales relatives à l'introduction de procédures préjudicielles*, sur le site internet de la Cour, *aca-europe.eu*). Un rapport a été présenté sur la mise en œuvre de cette procédure couvrant la période du 1er mars 2008 au 6 octobre 2011 et il démontre que les affaires soumises à cette procédure préjudicielle d'urgence ont été clôturées en moyenne en 66 jours et qu'elle a concerné 126 affaires préjudicielles, ce qui représente 11,64 % de tous les renvois préjudiciels introduits durant cette période à savoir 1082. S'agissant du type d'affaires ayant bénéficié de cette procédure d'urgence le rapport indique que la cour statue à bref délai lorsqu'il y a un risque d'une détérioration irréparable d'une relation entre parents et enfants, ou lorsqu'une personne se trouve en détention et que le maintien de celle-ci dépend de la réponse apportée par la cour.

B - Le tribunal de première instance de l'Union européenne (TPI)

406. Création. En application de l'Acte unique, a été institué en 1988 un tribunal de première instance pour alléger le travail de la CJUE.

1) La composition

407. Membres. Ce tribunal est composé de deux juges par État membre. Ils sont nommés d'un commun accord par les gouvernements des États membres pour 6 ans renouvelables, après consultation d'un comité chargé de donner un avis sur l'adéquation des candidats. Ils désignent pour 3 ans, parmi eux, leur président et nomment un greffier (pour 6 ans). Ils exercent leurs fonctions en toute indépendance et impartialité

Certains membres du TPI peuvent être appelés à exercer les fonctions d'avocat général, et à présenter publiquement et en toute impartialité et en toute indépendance, des conclusions motivées sur certaines affaires soumises au TPI, en vue de l'assister dans l'accomplissement de sa mission.

408. Formations. Le TPI siège en chambres, composées de 3 ou 5 juges. Les juges élisent parmi eux les présidents de chambre (pour 3 ans lorsque la chambre a 5 juges). Le TPI peut statuer à juge unique, en chambre de 3 ou 5 juges, ou en grande chambre (15 juges).

409. Greffe. Le TPI dispose de son propre greffe et nomme son greffier. Il a son propre règlement de procédure, laquelle comporte une phase écrite puis une phase orale qui se déroule en audience publique. Pour les affaires présentant une urgence particulière, le tribunal peut statuer selon une procédure accélérée. Le président du tribunal peut prendre des mesures provisoires en qualité de juge des référés.

2) La compétence

410. Attributions du TPI. Sa compétence est définie par l'article 256 du TFUE. Elle concerne, notamment, les recours visés aux articles 263 (recours en annulation), 265 (carence institutionnelle), 268 (réparation de dommages dans le cadre de la responsabilité contractuelle) du TFUE, et les recours contre les décisions des tribunaux spécialisés.

Un pourvoi est ouvert contre les décisions du tribunal devant la Cour de justice qui ne peut être saisie que des points de droit (compétence du Tribunal, régularité de la procédure, respect du droit communautaire), les questions de fait étant définitivement jugées par le tribunal.

2• LA COUR EUROPÉENNE DES DROITS DE L'HOMME

411. Unique juridiction du Conseil de l'Europe. Instituée par la Convention européenne de sauvegarde des droits de l'Homme et des libertés fondamentales, signées à Rome le 4 novembre 1950 et ratifiée par la France le 3 mai 1974, la Cour européenne est compétente pour contrôler le respect par les États signataires des droits et libertés que la Convention les oblige à garantir à leurs citoyens. Elle a son siège à Strasbourg. Son statut a été profondément modifié par le Protocole n° 11, signé le 12 mai 1994 et entré en vigueur le 1er novembre 1998, qui transforme la Cour en un organe unique et permanent, nommé la Cour européenne des droits de l'Homme (auparavant, la Commission européenne était saisie, et l'affaire n'était pas nécessairement jugée par la Cour elle-même). En raison de la multiplication des requêtes, due essentiellement à l'adhésion de nombreux nouveaux États à la Convention européenne, le système de protection européen a été modifié par le Protocole n° 14, ouvert à la signature le 13 mai 2004 et entré en vigueur le 1er juin 2010. Malgré cela, de nombreuses réflexions sont en cours pour tenter de résorber un flux toujours croissant et éviter l'asphyxie de la Cour !

Entrée en vigueur du Protocole 15

Le Protocole 15, ouvert à la signature des États le 24 juin 2013 (la France l'a ratifié le 3 février 2016) et ***entré en vigueur le 1er août 2021*** (toutefois, le délai dans lequel la CEDH peut être saisie après une décision nationale définitive passera de 6 à 4 mois le 1er février 2022), intègre dans le Préambule de la Convention européenne des droits de l'Homme le principe de subsidiarité, en affirmant qu'il incombe en premier chef aux États de garantir le respect des droits et libertés définis dans la convention et ses protocoles, même s'ils disposent à cet égard d'une marge d'appréciation sous le contrôle de la Cour européenne des droits de l'Homme. L'objectif de ce protocole est d'insister sur le fait que la Cour européenne ne doit intervenir qu'à titre subsidiaire, lorsque l'État n'a pas pu réparer les conséquences d'une éventuelle violation des droits de l'homme ou y mettre fin en prenant les mesures nécessaires.

412. Compétence. La Cour européenne peut juger toutes les affaires concernant l'interprétation et l'application de la Convention ou de ses Protocoles, qu'il s'agisse de litiges interétatiques ou de requêtes individuelles. En cas de contestation sur le point de savoir si la Cour est compétente, c'est la Cour qui décide. Elle exerce ses pouvoirs tout au long de la procédure : elle examine la recevabilité de la requête, établit les faits, tente une conciliation, puis rend une décision au fond. Mais cet organe unique intervient sous plusieurs formations, ce qui permet de répartir le travail entre les différents juges. Ces formations ont été aménagées par le Protocole 14 pour rendre la Cour plus efficace devant l'afflux des demandes.

Le site internet de la Cour européenne des droits de l'Homme fournit une information très détaillée sur le fonctionnement et la jurisprudence de la Cour européenne, dans plusieurs langues du Conseil de l'Europe. Les « faits et chiffres » indique la situation des différents États à l'égard de la CEDH. La fiche relative à la France indique que depuis 1986 (première décision) qu'au 1er janvier 2020, la France a fait l'objet de 1032 arrêts, dont 749 arrêts constatant la violation de la Convention européenne, 181 arrêts de non-violation, 64 règlements amiables, 38 autres arrêts. Il reste 509 requêtes non jugées au 1er janvier 2020. Le rapport 2019 de la Cour européenne des droits de l'Homme signale ***les affaires phares*** pour ce qui concerne la France[2], c'est-à-dire les décisions qui portent sur des problématiques nouvelles dont les enjeux sociaux sont importants (par ex. la transcription sur les registres d'état civil de la filiation après une gestation pour autrui, GPA).

413. Avis consultatif au Comité des Ministres. À la demande du Comité des ministres, la Cour peut donner ***des avis consultatifs sur des questions juridiques*** qui concernent l'interprétation de la Convention européenne (ou de ses protocoles additionnels). Ces avis ne peuvent porter ni sur des questions concernant le contenu et l'étendue des droits garantis, ni sur d'autres questions ayant fait l'objet d'un recours devant les organes de la Convention (Conv. EDH, art. 47). La Cour décide si la demande d'avis consultatif relève de sa compétence. Elle rend un avis motivé transmis au Comité des ministres.

414. Avis consultatif aux juridictions d'un État signataire de la Convention européenne. ***Le Protocole n° 16*** ouvert à la signature des États à Strasbourg le 2 octobre 2013, entré en vigueur en France le 1er août 2018, permet ***aux plus hautes juridictions de l'État*** (Cour de cassation, Conseil d'État et Conseil constitutionnel) d'adresser à la Cour européenne des droits de l'Homme une ***demande d'avis consultatif*** sur des questions de principe relatives à l'interprétation ou à l'application des droits et libertés définis par la convention ou ses protocoles. C'est la grande chambre de la CEDH qui rend un avis consultatif motivé et publié, mais qui n'est pas contraignant pour la juridiction qui l'a sollicité.

Premiers avis de la CEDH

La CEDH a rendu son premier avis le 10 avril 2019 sur saisine de la Cour de cassation française (CEDH, avis consultatif P. 16-2018-001, à propos de la transcription de l'acte de naissance d'un enfant né d'une gestation pour autrui réalisée à l'étranger). Le Conseil d'État a saisi la CEDH de sa première demande d'avis le 15 avril 2021 (déc. n° 439036, à propos des critères pertinents pour apprécier la conformité à la Convention européenne d'une disposition législative relative à la chasse).

A - La composition de la Cour

415. Statut des juges. La Cour européenne des droits de l'Homme est composée d'un nombre de juges égal à celui des hautes parties contractantes (Conv. EDH, art. 20).

2. Avis consultatif demandé par la Cour de cassation française, demande n° P16-2018-001, du 10 avril 2019 ; l'arrêt Guimon c. France, n° 48798/14, du 11 avril 2019 et l'arrêt Khan c. France, n° 12267/16, du 28 février 2019.

Les juges sont élus pour une durée de 9 ans, non rééligibles, par l'Assemblée parlementaire, à la majorité des voix exprimées, sur une liste de 3 candidats présentés par la Haute partie contractante. Pour être élus, les juges doivent offrir toutes les garanties d'indépendance, d'impartialité et de compétence. Ils doivent jouir de la plus haute considération morale et réunir les conditions requises pour l'exercice de hautes fonctions judiciaires, ou être des jurisconsultes possédant une compétence notoire. Ils ne doivent pas exercer d'activités incompatibles avec leur indépendance, leur impartialité ou la disponibilité requise pour une activité à plein-temps (par ex. un juge ne pourrait pas être, en même temps, avocat). Les règles relatives aux empêchements, déport ou dispense ont été précisées dans l'article 28 du règlement de la Cour, qui permet de garantir objectivement l'impartialité des juges. Si un juge est empêché de participer aux séances pour lesquelles il est convoqué ou s'il se déporte, il doit immédiatement en informer le président de la formation. Dès lors qu'un juge est personnellement intéressé dans une affaire où il est intervenu antérieurement comme agent ou conseiller d'une partie ou d'une personne ayant intérêt dans l'affaire, ou comme membre d'un tribunal ou d'une commission d'enquête ou à tout autre titre, il ne peut pas intervenir dans l'examen de l'affaire.

Le protocole 16 a modifié l'article 21 de la Convention pour préciser qu'à partir de son entrée en vigueur, les candidats à la fonction de juge doivent être âgés de moins de 65 ans à la date à laquelle la liste des trois candidats est attendue par l'assemblée parlementaire.

Avant d'entrer en fonction, tout juge doit prêter serment. Un juge ne peut être relevé de ses fonctions que si les autres juges décident, à la majorité des 2/3, ou qu'il a cessé de répondre aux conditions requises.

Les juges siègent à la Cour à titre individuel et jouissent pendant l'exercice de leurs fonctions des privilèges et immunités (statut du Conseil de l'Europe, art. 40).

416. Président de la Cour. Le président est élu par l'Assemblée plénière, comme ses deux vice-présidents et les présidents de section, pour une période de trois ans, celle-ci ne pouvant excéder la durée du mandat de juge des intéressés (Règlement de la Cour, art. 8). Les élections ont lieu au scrutin secret. Si un président ou un vice-président cesse de faire partie de la Cour, la Cour plénière (ou la section concernée), élit son successeur dans les mêmes conditions pour la période restant à courir. Le président de la Cour exerce de nombreuses attributions. Il dirige les travaux et les services de la Cour, représente la Cour dans ses relations avec les autorités du Conseil de l'Europe, préside les séances plénières de la Cour, celles de la Grande chambre et du Collège des 5 juges. Il peut participer à l'examen des affaires traitées par les Chambres, s'il est le juge élu au titre d'une partie contractante intéressée à la procédure.

417. Greffe. La Cour dispose d'un greffe (Conv. EDH, art. 24, Protocole 14 ; Règlement de la Cour du 1er juin 2015, art. 15 et s.). Le greffier, élu par la Cour plénière, assiste la Cour, répond de l'organisation et des activités du greffe, garde les archives de la Cour, sert d'intermédiaire pour les communications et notifications adressées à la Cour, et répond aux demandes de renseignements.

B - Le fonctionnement de la Cour

1) *Les sessions*

418. Modalités. La Cour se réunit en ***session plénière*** sur convocation de son président. Cette réunion s'impose au moins une fois par an pour l'examen des questions administratives, et dès lors qu'elle est demandée au président par un tiers au moins des membres.

Les ***autres sessions*** de la Cour sont prévues par les dispositions de l'article 21 du règlement de la Cour. La Grande chambre, les Chambres et les Comités siègent de façon permanente. Sur proposition de son président, la Cour arrête chaque année les périodes de session ; en cas d'urgence, la Grande chambre et les Chambres peuvent être convoquées par le président en dehors de ces périodes.

2) *Les délibérations*

419. Secret des délibérations. La Cour délibère en chambre du conseil et ses délibérations restent secrètes. Seuls les juges y prennent part. Les votes s'effectuent à main levée, après que le président a invité les juges à donner leur opinion. Le président peut décider de procéder à un vote sur appel nominal. Les décisions de la Cour sont prises à la majorité des voix des juges présents ; en cas de partage égal des voix, et après un nouveau vote, la voix du président est prépondérante (Règlement de la Cour du 1er juin 2015, art. 23). Les décisions et arrêts de la grande chambre et des chambres sont adoptés à la majorité des juges ; les abstentions ne sont pas admises pour les votes définitifs qui portent sur la recevabilité ou le fond de l'affaire.

3) *Les formations*

a) L'Assemblée plénière

420. Attributions. Elle réunit tous les juges de la Cour. Elle n'exerce que des fonctions administratives. Elle élit pour une durée de trois ans son président et un ou deux vice-présidents. Elle procède à l'élection des présidents des chambres de la Cour. Elle élit le greffier ainsi qu'un ou plusieurs greffiers adjoints. Elle constitue des chambres pour une période déterminée : ces chambres, dénommées « sections », sont constituées sur proposition du président pour une période de trois ans ; chaque juge est membre d'une section, et la composition de celle-ci doit être équilibrée tant sur le plan géographique que sur celui de la représentation des sexes. L'assemblée plénière adopte le règlement intérieur de la Cour.

b) Les formations juridictionnelles

421. Pluralité des formations. D'après l'article 26 de la Convention, modifié par le Protocole 14, la Cour siège en formations de juge unique, en comité de 3 juges, en chambres de 7 juges et en une grande chambre de 17 juges.

422. Conditions de recevabilité des requêtes individuelles. Pour que la victime d'une violation des droits garantis puisse saisir valablement la Cour européenne, elle doit remplir de très nombreuses conditions : le requérant doit avoir d'abord épuisé les voies de recours internes, et agir dans les 4 mois de la dernière décision définitive (à partir du 1er février 2022), il doit invoquer un droit que la Convention ou ses Protocoles protège, et ne pas présenter une demande abusive ou manifestement mal fondée. Depuis l'entrée en vigueur du Protocole 14, la requête peut être déclarée irrecevable si les conditions de recevabilité prévues à l'article 35 de la Convention ne sont pas remplies : notamment, la requête individuelle est recevable uniquement si le requérant a d'abord épuisé les voies de recours internes (comme l'appel et la cassation), s'il a saisi la Cour européenne dans le délai de 4 mois après la dernière décision définitive, s'il n'a pas déjà saisi la Cour européenne avant sur le même grief, si sa requête est incompatible avec la Convention ou ses Protocoles, et, enfin, si « le requérant n'a subi aucun préjudice important, sauf si le respect des droits de l'homme exige un examen de la requête au fond et à condition de ne rejeter pour ce motif aucune affaire qui n'a pas été dûment examinée par un tribunal interne » (Conv. EDH, art. 35-3-b, Protocole 14 ; le protocole 16 a supprimé cette dernière condition, la Cour européenne peut donc juger l'affaire même si le préjudice n'est pas important dès lors que le respect des droits de l'homme exige un examen de la requête au fond, depuis le 1er août 2021). Ces conditions de recevabilité sont si strictes, que presque 95 % des requêtes sont déclarées irrecevables !

1. Un juge unique

423. Attributions. Des juges uniques sont institués en application de l'article 26 § 1 de la Convention. Leur nombre est décidé par le président de la Cour, qui procède aux désignations requises au titre d'une ou plusieurs Parties contractantes. Les juges uniques sont désignés pour une période de douze mois. Ils continuent d'assumer leurs autres tâches au sein des sections dont ils sont membres conformément à l'article 25 § 2 du règlement de la Cour. Cependant, pour garantir l'impartialité du juge, conformément à l'article 26 § 3 de la Convention, un juge ne peut statuer en qualité de juge unique sur une requête dirigée contre la Partie contractante au titre de laquelle il a été élu. En outre, un juge ne peut statuer en qualité de juge unique sur une requête dirigée contre une Partie contractante dont il est ressortissant. Chaque juge unique, lorsqu'il statue, est assisté d'un rapporteur non judiciaire. Les présidents de section, les vice-présidents de section désignés pour statuer sur les demandes de mesures provisoires conformément à l'article 39 § 4 du Règlement de la Cour, siègent aussi comme juges uniques.

Il peut déclarer une ***requête individuelle irrecevable ou la rayer du rôle*** lorsqu'une telle décision peut être prise sans examen complémentaire. Sa décision est définitive. Si une telle décision ne peut être prise, le juge doit renvoyer l'affaire pour un examen complémentaire, soit au comité, soit à la chambre (Conv. EDH, art. 27, Protocole 14). Pour éviter tout soupçon de partialité, le juge unique ne peut jamais examiner une requête introduite contre l'État au titre duquel il a été élu. Cette faculté de conférer à un juge unique le pouvoir de filtrer les requêtes individuelles a permis d'augmenter considérablement la capacité de traitement des affaires irrecevables.

424. Assistance du juge. Le juge est assisté par les juristes du greffe et des « juristes assistants », ressortissants des différents pays du Conseil de l'Europe, qui connaissent parfaitement le droit national, et préparent l'examen de la recevabilité des requêtes individuelles. Ils sont recrutés par concours.

2. Un Comité de trois juges

425. Rôle de filtrage et d'examen des requêtes individuelles. Il existe dans chaque chambre de la Cour un comité de 3 juges. Ces Comités ont pour mission le filtrage des requêtes individuelles. Ils peuvent, par vote unanime, déclarer irrecevable ou rayer du rôle une requête individuelle lorsqu'une telle décision peut être prise sans examen complémentaire. La décision doit être motivée. Il peut aussi, depuis le Protocole 14, déclarer la requête recevable et rendre conjointement un arrêt sur le fond lorsque la question relative à l'interprétation ou à l'application de la Convention ou de ses Protocoles fait l'objet d'une jurisprudence bien établie de la Cour (Conv. EDH, art. 28-1-b), Protocole 14). Si le juge élu au titre de l'État partie au litige ne fait pas partie du Comité, ce dernier peut l'inviter à siéger en son sein en lieu et place de l'un de ses membres.

3. Les Chambres de sept juges

426. Instance de jugement. Elles sont constituées à partir des sections (à la demande de l'Assemblée plénière, le Comité des ministres peut, par une décision unanime et pour une période déterminée, réduire à 5 le nombre des juges d'une chambre : Conv. EDH, art. 26-2) : pour chaque affaire, la chambre comprend le président de la section et le juge élu au titre de la Partie contractante concernée (en cas d'absence de ce juge, une personne, choisie par le président de la Cour sur une liste soumise au préalable par l'État concerné, siège en qualité de juge : Conv. EDH, art. 26-4) ; les 5 autres membres sont désignés par le président de la section selon un système de rotation parmi les membres de la section ; les membres de la section non désignés siègent en qualité de suppléants.

Cette chambre est l'instance normale de jugement : elle a une compétence de principe pour examiner toutes les requêtes, individuelles ou étatiques, et statuer sur la recevabilité comme sur le fond. La décision de recevabilité, motivée, peut être distincte de l'arrêt sur le fond (Conv. EDH, art. 29, Protocole 14). Pour déterminer l'ordre dans lequel les affaires doivent être traitées, la Cour tient compte de l'importance et de l'urgence des questions soulevées, sur la base de critères définis par elle. La chambre et son président peuvent toutefois déroger à ces critères et réserver un traitement prioritaire à une requête particulière.

427. Mesures provisoires. La chambre ou, le cas échéant, le président de la section ou un juge de permanence désigné par le président de la Cour peuvent, soit à la demande d'une partie ou de toute autre personne intéressée, soit d'office, indiquer aux parties ***toute mesure provisoire*** qu'ils estiment devoir être adoptée dans l'intérêt des parties ou du bon déroulement de la procédure (art. 39 Règlement de la Cour, à jour au 1er août 2021). Le Comité des ministres est informé des mesures adoptées dans l'affaire.

428. Mission de règlement amiable. La chambre de sept juges a aussi une fonction de conciliation : le greffier, sur les instructions de la chambre, entre en rapport avec les parties en vue de parvenir à un règlement amiable. Les négociations sont confidentielles ; si elles aboutissent à un accord, la chambre s'assure que le règlement s'inspire du respect des droits de l'homme tels que les reconnaissent la Convention et ses Protocoles, et elle raye l'affaire du rôle de la Cour.

429. Portée juridique de l'arrêt. À défaut de règlement amiable, la chambre se prononce sur la violation de la Convention. Elle rend un ***arrêt déclaratoire*** : cette décision a autorité de la chose jugée à l'égard des parties (le requérant et l'État défendeur) ; elle oblige l'État condamné à prendre des mesures positives, d'ordre général (modification du système législatif) ou d'ordre individuel (possibilité de sortie du territoire, restitution d'un bien...). S'il y a lieu, la Chambre se prononce sur la ***satisfaction équitable*** : l'État défendeur est condamné à verser au requérant une somme d'argent, qui produit intérêts, pour réparer les préjudices résultant de la violation de la Convention.

Mais l'arrêt de la Cour européenne ***n'a pas force exécutoire*** dans l'ordre juridique interne : le requérant ne peut contraindre l'État à prendre ces mesures, il doit attendre le bon vouloir des autorités. Il n'existe pas de système coercitif pour obliger un État à changer **sa *législation et la mettre en conformité*** avec la Convention européenne. Mais l'État condamné a intérêt à modifier ses normes, pour éviter les condamnations successives fondées sur le même grief !

Arrêt pilote (art. 61 du Règlement de la Cour à jour au 1er août 2021)

Lorsqu'un État est attaqué par plusieurs requêtes, la Cour européenne pratique « ***l'arrêt pilote*** » (le 1er a concerné la Pologne, aff. *Broniowski* du 22 juin 2004, plusieurs États ont été concernés depuis) : la Cour constate que les affaires sont répétitives et que le dysfonctionnement est chronique, elle identifie les mesures que l'État doit prendre pour mettre fin à la violation des droits de l'homme et rend un arrêt en fixant le délai dans lequel l'État doit exécuter les mesures. Elle met en attente l'examen des autres requêtes, et contrôle si l'État a ou non pris les dispositions qu'elle a proposées. Si l'État ne se conforme pas au dispositif de l'arrêt pilote, la CEDH examine alors les requêtes qu'elle avait laissées en attente.

430. Conséquences de l'arrêt de la CEDH. Lorsque la violation de la Convention européenne résulte d'un jugement, la situation juridique est délicate. En effet, les décisions rendues par une juridiction nationale ont autorité de la chose jugée et force exécutoire. L'arrêt de condamnation de la Cour européenne des droits de l'Homme ne peut pas porter atteinte à ces attributs. En conséquence, un jugement doit être mis à exécution, même si la Cour a condamné la France en se fondant sur cette décision ! Deux exceptions ont été introduites en droit français pour permettre un réexamen des affaires.

431. Possibilités de réexamen de l'affaire après condamnation de la France par la CEDH. En matière pénale (CPP, art. 626-1 à 626-7), la loi du 15 juin 2000 a prévu une procédure permettant *un réexamen* des *décisions pénales* définitives en cas de condamnation par la Cour européenne, si la violation constatée entraîne pour le condamné des conséquences dommageables auxquelles l'indemnisation financière ne peut à elle seule mettre un terme (par ex. une personne a été condamnée à une peine de prison à l'issue d'une procédure qui n'a pas respecté les droits de la défense). La demande est portée devant *la Cour de révision et de réexamen*, réformée par la loi n° 2014-640 du 20 juin 2014.

En matière civile, la procédure de réexamen devant la Cour de révision et de réexamen ne concerne que les décisions rendues en matière d'état des personnes, dès lors que par sa nature et sa gravité, la violation de la Convention européenne constatée par la CEDH entraîne, pour la personne concernée, des conséquences dommageables auxquelles la satisfaction équitable accordée par la CEDH ne pourrait mettre un terme (COJ, art. L. 452-1). Les jugements rendus dans les autres matières civiles ou commerciales ou sociales doivent être exécutés, même après condamnation par la CEDH.

432. Suivi de l'exécution des arrêts de la CEDH. Les États s'engagent à se conformer aux arrêts définitifs de la Cour, même si ces derniers ne sont que déclaratoires. Ils doivent prendre les mesures individuelles et/ou collectives préconisées par la CEDH dans son arrêt. Le ***comité des ministres*** (Statut du Conseil de l'Europe, art. 14) est composé d'un représentant de chaque État membre ; il s'agit en principe du ministre chargé des Affaires étrangères. Il a pour fonction de ***surveiller l'exécution*** des arrêts définitifs rendus par la Cour (arrêt d'une chambre, de la grande chambre...).

433. Procédure de suivi de l'exécution des arrêts de la CEDH. Si l'État condamné ne prend pas les mesures qui s'imposent dans le délai imparti par la CEDH, le Comité des Ministres, après avoir mis en demeure cet État, et par décision prise par un vote à la majorité des 2/3 des représentants ayant le droit de siéger, saisit la Cour de la question du respect de la décision (Conv. EDH, art. 46-4, Protocole 14). Si la Cour constate une méconnaissance de la décision, elle renvoie l'affaire au Comité des Ministres afin qu'il examine les mesures à prendre. L'État concerné est moralement et politiquement fortement incité à exécuter, pour sauvegarder son image d'État de droit sur la scène internationale...

4. La Grande chambre

434. Avis consultatif. Depuis l'entrée en vigueur du protocole 16, la grande chambre est compétente pour donner ***un avis consultatif*** sur une question de principe relative à l'interprétation ou à l'application des droits et libertés définis par la Convention ou ses protocoles, lorsqu'elle est saisie par une des juridictions désignées par l'État membre (en France, il s'agit de la Cour de cassation, du Conseil d'État et du Conseil constitutionnel). La grande chambre comprend de plein droit le juge élu au titre de l'État dont relève la juridiction qui a procédé à la demande. Le commissaire aux droits de l'homme du Conseil de l'Europe et l'État ont le droit de présenter des observations écrites et de prendre part aux audiences. Le président de la cour peut même dans l'intérêt d'une bonne administration de la justice inviter tout autre État ou personne à présenter également des observations écrites ou à prendre part aux audiences. La grande chambre rend un avis consultatif motivé et tout juge a le droit d'y joindre l'exposé de son opinion séparée. L'avis consultatif est transmis à la juridiction qui l'a demandé et à l'État. Il est publié. Néanmoins cet avis n'est pas contraignant pour la juridiction qui l'a sollicité.

435. Compétence sur « recours » contre les arrêts de la Cour européenne. L'arrêt rendu sur le fond par la chambre de sept juges de la CEDH n'est pas définitif, la grande chambre pouvant éventuellement statuer sur « renvoi » et réexaminer l'affaire. La grande chambre est formée de dix-sept juges, et se caractérise par une composition variable : à l'exception des membres de droit (le président, les vice-présidents, les présidents de chambre et le juge élu au titre de l'État partie au litige), les juges sont désignés pour chaque affaire conformément au Règlement de la Cour (Conv. EDH, art. 26-5, Protocole 14). Cette composition peut poser problème au regard de l'exigence d'impartialité, puisque le président de la chambre et le juge qui a siégé au titre de l'État partie au litige en font partie.

5. Le collège

436. Examen préalable des demandes de renvoi devant la grande chambre. ***Le collège de cinq juges*** de la grande chambre, appelé à examiner les demandes préalablement au renvoi devant la Grande chambre, se compose du président de la Cour, des présidents ou en cas d'empêchement des vice-présidents des sections autres que celle à partir de laquelle a été constituée la chambre qui a eu à connaître de l'affaire dont le renvoi a été demandé, et un juge supplémentaire désigné par rotation parmi les juges autres que ceux qui ont eu à connaître de l'affaire dans la Chambre. Aucun juge élu au titre d'une partie contractante concernée ou ressortissant de celle-ci ne peut faire partie du Collège.

Ce Collège doit vérifier que le recours formé devant la grande chambre remplit les ***conditions de recevabilité*** prévues par la Convention : le renvoi doit être demandé dans le délai de 3 mois à compter de la date de l'arrêt de la chambre ; l'affaire doit soulever une question grave relative à l'interprétation ou à l'application de la Convention ou de ses Protocoles, ou encore une question grave d'intérêt général (par ex. nécessite une modification du système législatif d'un État ; Conv. EDH, art. 43).

437. Examen préalable de la demande d'avis. Dans la ***procédure d'avis consultatif*** prévu par le protocole 16, le collège de cinq juges de la grande chambre doit se prononcer sur l'acceptation de la demande d'avis consultatif. Le collège comprend alors de plein droit le juge élu au titre de l'État dont relève la juridiction qui a demandé l'avis. Si le collège refuse d'accepter cette demande d'avis, sa décision doit être motivée. S'il accepte la demande d'avis la grande chambre statue.

CHAPITRE 9

Les juridictions internationales

438. Création d'un ordre juridictionnel international. La solidarité et la nécessité d'organiser des rapports de paix entre les peuples de la société internationale exigent que les États acceptent de limiter leur souveraineté pour institutionnaliser de façon permanente des organes judiciaires communs, à vocation supra nationale, indépendants de toute souveraineté des États, et pour reconnaître l'autorité des décisions rendues par ces juridictions. À cet égard, la Cour internationale de justice de La Haye traduit la juridictionnalisation croissante du règlement des litiges entre États. En matière répressive, la communauté internationale, ou du moins une grande partie, s'engage vers un nouvel ordre juridique international pour sanctionner des actes particulièrement inacceptables pour l'humanité : en ce sens, plusieurs tribunaux pénaux internationaux et une Cour pénale internationale ont été créés.

439. Pôle spécialisé pour les crimes contre l'humanité. La loi du 13 décembre 2011 relative à la répartition des contentieux et à l'allégement de certaines procédures, promulguée dans le prolongement du rapport Guinchard (*L'ambition raisonnée d'une justice apaisée, La Doc. française, 2008*) met en place un ***pôle judiciaire spécialisé à Paris***, compétent pour les crimes contre l'humanité et les crimes et délits de guerre. Les articles 628 et suivants du Code pénal[1] précisent la compétence concurrente de la cour d'assises de Paris et organisent la poursuite, l'instruction et le jugement des crimes contre l'humanité.

1 • LA COUR INTERNATIONALE DE JUSTICE DE LA HAYE

440. Compétence. La Cour internationale de justice a son siège à La Haye. Sa mission essentielle est de trancher les différends juridiques entre des États souverains étrangers (par exemple, une contestation sur la délimitation de leurs frontières, un litige sur l'utilisation des eaux territoriales en matière de pêche). C'est au lendemain de la Première Guerre mondiale, en 1922, que la Société des Nations a créé une Cour Permanente de Justice internationale (CPJI). Après la Seconde Guerre mondiale, l'ONU la remplaça par la Cour internationale de justice (CJI), régie par la Charte de l'ONU (art. 92 à 96) et par un Statut qui en est partie intégrante.

1. Situés dans le sous-titre « de la coopération avec la Cour pénale internationale ».

A - La composition

441. Statut des membres. La Cour, qui ne peut comprendre plus d'un membre ressortissant du même État, est composée de 15 membres, indépendants, inamovibles et bénéficiant de l'immunité diplomatique, élus par l'Assemblée générale et le Conseil de sécurité de l'ONU, sur des listes présentées, pour chacun des pays, par des personnalités indépendantes jouissant de la plus haute considération morale, et qui réunissent des conditions de compétence (Statut, art. 3 et 4) ; le choix de ces juges est effectué dans le souci d'assurer « la représentation des grandes formes de civilisation et des principaux systèmes juridiques du monde » (Statut, art. 9). La durée du mandat est de 9 ans, renouvelable (Statut, art. 13). La Cour est renouvelée par tiers tous les trois ans. Dans un procès donné, si un État concerné ne compte pas l'un de ses citoyens parmi les juges de la CIJ, celle-ci peut s'adjoindre un juge *ad hoc* désigné par cet État.

Les membres de la Cour doivent être indépendants et impartiaux : ils ne peuvent exercer aucune fonction politique ou administrative ni se livrer à aucune autre occupation à titre professionnel. Ils ne peuvent pas exercer les fonctions d'agent, de conseil ou d'avocat dans aucune affaire.

La Cour nomme, pour trois ans, ***son président et son vice-président*** ; ils sont rééligibles. Elle nomme ***son greffier***.

442. Organisation. Sauf exception prévue par le Statut, la Cour exerce ses attributions en séance plénière. Le quorum de 9 est suffisant pour constituer la Cour.

La Cour peut, à toute époque, constituer une ou plusieurs chambres composées de 3 juges au moins selon ce qu'elle décidera, pour connaître certaines affaires déterminées (affaires de travail, ou concernant le transit et les communications ; Statut, art. 26). Une chambre de 5 juges est appelée à statuer en procédure sommaire lorsque les parties le demandent.

B - La compétence

1) La compétence contentieuse

443. Attributions. La CIJ a pour mission de régler, conformément au droit international, les différends juridiques qui lui sont soumis, et de leur donner une solution conforme aux conventions et coutumes internationales, aux principes généraux de droit reconnus par les nations civilisées. Mais, cette solution des conflits juridiques n'est pas exempte de connotations politiques. Cela se vérifie dans sa saisine, l'acceptation de sa compétence par les États et la réelle force de ses arrêts.

La compétence de la CIJ doit avoir été ***acceptée par les États*** concernés. Cette acceptation peut se manifester, lorsqu'un différend surgit entre deux États, par une convention, le compromis, reconnaissant le caractère obligatoire de la juridiction quant au litige qui les oppose. Avant même la naissance du litige, les États qui ont signé un traité international peuvent ajouter une clause compromissoire par laquelle tout différend relatif à l'application ou l'interprétation de ce traité sera soumis à la Cour. Les États peuvent aussi, par une déclaration générale (clause facultative de juridiction obligatoire), avant tout litige, accepter la juridiction de la CIJ ; ils peuvent même exclure certains différends de cette acceptation. Le domaine de compétence de la Cour est défini par l'article 36 du Statut : interprétation d'un traité, tout point de droit international, la réalité de tout fait qui constituerait une violation d'un engagement international, la nature et l'étendue de la réparation due pour la rupture d'un engagement international.

444. Saisine. La saisine de la CIJ ne peut être réalisée que par les États, et par l'ONU depuis l'avis du 11 avril 1949, un particulier ne peut pas la saisir, si ce n'est par l'intermédiaire de l'État auquel il appartient. En 2019 a paru la nouvelle édition du Manuel sur la Cour internationale de justice destiné à faciliter une meilleure compréhension pratique de l'histoire, de la composition, de la compétence, de la procédure et de la jurisprudence de la Cour (voir le site internet de la Cour).

Portée des arrêts

La portée des arrêts de la CIJ est relative. Si l'État condamné n'exécute pas spontanément la décision prononcée contre lui, cette dernière n'est exécutoire que si l'État bénéficiaire de l'arrêt recourt au Conseil de sécurité qui, « s'il le juge nécessaire, peut faire des recommandations ou décider des mesures à prendre pour faire exécuter l'arrêt » (Charte ONU, art. 94) : par exemple, une coercition par embargo.

2) *La compétence consultative*

445. Avis. La CIJ peut être saisie sur toute question juridique par l'Assemblée générale ou le Conseil de sécurité de l'ONU. Ces avis ne sont pas obligatoires en droit.

Certains avis sont de véritables voies de recours, parce qu'ils sont obligatoires : il s'agit des avis rendus par la CIJ sur les décisions prises par le tribunal administratif des Nations unies et le tribunal administratif de l'Organisation internationale du Travail, au sujet des fonctionnaires internationaux.

2. LA COUR PÉNALE INTERNATIONALE

446. Évolution. En 1920, la Société des Nations envisagea la création d'une Haute Cour de Justice internationale qui n'entra jamais en vigueur. En 1945-1946 les tribunaux militaires internationaux de Nuremberg et Tokyo jugèrent des grands criminels nazis et japonais, et ont conduit la communauté mondiale à réfléchir à l'établissement de tribunaux pénaux internationaux et d'une Cour pénale internationale.

Le Conseil de sécurité a mis en place un ***Mécanisme pour les tribunaux pénaux internationaux,*** ayant pour objectif d'achever les missions du tribunal pénal international pour l'ex-Yougoslavie (TPI Y) et du tribunal pénal international pour le Rouanda (TPI R), avec une compétence conjointe des TPI (résolution du 22 déc. 2010, CS 10141). Le mécanisme est composé de 2 divisions, l'une à La Haye, l'autre à Arusha ; il est composé de chambres de 25 juges indépendants. Le procureur est commun aux deux divisions et est nommé par la Conseil de sécurité sur proposition du secrétaire général pour un mandat de 4 ans (renouvelable). Un greffe commun assure le service administratif de l'ensemble. Le mécanisme fonctionne comme une juridiction non permanente.

A - L'organisation

447. Convention de Rome. La création des deux TPI a mis en évidence la nécessité d'instaurer une cour pénale permanente (voir le site internet, *icc-cpi.int*). En 1994, la Commission du droit international de l'ONU a présenté un projet de Statut qui, après discussions et rapports, a été adopté 3 avril 1998 lors de la Conférence diplomatique de Rome. Résultat de longues négociations politiques, ses statuts sont un compromis juridique entre deux systèmes de droits différents, le droit des pays de Common law et les droits de tradition romano-germanique. Ce traité de Rome a été adopté par 120 États sur 160, 7 États ont voté contre (États-Unis et Chine membres permanents du Conseil de sécurité, Irak, Libye, Qatar, Inde), 21 se sont abstenus et 12 délégations n'ont pas pris part au vote.

La France a dû procéder à une modification constitutionnelle pour la ratification de la Convention de Rome : la loi constitutionnelle n° 99-568 du 8 juillet 1999 ajoute un article 53-2 à la Constitution du 4 octobre 1958 pour autoriser la République à reconnaître la Cour pénale internationale. La première assemblée des États parties s'est tenue du 3 au 10 septembre 2002 pour adopter le règlement de procédure et des preuves, définir un budget et les modalités de désignation des juges et du procureur. Les juges ont été élus (11 hommes et 7 femmes) par l'Assemblée des États parties, pour un mandat de 9 ans non renouvelable. L'inauguration officielle de la Cour a eu lieu le 11 mars 2003 à La Haye et le règlement de la Cour a été adopté le 26 mai 2004. Parmi les 124 États parties, 34 sont africains : certains critiquent cette juridiction et ont quitté la CPI (Burundi, Afrique du Sud, Gambie), ce qui traduit une crise profonde.

448. Organisation de la Cour. Le siège de la Cour est situé à La Haye. Elle comprend trois sections : la section préliminaire, la section de 1re instance et la section d'appel. La section préliminaire est constituée d'au moins 6 juges et un président, elle peut statuer avec un ou trois juges. La section de 1re instance comprend au moins 6 juges et un président, elle statue avec 3 juges. La section d'appel comprend 4 juges et 1 président, elle doit statuer avec tous ses 5 membres.

La présidence de la Cour (1 président, 2 vice-présidents élus par les juges pour 3 ans) est chargée de l'administration de la cour.

Le bureau du procureur est constitué par le procureur (élu au scrutin secret à la majorité absolue des membres de l'assemblée des États parties) et un ou plusieurs procureurs adjoints. Le bureau du procureur est totalement indépendant de la Cour et joue un rôle essentiel : il reçoit les informations sur les infractions qui relèvent de la compétence de la Cour, conduit les enquêtes et soutient l'accusation.

B - La compétence

449. Crimes les plus graves ayant une portée internationale. La CPI exerce « sa compétence à l'égard des personnes pour les crimes les plus graves ayant une portée internationale » (art. 1).

La cour est compétente pour les infractions les plus odieuses et les plus dangereuses pour l'humanité : génocide, crimes contre l'humanité, crimes de guerre et agression :

- le ***génocide*** consiste en des actes commis dans l'intention de détruire en tout pour en partie un groupe national, ethnique, racial ou religieux (meurtres, atteintes à l'intégrité physique ou mentale, imposition de conditions de vie inhumaines, de mesures empêchant les naissances dans le groupe, le transfert forcé d'enfants) ;
- les ***crimes contre l'humanité*** sont des actes commis en connaissance de cause « dans le cadre d'une attaque de populations civiles systématique ou sur une grande échelle » (meurtres, exterminations, tortures, déportations, viols, esclavage sexuel, apartheid...) ;
- les ***crimes de guerre*** sont des actes violant les conventions de Genève de 1949 et les lois et coutumes de la guerre en vigueur dans le droit international ; l'agression n'est pas définie et relève de l'appréciation de la cour. Les peines applicables sont l'emprisonnement de 30 ans au plus, ainsi que la perpétuité ; la cour peut ajouter une amende et la confiscation des produits du crime.

450. Étendue de la compétence de la Cour. La cour pourra exercer sa juridiction si le crime a été commis sur le territoire d'un État signataire (ou d'un autre qui aurait accepté sa compétence par décision spéciale) ou si l'accusé est un ressortissant de l'un de ces États.

La cour est compétente à l'égard ***des personnes physiques*** (et non des États). Cela vise la responsabilité pénale des chefs de gouvernements (même si des immunités s'attachent à cette qualité en vertu du droit interne) et celle des supérieurs hiérarchiques pour négligence, défaut de surveillance ou consentement tacite. Aucun chef militaire ou supérieur hiérarchique ne pourra échapper à ses responsabilités pour les crimes commis par ses subordonnés, sauf s'il a été lui-même dans l'obligation légale d'obéir aux ordres du gouvernement ou d'un supérieur, s'il n'a pas su que l'ordre était illégal ou si l'ordre n'était pas manifestement illégal. Pour tous les responsables existent des causes d'atténuation ou d'exonération traditionnelles de responsabilité pénale. La CPI a rendu son premier jugement le 14 mars 2012 pour déclarer l'ancien chef de milice congolais Lubanga coupable de crimes de guerre commis en 2002.

451. Compétence complémentaire. La compétence de la CPI est complémentaire à celle des juridictions nationales. À la différence des tribunaux de La Haye et d'Arusha, pour lesquels existe une obligation de dessaisissement des juridictions nationales à la demande des pays, la compétence de la CPI est subsidiaire à celle des instances étatiques. Cette primauté accordée aux juridictions nationales est destinée à inciter les États à réprimer les crimes qui relèvent de la compétence de la cour et éviter ainsi de devenir des sanctuaires pour les criminels internationaux.

C - Les règles générales de fonctionnement

452. Procédure. La CPI peut être saisie sur plainte d'un État partie signataire, ou par le Conseil de sécurité de l'ONU, ou sur initiative du procureur. Dans ce dernier cas, le procureur doit obtenir, d'une chambre préliminaire de juges, l'autorisation d'ouvrir une instruction.

L'enquête est confiée à un procureur indépendant ; une chambre préliminaire a été instituée pour garantir l'égalité des armes pendant la phase préalable au jugement. Cette juridiction veille à une certaine régularité procédurale, et peut aussi intervenir pour solliciter du procureur des investigations complémentaires ou y procéder elle-même en présence des parties. Elle doit être sollicitée pour toutes mesures restrictives ou privatives de liberté.

Lors des débats, et conformément aux procédures de Common law, l'accusé a la possibilité de plaider coupable ou non coupable, (ce « *plea bargaining* » a été aménagé dans la procédure pénale française par la loi du 9 mars 2004) véritable négociation entre le procureur et l'avocat de la défense sur la qualification des faits et la détermination de la peine. Cette procédure est assortie de conditions : la possibilité d'écourter la procédure lorsque l'accusé plaide coupable peut être reconsidérée par la cour dans l'intérêt la justice ou dans l'intérêt des victimes. Il n'est pas possible de juger par contumace, l'absence de l'accusé paralysant le cours du procès.

Un appel de la décision de la CPI est possible afin de respecter les principes fondamentaux des droits de l'homme : il sera examiné par une chambre spéciale de la cour composée de juges n'appartenant pas à la formation de première instance.

Un pourvoi en révision pourra être présenté en cas de découverte d'un fait de nature à exercer une influence décisive sur la décision prise, lorsque la condamnation de l'accusé a été fondée sur la dénaturation d'un élément de preuve, ou en cas de partialité d'un juge.

Les articles 627 et suivants du Code de procédure pénale précisent la coopération de la France avec la CPI, notamment pour permettre l'arrestation sur le sol français des personnes poursuivies.

PARTIE 2

Les acteurs de la justice

453. ***Diversité des statuts et des missions.*** *Pour que la justice soit rendue dans des conditions ménageant les intérêts publics des citoyens comme les intérêts privés des justiciables, de nombreux intervenants s'associent. Tous ne font pas profession de contribuer au fonctionnement de la justice à titre principal : on peut citer le cas des notaires, officiers ministériels dont la fonction essentielle est de rédiger des actes authentiques, qui interviennent, par exemple, lorsqu'il faut liquider un régime matrimonial comportant des biens immobiliers, dans le cadre d'un divorce. Les auxiliaires de justice sont les professionnels dont l'activité est de participer à titre essentiel et parfois exclusif, au fonctionnement du service public de la justice. Il s'agit des avocats, commissaires de justice (remplacent les huissiers de justice depuis le 1er juillet 2022), greffiers, qui apportent un concours indispensable aux parties et aux juges. Les acteurs essentiels restent les magistrats et les juges, investis de la mission de rendre les décisions, auxquels il faut ajouter le ministère public, magistrat chargé de la défense des intérêts de la loi et de l'ordre public devant les tribunaux.*

CHAPITRE 10

Les juges

454. Terminologie : magistrat et juge. Au sens étymologique, le juge (du latin « *judicem* ») est celui qui dit le droit et dispose du pouvoir de rendre les jugements, alors que le magistrat (du latin « *magister* ») désigne la personne qui dispose d'un pouvoir, qui commande. Au sens judiciaire au contraire, les termes désignent également des professionnels qui rendent les jugements. La différence entre le juge et le magistrat est statutaire et ne concerne que l'ordre judiciaire : les magistrats sont des juges de carrière, dont les droits et obligations sont définis par l'ordonnance n° 58-1270 du 22 décembre 1958 portant statut de la magistrature. La magistrature comprend les magistrats du siège, dont le rôle est de juger, et les magistrats du parquet qui défendent l'intérêt général mais ne jugent pas. En ce sens, tous les magistrats ne sont pas des juges, puisqu'ils ne rendent pas tous des jugements. À l'inverse, il existe des juges qui disent le droit mais qui ne relèvent pas du statut de la magistrature : il s'agit des juges élus des tribunaux de commerce et les juges désignés des conseils de prud'hommes, des assesseurs des tribunaux paritaires des baux ruraux. Les commerçants élus, les salariés et employeurs désignés sont des juges judiciaires qui tranchent les litiges, mais leur statut relève de lois spéciales. Dans l'ordre administratif, l'article L. 231-1 du Code de justice administrative indique que « *les membres des tribunaux administratifs et des cours administratives d'appel sont des magistrats* », même s'ils ne relèvent pas de l'ordonnance de 1958. Leur statut a été modernisé par la loi n° 2016-483 du 20 avril 2016.

455. Dispositif législatif. La **Constitution du 4 octobre 1958** pose des principes généraux fondamentaux dans ses articles 64 et 65 : l'autorité judiciaire est indépendante, ce que garantit le président de la République assisté par le Conseil supérieur de la magistrature ; les magistrats du siège sont inamovibles, ce qui signifie qu'il est impossible de les muter, même en avancement, sans leur consentement, pour éviter toute pression des autorités publiques. Le Conseil supérieur de la magistrature, composé de magistrats et de personnalités qualifiées joue un rôle considérable dans les nominations, la carrière, la déontologie et la discipline des magistrats.

L'ordonnance n° 58-1270 du 22 décembre 1958 constitue la charte de la magistrature française. Ce texte, modifié à de nombreuses reprises, concerne les magistrats de carrière de l'ordre judiciaire, qu'ils soient magistrats du siège ou du ministère public, quelle que soit la juridiction à laquelle ils appartiennent (les juges élus ou désignés ont un statut fixé par des textes spéciaux qui ne seront pas étudiés ici et qui ont été précisés à l'occasion de l'organisation de la juridiction à laquelle ils appartiennent). Il faut ajouter le Recueil des obligations déontologiques des magistrats, élaboré par le Conseil supérieur de la magistrature en 2010 et modifié en 2019. Dans l'ordre administratif, on trouve des textes particuliers propres à chaque juridiction administrative, qui ont été regroupés dans ***le Code de justice administrative***, ainsi qu'une Charte de déontologie des membres de la juridiction administrative, publiée en janvier 2012.

1. DES MODALITÉS DIVERSIFIÉES DE RECRUTEMENT

A - Le recrutement des magistrats de l'ordre judiciaire

456. Statut original dans la fonction publique. Les juges de carrière « magistrats » sont intégrés dans la fonction publique avec un statut particulier qui garantit leur indépendance affirmée par la Constitution de 1958. Ils sont nommés par le président de la République dans des conditions strictement définies par la loi, après la vérification de leurs aptitudes professionnelles par un organisme indépendant, sur concours. Mais de nombreuses voies d'accès à la magistrature ont été instituées, qui permettent un exercice temporaire ou permanent de la justice.

1) L'exercice temporaire des fonctions de juges

457. Recrutement exceptionnel. Des lois de 1992, 1995 et 2003 ont ouvert des possibilités de recrutement pour un exercice temporaire de fonctions juridictionnelles, afin de pallier l'encombrement de certaines juridictions et de rapprocher la justice des justiciables. Pour le Conseil constitutionnel, l'exercice des fonctions judiciaires par des personnes qui n'ont pas consacré leur vie professionnelle à une carrière judiciaire doit rester exceptionnel, et le nombre de ces juges est nécessairement limité. De plus, ce même Conseil décide que, si les connaissances juridiques constituent une condition nécessaire à l'exercice des fonctions judiciaires, il est indispensable que le Conseil supérieur de la magistrature, qui intervient dans leur nomination, vérifie que les candidats détiennent ou sont aptes à acquérir à l'issue d'un stage en juridiction qui peut avoir un caractère probatoire, les qualités indispensables au règlement des contentieux. Il vérifie également que les textes qui instaurent ces recrutements temporaires prévoient des garanties appropriées pour satisfaire au principe d'indépendance et aux exigences de capacité qui découlent de l'article 6 de la Déclaration de 1789[1].

458. Exemples. Sans détailler toutes les hypothèses, on peut citer le recrutement comme ***conseiller ou avocat général en service extraordinaire*** à la Cour de cassation (Ord. 22 déc. 1958, art. 40-1 à 40-7).

Peuvent aussi être nommées ***magistrats exerçant à titre temporaire*** (MTT), pour exercer des fonctions de juge des contentieux de la protection, d'assesseur dans les formations collégiales des tribunaux judiciaires, de juge du tribunal de police ou de juge chargé de valider les compositions pénales, les personnes âgées d'au moins trente-cinq ans que leur compétence et leur expérience qualifient particulièrement pour exercer ces fonctions. Elles peuvent également être nommées pour exercer une

1. Cons. const., 21 févr. 1992, n° 92-305 DC – 10 janv. 1995, n° 94-355 DC : D. 1997, som. com. 128, obs. Renoux – 20 févr. 2003, n° 2003-466 DC : LPA, 13 mars 2003, p. 7, note Schoettl.

part limitée des compétences matérielles pouvant être dévolues par voie réglementaire aux chambres de proximité.

Les candidats doivent soit remplir les conditions prévues au 1°, 2° ou 3° de l'article 22, soit être membre ou ancien membre des professions libérales juridiques et judiciaires soumises à un statut législatif ou réglementaire ou dont le titre est protégé et justifier de cinq années au moins d'exercice professionnel.

Les magistrats exerçant à titre temporaire ne peuvent demeurer en fonction au-delà de l'âge de soixante-quinze ans (Ord. 22 déc. 1958, L. n° 2016-1090, 6 août 2016, art. 41-10). Les magistrats recrutés au titre de l'article 41-10 sont nommés pour une durée de cinq ans, renouvelable une fois, dans les formes prévues pour les magistrats du siège. Six mois au moins avant l'expiration de leur premier mandat, ils peuvent en demander le renouvellement. Le renouvellement est accordé de droit sur avis conforme du Conseil supérieur de la magistrature. Il est de droit dans la même juridiction. Par dérogation à l'article 8, les magistrats recrutés à titre temporaire peuvent exercer une activité professionnelle concomitamment à leurs fonctions judiciaires, sous réserve que cette activité ne soit pas de nature à porter atteinte à la dignité de la fonction et à son indépendance. Les membres des professions libérales juridiques et judiciaires soumis à un statut législatif ou réglementaire ou dont le titre est protégé et leurs salariés ne peuvent exercer des fonctions judiciaires dans le ressort du tribunal judiciaire où ils ont leur domicile professionnel ; ils ne peuvent effectuer aucun acte de leur profession dans le ressort de la juridiction à laquelle ils sont affectés. Ces magistrats ne peuvent exercer concomitamment aucune activité d'agent public, à l'exception de celle de professeur et de maître de conférences des universités. En cas de changement d'activité professionnelle, le magistrat en informe le premier président de la cour d'appel dans le ressort de laquelle il est affecté, qui lui fait connaître, le cas échéant, que sa nouvelle activité n'est pas compatible avec l'exercice de ses fonctions judiciaires.

Le magistrat ne peut connaître d'un litige présentant un lien avec son activité professionnelle ou lorsqu'il entretient ou a entretenu des relations professionnelles avec l'une des parties. Dans ces hypothèses, le président du tribunal judiciaire décide, à la demande de celui-ci ou de l'une des parties, que l'affaire sera soumise à un autre juge du tribunal ou, s'il exerce des fonctions d'assesseur, qu'elle sera renvoyée à une formation de jugement autrement composée. Cette décision de renvoi n'est pas susceptible de recours.

459. Magistrats honoraires juridictionnels. Des magistrats honoraires peuvent être nommés pour exercer des fonctions d'assesseur dans les formations collégiales des tribunaux judiciaires et des cours d'appel ou des fonctions de substitut près les tribunaux judiciaires ou de substitut général près les cours d'appel. Ils peuvent également être désignés par le premier président de la cour d'appel pour exercer les fonctions d'assesseur dans les cours d'assises ou pour présider la formation collégiale statuant en matière de contentieux social des tribunaux judiciaires et des cours d'appel spécialement désignés pour connaître de ce contentieux. Les magistrats honoraires ne peuvent demeurer en fonction au-delà de l'âge de soixante-douze ans. Les magistrats honoraires peuvent, sur leur demande, exercer des activités non juridictionnelles de nature administrative ou d'aide à la décision au profit des magistrats, en fonction des besoins.

460. Autres modes de recrutement. Le système judiciaire connaît le tirage au sort pour les jurés des cours d'assises, les élections des juges par leurs pairs (tribunaux de commerce), ou encore la nomination par une autorité publique (assesseurs du tribunal pour enfants).

2) *L'exercice permanent des fonctions de juges*

a) Le recrutement

461. Accès à l'École nationale de la magistrature. Les magistrats exercent en principe leurs fonctions à titre permanent, et sont recrutés par le biais de l'École nationale de la magistrature dont la mission est d'assurer la formation professionnelle des futurs magistrats que l'on appelle les auditeurs de justice, ainsi que la formation continue des magistrats en fonction. Le recrutement à l'École nationale de la magistrature se fait essentiellement sur ***concours*** : un premier concours pour étudiants réservés aux candidats âgés de 31 ans au plus ; un second concours dit « concours fonctionnaires » ouvert aux personnes ayant la qualité de fonctionnaires de l'État ou des collectivités territoriales et justifiant de quatre années de services, âgé de 46 ans au plus ; un troisième concours réservé aux personnes qui ont exercé une activité professionnelle durant huit ans. Il existe également un recrutement sur titres, ces derniers devant être suffisants pour justifier une admission à l'École nationale de la magistrature : il intéresse les personnes titulaires d'une maîtrise en droit qui ont exercé pendant quatre ans des activités dans le domaine juridique, économique et social, qui les qualifient pour l'exercice de fonctions judiciaires. Il existe également des ***recrutements sur titres et des intégrations directes*** (Ord. 22 déc. 1958, art. 18-1, 22 et 23) de personnes qualifiées.

b) La formation

462. Formation initiale. Les auditeurs de justice recrutés reçoivent une formation professionnelle qui recouvre une formation générale, un stage d'avocat de quelques mois, une scolarité à Bordeaux et un stage en juridiction. À l'issue de cette période, les auditeurs de justice subissent un examen de classement qui fixe un ordre pour le choix des postes. Puis vient une formation spécialisée destinée à préparer l'auditeur de justice à exercer son premier poste, qui comprend un stage de pré-affectation en juridiction. Les auditeurs de justice appartiennent au corps judiciaire, ils perçoivent une rémunération et sont assimilés à des magistrats ; ils sont soumis aux mêmes obligations et incompatibilités et sont tenus au secret professionnel. Ils doivent prêter le serment de garder le secret professionnel et de se conduire en tout comme un digne et loyal auditeur de justice.

Les magistrats recrutés par les ***concours latéraux*** suivent une formation prévue par l'article 21-1 de l'ordonnance du 22 décembre 1958 (stage probatoire organisé par l'ENM, bilan de la formation, entretien avec un jury).

Les magistrats recrutés ***sur titres*** sur le fondement de l'article 18-1 de l'ordonnance du 22 décembre 1958 sont soumis à une scolarité à l'ENM, puis d'un stage en juridiction, chez un avocat et d'un stage de pré-affectation dans une juridiction. Les magistrats qui bénéficient d'une ***intégration directe*** (Ord. 22 déc. 1958, art. 22 et 23) ont un stage probatoire dans une juridiction.

c) La nomination et l'affectation

463. Modalités. Les nouveaux magistrats sont nommés par décret du président de la République sur proposition du garde des Sceaux. Les auditeurs de justice choisissent leur affectation, soit au parquet, soit au siège, suivant leur rang de classement à l'examen de sortie et en fonction des postes publiés et des éventuelles réserves émises par le jury de classement. Un jury procède au classement des auditeurs de justice qu'il juge aptes, à la sortie de l'école, à exercer les fonctions judiciaires. Le jury assortit la déclaration d'aptitude de chaque auditeur d'une recommandation et, le cas échéant, de réserves sur les fonctions pouvant être exercées par cet auditeur, lors de sa nomination à son premier poste. Lors de la nomination de l'auditeur à son premier poste, cette recommandation, ces réserves et les observations éventuellement formulées par ce dernier sont versées à son dossier de magistrat. Il peut écarter un auditeur de l'accès à ces fonctions ou lui imposer le renouvellement d'une année de formation. La liste de classement est portée à la connaissance du garde des Sceaux, ministre de la Justice, qui en assure la publication au *Journal officiel*. Le président de la République nomme les auditeurs de justice aux postes du second degré de la hiérarchie judiciaire sur les propositions du garde des Sceaux, ministre de la Justice.

Suivant leur rang de classement, à l'exclusion des fonctions visées par les réserves du jury prévues à l'article 21 et en fonction de la liste qui leur est proposée, les auditeurs font connaître au garde des Sceaux, ministre de la Justice, le poste auquel ils souhaitent être nommés. Un auditeur de justice qui n'a pas exprimé de choix fait d'office l'objet d'une proposition de nomination et, s'il refuse cette proposition, il est considéré comme démissionnaire.

464. Nomination sur avis conforme du Conseil supérieur de la magistrature. Lorsqu'il s'agit d'un emploi de ***magistrat du siège***, le garde des Sceaux, ministre de la Justice, doit saisir pour avis conforme, la formation du Conseil supérieur de la magistrature compétente pour les magistrats du siège. En cas d'avis défavorable pour la nomination d'un auditeur à un emploi de magistrat du siège, une nouvelle proposition de nomination est faite après consultation de l'intéressé et soumise à nouveau pour avis conforme à la formation compétente du Conseil supérieur. Le ministre de la Justice est lié par l'avis du CSM.

Pour un emploi de ***magistrat du parquet***, le Conseil supérieur de la magistrature est saisi pour donner un avis simple qui ne lie pas le ministre de la Justice. En cas d'avis défavorable pour la nomination d'un auditeur à un emploi du parquet, le garde des Sceaux, ministre de la Justice, peut passer outre ou faire une nouvelle proposition après consultation de l'intéressé qui est soumise pour avis à la formation compétente du Conseil supérieur. Si l'auditeur refuse la nouvelle proposition, il est considéré comme démissionnaire (Ord. 22 déc. 1958, art. 26).

465. Prestation de serment. Le magistrat doit prêter serment devant la cour d'appel, selon la formule contenue dans l'article 6 de l'ordonnance du 22 décembre 1958 : « Je jure de bien et fidèlement remplir mes fonctions, de garder le secret des délibérations et de me conduire en tout comme un digne et loyal magistrat ». Ensuite, le magistrat est installé dans ses fonctions à l'audience solennelle du tribunal où il est nommé.

B - Le recrutement des magistrats de l'ordre administratif

1) *L'institut national du service public*

466. Réforme. Avec l'ordonnance n° 2021-702 du 2 juin 2021 portant réforme de l'encadrement supérieur de la fonction publique de l'État (l'article 11 fixe la date d'entrée en vigueur au 1er janvier 2022 ; une proposition de loi du 4 août 2021 présentée par des Sénateurs tend à permettre l'examen par le Parlement de la ratification de l'ordonnance du 2 juin 2021), l'Institut national du service public (INSP) remplace l'École nationale d'administration (ENA)[2].

467. Organisation de l'INSP. Il s'agit d'un établissement public de l'État chargé d'assurer la formation initiale de fonctionnaires destinés à accéder au corps des administrateurs de l'État ainsi qu'à d'autres corps de fonctionnaires ou de magistrats susceptibles d'exercer les fonctions mentionnées à l'article 1er. Il contribue à la formation continue des agents. Il coordonne l'élaboration des programmes de formation initiale et continue destinés à accroître la culture commune de l'action publique des agents ou appartenant à des corps et cadres d'emplois comparables et assure le suivi de leur mise en œuvre. Il peut conduire des travaux de recherche en lien avec l'action publique.

L'Institut national du service public est ***administré par un conseil d'administration*** comprenant, outre des représentants de l'État, des personnalités qualifiées, des représentants de fédérations syndicales de fonctionnaires et des représentants élus du personnel et des élèves, un député et un sénateur ainsi qu'un représentant au Parlement européen élu en France. Il est dirigé par un directeur. Les ressources de l'Institut national du service public sont notamment constituées par des subventions de l'État ou d'autres personnes publiques, par les dons et legs faits à son profit et par toute recette provenant de l'exercice de ses activités.

2) *Les nouvelles conditions de recrutement et d'avancement*

468. Avertissement. L'ordonnance modifie les dispositions applicables aux membres du Conseil d'État, aux magistrats de la Cour des comptes, aux magistrats des tribunaux administratifs et cours administratives d'appel et aux magistrats des chambres régionales et territoriales des comptes, en tenant compte des garanties d'indépendance attachées à l'exercice des fonctions juridictionnelles, dans le respect des exigences constitutionnelles et conventionnelles.

L'article 8 de l'ordonnance modifie les dispositions statutaires du Code des juridictions financières relatives aux ***magistrats de la Cour des comptes et aux magistrats des chambres régionales des comptes***. Leur statut est aligné sur celui des magistrats des autres juridictions administratives.

469. Intégration au Conseil d'État et obligation de mobilité. La possibilité d'intégrer directement le Conseil d'État à la sortie de l'INSP est supprimée depuis le

2. H. Pauliat, « Haute fonction publique : la réforme est lancée », JCP A, 7 juin 2021, actualités ; F. Melleray, « La réforme de l'encadrement supérieur de la fonction publique d'État », AJDA 2021, p. 1443 ; M.-C. de Montecler, « Une transformation profonde de la haute fonction publique », AJDA 2021, p. 1116.

1er janvier 2022. Le ***grade d'auditeur est supprimé et remplacé par un statut d'emploi d'auditeur d'une durée maximale de trois ans***, accessible aux administrateurs de l'État et aux membres des corps et cadres d'emplois de niveau comparable justifiant d'au moins deux ans d'expérience préalable (CJA, art. L. 121-2 et s.). Les auditeurs, qui occuperont un emploi fonctionnel (pour une durée de trois ans non renouvelable) seront nommés après avis d'un ***comité consultatif***. Le comité sera composé de quatre membres nommés pour quatre ans et non immédiatement renouvelables, deux membres du Conseil d'État en exercice désignés par le chef du corps et « deux personnes particulièrement qualifiées en raison de leurs compétences respectives dans les domaines du droit et des ressources humaines nommées respectivement par le Premier ministre sur proposition du ministre chargé de la Fonction publique et par le vice-président du Conseil d'État sur une liste établie par le ministre chargé de la Fonction publique ».

La sélection des auditeurs sera opérée au sein d'un vivier constitué des « membres du corps des administrateurs de l'État et des corps ou cadres d'emploi de niveau comparable, dont la liste est fixée par décret en Conseil d'État, justifiant d'au moins deux ans de services publics effectifs en cette qualité » (CJA, art. L. 133-5). La situation des auditeurs à la ***Cour des comptes*** sera équivalente (CJF, art. L. 112-3-1) et leurs modalités de nomination également (CJF, art. L. 122-7 et s.).

À l'expiration de la durée de 3 ans, le dossier des auditeurs sera soumis à une ***commission d'intégration***. Celle-ci est composée de six membres : trois membres du Conseil d'État dont le vice-président ; « une personne particulièrement qualifiée en raison de ses compétences dans le domaine des ressources humaines, nommée par le président de la République » ; « une personne particulièrement qualifiée en raison de ses compétences dans le domaine de l'action publique, nommée par le président de l'Assemblée nationale » ; « une personne particulièrement qualifiée en raison de ses compétences dans le domaine du droit, nommée par le président du Sénat » (CJA, art. L. 133-12-3 ; pour la Cour des comptes, CJF, art. L. 122-9).

Afin d'octroyer aux auditeurs des garanties d'indépendance équivalentes à celles des membres du Conseil d'État, il est prévu qu'il ne peut être mis fin à leurs fonctions qu'à leur demande ou pour motif disciplinaire et sur proposition de la commission supérieure du Conseil d'État.

470. Principes communs au Comité consultatif et à la Commission d'intégration. Le comité consultatif et la commission d'intégration sont organisés selon une ***composition paire*** et ***une absence de présidence***.

471. Nouvelle composition du Conseil d'État. Le corps des membres du Conseil d'État est actuellement composé de huit grades (CJA, art. L. 121-2). Le nombre d'auditeurs qui détermine le nombre de promotions au grade de maître des requêtes et par ricochet celui des conseillers d'État ordinaires (les 3/4 au moins des emplois vacants de maîtres des requêtes sont réservés aux auditeurs de première classe, (CJA, art. L. 133-4) et les deux tiers au moins des emplois vacants de conseillers d'État sont réservés aux maîtres des requêtes (CJA, art. L. 133-3).

La réforme met fin à ce système : une ***nouvelle variété de maîtres des requêtes en service extraordinaire*** est ajoutée, qui peut aboutir à leur intégration dans le corps (ord. 2 juin 2021, art. 9). L'objectif poursuivi est de recruter au sein d'un vivier composé de « personnes justifiant d'une durée minimale fixée par décret et au moins égale à six années de services publics effectifs en qualité d'administrateur de l'État, dans des corps et cadres d'emploi de niveau comparable, ou dans des fonctions d'un niveau équivalent ».

472. Nouvelles conditions d'intégration au grade de maître des requêtes. L'ordonnance modifie les modalités d'intégration au grade de maître des requêtes. Jusqu'au 1er janvier 2022, l'accès à ce grade n'était possible que pour les personnes issues de l'auditorat ou par le tour extérieur du Gouvernement. Avec la réforme, l'intégration au grade de maître des requêtes sera ouverte :

- d'une part, aux personnes ayant exercé les ***fonctions d'auditeur*** et justifiant ***d'au moins cinq ans d'expérience***, lesquels doivent représenter au moins la moitié des maîtres des requêtes nommés ;
- d'autre part, ***aux magistrats des tribunaux administratifs et des cours administratives d'appel*** ayant atteint le grade de premier conseiller, dont au moins deux membres sont nommés chaque année, ainsi qu'aux personnes ayant exercé depuis quatre ans les fonctions de maîtres des requêtes en service extraordinaire.

Le « tour extérieur du gouvernement » est supprimé pour les maîtres des requêtes. Le vice-président du Conseil d'État fixera, chaque année, le nombre de recrutements dans le grade de maître des requêtes (CJA, art. L. 133-4) et la moitié au moins devra être réservée à des auditeurs justifiant de trois ans de service en cette qualité (pour la Cour des comptes, CJF, art. L. 121-2)

473. Grade de conseiller d'État. En ce qui concerne le grade de conseiller d'État, ***le tour extérieur*** sera réduit : quatre nominations sur cinq seront réservées à des maîtres des requêtes ayant accompli une mobilité statutaire (CJA, art. L. 133-3 ; CJF, art. L. 122-3 pour les emplois de conseillers maîtres à la Cour des comptes). Un emploi au moins de conseiller d'État sera chaque année ouvert en plus, hors contingent sur proposition du vice-président du Conseil d'État, à « une personne dont les compétences et les activités dans le domaine du droit ou de l'action publique la qualifient particulièrement pour l'exercice de ces fonctions » (CJA, art. L. 133-3-1).

Une disposition équivalente, applicable à « au moins une personne dont les compétences et les activités dans le domaine des finances publiques ou de l'évaluation des politiques publiques la qualifient particulièrement pour l'exercice de ces fonctions », est prévue pour le recrutement de ***conseillers maîtres à la Cour des comptes*** (CJF, art. L. 122-3).

474. Présidence du Conseil d'État et exigence de mobilité. ***L'accès au grade de président*** est également conditionné à l'accomplissement d'une mobilité qui ne pourra plus être effectuée au sein d'une cour administrative d'appel.

475. Magistrats de la Cour des comptes et aux magistrats des chambres régionales des comptes. La réforme modifie le recrutement de tous les membres. Les magistrats de la Cour des comptes pourront participer aux travaux d'une chambre régionale et territoriale des comptes. En ce qui concerne les ***magistrats de la Cour des comptes, le grade d'auditeur est supprimé*** et remplacé par un statut d'emploi d'auditeur d'une durée maximale de trois ans, accessible aux administrateurs de l'État et aux membres des corps et cadres d'emplois de niveau comparable justifiant d'au moins deux ans d'expérience préalable, après passage devant un comité composé de façon paritaire de membres de la Cour des comptes et de personnalités qualifiées. Afin d'octroyer aux auditeurs des garanties d'indépendance équivalentes à celles des membres de la Cour des comptes, il est prévu qu'il ne peut être mis fin à leurs fonctions que sur demande des intéressés ou pour motif disciplinaire et sur proposition du conseil supérieur de la Cour des comptes.

L'ordonnance ***modifie le statut des rapporteurs extérieurs***, qui prennent désormais la dénomination de ***conseillers référendaires en service extraordinaire*** et peuvent exercer des fonctions juridictionnelles au même titre que les magistrats. Le vivier de recrutement des conseillers référendaires en service extraordinaire est élargi, notamment aux agents de direction et aux agents comptables des organismes de sécurité sociale ainsi qu'aux personnes dont la qualification et l'expertise particulières sont compatibles avec les activités et missions de la Cour des comptes.

L'ordonnance ***réforme les modalités d'intégration au grade de conseiller référendaire***. L'intégration au grade de conseiller référendaire sera ouverte, d'une part aux personnes ayant exercé les fonctions d'auditeur et justifiant d'au moins cinq ans d'expérience, lesquels doivent représenter au moins la moitié des conseillers référendaires nommés, d'autre part aux magistrats de chambre régionale des comptes ayant au moins le grade de premier conseiller, dont au moins un membre est nommé chaque année, ainsi qu'aux personnes ayant exercé depuis trois ans les fonctions de conseiller référendaire en service extraordinaire (avant, l'accès n'était possible que pour les personnes issues de l'auditorat ou par le tour extérieur du Gouvernement). Le tour extérieur du gouvernement est supprimé. À l'exception de celles des magistrats des chambres régionales des comptes, les nominations sont prononcées par décret du président de la République dans l'ordre établi par une commission, composée de façon paritaire par des membres de la Cour des comptes et de personnalités qualifiées, qui arrête, par ordre de mérite, la liste des candidats retenus pour l'intégration.

L'ordonnance ***modifie les conditions d'accès au grade de conseiller maître.*** Elle instaure une mobilité statutaire obligatoire au grade de conseiller référendaire conditionnant l'accès au grade supérieur. Elle diminue la part des recrutements au tour extérieur du gouvernement et prévoit une nouvelle voie de recrutement ouverte aux personnes dont les compétences et les activités dans le domaine des finances publiques ou de l'évaluation des finances publiques les qualifient particulièrement pour l'exercice de ces fonctions. Les conseillers maîtres ***en service extraordinaire*** pourront exercer des fonctions juridictionnelles.

476. Nouvelle extension du champ des contrats devant les chambres régionales des comptes. L'article 8 de l'ordonnance du 2 juin 2021 insère dans l'article L. 221-10 du Code des juridictions financières (CJF) un alinéa disposant que « peuvent exercer les fonctions de magistrats des chambres régionales des comptes, ***des agents contractuels*** justifiant d'une expérience professionnelle nécessaire aux activités et missions des chambres régionales des comptes ». Des garanties d'indépendance devront être fournies, puisqu'il y a une entorse à la situation « statutaire » qui a jusque-là paru nécessaire à l'indépendance des magistrats.

3) L'évaluation

477. Nouvelles modalités d'évaluation. L'ordonnance adapte l'évaluation au mécanisme de l'évaluation à 360°. Les membres du Conseil d'État, les magistrats de la Cour des comptes, des tribunaux administratifs et des cours administratives d'appel et des chambres régionales et territoriales des comptes, ***sont soumis aux mêmes principes de mobilité, d'ouverture et d'évaluation***. Les intéressés bénéficient à différents moments de leur parcours professionnel ***d'évaluations destinées à apprécier la qualité de leurs pratiques professionnelles et de leurs réalisations ainsi que leur aptitude à occuper des responsabilités de niveau supérieur***. Ces évaluations sont confiées à ***une instance collégiale ministérielle ou interministérielle*** et sont communiquées à l'agent.

Un décret en Conseil d'État précisera la composition de l'instance collégiale, les modalités de son intervention ainsi que celles de la participation de l'agent à l'évaluation et de la prise en compte des recommandations relatives aux promotions de grade ou à l'accès aux emplois mentionnés à l'article 1er.

478. Attributions de l'instance collégiale d'évaluation et perspectives de carrière. L'instance apprécie les perspectives de carrière de l'intéressé et, le cas échéant, ***émet des recommandations de mobilité***. Elle peut également recommander d'orienter les agents vers des actions de formation et d'accompagnement de nature à développer et à diversifier leurs compétences.

L'instance d'évaluation peut préconiser une ***transition professionnelle*** ainsi que les mesures d'accompagnement qui peuvent y être associées (ord. 2 juin 2021, art. 3). Dans le cas d'une transition professionnelle, l'agent concerné peut bénéficier des dispositifs prévus aux II et IV de l'article 62 bis de la loi du 11 janvier 1984. Un accompagnement personnalisé leur est proposé afin de définir un projet personnel de transition professionnelle en vue de la poursuite de leur carrière, le cas échéant en leur proposant le recours à une rupture conventionnelle dans les conditions prévues à l'article 72 de la loi du 6 août 2019 (ord. 2 juin 2021, art. 4).

2. UN STATUT GARANT DE L'INDÉPENDANCE

479. Exigence constitutionnelle. Que le juge soit un magistrat, ou un juge élu, il doit bénéficier d'un statut qui lui garantisse une indépendance totale à l'égard des autorités publiques, et qui permette indirectement d'assurer son impartialité à l'égard des justiciables qu'il est amené à juger. Les garanties statutaires sont imposées par la Constitution (DDHC, art. 16, inséré dans le « bloc de constitutionnalité ») et par l'article 6 § 1 de la Convention européenne des droits de l'Homme : un tribunal indépendant et impartial est un droit de l'homme que les citoyens peuvent revendiquer contre l'État. On retrouve des dispositions protectrices, à la fois, dans le déroulement de la carrière, les obligations déontologiques des juges et la discipline.

A - Le déroulement de la carrière

1) Le principe d'inamovibilité

480. Notion. Une garantie essentielle contre les éventuelles pressions des pouvoirs publics sur ***les magistrats du siège*** est le principe d'inamovibilité : il signifie que le juge ne peut faire l'objet ni d'une mesure telle que le déplacement, la suspension, ou la révocation, en dehors d'une procédure disciplinaire, ni d'un avancement sans son consentement. Il est proclamé par l'article 64 de la Constitution du 4 octobre 1958 et repris par l'article 4 de l'ordonnance du 22 décembre 1958. Il s'applique à tous les magistrats du siège de l'ordre judiciaire. En revanche, ***les magistrats du ministère public*** ne bénéficient pas de cette garantie. Ils sont sous l'autorité du garde des Sceaux et de leurs supérieurs hiérarchiques, ce qui s'explique par la particularité de leurs fonctions : ces magistrats ne jugent pas et sont les garants de l'intérêt général auprès des tribunaux.

Les magistrats de l'ordre administratif sont également inamovibles : selon l'article L. 231-3 du Code de justice administrative, lorsqu'ils exercent leurs fonctions de magistrats dans une juridiction administrative, les magistrats des tribunaux administratifs et des cours administratives d'appel ne peuvent recevoir, sans leur consentement, une affectation nouvelle, même en avancement ; pour le Conseil d'État, le principe de l'inamovibilité est fondé sur un principe fondamental reconnu par les lois de la République[3].

2) *Le régime de l'avancement : l'exemple des magistrats de l'ordre judiciaire*

481. Avancement et indépendance des magistrats. Si la notion d'avancement est inhérente à celle de « carrière », il est indispensable d'éviter tout arbitraire ou tout favoritisme qui pourrait nuire au fonctionnement de la justice (pour les magistrats de l'ordre administratif, voir *supra*, n° 466). Les modalités d'avancement des magistrats doivent interdire toute pression de la part des autorités de nomination.

482. Hiérarchie des magistrats de l'ordre judiciaire. Le dispositif a été simplifié par la loi organique n° 2001-539 du 25 juin 2001 : la hiérarchie du corps judiciaire comprend ***deux grades***, l'accès du second au premier grade étant subordonné à l'inscription sur le tableau d'avancement (Ord. 22 déc. 1958, art. 2). Chaque année, les listes des magistrats présentés, par ordre de mérite, en vue d'une inscription au tableau d'avancement sont adressées au garde des Sceaux, ministre de la Justice, par les autorités chargées de leur établissement et décision de la Commission d'avancement. Ces listes sont notifiées à ces magistrats. Le projet de nomination à une fonction du premier ou du second grade et la liste des candidats à cette fonction sont communiqués pour avis pour les postes du siège ou pour ceux du parquet à la formation compétente du Conseil supérieur de la magistrature. Ce projet de nomination est adressé aux chefs de la Cour de cassation, aux chefs des cours d'appel et des tribunaux supérieurs d'appel, à l'inspecteur général, chef de l'inspection générale de la justice, ainsi qu'aux directeurs et chefs de service de l'administration centrale du ministère de la Justice, qui en assurent la diffusion auprès des magistrats en activité dans leur juridiction, dans le ressort de leur juridiction ou de leurs services. Ce document est adressé aux syndicats représentatifs de magistrats et, sur leur demande, aux magistrats placés dans une autre position que celle de l'activité. ***Toute observation*** d'un candidat relative à un projet de nomination est adressée au garde des Sceaux, ministre de la Justice, et au Conseil supérieur de la magistrature : elle permet au magistrat de contester le fait qu'il n'a pas été proposé sur le poste concerné.

---

3. Cons. const., 22 juill. 1980, DC n° 80-110 : Rec. Lebon 46.

483. Rôle du Conseil supérieur de la magistrature. L'article 64 de la Constitution du 4 octobre 1958 précise que le CSM assiste le président de la République dans sa mission de garantir l'indépendance de l'autorité judiciaire. L'article 65 de la Constitution précise la composition du CSM, qui garantit l'indépendance des membres et prévoit deux formations, l'une compétente à l'égard des magistrats du siège, l'autre à l'égard des magistrats du parquet. Chacune comprend des représentants des magistrats et des personnalités qualifiées non-magistrates, qui sont majoritaires. Le rôle du CSM varie selon qu'il s'agit de l'avancement d'un magistrat du siège ou du parquet.

484. Magistrats du siège. Selon le poste envisagé, le rôle du CSM est plus ou moins important. Pour les fonctions de magistrats du siège de la Cour de cassation, de premiers présidents de cours d'appel, de président de juridiction, c'est le CSM qui propose le candidat au ministre de la Justice (après étude du dossier, vérification des conditions statutaires et audition des candidats). Le décret portant nomination doit respecter la proposition du CSM.

Les décrets portant promotion de grade ou nomination ***aux autres fonctions de magistrat du siège*** sont pris par le président de la République ***sur proposition du garde des Sceaux***, ministre de la Justice, ***après avis conforme*** de la formation compétente du Conseil supérieur de la magistrature pour ce qui concerne les magistrats du siège. Les avis non conformes sont motivés. Le ministre de la justice ne peut pas nommer si le CSM a émis un avis non conforme.

485. Nombreuses conditions statutaires pour être nommé. Par exemple, ***nul ne peut exercer plus de sept années la fonction*** de président (ou de procureur de la République) d'un même tribunal judiciaire. À l'expiration de cette période, s'il n'a pas reçu une autre affectation, le magistrat est déchargé de cette fonction par décret du président de la République et exerce au sein de la cour d'appel ou du tribunal judiciaire les fonctions auxquelles il a été initialement nommé. Il en est de même dans le cas où, avant ce terme, il est déchargé de cette fonction sur sa demande ou en application de l'article 45.

Nul ne peut exercer plus de dix années la fonction de juge des libertés et de la détention, de juge d'instruction, de juge des enfants, de juge de l'application des peines ou de juge des contentieux de la protection dans un même tribunal judiciaire ou de première instance.

486. Magistrats du parquet. Quelle que soit la fonction envisagée, c'est toujours le garde des Sceaux qui fait une proposition de nomination ou d'avancement (sous la forme d'une circulaire dite « circulaire de transparence »). Les candidats non retenus peuvent faire des observations. Après analyse du dossier du candidat, et son audition pour les postes les plus importants (procureur de la République, procureur général...) la formation du Conseil supérieur de la magistrature compétente pour les magistrats du parquet donne ***un avis simple, favorable ou défavorable à la proposition***, qui ne lie pas le garde des Sceaux. Les avis défavorables sont motivés. En pratique, le ministre de la Justice se conforme à l'avis du CSM même s'il n'y est pas juridiquement tenu.

487. Limitations statutaires. ***Nul ne peut exercer plus de sept années*** la fonction de procureur général près une même cour d'appel. Six mois au moins avant l'expiration de cette période, le procureur général peut solliciter sa nomination en qualité d'inspecteur général adjoint des services judiciaires. Cette nomination est alors de droit au terme des sept années d'exercice de ses fonctions. À l'expiration de cette période, s'il n'a pas reçu d'autres affectations, le procureur général est déchargé de cette fonction par décret du président de la République et exerce au sein de la Cour de cassation les fonctions auxquelles il a été initialement nommé. Il en est de même dans le cas où, avant ce terme, il est déchargé de cette fonction sur sa demande ou en application de l'article 45 (Ord. 22 déc. 1958, art. 38-1). ***Nul ne peut exercer plus de sept années la fonction*** de procureur de la République d'un même tribunal judiciaire.

B - Des obligations déontologiques rigoureuses

1) Les devoirs

488. Harmonisation des obligations déontologiques des juges. Afin d'éviter que puisse naître dans l'esprit du justiciable un soupçon légitime de partialité, et d'assurer un bon fonctionnement de la justice, de nombreuses dispositions légales créent des obligations à la charge des magistrats. Ces exigences sont communes aux juges des tribunaux de commerce (C. com., art. L. 722-18 et s., L. n° 2016-1547, 18 nov. 2016 et C. com., art. R. 721-20, S. n° 2016-514, 26 avril 2016 pour le collège de déontologie) et aux conseillers prud'hommes (C. trav., art. R. 1431-3-1 et R. 1442-21 et s., D. n° 2016-1948, 28 déc. 2016 pour la déontologie et la discipline des conseillers prud'hommes), qui ne seront pas détaillées dans cet ouvrage.

Une Commission de réflexion sur l'éthique dans la magistrature, présidée par le premier Avocat général Jean Cabannes a formulé le 27 novembre 2003 des mesures de prévention des incidents éthiques (notamment par un renforcement des pouvoirs des Chefs de cour d'appel pour guider le magistrat en difficulté) et une modernisation du serment[4].

a) Les instruments préventifs

489. Prévention des conflits d'intérêts. La loi n° 2016-1090 du 8 août 2016 a modifié l'ordonnance du 22 décembre 1958 afin de mettre en place les moyens de prévenir les conflits d'intérêts. Elle rappelle que les « magistrats veillent à prévenir ou à faire cesser immédiatement ***les situations de conflit d'intérêts*** » (Ord. 1958, art. 7-1). « Constitue un conflit d'intérêts toute situation d'interférence entre un intérêt public et des intérêts publics ou privés qui est de nature à influencer ou à paraître influencer l'exercice indépendant, impartial et objectif d'une fonction ».

490. Déclaration d'intérêts et entretien déontologique. Pour éviter les situations de conflits d'intérêts, il est prévu que le magistrat qui entre en fonction doit effectuer ***un entretien déontologique avec le chef de juridiction et faire une déclaration d'intérêts***. Dans les deux mois qui suivent l'installation dans leurs fonctions, les magistrats remettent une déclaration exhaustive, exacte et sincère de leurs intérêts qui est remise :

– au président du tribunal, pour les magistrats du siège d'un tribunal de première instance ;

4. Rapport, novembre 2003, site internet du ministère de la Justice.

– au procureur de la République près ce tribunal, pour les magistrats du parquet d'un tribunal de première instance ;
– au premier président de la cour d'appel, pour les magistrats du siège d'une cour d'appel et pour les présidents des tribunaux de première instance du ressort de cette cour ;
– au procureur général près cette cour, pour les magistrats du parquet d'une cour d'appel et pour les procureurs de la République près des tribunaux de première instance du ressort de cette cour ;
– au premier président de la Cour de cassation, pour les magistrats du siège de la cour, pour les conseillers à la cour en service extraordinaire et pour les premiers présidents des cours d'appel ;
– et enfin au procureur général près la Cour de cassation, pour les magistrats du parquet de la cour, pour les avocats généraux à la cour en service extraordinaire et pour les procureurs généraux près des cours d'appel.

491. Confidentialité. La déclaration d'intérêts doit rester confidentielle : le fait de publier ou de divulguer, de quelque manière que ce soit, tout ou partie des déclarations ou des informations mentionnées contenues dans la déclaration est puni des peines mentionnées à l'article 226-1 du Code pénal. La déclaration d'intérêts est annexée au dossier du magistrat selon des modalités garantissant sa confidentialité, sous réserve de sa consultation par les personnes autorisées à y accéder. Lorsqu'une procédure disciplinaire est engagée, le Conseil supérieur de la magistrature et le garde des Sceaux, ministre de la Justice, peuvent obtenir communication de la déclaration. Cette déclaration d'intérêts peut également être communiquée à l'Inspection générale de la justice dans le cadre de l'enquête dont elle peut être saisie par le garde des Sceaux, ministre de la Justice, en application des articles 50-2 et 63.

492. Contenu de la déclaration d'intérêts. Il est détaillé à l'article 7-2 de l'ordonnance du 22 décembre 1958. Pour respecter les droits fondamentaux des personnes, la déclaration d'intérêts ne comporte aucune mention des opinions ou des activités politiques, syndicales, religieuses ou philosophiques du magistrat, sauf lorsque leur révélation résulte de la déclaration de fonctions ou de mandats exercés publiquement. On y trouve principalement les activités professionnelles donnant lieu à rémunération ou gratification exercées à la date de l'installation et aux cours des cinq années précédant la date de l'installation ; les activités de consultant exercées à la date de l'installation et au cours des cinq années précédentes ; les participations financières directes dans le capital d'une société à la date de l'installation ; les fonctions et mandats électifs exercés à la date de l'installation et même les fonctions bénévoles susceptibles de faire naître un conflit d'intérêts. Sont concernées les activités du magistrat, mais aussi les activités professionnelles exercées à la date de l'installation par le conjoint, le partenaire lié à l'intéressé par un pacte civil de solidarité ou le concubin. Toute modification substantielle des intérêts détenus fait l'objet, dans un délai de deux mois, d'une déclaration complémentaire dans les mêmes formes et peut donner lieu à un entretien déontologique.

493. Déclaration d'intérêts des magistrats de l'ordre administratif (CJA, art. L. 131-7, ord. n° 2016-1365, 13 octobre 2016). Dans les deux mois qui suivent leur affectation, les membres du Conseil d'État remettent une déclaration exhaustive, exacte et sincère de leurs intérêts au président de la section à laquelle ils ont été affectés. La déclaration est transmise au vice-président du Conseil d'État. La déclaration d'intérêts mentionne les liens et les intérêts détenus de nature à influencer ou à paraître influencer l'exercice indépendant, impartial et objectif des fonctions, que le déclarant a, ou qu'il a eus pendant les cinq années précédant son affectation ou sa prise de fonctions. Elle ne comporte aucune mention des opinions ou des activités politiques, syndicales, religieuses ou philosophiques de l'intéressé, sauf lorsque leur révélation résulte de la déclaration de fonctions ou de mandats exercés publiquement. La remise de la déclaration d'intérêts donne lieu à un entretien déontologique avec l'autorité à laquelle la déclaration a été remise, ayant pour objet de prévenir tout éventuel conflit d'intérêts et d'inviter, s'il y a lieu, à mettre fin à une situation de conflit d'intérêts. À l'issue de l'entretien, la déclaration peut être modifiée par le déclarant. L'entretien peut être renouvelé à tout moment à la demande du déclarant ou de l'autorité.

b) Les interdictions et limitations

494. Bon fonctionnement de la justice. La loi pose un certain nombre d'interdictions aux juges et aux magistrats, sous peine de sanction disciplinaire, afin de garantir le bon fonctionnement du service public de la justice. Il en est ainsi de ***la grève*** : selon l'article 10, alinéa 3, de l'ordonnance du 22 décembre 1958, « est interdite toute action concertée de nature à arrêter ou à entraver le fonctionnement des juridictions ». Il en est également ainsi de toutes manifestations d'hostilité politique incompatibles avec ***la réserve*** qu'impose la fonction de magistrat, afin que le juge conserve une neutralité conforme à un procès équitable (Ord., 22 déc. 1958, art. 10, pour les magistrats de l'ordre judiciaire).

495. Droit syndical. Le droit syndical est garanti aux magistrats qui peuvent librement créer des organisations syndicales, y adhérer et y exercer des mandats. Pour l'exercice de ce droit, les magistrats sont soumis aux dispositions législatives et réglementaires de droit commun applicables aux fonctionnaires.

c) Les incompatibilités

496. Impossibilité de cumuler certaines activités avec les fonctions de magistrat. Pour empêcher toute subordination extérieure qui risquerait d'entraver leur indépendance d'esprit et de compromettre leur liberté de jugement, les magistrats ne peuvent, en dehors de leurs fonctions, être requis pour ***d'autres services publics***. Toute disposition réglementaire nouvelle prescrivant leur participation aux travaux d'organismes ou de commissions extrajudiciaires sera soumise au contreseing du garde des Sceaux, ministre de la Justice. Aucun magistrat ne peut être affecté à un cabinet ministériel ni être placé en position de détachement s'il n'a accompli quatre années de services effectifs dans le corps judiciaire depuis son entrée dans la magistrature. Les incompatibilités intéressent aussi l'exercice ***de mandats politiques*** (mandat de parlementaire, de député ou de sénateur, mandat au Parlement européen). Les magistrats ne peuvent ***plus être arbitres***, depuis la loi du 15 juin 2001 (Ord., 22 déc. 1958, art. 8).

497. Liberté scientifique, littéraire et artistique. En revanche, les fonctions de magistrats n'interdisent pas les travaux scientifiques, littéraires et artistiques, ainsi que les activités d'enseignement.

d) Les incapacités de juger

498. Liens familiaux. La loi organise des incapacités de juger, permettant de lutter contre toute suspicion de partialité. Ainsi, un magistrat est incapable de statuer lorsqu'il existe un ***lien de parenté ou d'alliance entre magistrats d'une même juridiction***. Cette règle résulte de l'article L. 111-10 du Code de l'organisation judiciaire : « Les conjoints, les parents et alliés jusqu'au degré d'oncle et de neveu inclusivement ne peuvent être ***simultanément membres d'un même tribunal*** ou d'une même cour en quelque qualité que ce soit » (sauf dispense accordée par décret, mais, dans ce cas, les magistrats ne pourront pas siéger dans la même cause). Il y a également incapacité de juger dans une affaire déterminée, lorsqu'il existe un ***lien de parenté entre l'un des magistrats et l'une des parties*** en cause, jusqu'au 4e degré, ou un pacte civil de solidarité (COJ, art. L. 111-6). Bien qu'il n'existe aucun texte analogue pour les juridictions de l'ordre administratif, on admet que ces interdictions sont applicables en tant que principes généraux du droit[5], et qu'elles sont fondées sur l'exigence d'impartialité du juge.

e) L'impartialité des juges

499. Définition. L'impartialité du juge peut se définir comme l'aptitude à trancher le litige sans *a priori*, sans préjugé. La jurisprudence de la Cour européenne des droits de l'Homme, fondée sur l'exigence d'impartialité prévue par l'article 6 § 1 de la Convention européenne, permet de distinguer l'impartialité subjective (qui provient du fait que le juge entretient des relations privilégiées avec une partie) de l'impartialité objective (le juge a déjà jugé la même affaire avec les mêmes parties). Elle est imposée par de nombreuses dispositions (COJ, art. L. 111-5 et s. ; CEDH, art. 6 § 1 ; CJA, art. L. 131-2). Il arrive que certains éléments extériorisés, objectivement démontrés, puissent permettre de suspecter le juge de partialité : ces éléments peuvent tenir à la personne du juge (par ex. le juge est le conjoint de l'une des parties, a un intérêt personnel à l'affaire...) ou à l'exercice successif de fonctions juridictionnelles dans la même affaire (par ex. le juge a accordé une provision sur le montant de la créance non sérieusement contestable, puis juge au fond lorsque le plaideur a formé une demande devant le tribunal ; ou encore, le juge statue en qualité de membre du TJ, puis réexamine l'affaire sur appel en tant que conseiller à la cour d'appel, à la suite d'une nomination en avancement ; ou encore, devant le Conseil d'État, un juge qui a pris part à une délibération d'un avis sur un acte, ne peut plus siéger sur le recours juridictionnel formé contre cet acte ; CJA, art. R. 122-21-2).

500. Mécanismes procéduraux sanctionnant la partialité du juge. Plusieurs mécanismes procéduraux permettent d'éviter que le juge suspecté de partialité ne statue :

- l'abstention (CPP, art. 339 ; CJA, art. L. 721-1 et R. 721-1) est le fait pour un juge, qui pense se trouver dans une situation de récusation ou estime en conscience devoir s'abstenir, de se faire remplacer par un autre juge que désigne le président de la juridiction ;
- la récusation est formée par un plaideur qui peut prouver un élément justifiant le remplacement du juge (ou de plusieurs juges du tribunal). Elle est, en principe,

5. CE, 13 mars 1925, Sieur Desrumeaux : Lebon, p. 262.

jugée par la cour d'appel (CPC, art. 341 et s., en matière civile ; CPP, art. 668 et s., pour les spécificités en matière pénale). Pour empêcher les plaideurs d'utiliser la récusation comme instrument de stratégie procédurale, pour tenter de déstabiliser le juge, la procédure de récusation obéit à des exigences multiples (demande présentée avant la clôture des débats, pouvoir spécial, amende civile d'un maximum de 10 000 euros sans préjudice de dommages et intérêts si le plaideur succombe...) ; la même procédure est appliquée pour le renvoi de l'affaire devant une autre juridiction pour cause de suspicion légitime du tribunal tout entier (CPC, art. 342) ;

– le renvoi devant une autre juridiction est ordonné pour cause de sûreté publique par la Cour de cassation (CPC, art. 351).

f) Les autres obligations déontologiques

501. Recueil des obligations déontologiques des magistrats et des juges. Élaboré par le Conseil supérieur de la magistrature en 2010 (éd. Dalloz), complété en 2019, il précise les « valeurs cardinales » qui doivent guider l'exercice des fonctions juridictionnelles. La déontologie englobe l'ensemble des devoirs professionnels attendus du juge, même s'ils ne sont pas tous sanctionnés disciplinairement. Elle permet de définir les bonnes pratiques, qui évitent les dérives éthiques. Il s'agit de l'indépendance, de l'impartialité, mais aussi de l'intégrité (comprenant, notamment, la probité et la loyauté), du respect de la légalité, de l'attention à autrui (respect de la dignité des personnes et écoute), et enfin, de la discrétion et réserve (comportement destiné à préserver l'image de la justice). On retrouve ces principes essentiels dans la ***Charte de déontologie des membres des juridictions administratives*** : indépendance et impartialité, prévention des conflits d'intérêts, devoir de réserve, secret et discrétion professionnels, obligation d'exclusivité. Les mêmes obligations figurent dans les ***recueils de déontologie*** des juges ***des tribunaux de commerce ou des conseillers prud'hommes***.

502. Collège de déontologie pour les membres des juridictions administratives. Le collège donne un avis à tout juge qui le saisit d'une difficulté personnelle. L'article L. 131-5 du CJA, créé par la loi n° 2016-483 du 20 avril 2016, prévoit sa composition. Ce collège est chargé de rendre un avis préalable à l'établissement de la charte de déontologie, de rendre des avis sur toute question déontologique concernant personnellement un membre de la juridiction administrative, sur saisine du membre concerné, du vice-président du Conseil d'État, d'un président de section du Conseil d'État, du secrétaire général du Conseil d'État, du président de la mission d'inspection des juridictions administratives, du président d'une cour administrative d'appel ou d'un tribunal administratif ou du Conseil supérieur des tribunaux administratifs et cours administratives d'appel. Il formule des recommandations de nature à éclairer les membres de la juridiction administrative sur l'application des principes déontologiques et de la charte de déontologie, à son initiative ou sur saisine du vice-président du Conseil d'État, d'un président de section du Conseil d'État, du secrétaire général du Conseil d'État, du président de la mission d'inspection des juridictions administratives, du président d'une cour administrative d'appel ou d'un tribunal administratif, du Conseil supérieur des tribunaux administratifs et cours administratives d'appel ou d'une organisation syndicale ou association de membres de la juridiction administrative. Enfin, il rend des avis sur les déclarations d'intérêts qui lui sont transmises dans les conditions prévues aux articles L. 131-7 et L. 231-4-1 du CJA.

503. Collège de déontologie des magistrats de l'ordre judiciaire. Dans le prolongement d'une proposition faite par la Commission Cabannes[6], la loi du 8 août 2016 a créé le Collège de déontologie, chargé de rendre des avis sur toute question déontologique concernant personnellement un magistrat, sur saisine de celui-ci ou de l'un de ses chefs hiérarchiques ; d'examiner les déclarations d'intérêts qui lui sont transmises en application de l'article 7-2. Il présente chaque année au Conseil supérieur de la magistrature un rapport public rendant compte de l'exécution de ses missions. Ce rapport ne contient aucune information nominative.

2) La discipline

a) Le régime applicable aux magistrats de l'ordre judiciaire

504. Régime. La discipline des magistrats de l'ordre judiciaire est réglementée par les articles 43 à 66 de l'ordonnance n° 58-1270 du 22 décembre 1958, modifiés par la loi du 8 août 2016. Elle définit les manquements sanctionnés, la procédure et les sanctions applicables.

1. La faute disciplinaire

505. Définition. Elle est définie comme « tout manquement par un magistrat aux devoirs de son état, à l'honneur, à la délicatesse ou à la dignité ». Constitue un des manquements aux devoirs de son état la violation grave et délibérée par un magistrat d'une règle de procédure constituant une garantie essentielle des droits des parties, constatée par une décision de justice devenue définitive. La faute s'apprécie pour ***un membre du parquet*** ou un magistrat du cadre de l'administration centrale du ministère de la Justice ainsi que pour un magistrat exerçant les fonctions d'inspecteur général, chef de l'inspection générale de la justice, d'inspecteur général de la justice ou d'inspecteur de la justice compte tenu des obligations qui découlent de sa subordination hiérarchique.

En outre, toute décision définitive d'une juridiction nationale ou internationale condamnant l'État pour fonctionnement défectueux du service de la justice est communiquée aux chefs de cour d'appel intéressés par le garde des Sceaux, ministre de la Justice (Ord. 22 déc. 1958, art. 48-1). Le ou les magistrats intéressés sont avisés dans les mêmes conditions. ***Des poursuites disciplinaires peuvent être engagées*** par le garde des Sceaux, ministre de la Justice et les chefs de cour d'appel intéressés dans les conditions prévues aux articles 50-1, 50-2 et 63.

506. Exclusion de l'activité juridictionnelle pour garantir l'indépendance du magistrat. La responsabilité disciplinaire ne concerne pas l'activité juridictionnelle proprement dite, c'est-à-dire la rédaction des jugements : si le juge commet une erreur dans l'interprétation ou l'application de la loi, ou ne motive pas correctement

---

6. Rapport de la Commission de réflexion sur l'éthique dans la magistrature, Cabannes, 27 novembre 2003, rapport numérique sur le site du ministère de la Justice, a proposé une veille déontologique assurée par les chefs de cour et des tribunaux, ainsi qu'une formation chargée de l'éthique au sein du Conseil supérieur de la magistrature.

son jugement, seul l'exercice des voies de recours permettra de réparer cette faille. Le juge doit conserver son pouvoir souverain d'appréciation et son indépendance : la menace d'une poursuite disciplinaire en cas d'erreur paralyserait le juge et pourrait constituer un instrument de pression intolérable sur le juge.

507. Insuffisance professionnelle sanctionnée disciplinairement. En revanche, le magistrat est tenu de nombreuses obligations professionnelles inhérentes aux « devoirs de son état » : respect du droit, diligence professionnelle, respect des principes du procès équitable, notamment de l'égalité des armes, devoir de réserve, respect des délais raisonnables dans le prononcé des jugements. Il encourt ainsi des sanctions disciplinaires pour insuffisance professionnelle s'il ne respecte pas ces devoirs.

508. Sanction disciplinaire de comportements personnels. La faute disciplinaire s'étend à certains manquements de la vie privée qui sont susceptibles de rejaillir sur l'image de la justice : certes, le magistrat a le droit d'exercer les libertés et droits qui sont accordés aux autres citoyens, mais son comportement privé ne doit pas discréditer l'institution (par ex. le magistrat qui commet une infraction pénale dans le cadre de sa vie privée).

2. Les sanctions disciplinaires

509. Hiérarchie des sanctions. L'article 45 de l'ordonnance du 22 décembre 1958 prévoit les sanctions pouvant être prononcées : notamment, la réprimande avec inscription au dossier, le déplacement d'office, le retrait de certaines fonctions, l'abaissement d'échelon, la rétrogradation, la mise à la retraite d'office ou l'admission à cesser ses fonctions, et la révocation avec ou sans suspension des droits à pension. Certaines sanctions sont temporaires : interdiction d'être nommé à des fonctions de juge unique pendant 5 ans maximum ; exclusion temporaire des fonctions pour 1 an maximum, avec privation totale ou partielle du traitement.

3. Le régime disciplinaire

510. Prescription du droit de poursuite. Le garde des Sceaux, ministre de la Justice, dans les cas mentionnés à l'article 50-1 ou au premier alinéa de l'article 63, et les chefs de cour, dans les cas mentionnés à l'article 50-2 ou au deuxième alinéa de l'article 63, ne peuvent saisir le Conseil supérieur de la magistrature de faits motivant des poursuites disciplinaires ***au-delà d'un délai de trois ans*** à compter du jour où ils ont eu une connaissance effective de la réalité, de la nature et de l'ampleur de ces faits. En cas de poursuites pénales exercées à l'encontre du magistrat, ce délai est interrompu jusqu'à la décision définitive de classement sans suite, de non-lieu, d'acquittement, de relaxe ou de condamnation. Passé ce délai et hormis le cas où une autre procédure disciplinaire a été engagée à l'encontre du magistrat avant l'expiration de ce délai, les faits en cause ne peuvent plus être invoqués dans le cadre d'une procédure disciplinaire

511. Autorités de sanction. Le pouvoir disciplinaire est exercé, ***à l'égard des magistrats du siège*** par le Conseil supérieur de la magistrature dans sa formation compétente pour les magistrats du siège et ***à l'égard des magistrats du parquet*** ou du cadre de l'administration centrale du ministère de la Justice ainsi que des magistrats exerçant les fonctions d'inspecteur général, chef de l'inspection générale de la justice, d'inspecteur général de la justice et d'inspecteur de la justice par le garde des Sceaux, ministre de la Justice, après avis simple de la formation du CSM compétente pour les magistrats du parquet (Ord. 22 déc. 1958, art. 48).

512. Procédure disciplinaire pour les magistrats du siège. Le Conseil supérieur de la magistrature est saisi par la dénonciation des faits motivant les poursuites disciplinaires que lui adresse le garde des Sceaux, ministre de la Justice. Il est également saisi par la dénonciation des faits motivant les poursuites disciplinaires que lui adressent les premiers présidents de cour d'appel (ou les présidents de tribunal supérieur d'appel). Copie des pièces est adressée au garde des Sceaux, ministre de la Justice, qui peut demander ***une enquête à l'inspection générale de la justice*** sur le comportement du magistrat (Ord. 22 déc. 1958, art. 50-2).

La procédure est contradictoire. Dès la saisine du Conseil supérieur de la magistrature, le magistrat a droit à la communication de son dossier et des pièces de l'enquête préliminaire, s'il y a été procédé. Le magistrat cité peut se défendre : il est tenu de comparaître en personne et peut se faire assister et, en cas de maladie ou d'empêchement reconnus justifiés, se faire représenter par l'un de ses pairs, par un avocat au Conseil d'État et à la Cour de cassation ou par un avocat inscrit au barreau. Le magistrat a droit à la communication de son dossier, de toutes les pièces de l'enquête et du rapport établi par le rapporteur membre du CSM. Son conseil a droit à la communication des mêmes documents. Le rapporteur membre du CSM est chargé d'instruire le dossier, il peut auditionner le magistrat ainsi que toute personne utile. Il élabore un rapport, mais ne siège pas au délibéré sur le fond de la formation du CSM.

L'audience du conseil de discipline est publique. Toutefois, si la protection de l'ordre public ou de la vie privée l'exigent, ou s'il existe des circonstances spéciales de nature à porter atteinte aux intérêts de la justice, l'accès de la salle d'audience peut être interdit au public pendant la totalité ou une partie de l'audience, au besoin d'office, par le conseil de discipline. Le CSM statuant en conseil de discipline délibère à huis clos. La décision, qui doit être motivée, est rendue publiquement (elle est anonymisée pour sa publication dans le rapport annuel du CSM). Si le magistrat cité, hors le cas de force majeure, ne comparaît pas, il peut néanmoins être statué et la décision est réputée contradictoire.

513. Procédure disciplinaire pour les magistrats du parquet. Aucune sanction contre un magistrat du parquet ne peut être prononcée par le ministre de la Justice sans l'avis de la formation compétente du Conseil supérieur de la magistrature. Les dispositions de la présente section sont applicables aux magistrats du cadre de l'administration centrale du ministère de la Justice ainsi qu'aux magistrats exerçant les fonctions d'inspecteur général, chef de l'inspection générale de la justice, d'inspecteur général de la justice et d'inspecteur de la justice.

Le Conseil supérieur de la magistrature, dans sa formation compétente pour les magistrats du parquet, est saisi par la dénonciation des faits motivant les poursuites disciplinaires que lui adresse le garde des Sceaux, ministre de la Justice. Le Conseil supérieur de la magistrature est également saisi par la dénonciation des faits motivant les poursuites disciplinaires que lui adressent les procureurs généraux près les cours d'appel ou les procureurs de la République près les tribunaux supérieurs d'appel. Copie des pièces est adressée au garde des Sceaux, ministre de la Justice, qui peut demander une enquête à l'inspection générale de la justice. Un rapporteur est désigné pour instruire le dossier et faire un rapport au CSM. Il ne siège pas lors de la délibération sur le fond.

La formation compétente du Conseil supérieur de la magistrature émet un avis motivé sur la sanction que les faits reprochés lui paraissent entraîner ; ***cet avis est transmis au garde des Sceaux***, ministre de la Justice. Lorsque le garde des Sceaux, ministre de la Justice, entend prendre ***une sanction plus grave*** que celle proposée par la formation compétente du Conseil supérieur, il saisit cette dernière de son projet de décision motivée. Après avoir entendu les observations du magistrat intéressé, cette formation émet alors un nouvel avis qui est versé au dossier du magistrat intéressé. La décision du garde des Sceaux, ministre de la Justice, est notifiée au magistrat intéressé en la forme administrative.

4. L'interdiction temporaire d'exercice

514. Urgence et intérêt du service. Le magistrat du siège ou du parquet poursuivi peut faire l'objet d'une interdiction temporaire d'exercer. Selon l'ordonnance du 22 décembre 1958 (art. 50 et 58-1), s'il y a urgence et dans l'intérêt du service, après consultation des chefs hiérarchiques et intervention de la formation du Conseil supérieur de la magistrature compétente pour le magistrat concerné qui fait l'objet d'une enquête administrative ou pénale l'exercice de ses fonctions, une interdiction temporaire d'exercer ses fonctions peut être prononcée jusqu'à la décision définitive sur les poursuites disciplinaires.

La décision d'interdiction temporaire, prise dans l'intérêt du service, ne peut être rendue publique ; elle ne comporte pas privation du droit au traitement. Si, à l'expiration d'un délai de deux mois suivant la notification de l'interdiction temporaire prononcée par le garde des Sceaux, ministre de la Justice, le Conseil supérieur de la magistrature n'a pas été saisi de poursuites disciplinaires, l'interdiction temporaire cesse de plein droit de produire ses effets.

5. L'avertissement

515. Mesure prise en dehors d'une procédure disciplinaire. En dehors de toute action disciplinaire, l'inspecteur général, chef de l'inspection générale de la justice, les premiers présidents, les procureurs généraux et les directeurs ou chefs de service à l'administration centrale ont le pouvoir de donner ***un avertissement*** aux magistrats placés sous leur autorité. Le magistrat à l'encontre duquel il est envisagé de délivrer un avertissement est convoqué à un entretien préalable. Dès sa convocation à cet entretien, le magistrat a droit à la communication de son dossier et des pièces justifiant la mise en œuvre de cette procédure. Il est informé de son droit de se faire assister de la personne de son choix.

Aucun avertissement ne peut être délivré au-delà d'un ***délai de deux ans*** à compter du jour où l'inspecteur général, chef de l'inspection générale de la justice, le chef de cour, le directeur ou le chef de service de l'administration centrale a eu une connaissance effective de la réalité, de la nature et de l'ampleur des faits susceptibles de justifier une telle mesure. En cas de poursuites pénales exercées à l'encontre du magistrat, ce délai est interrompu jusqu'à la décision définitive de classement sans suite, de non-lieu, d'acquittement, de relaxe ou de condamnation. Passé ce délai et hormis le cas où une procédure disciplinaire a été engagée à l'encontre du magistrat avant l'expiration de ce délai, les faits en cause ne peuvent plus être invoqués dans le cadre d'une procédure d'avertissement.

L'avertissement est effacé automatiquement du dossier au bout de trois ans si aucun nouvel avertissement ou aucune sanction disciplinaire n'est intervenu pendant cette période.

6. La saisine du CSM par le justiciable

516. Saisine directe de la Commission d'admission des requêtes du CSM. L'article 65 de la Constitution prévoit que tout justiciable peut saisir directement le CSM. Il suffit qu'il estime qu'à l'occasion d'une procédure judiciaire le concernant, le comportement adopté par un magistrat du siège ou du parquet dans l'exercice de ses fonctions, est susceptible de recevoir une qualification disciplinaire (il ne pourra jamais s'agir d'une faute dans la décision juridictionnelle : en cas d'erreur dans l'interprétation ou l'application de la loi, le justiciable doit former une voie de recours, appel ou cassation, contre le jugement).

517. Recevabilité de la requête. ***Tout justiciable qui estime qu'à l'occasion d'une procédure judiciaire*** le concernant le comportement adopté par ***un magistrat du siège*** dans l'exercice de ses fonctions est susceptible de recevoir une qualification disciplinaire peut saisir le Conseil supérieur de la magistrature. La saisine du Conseil supérieur de la magistrature ne constitue pas une cause de récusation du magistrat (Ord. 22 déc. 1958, art. 50-3). La plainte est examinée par une commission d'admission des requêtes composée de membres de la formation compétente à l'égard des magistrats du siège, dans les conditions prévues par l'article 18 de la loi organique n° 94-100 du 5 février 1994 précitée.

À peine d'irrecevabilité, la plainte :

- ne peut être dirigée contre un magistrat qui demeure saisi de la procédure [Dispositions déclarées non conformes à la Constitution par la décision du Conseil constitutionnel n° 2010-611 DC du 19 juillet 2010] ;
- ne peut être présentée après l'expiration d'un délai d'un an suivant une décision irrévocable mettant fin à la procédure ;
- doit contenir l'indication détaillée des faits et griefs allégués ;
- doit être signée par le justiciable et indiquer son identité, son adresse ainsi que les éléments permettant d'identifier la procédure en cause.

Le président de la commission d'admission des requêtes peut rejeter les plaintes manifestement infondées ou manifestement irrecevables.

518. Procédure. Lorsque la commission d'admission des requêtes du Conseil supérieur déclare la plainte recevable, elle en informe le magistrat mis en cause. La commission d'admission des requêtes sollicite du premier président de la cour d'appel (ou du procureur général) dont dépend le magistrat mis en cause ses observations et tous éléments d'information utiles. Le premier président de la cour d'appel ou le procureur général invite le magistrat à lui adresser ses observations. Dans le délai de deux mois de la demande qui lui en est faite par la commission d'admission des requêtes du CSM, le premier président de la cour d'appel ou le procureur général adresse l'ensemble de ces informations et observations au Conseil supérieur de la magistrature, ainsi qu'au garde des Sceaux, ministre de la Justice.

La commission d'admission des requêtes peut entendre le magistrat mis en cause et, le cas échéant, le justiciable qui a introduit la demande.

519. Décision de la CAR. Lorsqu'elle estime que les faits sont susceptibles de recevoir une qualification disciplinaire, la commission d'admission des requêtes du CSM renvoie l'examen de la plainte à la formation du CSM compétente pour statuer comme conseil de discipline.

En cas de rejet de la plainte, les autorités mentionnées aux articles 50-1 et 50-2 conservent la faculté de saisir le Conseil supérieur de la magistrature des faits dénoncés. Le magistrat visé par la plainte, le justiciable, le chef de cour et le garde des Sceaux, ministre de la Justice, sont avisés du rejet de la plainte ou de l'engagement de la procédure disciplinaire. La décision de rejet n'est susceptible d'aucun recours.

b) Le régime applicable aux juges de l'ordre administratif

1. Pour les membres du Conseil d'État

520. Régime disciplinaire. Il a été profondément remanié par l'ordonnance n° 2016-1365 du 13 octobre 2016. L'article L. 136-1 du Code de justice administrative précise les sanctions disciplinaires applicables : « 1° L'avertissement ; 2° Le blâme ; 3° L'exclusion temporaire de fonctions dans la limite de six mois ; 4° La mise à la retraite d'office ; 5° La révocation. » Les sanctions disciplinaires sont prononcées par l'autorité investie du pouvoir de nomination sur proposition du garde des Sceaux, ministre de la Justice, après avis de la commission consultative. Toutefois, l'avertissement et le blâme peuvent être prononcés, sans consultation de la ***commission consultative***, par le vice-président du Conseil d'État (CJA, art. L. 136-2). Les sanctions disciplinaires sont prononcées par l'autorité investie du pouvoir de nomination, sur proposition de la commission supérieure du Conseil d'État. Toutefois, l'avertissement et le blâme peuvent être prononcés, sans consultation de la commission supérieure, par le vice-président du Conseil d'État.

2. Pour les membres des tribunaux administratifs et cours administratives d'appel

521. Régime particulier. La discipline a été modifiée par l'ordonnance n° 2016-1366 du 13 octobre 2016 et est confiée au ***Conseil supérieur des tribunaux administratifs et cours administratives d'appel***. Les mesures disciplinaires à l'égard des membres du Conseil d'État sont prises sur proposition de ce Conseil supérieur, saisi par le président du tribunal administratif ou de la cour administrative d'appel auquel appartient le membre du corps concerné ou par le chef de la mission d'inspection des tribunaux administratifs et cours administratives d'appel (CJA, art. L. 236-1). Les sanctions varient selon 4 groupes (CJA, art. L. 236-1 et s., Ord. n° 2016-1366, 13 oct. 2016).

Le pouvoir disciplinaire est exercé à l'égard des magistrats des tribunaux administratifs et des cours administratives d'appel par le ***Conseil supérieur des tribunaux administratifs et cours administratives d'appel***. En revanche, le blâme et l'avertissement peuvent être prononcés par le président du Conseil supérieur (CJA, art. L. 236-3).

522. Suspension immédiate temporaire. Lorsqu'un magistrat des tribunaux administratifs et des cours administratives d'appel commet un manquement grave rendant impossible son maintien en fonction et si l'urgence le commande, l'auteur de ce manquement peut être ***immédiatement suspendu***. Dès la saisine du Conseil supérieur, l'intéressé a droit à la communication intégrale de son dossier et de tous les documents annexés. Il peut se faire assister par un ou plusieurs défenseurs de son choix (CJA, art. L. 236-2). Cette suspension est prononcée pour une durée maximale de quatre mois par le président du Conseil supérieur des tribunaux administratifs et cours administratives d'appel, sur proposition du président de la juridiction à laquelle est affecté le magistrat ou du président de la mission d'inspection des juridictions administratives. Cette suspension n'entraîne pas privation du droit au traitement. Elle ne peut être rendue publique (CJA, art. L. 236-7).

3. LES PARTICULARITÉS DU MINISTÈRE PUBLIC

523. Statut original. À côté des juges dont la mission est de juger, appelés les magistrats du siège parce qu'ils rendent la justice assis, il existe une catégorie particulière de magistrats dont la fonction est, notamment, de veiller au respect de la loi et de l'ordre public : ce sont les magistrats du ministère public (ou encore magistrats du parquet ou magistrature debout, parce que lorsqu'un représentant du ministère public prend la parole à une audience, il se lève et se tient debout à la différence des magistrats du siège).

Les magistrats du parquet sont placés sous la direction et le contrôle de leurs chefs hiérarchiques et sous l'autorité du garde des Sceaux, ministre de la Justice. Pour cette raison, la Cour européenne des droits de l'Homme, statuant en grande chambre dans l'affaire *Medvedyev* contre France, du 29 mars 2010 (n° 3394/03) a décidé que le juge qui statue sur la régularité d'une détention doit être indépendant du pouvoir exécutif et des parties, ce qui exclut qu'il puisse agir par la suite contre le requérant dans la procédure pénale, à l'instar du ministère public, et qu'il doit avoir le pouvoir d'ordonner l'élargissement, après avoir contrôlé la légalité et la justification de l'arrestation et de la détention (l'article 5 de la Convention précise que toute personne arrêtée a droit à être traduite aussitôt devant « un juge ou un autre magistrat habilité par la loi à exercer des fonctions judiciaires », compétent pour statuer sur la régularité de l'arrestation et, le cas échéant, prononcer la remise en liberté). Elle estime donc que le ministère public n'est pas un « juge » indépendant au sens de l'article 5 de la Convention européenne.

Ce statut particulier du ministère public français se justifie par le fait que ses fonctions en droit interne de consistent pas à « juger », contrairement aux juges du siège qui bénéficient d'un statut d'indépendance : le parquetier appartient au corps de la « magistrature », mais n'est pas un « juge ». Néanmoins, les membres du parquet sont soumis à l'ordonnance du 22 décembre 1958 (on parle de l'unité du corps) et bénéficient de garanties particulières.

A - Devant les juridictions de l'ordre judiciaire

524. Organisation. Le ministère public n'existe pas devant toutes les juridictions de l'ordre judiciaire : aucune juridiction civile dite d'exception (par opposition aux juridictions de droit commun) ne dispose d'un parquet. Toutefois, le Code de l'organisation judiciaire prévoit que « le procureur de la République peut, en toutes matières, exercer le ministère public devant toutes les juridictions du premier degré établies dans son ressort » (CJA, art. L. 122-2).

525. Parquet européen. Le 12 octobre 2017, les ministres de la Justice de l'Union européenne, réunis au sein du Conseil Justice et Affaires intérieures, ont adopté le ***règlement créant le Parquet européen***[7]. Ce Parquet européen est composé d'un procureur par État membre, et de plusieurs procureurs européens délégués au sein de chaque État membre, qui sont chargés de la conduite des enquêtes. Il a à sa tête un Chef du Parquet européen, assisté de deux adjoints. Le Parquet européen, basé à Luxembourg, est compétent dans un premier temps pour poursuivre les auteurs de fraudes aux intérêts financiers de l'Union européenne (fraudes graves à la TVA, détournements de subventions européennes, corruption de fonctionnaires européens...), mais sa compétence pourra être étendue à l'avenir à la lutte contre le terrorisme et la criminalité organisée.

1) L'organisation

526. Devant le tribunal judiciaire. ***Devant les juridictions de première instance, en matière civile***, il existe un parquet ou ministère public devant chaque tribunal judiciaire. À sa tête se trouve un procureur de la République, assisté de substituts (dans les tribunaux importants, on trouve un ou plusieurs procureurs de la République adjoints ainsi qu'un ou plusieurs premiers substituts). Tous ces magistrats représentent le parquet.

En matière pénale, il faut distinguer selon les juridictions : devant le tribunal correctionnel, il s'agit du même parquet qu'en matière civile ; devant le tribunal de police, les fonctions du parquet sont assurées par le procureur de la République du tribunal judiciaire (pour les contraventions des quatre premières classes, par le commissaire de police du lieu où siège le tribunal) ; devant la cour d'assises, le ministère public est assuré par le procureur général près la cour d'appel ou par l'un des avocats généraux.

527. Devant la cour d'appel. Le parquet (appelé « parquet général ») est dirigé par le procureur général, chef du ministère public dans le ressort de la cour d'appel, assisté d'avocats généraux qui interviennent aux audiences au nom du procureur général, et de substituts généraux assurant le service administratif intérieur du parquet.

528. Devant la Cour de cassation. Le procureur général est le chef du parquet ; il est assisté d'un premier avocat général et d'avocats généraux, qui prennent la parole aux audiences des chambres de la Cour. Le parquet général n'a pas les mêmes fonctions devant la Cour de cassation : il « rend des avis dans l'intérêt de la loi et du bien commun. Il éclaire la Cour sur la portée de la décision à intervenir », mais il n'exerce pas l'action publique comme les autres parquetiers.

---

7. 20 États membres, dont la France et l'Allemagne participent au *règlement* européen n° 2017/1939 du Conseil du 12 octobre 2017 mettant en œuvre une coopération renforcée concernant la création d'un *Parquet européen*, paru au JOUE du 31 octobre 2017.

2) La spécificité du statut

529. Subordination hiérarchique. Chaque membre du parquet est placé sous la direction et le contrôle de ses chefs hiérarchiques et sous l'autorité du garde des Sceaux (Ord. 22 déc. 1958, art. 5). Toutefois, à l'audience, leur parole est libre. Le ministre de la Justice est chargé de conduire la politique d'action publique déterminée par le gouvernement et de veiller à la cohérence de son application sur tout le territoire (CPP, art. 30, al. 1) : il est donc logique qu'il puisse donner ***des instructions générales*** au ministère public.

Indépendance dans les affaires individuelles
vis-à-vis du garde des Sceaux, ministre de la justice

Depuis la loi du 25 juillet 2013, le garde des Sceaux ne peut adresser aux magistrats du ministère public ***aucune instruction*** dans ***les affaires individuelles***. C'est le procureur général près la cour d'appel qui coordonne et anime l'action des procureurs de la République, et qui peut enjoindre aux procureurs de la République, par instructions écrites et versées au dossier de la procédure, d'engager ou de faire engager les poursuites ou de saisir la juridiction compétente de telles réquisitions écrites que le procureur général juge opportunes (CPP, art. 36) : le procureur général peut enjoindre aux procureurs de la République, par instructions écrites et versées au dossier de la procédure, d'engager ou de faire engager des poursuites ou de saisir la juridiction compétente de telles réquisitions écrites que le procureur général juge opportunes.

530. Indivisibilité. Cette caractéristique signifie qu'à l'intérieur d'un parquet, chaque membre du ministère public représente le parquet dans son ensemble. Les membres du ministère public sont donc « interchangeables » : dans une même affaire, les différents actes de procédure peuvent être effectués par des substituts différents ; à l'audience, les représentants du ministère public peuvent se remplacer.

531. Indépendance vis-à-vis des juges du siège. Le principe de séparation des autorités de poursuite, d'instruction et de jugement en est une manifestation en ***matière pénale*** : le parquet agit librement dans le cadre de l'exercice de l'action publique, les juges du siège ne peuvent pas adresser des injonctions au parquet. En ***matière civile***, le juge peut ordonner que l'affaire sera communiquée au ministère public, même si la loi ne le prévoit pas (CPC, art. 427), s'il estime que l'ordre public est concerné.

532. Absence d'inamovibilité. Le ministère public ne bénéficie pas de l'inamovibilité, prévue par la Constitution pour les juges du siège. Il peut donc être muté dans l'intérêt du service, par décision du ministre de la Justice après avis consultatif du Conseil supérieur de la magistrature[8].

533. Conformité du statut du parquet à la Constitution du 4 octobre 1958. Le Conseil constitutionnel a été saisi le 27 septembre 2017 par le Conseil d'État d'une question prioritaire de constitutionnalité portant sur l'article 5 de l'ordonnance n° 58-1270 du 22 décembre 1958 portant loi organique relative au statut de la magistrature. Selon cet article, « Les magistrats du parquet sont placés sous la direction et le contrôle

8. Ex. décret du 2 août 2012, JORF, 3 août 2012, texte n° 57.

de leurs chefs hiérarchiques et sous l'autorité du garde des Sceaux, ministre de la Justice. À l'audience, leur parole est libre ». Dans sa décision n° 2017-680 QPC du 8 décembre 2017, le Conseil constitutionnel juge que la Constitution consacre l'indépendance des magistrats du parquet, dont découle le libre exercice de leur action devant les juridictions, que cette indépendance doit être conciliée avec les prérogatives du Gouvernement et qu'elle n'est pas assurée par les mêmes garanties que celles applicables aux magistrats du siège, même s'il conclut à la conformité du dispositif à la Constitution :

- d'une part, l'autorité du garde des Sceaux sur les magistrats du parquet se manifeste notamment par l'exercice de son pouvoir de nomination et de sanction. En application de l'article 28 de l'ordonnance du 22 décembre 1958, les décrets portant nomination aux fonctions de magistrat du parquet sont pris par le président de la République sur proposition du garde des Sceaux, après avis de la formation compétente du Conseil supérieur de la magistrature. En application de l'article 66 de la même ordonnance, la décision de sanction d'un magistrat du parquet est prise par le garde des Sceaux après avis de la formation compétente du Conseil supérieur de la magistrature. Par ailleurs, en application du deuxième alinéa de l'article 30 du Code de procédure pénale, le ministre de la Justice peut adresser aux magistrats du ministère public des instructions générales de politique pénale, au regard notamment de la nécessité d'assurer sur tout le territoire de la République l'égalité des citoyens devant la loi. Conformément aux dispositions des articles 39-1 et 39-2 du même code, il appartient au ministère public de mettre en œuvre ces instructions ;
- d'autre part, en application du même article 30 du Code de procédure pénale, le ministre de la Justice ne peut adresser aux magistrats du parquet aucune instruction dans des affaires individuelles. En vertu de l'article 31 du même code, le ministère public exerce l'action publique et requiert l'application de la loi, dans le respect du principe d'impartialité auquel il est tenu. En application de l'article 33, il développe librement les observations orales qu'il croit convenables au bien de la justice. L'article 39-3 confie au procureur de la République la mission de veiller à ce que les investigations de police judiciaire tendent à la manifestation de la vérité et qu'elles soient accomplies à charge et à décharge, dans le respect des droits de la victime, du plaignant et de la personne suspectée. Conformément à l'article 40-1 du Code de procédure pénale, le procureur de la République décide librement de l'opportunité d'engager des poursuites.

3) Les attributions du ministère public

a) En matière pénale

534. Rôle du ministère public. Devant les juridictions pénales, le ministère public joue un rôle essentiel dans la procédure, et ses attributions ont été renforcées, afin que tout comportement pénalement répréhensible trouve une réponse adaptée et plus rapide. Dans ***la mise en mouvement de l'action publique***, le procureur de la République décide s'il est opportun d'engager des poursuites. Lorsqu'il estime que les faits qui ont été portés à sa connaissance en application des dispositions de l'article 40 constituent une infraction commise par une personne dont l'identité et le domicile sont connus et pour laquelle aucune disposition légale ne fait obstacle à la mise en mouvement de l'action publique, le procureur de la République territorialement compétent décide s'il est opportun soit d'engager des poursuites, soit de mettre en œuvre une procédure alternative aux poursuites en application des dispositions des articles 41-1, 41-1-2 ou 41-2, soit de classer sans suite la procédure dès lors que les circonstances particulières liées à la commission des faits le justifient (CPP, art. 40-1). Il s'agit là du ***principe dit de l'opportunité des poursuites***. Un dispositif original a été institué par l'article 40-3 du Code de procédure pénale : « toute personne peut dénoncer des faits au procureur de la République et former un recours auprès du procureur général contre la décision de classement sans suite prise à la suite de cette dénonciation ; le procureur général peut alors enjoindre au procureur de la République d'engager des poursuites, ou estimer le recours infondé ».

Le parquet joue un rôle non négligeable ***au cours de l'instruction*** (droit de requérir tous les actes d'instruction, CPP, art. 82 : dans son réquisitoire introductif, et à toute époque de l'information par réquisitoire supplétif, le procureur de la République peut requérir du magistrat instructeur tous actes lui paraissant utiles à la manifestation de la vérité et toutes mesures de sûreté nécessaires. Il peut également demander à assister à l'accomplissement des actes qu'il requiert). Il peut ***former des recours*** contre certaines décisions pénales. Le parquet intervient également dans les solutions alternatives à la poursuite.

b) En matière civile

535. Modalités d'intervention. Devant les juridictions civiles, le ministère public peut intervenir :

- soit comme ***partie principale*** en qualité de demandeur ou de défendeur dans les cas prévus par la loi (absence, nullité de mariage, déchéance ou retrait d'autorité parentale, tutelle des majeurs), et chaque fois que l'ordre public est en cause (le ministère public « peut agir pour la défense de l'ordre public à l'occasion des faits qui portent atteinte à celui-ci », aux termes de l'article 423 du CPC) ; on dit que le ministère public agit par voie d'action ;
- soit comme ***partie jointe*** pour appuyer les prétentions d'une partie et faire connaître son avis sur la solution à apporter au litige ; on dit alors qu'il agit par voie de réquisition. La loi impose parfois la communication du dossier au parquet (CPC, art. 425, en matière d'état des personnes, de faillite personnelle d'un dirigeant de société, de redressement et de liquidation judiciaires des personnes morales...). Dans les autres cas, la communication est facultative pour le parquet (CPC, art. 426), ou demandée par le juge (CPC, art. 427).

B - Devant les juridictions de l'ordre administratif

536. Absence de ministère public. On ne trouve pas de parquet devant les juridictions de l'ordre administratif. Seuls les ***rapporteurs publics*** ont un rôle proche de celui du ministère public puisqu'ils sont les gardiens de la loi, mais on ne peut pas les assimiler au parquet : ils font partie de la formation de jugement et ne sont pas subordonnés au ministre de la Justice.

CHAPITRE 11

Les auxiliaires de justice

537. Notion. Il est possible d'intégrer dans la catégorie des auxiliaires de justice toutes les personnes qui participent au fonctionnement de la justice, à titre professionnel, en apportant leur concours aux parties et au juge. Ces professionnels sont très divers et organisés selon des systèmes hétérogènes. Certains contribuent à titre exclusif au fonctionnement de la justice (avocats, greffiers), alors que d'autres interviennent de manière accessoire (experts judiciaires, notaires). Certains agissent moyennant rémunération, d'autres sont bénévoles (conciliateurs de justice). L'idée de regrouper les réglementations dans un « code des professions juridiques et judiciaires »[1] n'a pas abouti.

1 • LES AVOCATS

538. Évolution législative. La profession d'avocat est réglementée par la loi n° 71-1130 du 31 décembre 1971 (et le décret d'application n° 91-1197 du 27 novembre 1991), qui a fusionné les professions d'avocats et d'avoués devant les tribunaux judiciaires (avant cette loi, l'avocat plaidait l'affaire et l'avoué était chargé d'accomplir tous les actes de la procédure au nom et pour le compte du plaideur ; depuis, l'avocat plaide et représente le plaideur). Ce texte a été modifié à de très nombreuses reprises, et notamment par la loi n° 90-1259 du 31 décembre 1990 qui a fusionné les professions d'avocats et de conseils juridiques (ces derniers avaient pour fonction essentielle de rédiger des actes juridiques, contrats de société, baux commerciaux... pour leurs clients), par la loi n° 2004-130 du 11 février 2004 relatives aux professions judiciaires et juridiques, ainsi que par la loi n° 2011-94 du 25 janvier 2011 portant réforme de la représentation devant les cours d'appel qui a organisé la disparition des avoués et la fusion avec la profession d'avocats, depuis le 1er janvier 2012 et par la loi n° 2015-990 du 6 août 2015 dite loi « *Macron* ».

539. Missions. Les avocats sont des auxiliaires de justice dont les missions sont essentiellement d'assister (c'est-à-dire conseiller et plaider en présentant oralement à la barre du tribunal la défense du plaideur) et de représenter les parties (c'est-à-dire d'accomplir les actes de la procédure au nom et pour le compte du plaideur, dans le cadre d'un mandat « ad litem », en vue de la procédure) devant les juridictions de première instance comme devant les cours d'appel, les organismes juridictionnels ou disciplinaires de quelque nature que ce soit, sous réserve des dispositions régissant les

1. Rapport de la Commission J. M. Varaut, *La Documentation française*, 1998.

avocats aux Conseils d'État et à la Cour de cassation ; ils ont également pour fonctions de donner du conseil et de rédiger des actes juridiques en dehors de tout procès, ou d'assister les parties dans le cadre d'une transaction ou d'une procédure participative assistée par avocat. Ils exercent d'autres activités complémentaires : notamment en matière de fiducie, de mandat de transaction immobilière, d'agent sportif. Lorsque l'avocat assure la représentation des parties à titre de monopole, on parle de « postulation », qui est limitée territorialement aux juridictions qui sont situées dans le ressort de la cour d'appel dans lequel l'avocat intéressé est installé (par ex. un avocat installé au Barreau du TJ de Nice peut postuler devant toutes les juridictions du ressort de la cour d'appel d'Aix-en-Provence, et devant la cour d'appel elle-même).

A - L'accès à la profession

540. Conditions d'accès à la profession d'avocat. Certaines conditions doivent être remplies pour intégrer la profession d'avocat, dont la finalité est de garantir la compétence et l'éthique de la profession (L., 31 déc. 1971, art. 11).

Il faut avoir la nationalité française, ou être « ressortissant d'un État membre des Communautés européennes ou partie à l'accord sur l'espace économique européen, ou ressortissant d'un État ou d'une unité territoriale n'appartenant pas à ces communautés ou à cet espace économique qui accorde aux français la faculté d'exercer sous les mêmes conditions l'activité professionnelle que l'intéressé se propose lui-même d'exercer en France ».

Une condition d'une ***bonne moralité*** est exigée : il ne faut pas avoir été l'auteur de faits ayant donné lieu à une condamnation pénale pour des agissements contraires à l'honneur, à la probité et aux bonnes mœurs, ou à une sanction disciplinaire ou administrative de destitution, radiation, révocation ou retrait d'agrément ou d'autorisation, ou encore à la sanction de faillite personnelle.

La loi pose des conditions de diplômes : il faut être ***titulaire d'une maîtrise en droit*** « ou de titres ou diplômes » équivalents en sciences juridiques.

541. Examens. Le candidat doit subir avec succès un ***examen d'entrée au Centre de formation professionnel des avocats*** (CRFPA). Cet examen a été modifié par le décret ***n° 2016-1389 du 17 octobre 2016 et l'arrêté du 17 octobre 2016 (qui définit les matières) pour avoir un caractère national.*** Une commission nationale élabore les sujets des épreuves écrites d'admissibilité. Elle est également chargée d'une mission d'harmonisation des critères de correction de ces épreuves et établit à cette fin des recommandations qui peuvent prendre la forme de grilles de notation à destination des jurys et des correcteurs (D., 27 nov. 1991, art. 51-1). Les Universités, par l'intermédiaire des Instituts d'Études judiciaires, se chargent matériellement des épreuves d'admissibilité et organisent les épreuves d'admission.

542. Formation initiale. Le titulaire de l'attestation de réussite à l'examen d'accès intègre une École de formation professionnelle d'Avocats (dont le siège et le ressort sont fixés par arrêté du garde des Sceaux sur proposition du Conseil national des barreaux ; L., 31 déc. 1971, art. 13-1), avec le statut d'élève avocat est astreint au secret professionnel pour tous les faits et actes dont il a connaissance au cours des stages qu'il effectue auprès des professionnels ou des juridictions et au cours de sa formation. Il prête le serment suivant devant la cour d'appel : « je jure de conserver le secret de tous les faits et actes dont j'aurais eu connaissance en cours de formation ou de stage » (L., 31 déc. 1971, art. 12-2).

L'élève avocat suit une ***formation initiale*** aux divers aspects théoriques et pratiques de la profession, englobant la déontologie et l'éthique professionnelle, avec, notamment, un stage obligatoire dans un cabinet d'avocat. À l'issue de la formation initiale, l'élève avocat doit obtenir ***le certificat d'aptitude à la profession d'avocat (CAPA)***, organisé par l'École de formation.

543. Inscription auprès d'un Barreau. Après réussite au CAPA[2], l'avocat est admis par le Conseil de l'Ordre à s'inscrire auprès d'un Barreau (il y a un barreau auprès de chaque tribunal judiciaire ; L. 31 déc. 1971, art. 15). Cela lui permet de représenter des parties devant toutes les juridictions du ressort de la cour d'appel dans le ressort de laquelle est situé ce barreau. Il peut exercer ses autres attributions (assistance, rédaction d'acte...) sans aucune limitation territoriale.

B - L'organisation de la profession

1) Le barreau

544. Personne morale. Chaque barreau constitue une personne morale qui a son patrimoine, sa capacité juridique, son propre règlement intérieur, son propre budget et sa propre organisation. Le barreau comprend une assemblée générale, composée de tous les avocats inscrits, qui délibère à titre consultatif sur les questions intéressant la profession et élit le Conseil de l'Ordre et le bâtonnier. Actuellement, il existe un barreau et un bâtonnier par tribunal judiciaire, alors même qu'un avocat peut postuler et représenter devant toutes les juridictions du ressort de la cour d'appel dans lequel il est inscrit.

2) Le Conseil de l'Ordre

545. Composition. Chaque barreau est administré par un Conseil de l'Ordre composé d'élus. Pour les élections aux conseils de l'ordre des barreaux où le nombre des avocats inscrits au tableau et des avocats honoraires dudit tableau est supérieur à trente, les candidatures aux fonctions de membre du conseil de l'ordre sont présentées en binômes composés d'un homme et d'une femme dont les noms sont classés par ordre alphabétique sur tous les documents relatifs à l'élection (D., 27 nov. 1991, art. 5, mod. D. n° 2016-1817, 22 déc. 2016).

546. Attributions. Il traite de toutes questions intéressant l'exercice de la profession, veille à l'observation des devoirs des avocats ainsi qu'à la protection de leurs droits. Notamment, il arrête et modifie le règlement intérieur, statue sur l'inscription des avocats au tableau, veille à l'observation des devoirs des avocats ainsi qu'à la protection de leurs droits, maintient les principes de probité, de désintéressement et de modération et de confraternité, exerce la surveillance que l'honneur et l'intérêt de ses

2. Les modalités de cet examen ont été définies par un arrêté du 17 octobre 2003, JO, 21 oct. 2003, p. 17875.

membres rendent nécessaire (L., 31 déc. 1971, art. 17). Il veille à ce que les avocats aient satisfait à leur obligation de formation continue. Il gère les biens de l'Ordre, prépare le budget, fixe le montant des cotisations et vérifie la tenue de la comptabilité des avocats. Avant la loi du 11 février 2004, le Conseil de l'ordre était l'organe disciplinaire du barreau : ce n'est plus le cas, puisqu'un conseil de discipline est institué au sein de chaque cour d'appel, composé de représentants des conseils de l'ordre du ressort de cette cour (L., 31 déc. 1971, art. 22-1). Le conseil de discipline est devenu une véritable juridiction qui peut être présidée par un magistrat de la cour d'appel (lorsqu'il est saisi par une requête émanant d'un non-avocat ou si l'avocat poursuivi le demande ; L. 22 déc. 2021 et D. 30 juin 2022).

3) Le bâtonnier

547. Élection. Le bâtonnier est élu par l'assemblée générale des avocats parmi les avocats inscrits. Son mandat est de 2 ans (D., 27 nov. 1991, art. 6 et s.). Le décret n° 2014-1632 du 26 décembre 2014 précise que dans les barreaux où le nombre des avocats disposant du droit de vote est supérieur à 30, l'élection du Bâtonnier a lieu six mois avant la fin du mandat du bâtonnier en exercice. Le mandat du bâtonnier élu commence au début de l'année civile qui suit l'expiration du mandat du bâtonnier en exercice.

548. Fonctions. Le bâtonnier représente l'Ordre (et peut même être consulté par les pouvoirs publics sur les problèmes intéressant la profession), préside le Conseil de l'Ordre ainsi que l'assemblée générale des avocats, instruit toutes les réclamations formulées par des tiers contre des avocats, concilie les différends d'ordre professionnel entre les membres du barreau ; en l'absence de conciliation, les différends entre avocats à l'occasion de leur exercice professionnel sont soumis ***à l'arbitrage du bâtonnier*** (L., 31 déc. 1971, art. 21). Il joue un rôle en matière de discipline.

Bâtonnier de cour

Depuis la fusion des professions d'avoués près la cour d'appel, et d'avocats, il existe un bâtonnier de cour d'appel : l'ensemble des bâtonniers du ressort de chaque cour d'appel désignent tous les deux ans celui d'entre eux, chargé es-qualité de bâtonnier en exercice, de les représenter pour traiter de toute question d'intérêt commun relative à la procédure d'appel (L., 31 déc. 1971, art. 21, mod. L., 25 janv. 2011).

4) Le Conseil national des barreaux

549. Organe représentatif de la profession. Le Conseil national des barreaux (CNB) est composé d'avocats élus par 2 collèges formés d'un nombre égal de délégués eux-mêmes élus (D., 27 nov. 1991, art. 19 et s.). Le Président est élu pour un mandat de trois ans non renouvelable. Les membres élus du bureau le sont pour un mandat de trois ans renouvelable une fois (D., 27 nov. 1994, art. 34, mod. D., 26 déc. 2014). Le Président du CNB est élu pour 3 ans, non renouvelable. Les missions du CNB sont importantes pour l'ensemble de la profession : il représente la profession d'avocat auprès des pouvoirs publics et veille à l'harmonisation des règles et usages de la profession d'avocat et des programmes de formation, coordonne les actions de formation des CRFP, répartit le financement de la formation professionnelle… Il perçoit des recettes affectées au titre des taxes sur les contrats d'assurance de protection juridique et des droits fixes perçus à l'occasion des décisions des juridictions répressives (CGI, art. 1001 et 1018 A) et les affecte au paiement des avocats effectuant des missions d'aide juridictionnelle (L., 31 déc. 1971, art. 21-1).

C - L'exercice de la profession d'avocat

1) *Les fonctions de l'avocat*

a) L'assistance

550. Contenu. L'assistance se traduit d'abord par du conseil, c'est-à-dire l'élaboration des moyens de fait et de droit permettant au justiciable d'exercer utilement son droit d'agir en justice et la défense de ses intérêts. Puis, elle englobe la « plaidoirie », c'est-à-dire la présentation des prétentions et des moyens de défense au juge : l'avocat est l'intermédiaire compétent entre le justiciable profane et le juge qui va trancher le contentieux. L'assistance peut s'exercer devant toutes les juridictions et organismes juridictionnels ou disciplinaires ; elle concerne toutes les phases de la procédure (instruction, audience...). Devant certaines juridictions d'exception civiles, les parties peuvent se faire assister par une personne qui n'a pas nécessairement la qualité d'avocat (conjoint, parent... ; CPC, art. 828, pour le tribunal d'instance).

551. Frais irrépétibles. ***La rémunération de l'assistance*** consiste en des honoraires librement convenus entre le plaideur et l'avocat. Depuis la loi « *Macron* » du 6 août 2015, l'avocat doit sauf en cas d'urgence ou de force majeure ou lorsqu'il intervient au titre de l'aide juridictionnelle, conclure par écrit avec son client ***une convention d'honoraires*** qui précise, notamment, le montant ou le mode de détermination des honoraires couvrant les diligences prévisibles, ainsi que les divers frais et débours envisagés (L., 31 déc. 1971 mod., art. 10).

Ces honoraires font partie des frais « irrépétibles », qui ne font pas l'objet d'un remboursement quelle que soit l'issue du procès. Le gagnant peut seulement obtenir une somme, fixée par le juge sur le fondement de l'article 700 du CPC, versée par la partie tenue aux dépens ou qui perd son procès, qui rembourse partiellement le montant des honoraires et des frais « irrépétibles ». Pour que la somme octroyée soit la plus proche possible du montant réellement versé, le justiciable peut fournir tous éléments de preuve, y compris la facture d'honoraires, sans violer le secret professionnel de l'avocat.

b) La représentation

552. Postulation et représentation. La représentation consiste à accomplir les actes de la procédure au nom et pour le compte du plaideur, dans le cadre ***d'un mandat ad litem*** (on parle de ***« postulation »*** lorsque la représentation est obligatoire et confiée à l'avocat à titre de monopole, comme c'est le cas devant le tribunal judiciaire et la cour d'appel ; loi du 31 déc. 1971, art. 5). Lorsque la représentation par avocat est obligatoire, mais que le justiciable peut choisir un autre représentant *ad litem* (par ex. un défenseur syndical devant la chambre sociale de la cour d'appel), ou bien qu'il s'agit d'un tribunal autre qu'un tribunal judiciaire (par ex. la représentation par avocat est obligatoire devant le tribunal de commerce lorsque le montant de la demande excède 10 000 euros), on parle de ***« représentation »*** mais pas de postulation. En vertu du ***principe de territorialité de la postulation***, l'avocat peut représenter un plaideur ***devant l'ensemble des tribunaux judiciaires du ressort de la cour d'appel dans lequel il a établi sa résidence professionnelle, et devant ladite cour*** (principe de la territorialité de la postulation dans le ressort d'une cour d'appel, sauf pour certaines matières comme la saisie immobilière, le partage ou bien si l'avocat intervient au titre de l'aide juridictionnelle puisque la postulation reste limitée au ressort du TJ). L'avocat représente également les parties devant la cour d'appel : c'est lui qui rédige, à titre de monopole, les actes de la procédure dans les procédures avec représentation obligatoire (en revanche, devant la chambre sociale, l'avocat n'a pas de monopole, puisqu'un défenseur syndical peut aussi représenter une partie). Tout avocat inscrit à un barreau situé dans le ressort d'une cour d'appel peut représenter les parties devant cette cour.

Le mandat ad litem repose sur la ***technique civile de la représentation*** : en conséquence, le plaideur est engagé par les actes écrits de son avocat, qui est même présumé avoir reçu pouvoir pour accepter des offres, se désister de la procédure. En cas de faute dans l'exécution du mandat (non-respect d'un délai de procédure, acte nul...), l'avocat engage sa responsabilité (il a nécessairement une assurance de responsabilité professionnelle). La représentation par avocat étant obligatoire devant le tribunal judiciaire (et devant le tribunal administratif, sauf en matière de recours pour excès de pouvoir), les actes de procédure qui ne sont pas signés par un avocat sont nuls pour irrégularité de fond.

Les avocats sont parfois spécialisés dans certains domaines. À cet égard, par arrêté du 1er octobre 2021, le garde des Sceaux a créé une nouvelle mention de spécialisation « Droit des enfants ». Par arrêté du 20 octobre 2021, le garde des Sceaux a créé une nouvelle mention de spécialisation intitulée « Droit de la protection des données personnelles » et a reformulé la mention de spécialisation « Droit des nouvelles technologies, de l'informatique et de la communication » par « Droit du numérique et des communications ».

553. Rémunération. La représentation est ***rémunérée dans le cadre d'une convention d'honoraires librement négociée***. Néanmoins, les avocats sont rémunérés selon ***un tarif réglementé*** dans les matières pour lesquelles la postulation est limitée au TJ. L'arrêté du 6 juillet 2017 fixe ainsi les tarifs réglementés de postulation des avocats en matière de saisie immobilière, de partage, de licitation et de sûretés judiciaires en application du décret n° 2017-862 du 9 mai 2017 relatif aux tarifs réglementés de postulation des avocats en matière de saisie immobilière, de partage, de licitation et de sûretés judiciaires.

c) Les autres missions

554. Consultation. La ***consultation***, orale ou écrite, permet à l'avocat, sans monopole, de donner des conseils sur des questions juridiques.

555. Rédaction d'actes juridiques pour autrui (loi 31 déc. 1971, art. 54 et s.). L'avocat a aussi compétence pour ***rédiger des actes juridiques*** (contrat de bail, vente d'un bien mobilier, statuts de société...).

556. Acte sous signatures privées contresignées par les avocats. Depuis la loi n° 2011-231 du 28 mars 2011, de modernisation des professions judiciaires et juridiques réglementées, l'article 1374 du Code civil et les articles 66-3-1 et suivants de la loi du 31 décembre 1971 prévoient que l'acte sous signatures privées peut être contresigné par les avocats. Cet acte a une force probante particulière : il fait pleine foi de l'écriture et de la signature des parties à leur égard comme à l'égard de leurs héritiers. De plus, l'avocat atteste par son contreseing avoir éclairé pleinement la partie qu'il conseille sur les conséquences juridiques de l'acte. Lorsque l'acte contresigné par avocats comporte une transaction, ou un accord de médiation ou de conciliation, ou d'un accord négocié à l'issue d'une procédure participative, il peut être revêtu de la formule exécutoire par le greffier de la juridiction du domicile du requérant compétente pour statuer sur l'objet du litige qui fait l'objet de la transaction ou de l'accord. L'acte contresigné est alors un titre exécutoire.

557. Rôle dans les modes amiables de règlement des litiges. Les avocats interviennent dans les modes amiables de résolution des différends à plusieurs égards.

La « ***convention de procédure participative*** », par laquelle les parties à un différend qui n'a pas encore donné lieu à la saisine d'un juge ou d'un arbitre s'engagent à œuvrer conjointement et de bonne foi à la résolution amiable de leur différend, même en matière de divorce et de séparation de corps ou de droit du travail (C. civ., art. 2062 et s.), ne peut être signée qu'avec l'assistance d'un avocat. Elle peut conduire à un accord qui est homologué par le juge compétent, selon une procédure simplifiée. L'avocat peut aussi exercer des missions de médiateur. Le décret du 6 mai 2017 a étendu le domaine de cette convention qui peut avoir pour objet la mise en état des affaires devant les juridictions : cette mise en état conventionnelle s'effectue grâce à des actes de procédure contresignés par les avocats destinés à l'instruction de l'affaire (fixation du calendrier des échanges de conclusions et pièces, désignation d'un expert).

Avec la loi n° 2016-1547 du 18 novembre 2016 et le décret n° 2016-1907 du 28 décembre 2016, le ***divorce par consentement mutuel peut être contenu dans un acte contresigné par avocat*** et déposé au rang des minutes d'un notaire (C. civ., art. 229-1 et s.).

L'article 8-2 du Règlement intérieur national des avocats (RIN) a été modifié par une décision à caractère normatif du CNB du 28 décembre 2020 (JORF du 17 janvier 2021) pour préciser le rôle des avocats dans le ***règlement amiable des différends***. Il rappelle qu'avant « toute procédure ou lorsqu'une action est déjà pendante devant une juridiction, l'avocat peut, sous réserve de recueillir l'assentiment de son client, prendre contact avec la partie adverse ou la recevoir afin de lui proposer un règlement amiable du différend. À cette occasion, il rappelle à la partie adverse la faculté de consulter un avocat et l'invite à lui en faire connaître le nom. Il s'interdit à son égard toute présentation déloyale de la situation et toute menace. Il peut néanmoins mentionner l'éventualité d'une procédure ». « L'avocat, mandataire de son client, peut adresser toute injonction ou mise en demeure à l'adversaire de ce dernier. La prise de contact avec la partie adverse ne peut avoir lieu qu'en adressant à cette partie une lettre, qui peut être transmise par voie électronique, en s'assurant préalablement de l'adresse électronique de son destinataire, rappelant la faculté pour le destinataire de consulter un avocat et l'invitant à lui faire connaître le nom de son conseil ».

558. Autres activités. Les avocats peuvent exercer en qualité de mandataire l'une des parties intéressées à la conclusion d'un contrat mentionné à l'article L. 222-7 du Code du sport (***agent sportif***) depuis la loi du 28 mars 2011. Il est alors précisé que le montant des honoraires de l'avocat ne peut excéder 10 % du montant de ce contrat. L'avocat peut également agir en qualité de ***fiduciaire***.

2) Le statut professionnel

559. Protection des avocats. Pour que l'avocat puisse exercer librement sa profession, des ***prérogatives particulières*** lui ont été conférées. On peut citer : le droit de refuser de plaider une affaire ou de recevoir un dossier ; l'inviolabilité de la correspondance, concernant les documents échangés avec le client ; l'inviolabilité du cabinet, qui interdit toute perquisition dans le cabinet d'un avocat pour saisir des documents de nature à établir la culpabilité d'un client (sauf lors d'une instruction pénale et à des conditions restrictives) ; l'immunité de la parole et des écrits, qui empêche toute poursuite pour injure, outrage ou diffamation, pour les paroles prononcées lors d'une plaidoirie, ou pour les écrits en rapport avec la défense de son client.

560. Obligations professionnelles. En contrepartie, l'avocat est tenu de certaines obligations professionnelles. Les principes essentiels de la profession d'avocat ont été définis par un décret n° 2005-790 du 12 juillet 2005. L'avocat doit respecter le ***secret professionnel*** au sujet de ce qu'il a pu apprendre à l'occasion de l'exercice de ses fonctions ; il est tenu d'une obligation de loyauté à l'égard de son client ; il doit mener à son terme l'affaire dont il est chargé (sauf motif légitime, et après avoir averti le plaideur, le juge et l'adversaire, et avoir trouvé un remplaçant si la procédure impose la constitution d'un avocat) ; il doit accomplir les actes de la procédure avec diligence, et se comporter en loyal auxiliaire de justice à l'égard du juge comme de son adversaire ; il doit respecter les obligations résultant de la lutte contre le blanchiment des capitaux et le financement du terrorisme prévues par le livre V du Code monétaire et financier.

561. Discipline. La méconnaissance d'une obligation professionnelle, le manquement à la dignité, à l'honneur ou à la probité commis par l'avocat en dehors de son activité professionnelle, peuvent entraîner la mise en œuvre d'une procédure disciplinaire. La loi n° 2021-1729 du 22 décembre 2021 et le décret n° 2022-965 du 30 juin 2022 ont modifié la procédure disciplinaire des avocats ; le conseil de discipline devient une juridiction, qui peut être présidée par un magistrat notamment lorsque l'avocat mis en cause le demande. Un échevinage est introduit au niveau de l'appel : la juridiction d'appel comprend 5 membres, trois magistrats de la cour d'appel et deux membres du conseil de l'ordre du ressort de ladite cour. Les sanctions sont modifiées : la durée de la suspension provisoire est limitée à 6 mois renouvelable une fois, ou est prolongée jusqu'à 12 mois si une action publique est diligentée contre l'avocat. L'interdiction temporaire de conclure un nouveau contrat de collaboration ou un nouveau contrat de stage pour une durée déterminée peut être prononcée à titre de sanction complémentaire. La juridiction disciplinaire peut aussi prescrire une formation complémentaire en déontologie et prononcer un ajournement de peine.

562. Réclamation. Toute personne physique ou morale peut former une réclamation contre un avocat devant le Bâtonnier qui est en charge de son instruction. Le bâtonnier peut organiser une conciliation entre les intéressés (sauf si les faits sont d'une gravité telle que la saisine de la juridiction disciplinaire s'impose). À défaut de conciliation, le bâtonnier décide s'il y a lieu ou non d'engager une action disciplinaire (l'auteur de la réclamation peut saisir directement la juridiction disciplinaire ou le procureur général). S'il y a conciliation, un procès-verbal est signé.

563. Publicité. La loi n° 2014-344 du 17 mars 2014 relative à la consommation permet aux avocats, dans les conditions fixées par décret, de « recourir à la publicité ainsi qu'à la sollicitation personnalisée. Toute prestation réalisée à la suite d'une sollicitation personnalisée fait l'objet d'une convention d'honoraires ». La publicité personnelle consiste en une communication destinée à promouvoir ses services et la sollicitation personnalisée est un mode de publicité personnelle, destinée à promouvoir ses services à l'attention d'une personne physique ou morale déterminée. Le décret n° 2014-1251 du 28 octobre 2014 précise que la publicité et la sollicitation personnalisée doivent procurer une information sincère sur la nature des prestations de services proposées et respecter les principes essentiels de la profession, en excluant tout élément comparatif ou dénigrant. La sollicitation personnalisée prend la forme d'un envoi postal ou d'un courrier électronique adressé au destinataire de l'offre de service. La décision du 13 novembre 2014 portant réforme du règlement intérieur national de la profession d'avocat émise par le Conseil national des barreaux précise notamment, les publicités interdites (comparatives, dénigrantes, mensongères...) et les modalités de la publicité autorisée par internet.

3) Les modalités d'exercice de la profession

564. Exercice individuel. Si l'avocat ne souhaite pas exercer sa profession seul, il peut collaborer au sein d'un cabinet, soit en étant salarié (ce qui lui interdit de disposer d'une clientèle personnelle), soit en étant collaborateur (ce qui lui permet d'avoir sa clientèle personnelle dans les conditions fixées au contrat de collaboration).

L'avocat salarié est lié par un contrat de travail écrit qui ne peut porter atteinte au principe déontologique d'indépendance des avocats (l'avocat salarié doit rester libre de refuser un dossier) ; l'avocat employeur est civilement responsable des actes accomplis pour son compte par son salarié. Pour tout litige né à l'occasion du contrat de travail, c'est le bâtonnier du barreau qui est saisi par l'une des parties et qui statue sur le différend (D., 27 nov. 1991, art. 142 et s.). La décision est susceptible d'appel devant la cour d'appel.

Le contrat de collaboration fixe la durée de la collaboration, les périodes d'activité, les modalités de la rétrocession d'honoraires, la possibilité d'avoir une clientèle personnelle et la cessation de la collaboration (D., 27 nov. 1991, art. 129 et s.). L'avocat est civilement responsable des actes professionnels accomplis pour son compte par son ou ses collaborateurs.

565. Exercice sous forme de personne morale. Le cabinet peut prendre la forme d'une société civile professionnelle qui jouit de la personnalité morale. Toutes les dépenses et toutes les rémunérations sont mises en commun et réparties en fonction du nombre de parts de chacun des avocats dans la société. Chaque avocat répond indéfiniment et solidairement des dettes sociales.

La loi n° 2015-990 du 6 août 2015 a introduit les sociétés de participations financières de professions libérales (L., 31 déc. 1990, art. 31-1). Il peut être constitué entre personnes physiques ou morales exerçant une ou plusieurs professions libérales soumises à un statut législatif ou réglementaire ou dont le titre est protégé ou des personnes mentionnées au 6° du B du I de l'article 5 des sociétés de participations financières ayant pour objet la détention des parts ou d'actions de sociétés mentionnées au premier alinéa de l'article 1er ayant pour objet l'exercice de cette même profession ainsi que la participation à tout groupement de droit étranger ayant pour objet l'exercice de la même profession. Ces sociétés peuvent exercer toute autre activité sous réserve d'être destinée exclusivement aux sociétés ou aux groupements dont elles détiennent des participations. Ces sociétés peuvent être constituées sous la forme de sociétés à responsabilité limitée, de sociétés anonymes, de sociétés par actions simplifiées ou de sociétés en commandite par actions régies par le livre II du Code de commerce, sous réserve des dispositions contraires. Plus de la moitié du capital et des droits de vote doit être détenue par des personnes exerçant la même profession que celle exercée par les sociétés faisant l'objet de la détention des parts ou actions.

Des avocats peuvent s'associer aux termes d'un contrat écrit et contrôlé par l'Ordre. Ils mettent en commun certains moyens (secrétariat, local) mais chaque avocat conserve sa clientèle (D., 27 nov. 1991, art. 124 et s.).

4) La déontologie

566. Devoirs professionnels et obligations déontologiques. Les avocats sont soumis à une stricte déontologie et sont tenus de nombreux devoirs professionnels, qui sont sanctionnés par une action disciplinaire devant le conseil de l'ordre ou une action en responsabilité civile devant le tribunal judiciaire. La déontologie est définie pour l'essentiel par le décret n° 2005-790 du 12 juillet 2005 relatif aux règles de déontologie de la profession d'avocat et le Règlement intérieur national (RIN) élaboré par le Conseil national des barreaux. Ce dispositif a fait l'objet de nombreuses réformes, pour actualiser les obligations professionnelles (protection des données personnelles, possibilité de communiquer et de démarcher, signature de l'acte d'avocats de divorce par consentement mutuel, art. 7-2 RIN...).

567. Enquête déontologique. Il s'agit d'une enquête indépendante de toute poursuite disciplinaire. Le bâtonnier peut se saisir d'office ou être saisi par une personne intéressée ou le procureur général ; il diligente l'enquête sur le comportement d'un avocat et peut désigner à cet effet un ou plusieurs délégués parmi les membres du conseil de l'ordre qui établiront le rapport. À l'issue le bâtonnier (ou le procureur général) peut saisir la juridiction disciplinaire.

568. Obligations professionnelles :

– ***respecter le secret professionnel*** pour tout ce qu'il a pu apprendre à l'occasion de l'exercice de ses fonctions ; respecter les processus de protection des données personnelles ;
– ***mener à son terme l'affaire dont il est chargé*** (sauf motif légitime, et après avoir averti le plaideur, le juge et l'adversaire, et avoir trouvé un remplaçant si la procédure impose la constitution d'un avocat) ;
– ***accomplir les actes de la procédure avec diligence***, et se comporter en loyal auxiliaire de justice à l'égard du juge comme à l'égard de son client, de la partie adverse et de ses confrères.

2. LES OFFICIERS MINISTÉRIELS

569. Statut particulier. L'officier ministériel est un particulier qui a acquis un office avec l'agrément du Gouvernement et qui exerce une profession, objet d'un monopole : il s'agit des « ***commissaires de justice*** », (les anciens huissiers de justice ont fusionné avec les commissaires-priseurs), des avocats à la Cour de cassation et au Conseil d'État, et des greffiers des tribunaux de commerce et des notaires. L'office présente deux aspects : le droit de présentation du successeur a une valeur, que l'on l'appelle la « finance », par opposition au « titre », qui constitue le droit d'exercer la fonction conférée par le ministère de la Justice. L'État décide de la création ou de la suppression des offices.

570. Évolution législative : augmentation du nombre d'offices. La loi n° 2015-990 du 6 août 2015 pour la croissance, l'activité et l'égalité des chances économiques a considérablement modifié les règles d'installation des officiers ministériels, en prévoyant des règles communes à toutes les professions. Les notaires, « les huissiers de justice et les commissaires-priseurs judiciaires » ***peuvent librement s'installer dans les zones où l'implantation d'offices apparaît utile*** pour renforcer la proximité ou l'offre de services. Ces zones sont déterminées par une carte établie conjointement par les ministres de la Justice et de l'Économie, sur proposition de l'Autorité de la concurrence en application de l'article L. 462-4-1 du Code de commerce. Elles sont définies de manière détaillée au regard de critères précisés par décret, parmi lesquels une analyse démographique de l'évolution prévisible du nombre de professionnels installés. À cet effet, cette carte identifie les secteurs dans lesquels, pour renforcer la proximité ou l'offre de services, la création de nouveaux offices de notaire, d'huissier de justice ou de commissaire-priseur judiciaire apparaît utile. Afin de garantir une augmentation progressive du nombre d'offices à créer, de manière à ne pas bouleverser les conditions d'activité des offices existants, cette carte, rendue publique et révisée tous les deux ans, est assortie de recommandations sur le rythme d'installation compatible avec une augmentation progressive du nombre de professionnels dans la zone concernée.

Dans les zones prévues, lorsque le demandeur remplit les conditions de nationalité, d'aptitude, d'honorabilité, d'expérience et d'assurance requises pour être nommé en qualité de notaire ou de commissaire de justice, le ministre de la Justice le nomme titulaire de l'office créé.

Si, dans un délai de six mois à compter de la publication de la carte, le ministre de la Justice constate un nombre insuffisant de demandes de créations d'office au regard des besoins identifiés, il procède, dans des conditions prévues par décret, à un appel à manifestation d'intérêt en vue d'une nomination dans un office vacant ou à créer ou de la création d'un bureau annexe par un officier titulaire.

Si l'appel à manifestation d'intérêt est infructueux, le ministre de la Justice confie la fourniture des services d'intérêt général en cause, selon le cas, à la chambre départementale des notaires, à la chambre départementale des commissaires de justice concernée. Le ministre de la Justice précise, en fonction de l'insuffisance identifiée, le contenu et les modalités des services rendus. À cet effet, une permanence est mise en place dans une maison de justice et du droit. La chambre concernée répartit les charges et sujétions entre les officiers publics ou ministériels de son ressort.

Dans les zones où l'implantation d'offices supplémentaires de notaire, d'huissier de justice ou de commissaire de justice ***serait de nature à porter atteinte à la continuité de l'exploitation des offices existants et à compromettre la qualité du service rendu***, le ministre de la Justice peut ***refuser une demande de création d'office***, après avis de l'Autorité de la concurrence rendu dans un délai de deux mois après le dépôt de la demande de création d'office. Cet avis est rendu public. Le refus est motivé au regard, notamment, des caractéristiques de la zone et du niveau d'activité économique des professionnels concernés.

Le nouvel article L. 462-4-1 du Code de commerce précise que ***l'Autorité de la concurrence rend au ministre de la Justice, qui en est le garant, un avis sur la liberté d'installation*** des notaires, des huissiers de justice et des commissaires de justice. Elle fait toutes recommandations en vue d'améliorer l'accès aux offices publics ou ministériels dans la perspective de renforcer la cohésion territoriale des prestations et d'augmenter de façon progressive le nombre d'offices sur le territoire. Elle établit également un bilan en matière d'accès des femmes et des hommes aux offices publics ou ministériels, sur la base de données présentées par sexe et d'une analyse de l'évolution démographique des femmes et des jeunes au sein des professions concernées. Ces recommandations sont rendues publiques au moins tous les deux ans. Elles sont assorties de la carte mentionnée au I de l'article 52 de la loi n° 2015-990 du 6 août 2015 pour la croissance, l'activité et l'égalité des chances économiques. L'ouverture d'une procédure visant à l'élaboration de la carte est rendue publique, dans un délai de cinq jours à compter de la date de cette ouverture, afin de permettre aux associations de défense des consommateurs agréées au niveau national pour ester en justice, aux instances ordinales des professions concernées, ainsi qu'à toute personne remplissant les conditions de nationalité, d'aptitude, d'honorabilité, d'expérience et d'assurance requises pour être nommée par le ministre de la Justice en qualité de notaire, de commissaire de justice, d'adresser à l'Autorité de la concurrence leurs observations. Lorsque l'Autorité de la concurrence délibère sur ce point, son collège comprend deux personnalités qualifiées nommées par décret pour une durée de trois ans non renouvelable.

Pour l'année 2022, deux arrêtés du 5 décembre 2022 (*JO 16 déc. 2022*) fixent le tirage au sort pour l'accès à la profession de Commissaire de justice sur les offices déclarés vacants (D. n° 2022-949, 29 juin 2022, art. 44).

571. Organisation. Chaque profession est organisée en chambres départementales, régionales et nationales.

572. Régime commun de discipline. Afin de simplifier et d'harmoniser le régime disciplinaire et la déontologie des différents officiers ministériels, l'ordonnance n° 2022-544 du 13 avril 2022 relative à la déontologie et à la discipline des officiers ministériels réforme en profondeur le régime juridique de la déontologie et de la discipline des avocats au Conseil d'État et à la Cour de cassation, des commissaires de justice, des greffiers des tribunaux de commerce et des notaires. La surveillance des officiers publics et ministériels est désormais confiée au procureur général, à l'exception des avocats au Conseil d'État et à la Cour de cassation compte tenu de leur statut spécifique et de leur rôle auprès de ces juridictions placées au sommet des deux ordres de juridictions. La loi crée de nouvelles juridictions disciplinaires qui sont présidées par un magistrat et qui disposent de services d'enquêtes indépendants. Elle modernise l'échelle des peines que les juridictions peuvent prononcer en créant notamment une nouvelle sanction d'amende disciplinaire. Elle prévoit le traitement des réclamations à l'encontre d'un professionnel afin d'assurer une meilleure information et protection du public tout en favorisant la résolution amiable des différends grâce à la généralisation d'une procédure de conciliation préalable. Elle investit les instances de la profession de pouvoirs préventifs destinés à mettre en conformité l'action du professionnel avec ses obligations.

573. Collèges de déontologie. Le décret n° 2022-545 du 13 avril 2022 relatif aux collèges de déontologie des officiers ministériels définit l'organisation, les missions et le fonctionnement des collèges de déontologie pour les professions d'avocat au Conseil d'État et à la Cour de cassation, de commissaire de justice, de greffier des tribunaux de commerce et de notaire. Le collège de déontologie de chacune des professions mentionnées à l'article 1er : « 1° Est consulté par l'instance professionnelle compétente préalablement à l'élaboration et à la mise à jour du code de déontologie de la profession ; 2° Formule toute recommandation utile sur l'application du code de déontologie ; 3° Émet des avis sur l'application du code de déontologie à des situations individuelles. »

Il peut être saisi par le garde des Sceaux, ministre de la Justice, et par toute autorité de la profession habilitée à prendre les mesures prévues à l'article 6 de l'ordonnance 2022-544 du 13 avril 2022 relative à la déontologie et à la discipline des officiers ministériels ou à exercer l'action disciplinaire en application de ses articles 8 et 9.

Le collège peut également se saisir d'office.

Les avis et les recommandations du collège de déontologie sont communiqués à l'autorité qui l'a saisi ainsi que, le cas échéant, au professionnel concerné. Le collège peut les publier sur son site internet sous une forme qui ne permet pas d'identifier les personnes et les lieux qui y sont mentionnés.

Le collège établit un rapport annuel sur son activité. Sauf s'ils ont déjà fait l'objet d'une publication, les recommandations et les avis y sont annexés. Ce rapport et ses annexes sont publiés sur le site internet de l'instance nationale de la profession.

A - Les commissaires de justice

1) Les missions

574. Nouvelle profession. Dans les conditions prévues à l'article 38 de la Constitution, le Gouvernement a été autorisé à prendre par ordonnance, dans un délai de dix mois à compter de la promulgation de la loi « *Macron* », les mesures relevant du domaine de la loi pour créer une profession de commissaire de justice regroupant les professions d'huissier de justice et de commissaire-priseur judiciaire, de façon progressive, en prenant en considération les règles de déontologie, les incompatibilités et les risques de conflits d'intérêts propres à l'exercice des missions de chaque profession concernée, ainsi que les exigences de qualification particulières à chacune de ces professions. ***C'est dans ces conditions qu'a été promulguée l'ordonnance n° 2016-728 du 2 juin 2016 relative au statut de commissaire de justice.***

Avertissement

Le Code de procédure civile fait toujours mention de l'huissier de justice : en effet pour exercer sous le titre de commissaire de justice, les professionnels doivent avoir suivi une formation spécifique (Ord. n° 2016-728, 2 juin 2016, art. 25, IV, al. 5) et « tant qu'ils ne remplissent pas les conditions de formation à la profession de commissaire de justice, les professionnels en exercice au 1er juillet 2022 conservent leur titre d'huissier de justice ou de commissaire-priseur judiciaire » (Ord. n° 2016-728, 2 juin 2016, art. 25, IV, al. 11). Cette situation peut perdurer jusqu'au 1er juillet 2026, date à compter de laquelle « les professionnels en exercice ne remplissant pas les conditions de la formation spécifique [...] cessent d'exercer » (Ord. n° 2016-728, 2 juin 2016, art. 25, V). Le terme d'huissier sera employé en procédure jusqu'en 2026 dans la mesure où il est plus inclusif, faisant référence à la fois aux professionnels exerçant sous le titre d'huissier et à ceux exerçant sous le titre de commissaire de justice, selon leur formation. **L'article 67 du décret n° 2022-949 du 29 juin 2022 relatif aux conditions d'exercice des commissaires de justice**, précise que : « 1° La référence aux huissiers de justice et aux huissiers désigne les commissaires de justice ; 2° La référence aux commissaires-priseurs judiciaires désigne les commissaires de justice ; 3° La référence aux ordonnances et à la loi mentionnées au I de l'article 24 de l'ordonnance du 2 juin 2016 susvisée est remplacée par la référence à cette dernière ordonnance ».

575. Attributions. ***Les commissaires de justice sont les officiers publics et ministériels*** qui ont ***seuls qualité***, dans les conditions fixées par les lois et règlements en vigueur, pour :

1° Ramener à exécution les décisions de justice ainsi que les actes ou titres en forme exécutoire ;

2° Procéder aux inventaires, prisées et ventes aux enchères publiques de meubles corporels ou incorporels prescrits par la loi ou par décision de justice ;

3° Signifier les actes et les exploits, faire les notifications prescrites par les lois et règlements lorsque le mode de notification n'a pas été précisé ;

4° Accomplir les mesures conservatoires après l'ouverture d'une succession dans les conditions prévues par le Code de procédure civile ;

5° Assurer le service des audiences près les cours et tribunaux ;

6° Délivrer et mettre à exécution le titre prévu par l'article L. 131-73 du Code monétaire et financier, en cas de non-paiement d'un chèque ;

7° Mettre en œuvre la procédure simplifiée de recouvrement des petites créances prévue à l'article L. 125-1 du Code des procédures civiles d'exécution ;

8° Établir les constats d'état des lieux dans les conditions prévues au deuxième alinéa de l'article 3-2 de la loi du 6 juillet 1989 susvisée ;

9° Assister le greffier en chef dans sa mission de vérification des comptes de tutelle.

576. Attributions non monopolistiques. Sans avoir de monopole, ils peuvent en outre procéder au ***recouvrement amiable ou judiciaire*** de toutes créances, effectuer, lorsqu'ils sont commis par justice ou à la requête de particuliers, des constatations purement matérielles, exclusives de tout avis sur les conséquences de fait ou de droit qui peuvent en résulter. Sauf en matière pénale où elles ont valeur de simples renseignements, ces constatations font foi jusqu'à preuve contraire.

Ils peuvent être désignés à titre habituel en qualité ***de liquidateur dans certaines procédures de liquidation judiciaire*** ou d'assistant du juge commis dans le cadre des procédures de rétablissement professionnel, dans les conditions prévues par le titre IV du livre VI et le livre VIII du Code de commerce ; ou encore être désignés en qualité de ***séquestre conventionnel*** régi par les articles 1956 et suivants du Code civil et en remplir les missions dans des conditions fixées par le décret prévu à l'article 22 ; ou bien être commis en qualité de ***technicien*** pour éclairer le juge sur une question de fait, notamment en application des articles 232 et suivants du Code de procédure civile et des articles R. 621-1 et suivants du Code de justice administrative.

Ils peuvent exercer ***à titre accessoire*** certaines activités ou fonctions. La liste de ces activités et fonctions ainsi que les conditions dans lesquelles les intéressés sont autorisés à les exercer sont fixées par les dispositions légales.

Enfin, les commissaires de justice peuvent ***organiser et réaliser des ventes***, inventaires et prisées correspondants relevant de l'activité d'opérateur de ventes volontaires mentionnée à l'article L. 321-4 du Code de commerce, dans les conditions de qualification requises par cet article. Ils y procèdent conformément aux dispositions du chapitre Ier du titre II du livre III du Code de commerce, au sein de sociétés régies par le livre II du même code, distinctes de leur office. L'objet de ces sociétés peut inclure les activités de transport de meubles, de presse, d'édition et de diffusion de catalogues pour les besoins des ventes qu'ils organisent.

577. Compétence territoriale. Ils exercent leur compétence ***dans le ressort de la cour d'appel du siège de l'office*** et, le cas échéant, du ou des bureaux annexes attachés à l'office. Toutefois, ***la compétence*** pour les actes prévus au 4° du I et au II de l'article 1er est ***nationale***. Les commissaires de justice peuvent également procéder, à titre occasionnel, aux actes prévus au 2° du I de l'article 1er sur l'ensemble du territoire national. Cette nouvelle profession verra le jour le 1er juillet 2022, mais les conditions d'accès à la profession de commissaire de justice sont déjà entrées en vigueur.

2) L'accès à la profession

578. Nouvelles conditions d'accès à la profession. Les conditions d'accès ont été précisées par le ***décret n° 2019-1185 du 15 novembre 2019*** (JO 17 nov.). Il faut être Français ou ressortissant d'un autre État membre de l'Union européenne ou d'un autre État partie à l'accord sur l'Espace économique européen et avoir une bonne moralité. En effet, ne peuvent être nommés commissaires de justice les auteurs de faits « ayant donné lieu à une condamnation pénale définitive pour des agissements contraires à l'honneur, à la probité ou aux bonnes mœurs ou de faits de même nature ayant donné lieu à une sanction disciplinaire ou administrative définitive de destitution, radiation, révocation, de retrait d'agrément ou d'autorisation dans la profession qu'il exerçait antérieurement ».

La compétence est attestée par le fait qu'il faut être titulaire d'un master en droit ou de l'un des titres ou diplômes qui sont reconnus comme équivalents pour l'exercice de la profession de commissaire de justice par arrêté du garde des Sceaux., et réussir un examen d'accès à la formation professionnelle de commissaire de justice. Un arrêté du 13 décembre 2019 fixe la liste des titres ou diplômes reconnus comme équivalents au master en droit pour exercer la profession de commissaire de justice.

579. Examen d'accès à la formation professionnelle. Il a lieu au moins une fois par an. Les conditions d'organisation, le programme et les modalités de cet examen qui comporte des épreuves écrites et orales sont fixés par l'arrêté du 13 décembre 2019, pris par le garde des Sceaux, ministre de la Justice, après avis de la chambre nationale des commissaires de justice (qui a été mise en place en 2019 sous la forme d'un établissement d'utilité publique soumis à la tutelle du garde des Sceaux ministre de la justice). Jusqu'au 30 juin 2022, le jury national, chargé de choisir les sujets des épreuves, était composé d'un magistrat de l'ordre judiciaire en activité ou honoraire, président ; de deux professeurs de l'enseignement supérieur ou maîtres de conférences, chargés d'un enseignement juridique ; d'un huissier de justice en activité ou ayant cessé d'exercer ses fonctions depuis moins de cinq ans ; et d'un commissaire-priseur judiciaire en activité ou ayant cessé d'exercer ses fonctions depuis moins de cinq ans. Depuis cette date, il est composé d'un magistrat de l'ordre judiciaire en activité ou honoraire, président ; de deux professeurs de l'enseignement supérieur ou maîtres de conférences, l'un chargé d'un enseignement juridique, l'autre chargé d'un enseignement en histoire de l'art ; et de deux commissaires de justice, en activité ou ayant cessé d'exercer leurs fonctions depuis moins de cinq ans.

580. Dispenses de formation initiale et d'examen d'aptitude. Le décret n° 2019-1185 du 15 novembre 2019 prévoit une dispense de la formation initiale et de l'examen d'aptitude à la profession de commissaire de justice, par décision du garde des Sceaux prise après avis du bureau de la chambre nationale pour :

– les anciens magistrats de l'ordre judiciaire régis par l'ordonnance du 22 décembre 1958, ainsi que les anciens membres du corps des magistrats des tribunaux administratifs et des cours administratives d'appel ;
– les anciens professeurs et anciens maîtres de conférences de droit ou de sciences économiques ;
– les anciens notaires ayant exercé leurs fonctions pendant au moins cinq ans ;
– les anciens avocats à la Cour de cassation et au Conseil d'État ayant exercé leurs fonctions pendant au moins deux ans ;
– les anciens avocats, les anciens avoués près les cours d'appel et les anciens conseils juridiques ayant exercé leurs fonctions pendant au moins cinq ans ;
– les anciens fonctionnaires de la catégorie A ou les personnes assimilées aux fonctionnaires de cette catégorie ayant exercé pendant trois ans au moins des activités juridiques ou fiscales au sein d'une personne morale de droit public ou d'une personne morale de droit privé chargée d'une mission de service public ;
– les personnes ayant accompli huit années au moins d'exercice professionnel dans le service juridique ou fiscal d'une entreprise, publique ou privée, employant au moins trois juristes ;
– les anciens greffiers, les anciens syndics et administrateurs judiciaires, les anciens mandataires judiciaires au redressement et à la liquidation des entreprises, ayant exercé leurs fonctions pendant au moins deux ans.

581. Modalités de la formation initiale. *La formation professionnelle initiale* des commissaires de justice stagiaires ***dure deux ans*** et comprend un ***enseignement théorique et un stage professionnel***. Elle est assurée par la chambre nationale des commissaires de justice dans le cadre d'un ***institut national de formation*** placé sous son autorité. En effet, « la chambre détermine les conditions dans lesquelles l'institut national peut être chargé de la formation des collaborateurs des commissaires de justice ».

L'enseignement théorique est « réparti en modules d'enseignement dont le programme et la durée sont fixés par arrêté du garde des Sceaux, ministre de la justice, après avis de la chambre nationale des commissaires de justice ». Le stage doit être effectué dans un office de commissaire de justice. À la demande du stagiaire, et pour une durée de 6 mois maximum, il pourra être accompli dans un office de notaire ; auprès d'un avocat, d'un expert-comptable ou d'un opérateur de ventes volontaires ; dans une administration publique ou dans le service juridique ou fiscal d'une entreprise ; ou dans un pays étranger auprès d'une personne exerçant une profession judiciaire ou juridique réglementée. Jusqu'au 30 juin 2022 ce stage doit être effectué dans un office d'huissier de justice ou dans un office de commissaire-priseur judiciaire. Si un commissaire ne trouve pas de stage, c'est la chambre nationale qui procède à son affectation dans un office de commissaire de justice. Les attributions du stagiaire sont limitées : « le commissaire de justice stagiaire est habilité dans le même ressort territorial que le maître de stage à signifier tous les actes judiciaires et extrajudiciaires, et à procéder aux constats. Il ne peut ni organiser ni réaliser de ventes de meubles corporels ou incorporels aux enchères publiques prescrites par la loi ou par décision de justice, ainsi que les prisées correspondantes ».

L'exclusion de la formation initiale peut être prononcée contre un commissaire stagiaire. Une décision motivée de la chambre nationale peut prononcer une exclusion d'un commissaire s'il a subi trois échecs à l'examen d'aptitude ou s'il interrompt sa formation sans motif légitime pendant plus d'un an. L'exclusion peut aussi être prononcée si le commissaire a fait l'objet d'une condamnation pénale définitive pour des faits contraires à l'honneur, la probité ou aux bonnes mœurs ; ou s'il méconnaît gravement les obligations de sa formation ou s'il commet des faits contraires à l'honneur, la probité ou aux bonnes mœurs.

582. Certificat d'accomplissement de la formation initiale. ***À l'issue de la deuxième année de formation, un*** certificat d'accomplissement de la formation est délivré. La chambre nationale peut « autoriser le commissaire de justice stagiaire à suivre à nouveau la deuxième année de formation professionnelle ou refuser de délivrer le certificat. Cette autorisation ne peut être accordée qu'une seule fois ».

583. Examen d'aptitude à la profession de commissaire de justice. L'examen d'aptitude ***est organisé par la chambre nationale des commissaires de justice.*** Il a lieu au moins une fois par an. L'arrêté du 19 octobre 2020 détermine le programme, les conditions d'organisation et les modalités de l'examen. Jusqu'au 30 juin 2022, le jury national, chargé de choisir les sujets des épreuves, était composé d'un magistrat de l'ordre judiciaire en activité ou honoraire, président ; de deux professeurs de l'enseignement supérieur ou maîtres de conférences, l'un chargé d'un enseignement juridique, l'autre en enseignement en histoire de l'art et d'un commissaire de justice en activité ou ayant cessé d'exercer ses fonctions depuis moins de cinq ans. Depuis cette date, la composition de ce jury est identique à celle de l'examen d'accès.

3) L'exercice de la profession

a) Structures d'exercice

584. Diversités des modalités d'exercice. Les commissaires de justice peuvent exercer leur profession ***à titre individuel***. Ceux qui résident dans la même commune peuvent établir entre eux des ***groupements***, qui centralisent dans les mêmes locaux deux ou plusieurs offices, facilitent l'exécution du travail matériel et réduisent les frais d'exploitation. Ils peuvent aussi se regrouper en ***association*** ou exercer dans le cadre de ***sociétés*** titulaires d'un office ministériel. Les commissaires de justice sont tenus de suivre une formation continue.

Le décret n° 2022-1743 du 29 décembre 2022 relatif à la gestion des professions de commissaire de justice et de notaire prévoit les modalités d'application ou de réalisation, pour les deux professions de commissaire de justice (et de notaire), des opérations et procédures relatives à la transformation et à certaines substitutions de sociétés, à la cession des actions et parts sociales, à la constitution des sociétés de participations financières de professions libérales, à la délivrance des autorisations de prolongation d'activité, aux changements de qualité ou d'affectation pour l'exercice de la profession ainsi qu'à la tenue d'un annuaire global par l'instance professionnelle nationale concernée. Le décret prévoit également les modalités de la prestation de serment devant la cour d'appel et de la prévention des conflits d'intérêts au sein des instances professionnelles. Le texte entre en vigueur au 1er janvier 2023 en ce qui concerne les prestations de serment et s'applique aux demandes de prestation de serment déposées à compter de cette date. Les autres dispositions entrent pour la plupart en vigueur au 1er mars 2023, en particulier celles relatives aux déclarations déposées à compter de cette date.

b) Obligation de formation professionnelle continue

585. Formation continue obligatoire. Les commissaires de justice doivent suivre une formation professionnelle continue visant à assurer la mise à jour et le perfectionnement des connaissances nécessaires à l'exercice de cette profession. Cette formation est de 20 heures par an (le commissaire peut réaliser ses 40 heures sur 2 ans), incluant 10 heures au moins sur la gestion d'un office, la déontologie et le statut professionnel durant les 2 premières années d'exercice professionnel.

c) Obtention d'un certificat de spécialisation

586. Pratique professionnelle et examen de contrôle des connaissances. La chambre nationale des commissaires de justice peut délivrer un certificat de spécialisation au commissaire de justice. La liste de ces spécialisations sera fixée par arrêté du garde des Sceaux après avis du bureau de la chambre nationale des commissaires de justice. Selon le décret du 15 novembre 2019, « la spécialisation est acquise par une ***pratique professionnelle de quatre années*** au moins dans la spécialité, sanctionnée par un ***examen de contrôle*** des connaissances organisé par la chambre nationale des commissaires de justice ». Un examen de contrôle des connaissances se déroule devant un jury composé de personnes compétentes dans la spécialité en cause (D. 2019-1185, 15 nov. 2019, art. 34).

Cette pratique professionnelle peut avoir été acquise en France ou à l'étranger :

- dans un office de commissaire de justice ;
- dans une autre profession juridique ou judiciaire réglementée ou dans celle d'expert-comptable, dès lors que le contenu des activités exercées correspond à la spécialisation demandée ;
- dans une université ou un autre établissement d'enseignement supérieur public ou privé reconnu par l'État, en qualité de professeur ou maître de conférences chargé d'un enseignement en rapport avec la spécialisation considérée ;

– dans le service juridique d'une administration, d'un service public, d'une entreprise, d'une organisation professionnelle ou d'une organisation internationale comportant au moins trois juristes travaillant dans la spécialisation revendiquée.

d) Organisation administrative de la profession

587. Précisions techniques. Le décret n° 2020-931 du 29 juillet 2020 relatif aux obligations déclaratives des notaires, des huissiers de justice et des commissaires-priseurs judiciaires et aux décisions de dispenses et d'admission à concourir pour l'accès à ces professions, qui est entré en vigueur le 1er janvier 2021, organise :

– les modalités de reprise d'activité des notaires salariés, des huissiers de justice salariés et commissaires-priseurs judiciaires salariés ;
– les modalités de transformation sans dissolution de la structure sociale des offices des notaires, des huissiers de justice et des commissaires-priseurs judiciaires ;
– les modalités d'adoption des décisions de dispenses et d'admissions à concourir ; les modalités de tenue et de mise à jour des listes des officiers publics et ministériels.

Il détaille les obligations déclaratives relatives à la reprise d'activité des salariés, la transformation sans dissolution des structures sociales d'exercice, le retrait d'un associé dont les parts sont entièrement rachetées par la société ou par un ou plusieurs associés, du transfert d'un office dans une zone d'installation libre. Il précise les accords de dispense de diplôme ou de stage, les admissions à concourir ou à participer à un examen d'accès à l'une de ces professions ainsi que la tenue et la mise à jour d'une liste des officiers publics et ministériels.

B - Les avocats à la Cour de cassation et au Conseil d'État (dits « avocats aux Conseils »)

1) Les attributions

588. Rôle. Les avocats aux Conseils sont des auxiliaires de justice habilités par la loi pour assurer, auprès de la Cour de cassation et du Conseil d'État, à titre de monopole, la représentation des parties. Ils accomplissent les actes de la procédure au nom et pour le compte des plaideurs, et sont les seuls à pouvoir prendre la parole aux audiences des juridictions (devant la Cour de cassation, seul un avocat aux Conseils, ou le plaideur lui-même sur autorisation exceptionnelle du juge, peut plaider). Ils sont liés aux parties par un contrat de mandat ad litem, comme les autres avocats. Le recours à un avocat aux Conseils est obligatoire, sauf exceptions légales (par exemple, devant la chambre criminelle de la Cour de cassation) : l'article 973 du Code de procédure civile précise qu'en matière civile, les parties sont tenues, sauf disposition contraire, de constituer avocat devant la Cour de cassation.

Le décret n° 2021-654 du 25 mai 2021 supprime la durée de l'autorisation accordée par le garde des Sceaux à titre temporaire et occasionnel à un ressortissant d'un État membre de l'Union européenne pour représenter des justiciables devant la Cour de cassation et le Conseil d'État.

2) L'organisation de la profession

a) Les modalités d'accès à la profession

589. Nouvelles conditions d'accès. L'accès à la profession d'avocat aux Conseils est strictement réglementé. Le décret n° 2016-652 du 20 mai 2016, pris pour l'application de l'article 57 de la loi n° 2015-990 du 6 août 2015 pour la croissance, l'activité et l'égalité des chances économiques, ***modifie les conditions d'accès à la profession d'avocat au Conseil d'État et à la Cour de cassation***, en particulier les voies dérogatoires d'accès dont bénéficient certaines personnes à raison de leur expérience professionnelle.

Il précise les nouvelles modalités de nomination dans un office créé au terme de la procédure instaurée par les L. 462-4-2 du Code de commerce et 3 de l'ordonnance du 10 septembre 1817 relative aux avocats au Conseil d'État et à la Cour de cassation, ainsi que les nouvelles modalités de nomination dans un office créé à la suite d'une mésentente constatée entre les associés d'une société civile professionnelle mais également dans un office existant ou vacant, aux fins d'harmonisation. Les intéressés doivent remplir des conditions spécifiques : notamment, ils doivent être français ou ressortissant d'un État membre de l'Union européenne ; avoir une bonne moralité, attestée par l'absence de condamnation pénale, disciplinaire ou administrative pour des faits contraires à l'honneur, à la probité ou aux bonnes mœurs ; être titulaire au moins d'une maîtrise en droit, avoir été inscrit pendant un an au moins au tableau d'un barreau, avoir suivi une ***formation spéciale dispensée par l'Institut de formation et de recherche des avocats aux Conseils (IFRAC) pendant trois ans*** (le conseil de l'ordre délivre un certificat de fin de formation aux étudiants ayant achevé la 3e année), et avoir subi un ***examen d'aptitude à la profession d'avocat aux conseils (CAPAC)***, organisé en application du décret n° 91-1125 du 28 octobre 1991, modifié par les décrets n° 2016-652 du 20 mai 2016 et n° 2020-746 du 17 juin 2020, et de l'arrêté du 22 août 2016. La nomination de l'avocat est prononcée par arrêté du ministre de la Justice. Dans le mois de la nomination, l'avocat prête serment devant la Cour de cassation et le Conseil d'État en ces termes « Je jure, comme avocat au Conseil d'État et à la Cour de cassation, d'exercer mes fonctions avec dignité, conscience, indépendance, probité et humanité ».

b) L'Ordre des Avocats aux Conseils

590. Organisation d'un Ordre autonome des avocats aux Conseils. Cet ordre a évolué sous la dénomination d'Ordre des avocats au Conseil d'État et à la Cour de cassation. (Ord., 19 sept. 1817, art. 7 et 8).

Le conseil de l'ordre est composé d'un président et de quatorze membres exerçant effectivement la profession d'avocat au Conseil d'État et à la Cour de cassation. Deux de ces membres auront la qualité de syndic ; un troisième, celle de secrétaire-trésorier et un quatrième celle de secrétaire : tous sont choisis parmi les membres du Conseil. Les quatorze membres seront nommés directement par l'assemblée générale, à la majorité absolue des suffrages. L'assemblée générale ne peut voter, si elle n'est pas composée au moins de la moitié plus un des membres de l'ordre. Lors de chaque renouvellement du conseil, le nombre de femmes et le nombre d'hommes à élire sont déterminés de telle sorte que la proportion totale, au sein de ce conseil, des personnes dont le sexe représente la part la plus faible parmi les avocats inscrits au tableau de l'ordre soit au moins égale à cette part, sans excéder la moitié.

Le conseil peut valablement délibérer quand les membres présents sont au nombre de neuf. Par dérogation, le conseil de l'ordre peut valablement délibérer sur les avis en matière de responsabilité civile professionnelle lorsque les membres présents sont au nombre de sept. En cas de partage d'opinions dans le conseil, la voix du président est prépondérante.

591. Attributions du Conseil de l'ordre. Le conseil se prononce définitivement, lorsqu'il s'agit de police et de discipline intérieure, sauf le cas où il ***statue en formation disciplinaire***. Dans ce cas, il est procédé conformément aux dispositions du décret n° 2002-76 du 11 janvier 2002 relatif à la discipline des avocats au Conseil d'État et à la Cour de cassation.

Les actions en responsabilité civile professionnelle engagées à l'encontre d'un avocat au Conseil d'État et à la Cour de cassation sont portées, après avis du conseil de l'ordre, devant le Conseil d'État, quand les faits ont trait aux fonctions exercées devant le Tribunal des conflits et les juridictions de l'ordre administratif, et devant la Cour de cassation dans les autres cas.

Le conseil de l'ordre peut, devant toutes les juridictions, ***exercer tous les droits réservés à la partie civile*** relativement aux faits portant un préjudice direct ou indirect à l'intérêt collectif de la profession.

Le titre ***d'avocat honoraire*** au Conseil d'État et à la Cour de cassation peut être conféré par délibération du conseil de l'ordre aux avocats qui ont été inscrits au tableau pendant vingt ans et qui ont donné leur démission. Les avocats honoraires restent soumis à la juridiction disciplinaire du conseil de l'ordre. Leurs droits et leurs devoirs sont déterminés par un règlement intérieur arrêté par le conseil de l'ordre.

Le conseil de l'ordre ***vérifie le respect par les avocats*** au Conseil d'État et à la Cour de cassation ***de leurs obligations*** prévues par le chapitre Ier du titre VI du livre V du Code monétaire et financier en matière de lutte contre le blanchiment des capitaux et le financement du terrorisme en se faisant communiquer, dans des conditions fixées par décret en Conseil d'État, les documents relatifs au respect de ces obligations.

592. Présidence de l'ordre. ***Le président de l'ordre des avocats au Conseil d'État et à la Cour de cassation*** est élu à la majorité absolue des suffrages par l'assemblée générale. Il préside l'assemblée générale : les syndics remplissent les fonctions de scrutateurs ; et le secrétaire-trésorier, celles de secrétaire. Le président est remplacé, en cas d'empêchement, par le premier ou par le second syndic, et ceux-ci par les membres du conseil les plus anciens dans l'ordre du tableau ; les fonctions de secrétaire, en l'absence du titulaire, sont remplies par celui des membres du conseil le plus récemment inscrit au tableau.

C - Les greffiers des tribunaux de commerce

593. Statut d'officiers publics et ministériels. Conformément aux dispositions prévues à l'article L. 741-1 du Code de commerce, les greffiers des tribunaux de commerce sont des officiers publics et ministériels, contrairement aux greffiers des autres juridictions qui ont été fonctionnarisés par la loi n° 65-1002 du 30 novembre

1965. Ils cessent leurs fonctions lorsqu'ils atteignent l'âge de soixante-dix ans. Sur autorisation du ministre de la Justice, ils peuvent continuer d'exercer leurs fonctions jusqu'au jour où leur successeur prête serment, pour une durée qui ne peut excéder douze mois. L'article L. 742-1 du Code de commerce, modifié par une ordonnance du 29 janvier 2016, prévoit que les conditions d'accès à la profession de greffier de tribunal de commerce comprennent notamment **un concours**, un *stage et un entretien de validation du stage.* Le décret du 6 mai 2017 définit ces nouvelles conditions d'accès à la profession prévues aux articles R. 742-1 à R. 742-32 du Code de commerce. Un arrêté du 11 août 2017 fixe les modalités d'organisation du concours d'accès à la profession ainsi que les conditions de validation du stage aux articles A. 742-1 à A. 742-15 du Code de commerce. Le décret du 2 novembre 2022 modifie l'article R. 742-1 du Code de commerce et exige un master en droit (à compter du concours ouvert au titre de l'année 2024 et au plus tard le 1er janvier 2025).

Par arrêté du 27 juillet 2021, ***le nombre de places offertes à l'issue du concours 2022 a été fixé à 14***. L'article L. 742-1 du Code de commerce, modifié par une ordonnance du 29 janvier 2016, prévoit ***un concours*** (aucune dispense de concours n'est possible), ***un stage et un entretien de validation du stage***. Les modalités du concours, du stage et de l'entretien de validation du stage sont précisées aux articles R. 742-1 à R. 742-15-1 et aux articles A. 742-1 à A. 742-15 du Code de commerce. Le stage de formation d'une durée d'un an est précisé aux articles R. 742-7 à R. 742-15-1 et A. 742-13 à A. 742-15 du Code de commerce ; il se déroule auprès d'un greffier de tribunal de commerce pour une période d'au moins neuf moins et éventuellement auprès d'un autre professionnel du droit pour une période n'excédant pas trois mois. À l'issue du stage, un bilan est établi par le maître du stage précisant les modalités de la formation (durée, rémunération, tâches confiées...) et les appréciations du maître de stage sur le stagiaire et la qualité de son travail. Le bilan de stage est communiqué au stagiaire qui peut y faire figurer ses observations (art. R. 742-15). Un ***entretien de validation du stage*** a lieu, au plus tard trois mois après la fin du stage, au cours duquel l'expérience acquise par le stagiaire est évaluée par une commission composée de deux magistrats et d'un greffier de tribunal de commerce (art. R. 742-15-1 et A. 742-13). Les articles R. 742-16 et suivants du Code de commerce prévoient qu'est établie une ***liste d'aptitude à la profession de greffier*** de tribunal de commerce, chaque année par arrêté du garde des Sceaux publié au Journal officiel (art. R. 742-16). Au plus tard au 1er janvier 2025, la durée du stage sera allongée de 12 à 18 mois et réduite à 6 mois pour les personnes justifiant de 5 ans d'exercice professionnel dans un greffe de tribunal de commerce (C. com., art. R. 742-8 mod. D. 2 nov. 2022).

594. Rôle du greffier. Il assiste les membres du tribunal de commerce à l'audience, ainsi que le président du tribunal dans l'ensemble de ses tâches administratives et dans l'établissement et l'application du règlement intérieur de la juridiction, dans l'organisation des rôles d'audiences et la répartition des juges, ainsi que dans la préparation du budget et la gestion des crédits alloués à la juridiction. Il dirige l'ensemble des services du greffe, assure la tenue des différents registres, met en forme les décisions prises et motivées par les juges, est dépositaire des minutes et des archives, délivre les copies et expéditions, dresse les actes et procède aux formalités prescrites par la loi. Il perçoit directement des plaideurs les émoluments qui lui sont dus au titre de ces activités. Les greffes des tribunaux de commerce ont intégré la communication par voie électronique au sein des juridictions avec les auxiliaires de justice, avocats et commissaires de justice.

Le greffe du tribunal de commerce gère le ***registre national du commerce et des sociétés***, il doit transmettre à l'Institut national de la propriété industrielle, par voie électronique et sans frais, un document valant original des inscriptions qu'il effectue et des actes et pièces qui y sont déposées.

595. Exercice de la profession. Les greffiers peuvent exercer leur profession à titre individuel, sous forme de société civile professionnelle, ou sous forme de société d'exercice libéral, ou encore être membres d'un groupement d'intérêt économique. Dans leurs activités professionnelles, ils sont soumis à des inspections sous l'autorité du garde des Sceaux (C. com., art. L. 743-1).

Le Conseil national des greffiers des tribunaux de commerce, doté de la personnalité morale, représente la profession auprès des pouvoirs publics et est chargé d'assurer la défense des intérêts collectifs de la profession. Il est composé de membres élus par les greffiers des tribunaux de commerce. Il a notamment pour fonctions d'organiser la formation initiale, d'assurer le suivi des stages, les examens professionnels et la formation permanente des greffiers ainsi que, le cas échéant, la formation de leur personnel (C. com., art. L. 741-2).

D - Les notaires

596. Modifications des conditions d'accès. Ces officiers publics titulaires d'un office ministériel ont pour mission essentielle de ***conférer le caractère authentique aux actes qu'ils rédigent***. La profession est ancienne et régie par des textes de nombreuses fois modifiés (L., 25 ventôse an XI, Ord. 45-2590, 2 nov. 1945). Le rapport Attali[3] avait considéré qu'il fallait ouvrir la profession à la concurrence, et, notamment, permettre l'accès à la profession à tout détenteur des diplômes et qualifications nécessaires (au lieu de limiter le nombre d'offices) et supprimer les tarifs réglementés. La loi du 6 août 2015 modifie les tarifs des notaires et prévoit une « libre » installation comme pour les commissaires de justice (dans les zones où l'implantation d'offices apparaît utile pour renforcer la proximité ou l'offre de services). Le décret du 17 octobre 2011 ouvre l'accès au notariat aux ressortissants étrangers de l'Union européenne, sous réserve qu'ils satisfassent aux conditions d'accès à la profession (règles d'installation, contrôle). La Cour de justice de l'Union européenne a jugé le 24 mai 2012 (n° C-50/08) que les États ne peuvent pas réserver l'accès au notariat à leurs seuls nationaux, dans la mesure où les notaires « ne participent pas à l'exercice de l'autorité publique au sens de l'article 45, 1er al., du Traité CE ». Le décret n° 2013-215 du 13 mars 2013 a modifié les conditions d'accès à la profession de notaire et l'organisation des centres de formation.

597. Rôle du notaire. La mission du notaire est de « recevoir tous les actes et contrats auxquels les parties doivent ou veulent donner le caractère d'authenticité attaché aux actes de l'autorité publique et pour en assurer la date, en conserver le dépôt, en

3. *La Documentation française*, janv. 2008, proposition 216, p. 174.

délivrer grosse et expéditions » (Ord., 2 nov. 1945, art. 1er). Ainsi, le notaire rédige des testaments, donations, contrats de mariage. Dans certains cas, la loi rend son intervention obligatoire (par ex. la publication d'une vente d'immeuble à la conservation des hypothèques ; C. civ., art. 710-1), parce que sa présence offre de sérieuses garanties aux particuliers (contrôle de l'identité, des conditions de régularité de l'acte, recherche des documents nécessaires...) et qu'il peut conférer à un acte la force exécutoire (par ex. par dépôt au rang des minutes d'un acte de divorce par consentement mutuel rédigé par acte d'avocats ; C. civ., art. 229-1 et s.). Il intervient également comme conseil en droit de la famille, en gestion des patrimoines.

598. Intervention accessoire dans le fonctionnement de la justice. Ainsi, l'article 255 du Code civil prévoit que dans les procédures de divorce, le juge aux affaires familiales peut désigner, au titre des mesures provisoires, un notaire en vue d'élaborer un projet de liquidation du régime matrimonial et de formation des lots à partager. De même, après avoir prononcé leur divorce, le juge peut statuer sur les demandes de liquidation et de partage des intérêts patrimoniaux des ex-époux, si ceux-ci n'ont pas pu trouver un accord amiable, et au vu, notamment, d'un projet de liquidation établi par le notaire désigné sur le fondement de l'article 255-10° du Code civil (C. civ., art. 267, Ord. n° 2015-1288, 15 oct. 2015). Dans tous les cas, lorsque la liquidation du régime matrimonial porte sur des biens soumis à publicité foncière, toute convention des époux doit être passée par acte notarié (C. civ., art. 265-2). De plus, une modification ou un changement de régime matrimonial par les époux doit se faire par acte notarié (C. civ., art. 1397). Le notaire enregistre l'acte de divorce par consentement mutuel contresigné par avocats pour donner effet à la convention en lui conférant date certaine et force exécutoire (C. civ., art. 229-1).

3. LES AUXILIAIRES DE LA JUSTICE À STATUT PARTICULIER

A - Les greffiers

1) Auprès des juridictions de l'ordre judiciaire

a) L'organisation du greffe

599. Présence d'un greffe auprès de chaque juridiction. Chaque juridiction de l'ordre judiciaire est dotée d'un greffe (le terme greffe vient du latin *graphium* et du vieux français *grefe* qui désignaient le poinçon à écrire), composé de fonctionnaires de l'État (depuis la loi du 30 novembre 1965 – le D. n° 2004-836 du 20 août 2004 a remplacé les termes « secrétariat-greffe » par celui de « greffe », art. 52) placés sous la responsabilité d'un directeur de greffe (COJ, art. R. 123-3). Les chefs de juridiction sont responsables du fonctionnement du greffe de leur juridiction, exercent leur autorité et leur contrôle hiérarchique sur le greffier en chef. Un corps de directeurs de greffe des services judiciaires exerçant des fonctions de direction, d'administration d'animation et de coordination des services, avec une grille indiciaire revalorisée, a été créé (protocole d'accord sur le statut des personnels de greffe, signé le 15 juillet 2014 par le garde des Sceaux et les 3 organisations syndicales).

600. Directeur de greffe. Il dispose d'attributions importantes : il gère les crédits de fonctionnement de la juridiction et participe à la préparation du budget ; il fait assurer et surveille l'entretien courant des locaux, est chargé de l'acquisition, la conservation et du renouvellement du matériel et du mobilier ainsi que de la documentation. Il assure la gestion du personnel du greffe et l'organisation générale de celui-ci.

Il assiste la juridiction : à cet effet, il tient la plume à l'audience ainsi que les documents et les différents registres prévus par les textes en vigueur et celui des délibérations de la juridiction ; il est dépositaire, sous le contrôle du chef de la juridiction, des minutes des décisions dont il assure la conservation et dont il délivre les expéditions et les copies. Le directeur de greffe de la cour d'appel, du TJ établit et certifie un état de l'activité de la juridiction au cours de la période écoulée ; ces états statistiques sont communiqués au ministère de la Justice avec les observations des chefs des juridictions du 1er degré, puis d'appel. Il tient aussi la comptabilité administrative des opérations de recettes et de dépenses relatives aux opérations qu'il est chargé de réaliser.

Une nouvelle compétence : l'apposition de la formule exécutoire sur les actes d'avocats constatant un accord amiable

La loi pour la confiance dans l'institution judiciaire a prévu que constituaient un titre exécutoire « les transactions et les actes constatant un accord issu d'une médiation, d'une conciliation ou d'une procédure participative, lorsqu'ils sont contresignés par les avocats de chacune des parties et revêtus de la formule exécutoire par le greffe de la juridiction compétente ».
La procédure d'attribution de la force exécutoire par le greffier à de tels accords est prévue aux articles 1568 et suivants du CPC. Le greffe de la juridiction du domicile du demandeur matériellement compétente pour connaître du contentieux de la matière dont relève l'accord est saisi par écrit, par l'une des parties à l'accord. Le greffier n'appose la formule exécutoire qu'après avoir vérifié sa compétence et la nature de l'acte.

601. Régie. Il est établi auprès de chaque greffe une ***régie des recettes et une régie d'avances***. Les régisseurs sont habilités, notamment, à payer les frais de justice prévus à l'article 92 du Code de procédure pénale (COJ, art. R. 123-23).

b) Le service d'accueil unique du justiciable (SAUJ)

602. Création. *Le* ***service d'accueil unique du justiciable*** (SAUJ) a été expérimenté d'octobre 2014 à mai 2016 (Bobigny, Brest, Dunkerque, Privas, Saint-Denis de la Réunion et Vesoul). L'article 2 de la loi du 18 novembre 2016 de modernisation de la justice du XXIe siècle a prévu la création d'un SAUJ devant certaines juridictions, pour le charger d'informer « les personnes sur les procédures qui les concernent » et de recevoir « de leur part des actes afférents à ces procédures », quelle que soit la juridiction (TI, TJ, conseil de prud'hommes) qui en est saisie (COJ, art. L. 123-3). Le déploiement national a débuté le 1er septembre 2016 selon un calendrier progressif jusqu'au 31 décembre 2017 pour atteindre 348 SAUJ. Les agents de greffe affectés dans un SAUJ sont désignés par le directeur de greffe (COJ, art. R. 123-27, nouv. ; C. trav., art. R. 1423-50-1, al. 2, nouv.).

603. Attributions. Ils reçoivent les actes de procédure et accomplissent les diligences pour le compte du TJ dans le ressort duquel le SAUJ est implanté ou conseil de prud'hommes situé dans le même ressort (COJ, art. R. 123-29, nouv.). En matière d'aide juridictionnelle, ils peuvent assurer la réception et la transmission des demandes d'aide juridictionnelle (COJ, art. R. 123-28, nouv. ; D. n° 91-1266, 19 déc. 1991, art. 26 et 132-9, mod.). Ces agents de greffe ont des compétences multiples : ils peuvent assurer la réception et la transmission en matière civile et prud'homale, lorsque la représentation n'est pas obligatoire des déclarations faites, remises ou adressées au greffe et des requêtes, à l'exclusion des requêtes en injonction de payer ; des oppositions à injonction de payer et des demandes de délivrance de copie certifiée conforme, d'un extrait et d'une copie certifiée conforme revêtue de la formule exécutoire.

Ils peuvent faire de même en ***matière pénale*** pour les plaintes déposées auprès du procureur de la République ; les demandes en consultation ou en exclusion du bulletin n° 2 du casier judiciaire ; les requêtes en confusion de peines, en relèvement ou en rectification d'erreur matérielle et les demandes de copie de décision pénale.

2) Auprès des juridictions de l'ordre administratif

604. Particularisme. Les juridictions de l'ordre administratif disposent d'un greffe tenu par des fonctionnaires (CJA, art. R. 226-1 et s.). Le greffe de chaque tribunal administratif comprend un greffier en chef et, s'il y a lieu, un ou plusieurs greffiers et d'autres agents de greffe. Le greffe de chaque cour administrative d'appel comprend un greffier en chef, des greffiers et d'autres agents de greffe. Sous l'autorité du chef de juridiction, le greffier en chef encadre les services du greffe et veille au bon déroulement de la procédure juridictionnelle. Il assiste le chef de juridiction dans la gestion des agents du greffe ainsi que dans celle des locaux, des matériels et des crédits de la juridiction. Ils sont placés sous l'autorité exclusive du président pour ce qui concerne l'ensemble des attributions exercées. Le président dispose à leur égard du pouvoir de notation. Le président envoie annuellement les notes qu'il a attribuées aux intéressés à l'autorité administrative dont relève le corps auquel ils appartiennent (CJA, art. R. 226-4).

B - Les experts judiciaires

605. Développement des mesures d'expertise. La complexité croissante des litiges, le développement de modes de preuve de plus en plus perfectionnés (notamment en matière pénale[4]), la nécessité de rétablir l'égalité des armes entre des plaideurs dont l'un est démuni face à la charge de la preuve (contentieux de la consommation), amènent le juge à prescrire de plus en plus souvent une mesure d'expertise, afin d'être éclairé sur des questions techniques qu'il ne maîtrise pas et d'établir la véracité des faits litigieux. Certes, le juge n'est pas lié par les conclusions de l'expert, mais l'avis du technicien aura un impact essentiel sur la décision, dans la mesure où le juge n'a pas toujours les compétences techniques pour ne pas entériner le rapport. C'est la raison pour laquelle la loi entoure cette mesure de garanties procédurales (respect de la contradiction par l'expert, qui doit toujours permettre aux parties de se défendre) et de garanties relatives à l'expert lui-même (impartialité, compétence...).

4. Leturmy L., « De l'enquête de police à la phase exécutoire du procès : quelques remarques générales sur l'expertise pénale », AJ pénal 2006, p. 58.

606. Diversité des experts. Le juge désigne généralement un technicien inscrit sur une liste d'experts, que l'on nomme un « ***expert judiciaire*** » (L. n° 71-498, 29 juin 1971 et D. n° 74-1184, 31 déc. 1974). Mais il peut aussi, exceptionnellement et s'il motive sa décision, choisir un expert non inscrit sur les listes officielles. Les experts sont des professionnels peuvent réaliser des expertises judiciaires, et également des expertises « amiables », c'est-à-dire sur demande de particuliers en dehors de tout procès et de toute intervention judiciaire (par ex., pour évaluer à l'amiable la valeur d'un bien immobilier, d'un fonds de commerce, en vue d'une vente de gré à gré...). Une ***expertise amiable, extrajudiciaire,*** peut être fournie ultérieurement dans un procès opposant les parties, mais elle doit alors être soumise au débat contradictoire et être corroborée par une autre preuve pour que le juge puisse s'y référer pour motiver son jugement.

Le décret n° 2013-730 du 13 août 2013 portant modification du Code de justice administrative refond les dispositions relatives à l'établissement des tableaux ***d'experts devant les juridictions administratives*** : il rend obligatoire l'établissement d'un tableau d'experts près chaque cour administrative d'appel, après avis d'une commission réunissant chefs de juridiction et experts et définit également les conditions de qualification, d'expérience, de formation et de moralité attendue des candidats et les critères d'appréciation sur lesquels la commission devra se prononcer ainsi que les modalités de retrait de radiation de la liste. L'expert administratif peut aussi se voir confier une mission de médiation. Il peut également prendre l'initiative, avec l'accord des parties, d'une telle médiation (CJA, art. R. 621-1).

1) L'inscription sur une liste

607. Modalités d'inscription sur la liste près la cour d'appel. ***S'agissant des experts devant les juridictions judiciaires***, le dispositif prévoit qu'il est établi une liste d'experts judiciaires dressée par chaque cour d'appel. Pour y être inscrit, il faut exercer ou avoir exercé pendant un temps suffisant une profession ou une activité en rapport avec sa spécialité (médecin, traducteur...), dans des conditions ayant pu conférer une qualification suffisante. Il faut aussi être âgé de moins de 70 ans, et n'exercer aucune activité incompatible avec l'indépendance nécessaire à l'exercice de missions judiciaires d'expertise. Il ne faut pas avoir été condamné pénalement, disciplinairement ou administrativement pour des faits contraires à l'honneur, à la probité et aux bonnes mœurs, et ne pas avoir été frappé de faillite personnelle (D., 31 déc. 1974, art. 2). Aucune personne ne peut être inscrite sur plusieurs listes de cours d'appel. La demande est instruite par le procureur de la République qui vérifie si ces conditions sont remplies et transmet le dossier pour avis de l'assemblée générale du TJ, des tribunaux de commerce et conseils de prud'hommes. Le dossier avec les avis est transmis au procureur général près la cour d'appel, qui en saisit le premier président pour examen par l'assemblée générale de la cour d'appel. Cette assemblée dresse la liste des experts, après audition du magistrat chargé du rapport et du ministère public.

L'inscription initiale en qualité d'expert est faite dans une rubrique particulière, **à titre probatoire** pour une durée de trois ans (L., 29 juin 1971, art. 2-II). À l'issue de cette période probatoire et sur présentation d'une nouvelle candidature, l'expert peut être réinscrit pour une durée de cinq années, après avis motivé d'une commission associant des représentants des juridictions et des experts. À cette fin sont évaluées l'expérience de l'intéressé et la connaissance qu'il a acquise des principes directeurs du procès et des règles de procédure applicables aux mesures d'instruction confiées à un technicien. Les réinscriptions ultérieures, pour une durée de cinq années, sont soumises à l'examen d'une nouvelle candidature.

608. Inscription sur la liste nationale. Nul ne peut figurer ***sur la liste nationale des experts judiciaires*** s'il ne justifie soit de son inscription sur une liste dressée par une cour d'appel depuis au moins cinq ans, soit de compétences reconnues dans un État membre de l'Union européenne autre que la France et acquises notamment par l'exercice dans cet État, pendant une durée qui ne peut être inférieure à cinq ans, d'activités de nature à apporter des informations techniques aux juridictions dans le cadre de leur activité juridictionnelle. Il est procédé à l'inscription sur la liste nationale pour une durée de sept ans. La réinscription, pour la même durée, est soumise à l'examen d'une nouvelle candidature (L., 29 juin 1971, art. 2-III). Lors de leur inscription initiale sur une liste dressée par une cour d'appel, les experts prêtent serment devant la cour d'appel du ressort de leur domicile, d'accomplir leur mission, de faire leur rapport et de donner leur avis en leur honneur et conscience (les experts non-inscrits sur une liste doivent prêter ce serment chaque fois qu'ils sont missionnés par un juge ; L., 29 juin 1971, art. 6).

609. Inscription sur le tableau des experts auprès de la cour et des tribunaux administratifs. ***S'agissant des experts inscrits auprès des cours administratives d'appel***, le décret du 13 août 2013 créé les articles R. 221-9 et suivants dans le Code de justice administrative pour organiser l'inscription. Chaque année, il est établi par le président de la cour administrative d'appel, un tableau des experts auprès de la cour et des tribunaux administratifs du ressort, en fonction des besoins des juridictions statuant dans chacun de ces domaines. Une commission comportant des juges administratifs et au moins deux experts désignent les experts pour une durée de trois ans renouvelables. Pour pouvoir être inscrites sur ce tableau les personnes physiques doivent remplir un certain nombre de conditions et notamment justifier d'une qualification et avoir exercé une activité professionnelle pendant une durée de 10 années consécutives au moins, dans le domaine de compétence au titre duquel l'inscription est demandée (y compris dans un État de l'Union européenne), doivent justifier d'une bonne moralité et ne pas avoir fait l'objet d'une condamnation pénale ou d'une sanction disciplinaire pour des faits incompatibles avec l'exercice d'une mission d'expertise, justifier du suivi d'une formation à l'expertise et avoir un établissement professionnel ou une résidence dans le ressort de la cour administrative d'appel. L'inscription est effectuée pour une durée probatoire de trois ans. Elle peut être assortie de l'obligation de suivre une formation complémentaire pendant cette période (portant sur la procédure contentieuse administrative et les spécificités de l'expertise devant les juridictions administratives). Une réinscription est possible et est effectuée pour une durée de cinq ans renouvelables. La décision par laquelle le président de la cour administrative d'appel refuse l'inscription ou la réinscription d'un candidat doit être motivée et elle est susceptible d'être contestée dans le délai d'un mois à compter de sa notification.

2) Les obligations garantissant la fiabilité de l'expertise

610. Contenu des obligations. L'expert judiciaire désigné doit accomplir sa mission en respectant des obligations déontologiques qui tendent à assurer une collaboration loyale avec le juge et le respect de la contradiction avec les parties.

Ainsi, d'après le Code de procédure civile (CPC, art. 232 et s.), l'expert doit remplir personnellement la mission qui lui a été confiée, avec conscience, objectivité et impartialité, dans les délais qui lui ont été impartis. Il est tenu de respecter le principe du contradictoire et doit donc convoquer les parties avant toute opération d'expertise, et répondre à leurs questions et remarques (leurs « dires »). Le technicien doit être impartial : il peut être récusé pour les mêmes causes que les juges (s'il a un intérêt personnel à l'affaire, s'il est parent ou allié de l'une des parties, ou s'il a déjà connu des faits qu'il doit expertiser...). Une « déclaration d'indépendance » est rédigée par l'expert au moment où il accepte sa mission pour les expertises amiables dans la procédure participative (CPC, art. 1548 : il appartient au technicien, avant d'accepter sa mission, « de révéler toute circonstance susceptible d'affecter son indépendance afin que les parties en tirent les conséquences qu'elles estiment utiles »).

Le juge qui a ordonné l'expertise en contrôle l'exécution et règle tous les incidents qui surviennent (un juge spécialement chargé de contrôler l'exécution des mesures d'instruction confiées à un technicien peut être désigné par le président de la juridiction). L'expert doit déposer au greffe de la juridiction ***un rapport écrit***, dans les délais impartis par le juge, sans porter d'appréciations d'ordre juridique (le plus souvent, l'expert envoie un pré-rapport ou document de synthèse aux parties et à leurs avocats, afin que des observations puissent être formulées avant la rédaction du rapport définitif). Le juge n'est pas tenu de suivre les conclusions de l'expert. Dès le dépôt du rapport, le juge fixe la rémunération de l'expert, en fonction, notamment, des diligences accomplies, du respect des délais impartis et de la qualité du travail fourni.

Expert et procès équitable

Dans une décision du 13 décembre 2022 (n° 77039/12, *Test-Achats c. Belgique*), la cour EDH précise « que le respect du contradictoire, ***comme celui des autres garanties de procédure consacrées par l'article 6 § 1***, vise l'instance devant un « tribunal » et qu'il ne peut donc être déduit de cette disposition un principe général et abstrait selon lequel, lorsqu'un expert a été désigné par un tribunal, les parties doivent avoir dans tous les cas la faculté d'assister aux entretiens conduits par le premier ou de recevoir communication des pièces qu'il a prises en compte. L'essentiel est que les parties puissent participer de manière adéquate à la procédure devant le « tribunal » », rappelant notamment sa décision *Mantovanelli* c. *France* du 18 mars 1997, §§ 33-36. Elle juge toutefois que l'existence d'un partenariat entre l'expert et la partie adverse « a nécessairement pu entraîner des doutes objectivement justifiés dans le chef de la requérante quant à l'équité de la procédure d'expertise et, par conséquent, de la procédure judiciaire dans son ensemble. Il en va d'autant plus ainsi que la cour d'appel a réformé la décision de première instance en prenant appui de façon déterminante sur le rapport d'expertise litigieux ». Dans ces conditions, la Cour considère que la procédure a violé le principe d'égalité des armes.

Il s'ensuit que même si l'expertise judiciaire n'est pas en tant que telle soumise aux garanties du procès équitable, elle doit être conforme à ces garanties (contradictoire, neutralité de l'expert...) dès lors que le juge prend sa décision en se fondant sur l'avis de l'expert. À défaut, le procès n'est pas équitable.

611. Sanctions. La méconnaissance de ces obligations est diversement sanctionnée. Elle peut donner lieu à une récusation de l'expert (CPC, art. 232), ou à son remplacement (CPC, art. 235). Elle peut entraîner une diminution de la rémunération (CPC, art. 282). Elle peut aussi entraîner la radiation de la liste des experts judiciaires : le contrôle des experts est assuré par le premier président et le procureur général de la cour d'appel, qui reçoivent les plaintes et font procéder aux enquêtes utiles. Le cas échéant, ils saisissent l'assemblée générale de la cour d'appel en vue de la radiation de l'expert. La décision de radiation peut être frappée d'un recours devant la cour d'appel (D., 31 déc. 1974, art. 35). La méconnaissance de l'impartialité ou du contradictoire peut aussi entraîner l'annulation du rapport d'expertise, si cela a causé un grief à la partie en l'empêchant de présenter ses observations.

Le retrait d'un expert du tableau des experts devant les juridictions administratives est prononcé par le président de la cour administrative d'appel après avis de la commission compétente en cas de manquement aux obligations qui lui incombent en cette qualité. La commission doit au préalable informer l'intéressé des griefs retenus à son encontre et le mettre en mesure de présenter ses observations. La décision de radiation du président de la cour administrative d'appel est motivée et peut être contestée dans le délai d'un mois à compter de sa notification par requête formée auprès de la cour administrative d'appel (CJA, art. R. 221-18 et R. 221-19).

3) Les techniciens habilités à effectuer des missions d'identification par empreintes génétiques

612. Agrément nécessaire. *Le décret n° 2016-796 du 14 juin 2016* a modifié le décret n° 97-109 du 6 février 1997. ***Sont seules habilitées à procéder à des identifications par empreintes génétiques*** dans le cadre d'une procédure judiciaire ou de la procédure extrajudiciaire d'identification des personnes décédées les personnes physiques ou morales ayant fait l'objet, dans des conditions fixées par les dispositions ci-après, d'un agrément délivré, pour une période de cinq ans renouvelable, par la commission instituée auprès du garde des Sceaux, ministre de la Justice. Cette commission est chargée d'agréer les personnes habilitées à effectuer des missions d'identification par empreintes génétiques dans le cadre de procédures judiciaires ou de la procédure extrajudiciaire d'identification des personnes décédées, prévues aux 1° et 3° de l'article 16-11 du Code civil.

Le maintien de l'agrément prévu à l'article 3 ainsi que son renouvellement éventuel sont subordonnés à la participation des titulaires de l'agrément à un contrôle de qualité organisé par l'Agence nationale de sécurité du médicament et des produits de santé, conformément à l'article L. 1131-5 du Code de la santé publique. Ce contrôle, destiné à assurer la fiabilité des résultats des analyses biologiques d'identification par empreintes génétiques, requiert la réalisation par les personnes agréées de missions d'identification par empreintes génétiques portant sur des échantillons biologiques simulant les conditions d'exécution des missions qui leur sont habituellement confiées. Il est effectué au moins deux fois par an dans des conditions garantissant la confidentialité des opérations d'évaluation. Les laboratoires où sont exécutées les missions d'identification par empreintes génétiques dans le cadre de procédures judiciaires ou de la procédure extrajudiciaire d'identification des personnes décédées sont accrédités par l'organisme national d'accréditation suivant la norme ISO/ CEI 17025.

C - Les assistants de justice et les juristes assistants

613. Statut des assistants de justice. Le recrutement ***des assistants de justice*** a été prévu par loi n° 95-125 du 8 février 1995 (D. n° 96-513, 7 juin 1996) : peuvent être nommés en qualité d'assistants auprès des juridictions, les personnes titulaires d'un diplôme sanctionnant une formation juridique d'une durée au moins égale à quatre années d'études supérieures après le baccalauréat et que leur compétence qualifie particulièrement pour exercer ces fonctions. Ne peuvent être recrutés les membres des professions libérales juridiques et judiciaires, et les personnes qui sont employées à leur service dans le ressort de la cour d'appel où ils ont leur domicile professionnel.

Les candidatures sont adressées aux chefs des cours d'appel qui les instruisent. Les candidats retenus sont recrutés par un engagement écrit et placés auprès d'un chef de juridiction qui procède à leur affectation. Les assistants sont nommés pour une durée de deux ans, renouvelable deux fois, après une période d'essai de trois mois. Préalablement à sa prise d'activité, l'assistant de justice prête serment en ces termes « Je jure de conserver le secret des informations sur les affaires judiciaires ainsi que sur les actes du parquet et des juridictions d'instruction et de jugement, dont j'aurai eu connaissance à l'occasion de mes travaux au sein des juridictions ». En cas de faute grave, il est mis fin à l'engagement sans préavis ni indemnité de licenciement (D., 7 juin 1996, art. 5).

Le rôle des assistants de justice est défini de la façon suivante : ils apportent leur concours aux travaux préparatoires réalisés par les magistrats pour l'exercice de leurs attributions (travaux de recherche de documentation et de jurisprudence, de rédaction de notes de synthèse des dossiers et de rédaction de projets de décisions). Néanmoins, ils ne peuvent pas effectuer plus de 80 vacations horaires par mois, dans la limite de 720 par an.

614. Création des juristes assistants. La loi n° 2016-1547 du 18 novembre 2016 institue une nouvelle catégorie de personnel dans le but de constituer une équipe autour du juge. Des ***juristes assistants*** sont institués auprès des juridictions (COJ, art. L. 123-4). Peuvent être nommées en qualité de juristes assistants auprès des magistrats des tribunaux d'instance, des tribunaux judiciaires et de première instance, des cours d'appel ainsi qu'à la Cour de cassation les personnes titulaires d'un diplôme de doctorat en droit ou sanctionnant une formation juridique au moins égale à cinq années d'études supérieures après le baccalauréat avec deux années d'expérience professionnelle dans le domaine juridique et que leur compétence qualifie particulièrement pour exercer ces fonctions. Ces juristes assistants sont nommés, à temps partiel ou complet, pour une durée maximale de trois années, renouvelable une fois. Ils sont tenus au secret professionnel et peuvent accéder aux dossiers de procédure pour l'exercice des tâches qui leur sont confiées. Le décret n° 2017-1618 du 28 novembre 2017 relatif aux juristes assistants précise qu'ils « ***contribuent*** par leur expertise, ***en matière civile et en matière pénale, à l'analyse juridique des dossiers techniques ou comportant des éléments de complexité*** qui leur sont soumis par les magistrats sous la direction desquels ils sont placés. Ils ***ne participent ni à la procédure ni aux audiences***. Ils ne peuvent assister aux délibérés. Ils sont recrutés en qualité d'agent contractuel de l'État relevant de la catégorie A » (COJ, art. R. 123-30). Ils suivent une formation et prêtent ***serment*** (« Je jure de conserver le secret des informations sur les affaires judiciaires ainsi que sur les actes du parquet et des juridictions d'instruction et de jugement, dont j'aurai eu connaissance à l'occasion de mes travaux au sein des juridictions » ; COJ, art. R. 123-39).

D - Les conciliateurs de justice

615. Règlement amiable des litiges. Le terme de « conciliateurs de justice » (D. n° 96-1091, 13 déc. 1996) a remplacé celui de « conciliateurs » (issu du D. n° 78-381, 20 mars 1978, intégré partiellement dans les articles 1530 et s. du CPC). Les missions de ces conciliateurs de justice sont de faciliter, en dehors de toute procédure judiciaire, le règlement amiable des différends portant sur des droits dont les intéressés ont la libre disposition et de procéder aux tentatives préalables de conciliation prescrites par la loi sur délégation du juge, sauf en matière de divorce et de séparation de corps. Leur activité est bénévole.

1) La nomination

616. Conditions et modalités de nomination. La nomination des conciliateurs de justice obéit à des règles strictes. Le conciliateur de justice doit jouir de ses droits civils et politiques et n'être investi d'aucun mandat électif dans le ressort de la cour d'appel dans lequel il exerce ses fonctions. Il ne doit pas être officier public et ministériel ou exercer, à quelque titre que ce soit, des activités judiciaires ou participer au fonctionnement du service de la justice. Il faut justifier d'une expérience en matière juridique d'au moins trois ans, et prouver que sa compétence et son activité qualifient particulièrement pour l'exercice de ces fonctions (certains se spécialisent, en fait, en matière commerciale, d'autres plutôt en matière civile, même s'il n'existe pas de spécialités officielles).

Le conciliateur de justice est nommé pour une ***première période d'un an*** par ordonnance du premier président de la cour d'appel, après avis du procureur général, sur proposition du juge d'instance. Il peut, dans les mêmes formes, être reconduit dans ses fonctions pour une ***durée renouvelable de trois ans***. Lors de sa première nomination, il prête devant la cour d'appel le serment suivant : « Je jure de loyalement remplir mes fonctions avec exactitude et probité et d'observer en tout les devoirs qu'elles m'imposent ». Une fois par an, le conciliateur de justice présente un rapport d'activité au premier président et au procureur général de la cour d'appel ainsi qu'au juge d'instance dont il dépend.

617. Statut de collaborateur bénévole du service public de la justice. Les conciliateurs étant des ***particuliers bénévoles*** (ils peuvent être indemnisés de leurs frais de déplacement et remboursés des dépenses telles que frais de secrétariat, d'affranchissement de courrier, exposées à l'occasion de l'exercice de leurs fonctions dans des limites légales) qui collaborent au service public de la justice, leur formation juridique doit être assurée. ***La formation*** des conciliateurs de justice est réalisée en collaboration avec l'École nationale de la magistrature (formation théorique, abordant la conciliation et ses missions sous un aspect juridique, animée par des juges d'instance et fondée sur l'étude de cas pratiques, et formation aux techniques d'entretien et de communication).

L'article 2 du décret du 20 mars 1978 interdisant à toute personne qui exerce, à quelque titre que ce soit, des activités judiciaires ou participe au fonctionnement du service public de la justice de cumuler avec les fonctions de conciliateur, la Cour de cassation a jugé le 15 décembre 2022 (n° 22-60140) que toute fonction de médiateur, habituelle ou occasionnelle, rémunérée ou bénévole, est incompatible avec la fonction de conciliateur de justice. Il faut excepter la médiation de la consommation, ouverte aux conciliateurs en raison d'une dispositions légale expresse en ce sens.

2) L'exercice de la conciliation

L'exercice de la conciliation se réalise dans des conditions différentes selon que le conciliateur agit en dehors de tout procès ou dans le cadre d'une instance en cours.

a) La conciliation conventionnelle

618. Conciliation extrajudiciaire. En dehors de tout procès, le conciliateur peut être saisi sans forme par des particuliers, pour des litiges portant sur des droits dont ils ont la libre disposition. La procédure de conciliation conventionnelle est peu formaliste (CPC, art. 1536 et s.). Le conciliateur convoque les parties, qui peuvent se faire assister de la personne de leur choix, il peut entendre toute personne dont l'audition lui paraît utile. Le conciliateur est tenu à l'obligation de confidentialité (sauf exceptions, telles que l'ordre public ou la protection d'un enfant) ; les informations qu'il recueille et les constatations auxquelles il procède ne peuvent pas être divulguées. En cas d'échec de la conciliation, les parties doivent saisir le juge compétent. En cas d'accord, même partiel, il peut être dressé un écrit, le « ***constat d'accord*** », signé par les intéressés et le conciliateur. La rédaction d'un tel constat est obligatoire lorsque la conciliation a pour effet la renonciation à un droit. Un exemplaire est remis aux intéressés, un autre est conservé par le conciliateur, et déposé au greffe du tribunal judiciaire dont il dépend. Mais cet acte a la valeur d'un acte sous seing privé : pour qu'il puisse acquérir la force exécutoire, c'est-à-dire qu'il permette au gagnant de recourir à des saisies si le perdant ne veut pas exécuter spontanément, il faut que le ***juge compétent lui confère cette force exécutoire*** (CPC, art. 1541). Aucune voie de recours n'est ouverte contre ce constat d'accord qui n'est pas un acte juridictionnel, mais un contrat : en cas de contestation de l'accord, la partie doit former une action en nullité fondée sur le droit des contrats (pour erreur, ou dol par exemple).

619. Tentative de conciliation obligatoire. ***L'article 4 de la loi n° 2016-1547 du 18 novembre 2016 de modernisation de la justice du XXIe siècle*** (mod. par la loi du 23 mars 2019) renforce la conciliation conventionnelle en la rendant parfois obligatoire avant la saisine du tribunal judiciaire. En effet, à peine d'irrecevabilité que le juge peut prononcer d'office, ***la saisine du tribunal judiciaire*** doit être précédée d'une tentative de conciliation menée par un conciliateur de justice, si la demande porte notamment sur une somme n'excédant pas 5 000 euros (CPC, art. 750-1 : ce texte a été annulé par la Conseil d'État le 22 septembre 2022, n° 436939, 437002 ; il est en cours de réécriture). Les parties peuvent aussi tenter une médiation conventionnelle ou une procédure participative assistée par avocats. Il existe des exceptions à cette tentative préalable : si l'une des parties au moins sollicite l'homologation d'un accord ; ou enfin si l'absence de recours à la conciliation est justifiée par un motif légitime, tenant soit à l'urgence manifeste, soit aux circonstances de l'espèce rendant impossible une telle tentative ou nécessitant qu'une décision soit rendue non contradictoirement. L'indisponibilité de conciliateurs de justice entraînant l'organisation de la première réunion de conciliation dans un délai manifestement excessif au regard de la nature et des enjeux du litige est également un motif pour être dispensé de conciliation préalable.

b) La conciliation « déléguée »

620. Devant le tribunal judiciaire. Dans le cadre d'une procédure orale devant le tribunal judiciaire, le demandeur peut saisir le juge en vue d'obtenir une tentative préalable de conciliation. Celle-ci peut être menée par le juge, ou bien par un conciliateur de justice délégué par le juge pour procéder à la tentative préalable de conciliation (CPC, art. 821 à 824). Le juge désigne le conciliateur et fixe le délai pour accomplir sa mission (3 mois renouvelables ; CPC, art. 129-2). Le conciliateur convoque les parties, peut se rendre sur les lieux litigieux, entendre toute personne dont l'audition lui paraît utile. Le conciliateur tient le juge informé des difficultés éventuelles, ou de la nécessité de mettre fin à la conciliation. À l'expiration de sa mission, le conciliateur informe par écrit le juge de la réussite ou de l'échec de la conciliation. En cas d'échec, l'instance se poursuit devant le juge. En cas d'accord, le conciliateur établit un constat d'accord signé par les parties, et le transmet au juge. À tout moment, les parties ou la plus diligente d'entre elles peuvent soumettre le constat d'accord au juge en vue d'une homologation, qui lui conférera la force exécutoire. Devant le tribunal judiciaire, la demande d'homologation du constat d'accord est transmise au juge par le conciliateur de justice (CPC, art. 824). Afin de ménager la confidentialité et de laisser aux parties toute latitude pour arriver à un accord, les constatations du conciliateur et les déclarations qu'il recueille ne peuvent être ni produites ni invoquées dans la suite de la procédure ou dans une autre instance sans l'accord des parties.

621. Devant le tribunal de commerce. Le même processus est prévu devant le tribunal de commerce : le juge peut déléguer la conciliation à un conciliateur de justice, et homologuer l'accord éventuel (CPC, art. 860-2).

c) La diversité des conciliations

622. Multiplicité des régimes. La loi a institué de nombreux conciliateurs soumis à des statuts particuliers dont les missions sont limitées à des domaines spécifiques. À titre d'exemples, on peut citer : le Comité national olympique et sportif français, qui doit être saisi comme organe de conciliation pour tenter de résoudre les conflits internes au mouvement sportif avant toute saisine du juge compétent (L. n° 92-652, 13 juill. 1992) ; les Commissions de surendettement des particuliers (C. consom., art. L. 331-1), qui traitent la situation de surendettement des personnes physiques dans l'impossibilité manifeste et de bonne foi de faire face à l'ensemble de leurs dettes non professionnelles exigibles ou à échoir ; le conciliateur désigné par le tribunal de commerce pour organiser des mesures préventives en cas de difficultés subies par une entreprise (C. com., art. L. 611-1 à 6 et L. 612-1 à 4).

E - Les médiateurs

1) La médiation civile

a) La médiation judiciaire

623. Définition. La loi n° 95-125 du 8 février 1995, modifiée par l'ordonnance du 16 novembre 2011 (qui transpose la directive du Parlement européen et du Conseil n° 2008/52/CE du 21 mai 2008 sur certains aspects de la médiation en matière civile et commerciale et qui a été ratifiée par la loi n° 2016-1547 du 18 novembre 2016), et le décret n° 96-652 du 22 juillet 1996 ont réglementé la ***médiation judiciaire en matière civile*** (CPC, art. 131-1 et s.). La médiation est **définie** comme tout processus structuré quelle qu'en soit la dénomination, par lequel deux ou plusieurs parties tentent de parvenir à un accord en vue de la résolution amiable de leurs différends, avec l'aide d'un tiers, le médiateur choisi par elles ou désigné avec leur accord par le juge saisi du litige.

624. Catégories de médiateurs. Certains sont inscrits sur une liste auprès d'une cour d'appel. La loi n° 2016-1547 du 18 novembre 2016 a ajouté un article 22-1 A à la loi du 8 février 1995 pour préciser qu'il est établi, pour l'information des juges, une liste des médiateurs dressée par chaque cour d'appel, dans des conditions fixées par le décret en Conseil d'État n° 2017-1 457 du 9 octobre 2017 relatif à la liste des médiateurs auprès de la cour d'appel. Ce décret a défini les conditions de moralité et de compétence exigées des médiateurs pour leur inscription (les listes sont intégralement renouvelées tous les 3 ans). Les médiateurs non-inscrits sur les listes auprès des cours d'appel conduisent des médiations conventionnelles, mais ils peuvent aussi accomplir des missions de médiation judiciaire, à condition de justifier des conditions exigées (la liste est établie à titre d'information des juges, elle ne crée pas un monopole). Il existe de nombreux médiateurs soumis à des dispositions particulières (comme le médiateur de la consommation, le médiateur de l'énergie...). La Cour de cassation considère qu'un conciliateur de justice ne peut pas être inscrit sur une liste de médiateurs[5].

Pour exercer ***une mission de médiation judiciaire***, l'intéressé doit présenter des garanties de moralité et de compétence (CPC, art. 131-5). Ainsi, il ne doit pas avoir fait l'objet d'une condamnation, d'une incapacité ou d'une déchéance mentionnée dans le bulletin n° 2 du casier judiciaire ; il ne doit pas avoir été l'auteur de faits contraires à l'honneur, à la probité et aux bonnes mœurs ayant donné lieu à une sanction disciplinaire ou administrative de destitution, radiation, révocation, de retrait d'agrément ou d'autorisation ; il doit posséder, par l'exercice présent ou passé de son activité, la qualification requise eu égard à la nature du litige, et doit justifier d'une formation ou d'une expérience adaptée à la pratique de la médiation (la pratique a conduit à des formations à la médiation, et à l'instauration de listes de médiateurs). De plus, comme tout intervenant dans la solution d'un litige, il doit offrir des garanties d'indépendance nécessaires à l'exercice de la médiation.

625. Désignation d'un médiateur par le juge. Au cours d'une instance judiciaire (CPC, art. 131-1 à 15), tout juge peut, après avoir obtenu l'accord des parties,

---

5. Cass. 2e civ., 15 déc. 2022, n° 22-60140, Publié au bulletin, préc.

nommer un médiateur, en tout état de la procédure et y compris en référé, pour tenter de parvenir à un accord entre les parties. L'article 22-1 de la loi du 8 février 1995 (mod. L. 23 mars 2019) précise que tout juge peut, en tout état de la procédure, ***enjoindre aux parties de rencontrer un médiateur*** qu'il désigne s'il estime qu'une solution amiable du litige est possible, même s'il n'a pas obtenu l'accord des parties pour une médiation judiciaire (le médiateur informe les parties sur la médiation, ce qui leur permet, le cas échéant, d'accepter de mener un processus de médiation).

626. Déroulement de la médiation judiciaire. Le juge qui a désigné un médiateur reste saisi de l'instance et exerce un contrôle sur le déroulement de la médiation judiciaire. Il peut prendre à tout moment les mesures qui lui paraissent nécessaires, il fixe un délai pour l'accomplissement de la mission (la durée initiale ne peut excéder 3 mois à compter du jour où la provision à valoir sur la rémunération du médiateur est versée entre les mains de ce dernier, avec une possibilité de renouvellement une seule fois pour 3 mois à la demande du médiateur), détermine le montant de la provision à valoir sur la rémunération du médiateur et désigne la partie qui devra verser cette somme directement entre les mains du médiateur (le décret n° 2022-245 du 25 février 2022, pris en application de la loi du 23 mars 2019, a mis fin au système de la consignation). Le juge peut mettre fin à la médiation avant le terme prévu, sur demande d'une partie ou à l'initiative du médiateur. Le médiateur doit accepter sa mission.

Le médiateur dispose de certaines prérogatives pour exercer sa mission. Il doit convoquer les parties et, s'il ne dispose pas de pouvoirs d'instruction, il peut, avec l'accord des parties et pour les besoins de la médiation, entendre les tiers qui y consentent. Il est tenu d'une ***obligation de confidentialité*** : les constatations du médiateur et les déclarations qu'il recueille ne peuvent être ni produites ni invoquées dans la suite de la procédure sans l'accord des parties, ni en tout état de cause dans le cadre d'une autre instance (il existe des exceptions tenant à des raisons impérieuses d'ordre public ou de motifs liés à la protection de l'intérêt supérieur de l'enfant ou à l'intégrité physique ou psychologique de la personne ou encore à des considérations liées à l'exécution de l'accord). Les pièces couvertes par la confidentialité produites devant un juge doivent être écartées des débats, sauf accord des parties[6]. Le médiateur tient le juge informé des difficultés qu'il rencontre dans l'accomplissement de sa mission.

À l'expiration de sa mission, le médiateur tient le juge informé de son issue (en revanche, il est tenu de la confidentialité en ce qui concerne les déclarations qu'il a recueillies et les constatations qu'il a faites pendant la médiation). Au jour fixé, l'affaire revient devant le juge : si la médiation n'a pas abouti à un accord, l'instance se poursuit devant le juge initialement saisi ; si la médiation a abouti à un accord, les parties peuvent demander au juge de l'homologuer pour lui conférer la force exécutoire[7]. La rémunération du médiateur est fixé par accord avec les parties, lequel peut être homologué par le juge. À défaut d'accord, le juge fixe la rémunération du médiateur, qui peut ainsi obtenir le versement de sommes complémentaires. Les frais sont répartis entre les parties sur décision du juge.

---

6. Cass. 2e civ., 9 juin 2022, n° 19-21798, Publié au bulletin.
7. Goujon-Bethan Th., *L'homologation par le juge. Essai sur une fonction juridictionnelle*, LGDJ, 2021, Biblio. droit privé, t. 611.

627. Développement de la médiation dans les contentieux familiaux. La loi a introduit un système de médiation en matière d'exercice de l'autorité parentale : en cas de désaccord des parents, le juge s'efforce de concilier les parties. « À l'effet de faciliter la recherche par les parents d'un exercice consensuel de l'autorité parentale, le juge peut leur ***proposer une mesure de médiation***, sauf si des violences sont alléguées par l'un des parents sur l'autre parent ou sur l'enfant, ou sauf emprise manifeste de l'un des parents sur l'autre parent, et, après avoir recueilli leur accord, désigner un médiateur familial pour y procéder, y compris dans la décision statuant définitivement sur les modalités d'exercice de l'autorité parentale ». Le juge a un ***pouvoir d'injonction*** : il peut enjoindre aux parents, « sauf si des violences sont alléguées par l'un des parents sur l'autre parent ou sur l'enfant, ou sauf emprise manifeste de l'un des parents sur l'autre parent, de rencontrer un médiateur familial qui les informera sur l'objet et le déroulement de cette mesure » (C. civ., art. 373-2-10). Pour être « médiateur familial » (il s'agit d'une mention spéciale dans la liste établie auprès de la cour d'appel), il est nécessaire d'être titulaire d'un diplôme d'État (réglementé par le décret n° 2003-1166 du 2 décembre 2003, et l'arrêté du 19 mars 2012).

628. Tentative préalable obligatoire de médiation familiale. Les décisions fixant les modalités de l'exercice de l'autorité parentale ou la contribution à l'entretien et à l'éducation de l'enfant ainsi que les stipulations contenues dans la convention homologuée peuvent être modifiées ou complétées à tout moment par le juge, à la demande du ou des parents ou du ministère public, qui peut lui-même être saisi par un tiers, parent ou non. À ***peine d'irrecevabilité*** que le juge peut soulever d'office, la saisine du juge par le ou les parents doit être précédée d'une ***tentative préalable obligatoire de médiation familiale (TMFPO)***, sauf « 1° Si la demande émane conjointement des deux parents afin de solliciter l'homologation d'une convention selon les modalités fixées à l'article 373-2-7 du Code civil ; 2° Si l'absence de recours à la médiation est justifiée par un motif légitime ; 3° Si des violences ont été commises par l'un des parents sur l'autre parent ou sur l'enfant. ». L'arrêté du 16 mars 2017 désigne les juridictions habilitées à expérimenter la tentative de médiation préalable obligatoire à la saisine du juge en matière familiale : il s'agit des tribunaux judiciaires de Bayonne, Bordeaux, Cherbourg-en-Cotentin, Evry, Nantes, Nîmes, Montpellier, Pontoise, Rennes, Saint-Denis et Tours. La ***loi de finances pour 2023*** prolonge l'expérimentation jusqu'au 31 décembre 2024.

b) La médiation conventionnelle

629. Diversité des médiations extrajudiciaires. Depuis la transposition de la Directive de l'Union européenne, la médiation conventionnelle permet aux parties de s'adresser sans aucune intervention d'un juge à un médiateur privé. Les articles 1532 et suivants du Code de procédure civile précisent les règles essentielles : garanties que doit offrir le médiateur, obligation de confidentialité (sauf exceptions), rémunération par les parties.

Si un accord est conclu, les parties, ou l'une d'elles avec l'accord exprès des autres, peuvent le soumettre à l'homologation du juge compétent pour statuer au fond, afin d'obtenir la force exécutoire.

Le recours à la médiation conventionnelle suspend le délai de prescription extinctive du droit (C. civ., art. 2238). En cas d'échec du processus, le délai de prescription repart pour une durée qui ne peut pas être inférieure à six mois.

Il existe aussi de nombreuses médiations institutionnelles (par ex. la médiation scolaire). Les professionnels doivent mettre en place, depuis le 1er janvier 2016, une médiation en ligne gratuite pour les consommateurs (C. consom., art. L. 611-1 et s. et R. 612-1 et s.). ***La médiation des litiges de la consommation*** obéit à des règles spéciales, notamment parce que le médiateur peut proposer un accord si le professionnel et le consommateur n'y parviennent pas seuls (C. consom., art. R. 612-4).

Les prestataires de médiation en ligne sont soumis à un régime particulier issu de récentes réformes (L. n° 2019-222, 23 mars 2019, D. n° 2019-1089, 25 oct. 2019, D. n° 2020-1682, 23 déc. 2020 et Arr. 23 déc. 2020). Les services en ligne de médiation (mais aussi de conciliation et d'arbitrage) doivent répondre à des critères précis (compétence, respect des données personnelles...) pour pouvoir être certifiés.

Le Conseil national de la médiation

La *loi pour la confiance dans l'institution judiciaire* a créé un Conseil national de la médiation, placé auprès du ministre de la Justice. Ce Conseil est chargé de rendre des avis dans le domaine de la médiation, proposer aux pouvoirs publics toutes mesures propres à l'améliorer, proposer un recueil de déontologie applicable à la pratique de la médiation, proposer des référentiels nationaux de formation des médiateurs (et faire toute recommandation sur la formation), émettre des propositions sur les conditions d'inscription des médiateurs sur la liste. Pour l'exercice de ses missions, le Conseil national de la médiation recueille toutes informations quantitatives et qualitatives sur la médiation (L. n° 95-125, 8 février 1995, art. 21-6).

Le *décret n° 2022-1353 du 25 octobre 2022* fixe sa composition et ses modalités de fonctionnement. Ce Conseil sera ainsi présidé alternativement pour trois ans, par un conseiller d'État nommé par le vice-président du Conseil d'État ou un conseiller à la Cour de cassation nommé par le premier président de la Cour de cassation. La première vice-présidence est assurée par un des représentants d'associations œuvrant dans le domaine de la médiation élu à la majorité simple par les membres du Conseil national de la médiation.

Le Conseil national de la médiation comprend outre son président deux directeurs de l'administration centrale du ministère de la Justice, un directeur de l'administration centrale d'un autre ministère, un magistrat d'une juridiction du premier degré de l'ordre judiciaire, un conseiller de cour d'appel chargé de coordonner la médiation et la conciliation, un représentant des juridictions de l'ordre administratif, le référent national médiation de l'ordre administratif, un membre de la commission d'évaluation et de contrôle de la médiation de la consommation, quatre personnalités qualifiées formées à la médiation dont un universitaire, un représentant de la Caisse nationale d'allocations familiales, un représentant du Conseil supérieur du notariat, un représentant de la chambre nationale des commissaires de justice, un représentant du Conseil national des barreaux, un représentant du Défenseur des droits et neuf représentants d'associations œuvrant dans le domaine de la médiation. Le Conseil national de la médiation constitue en son sein une *commission permanente* chargée d'organiser et de préparer ses travaux. Le Conseil national de la médiation se réunit au moins deux fois par an sur convocation du président ou à la demande de la moitié de ses membres. Le secrétariat du Conseil national de la médiation est assuré par les services du ministère de la Justice.

2) *La médiation pénale : les délégués et médiateurs du procureur de la République*

630. Réponse pénale originale. La loi prévoit la possibilité d'une médiation pénale pour les majeurs (CPP, art. 41-1, 5°). En outre, s'il lui apparaît qu'une telle mesure est susceptible d'assurer la réparation du dommage causé à la victime, de mettre fin au trouble résultant de l'infraction ou de contribuer au reclassement de l'auteur des faits, le procureur de la République peut, préalablement à sa décision sur l'action publique, directement *ou* ***par l'intermédiaire*** d'un officier de police judiciaire, ***d'un délégué ou d'un médiateur du procureur de la République,*** prendre un certain nombre de décisions. Cette procédure suspend la prescription de l'action publique. En cas de non-exécution de la mesure en raison du comportement de l'auteur des faits, le procureur de la République, sauf élément nouveau, met en œuvre une composition pénale ou engage des poursuites.

La ***loi pour la confiance dans l'institution judiciaire*** a modifié la liste des mesures alternatives aux poursuites en remplaçant le rappel à la loi par un « avertissement pénal probatoire » dont les conditions sont plus restrictives. Il s'agit d'une mesure consistant à adresser à l'auteur de l'infraction qui a reconnu sa culpabilité un avertissement lui rappelant les obligations résultant de la loi ou du règlement ainsi que les peines encourues et lui indiquant que cette décision est revue en cas de commission d'une nouvelle infraction dans un délai de deux ans (un an en matière contraventionnelle). Cet avertissement ne peut être adressé que par le procureur de la République ou son délégué. Il ne peut intervenir à l'égard d'une personne qui a déjà été condamnée ou à la suite d'un délit de violences contre les personnes ou d'un délit commis contre une personne dépositaire de l'autorité publique ou investie d'un mandat électif public. Lorsque l'infraction a causé un préjudice à une personne physique ou morale, l'avertissement ne peut intervenir que si le préjudice a déjà été réparé ou si une mesure de réparation est ordonnée (CPP, art. 41-1).

631. Statut du médiateur et du délégué du procureur. Les personnes physiques ainsi que les associations régulièrement déclarées ***qui ont été habilitées comme délégués du procureur de la République*** peuvent être désignées par ce dernier pour être chargées de certaines mesures alternatives aux poursuites de l'article 41-1 du CPP ou pour intervenir lors de la procédure de composition pénale prévue par les articles 41-2 et 41-3. Ils peuvent tenir, au tribunal judiciaire et dans les lieux d'accès au droit ou tout autre lieu désigné par le procureur de la République, des permanences pour l'exercice des missions qui leur sont confiées

Le médiateur ou le délégué du procureur de la République doit satisfaire aux **conditions suivantes** : « 1° Ne pas exercer de fonctions judiciaires ou participer au fonctionnement du service de la justice ou être investi d'un mandat électif dans le ressort de la cour d'appel ; 2° Ne pas avoir fait l'objet d'une condamnation, incapacité ou déchéance mentionnée sur le bulletin n° 2 du casier judiciaire ; 3° Présenter des garanties de compétence, d'indépendance et d'impartialité ; 4° Ne pas être âgé de plus de 75 ans ; 5° Sauf dispense accordée par le garde des Sceaux, ministre de la justice, ne pas être conjoint, concubin, parent ou allié jusqu'au degré d'oncle ou de neveu inclusivement d'un magistrat ou d'un fonctionnaire de la juridiction ou lié avec l'un d'entre eux par un pacte civil de solidarité. » (CPP, art. R. 15-33-33).

Bibliographie générale

Ouvrages

Cadiet (L.), *Découvrir la justice*, 2e éd., 2000, Dalloz orientation.

Cadiet L., Normand J. et Amrani-Mekki S., *Théorie générale du procès*, 3e éd., 2020, PUF, coll. Thémis.

Cadiet (L.), Jean (J.-P.) et Pauliat (H.), *Mieux administrer pour mieux juger, essai sur l'essor et les enjeux contemporains de l'administration de la justice*, 2014, IRJS éd.

Fricero (N.), Goujon-Bethan (Th.), *L'Essentiel des Institutions judiciaires*, 12e éd., 2022, Gualino-Lextenso.

Guinchard (S.), Varinard (A.) et Debard (Th.), *Institutions juridictionnelles*, 15e éd., 2019, Dalloz.

Jeuland (E.) et Veyre (L.), *Institutions juridictionnelles*, 2021, PUF, coll. Thémis.

Perrot (R.), par Beignier (B.) et Miniato (L.), *Institutions juridictionnelles*, 19e éd., 2022, LGDJ.

Rapports

Coulon (J.-M.), *Réflexion et propositions sur la procédure civile*, 1997, La Documentation française.

Guinchard (S.), *L'ambition raisonnée d'une justice apaisée*, 2008, La Documentation française.

Magendie (J.-Cl.), *Célérité et qualité de la justice*, 2004, La Documentation française ; *Célérité et qualité de la justice devant la cour d'appel*, 2008, La Documentation française.

Sauvé (J.-M.), *Rapport du comité des états généraux de la justice*, 2022, site internet Ministère de la justice

Sites internet

Conseil constitutionnel : *www.conseil-constitutionnel.fr*

Conseil d'État : *www.conseil-etat.fr*

Cour de cassation : *www.courdecassation.fr*

Cour des comptes : *www.ccomptes.fr*

Cour européenne des droits de l'Homme : *www.echr.coe.int*
Cour de justice de l'Union européenne : *www.curia.eu.int.fr*
Cour pénale internationale : *www.icc-cpi.int*

Index

(Les numéros renvoient aux paragraphes)

PAPIER INTÉRIEUR
100 % RECYCLÉ

L'ouvrage que vous tenez entre vos mains est imprimé sur

papier 100 % recyclé.

Acteur de la transmission du savoir tout en étant toujours plus respectueux de l'environnement, Lextenso décide d'être le 1er éditeur juridique français à imprimer ses ouvrages sur du papier recyclé.

Cette évolution marque **une nouvelle étape dans la démarche écoresponsable** que nous avons initiée il y a plus de 5 ans : nous utilisons du papier d'origine européenne, issu de forêts gérées durablement et de sources contrôlées, des encres végétales et avons choisi d'imprimer en Europe (à moins de 500 km).

À l'horizon 2025, **notre ambition est d'éditer 80 % de nos ouvrages sur du papier recyclé.**

PEFC
10-31-1316

Certifié PEFC

Ce produit est issu de forêts gérées durablement et de sources contrôlées

www.pefc-france.org

IMPRIM'VERT®

Imprimé en France sur des papiers provenant exclusivement de l'Union européenne et issus de forêts gérées durablement par Dupliprint, 733 rue Saint-Léonard, 53100 Mayenne

Papier intérieur 100% fibres recyclées

Ce livre est imprimé sur un site sous management environnemental certifié AFAQ ISO 14001
Achevé d'imprimer en février 2023
Numéro d'impression : 2980194U
Dépôt légal : février 2023